영혼학(spiritology)

신 상 수

머 리 말

인간의 가장 큰 선물은 영혼이 있다는 사실이다. 영혼은 사라지지 않고 영원히 존재한다는 것은 더 큰 선물이다. 영혼은 인간의 생명력 혹은 생기와 같은 것으로 영혼이 신체를 떠나면 반드시 죽음이 깃들기 때문에 결국 우리의 몸과 마음은 영혼의 조화이다.

19세기 미국의 유명한 시인 에밀리 디킨슨은 "황홀한 경험을 맞이할 수 있도록 영혼의 문은 언제나 살짝 열려 있어야 한다."고 강조했다. 삶은 황홀한 경험일 수 있지만 죽음은 그렇지 않을 것이다. 삶은 혼돈으로부터 질서를 찾는 것이고 이 과정을 통해 완성해 가는 것인 반면 죽음은 다시 혼돈의 상태로 돌아가는 것이다. 그렇다면 죽은 후의 영혼은 어디로 가는가? 인류의 가장 중대한 의문으로 고대로부터 현재에 이르기까지 풀리지 않고 있다.

그러나 해답은 간단하다. 죽음은 새로운 탄생을 의미한다. 다만 '나'라고 하는 자아는 다시 돌아오지 않을뿐이다. 무수한 영혼들의 영겁회귀가 있을뿐이다. 물론 환생과는 다른 개념이다. 영혼의 불멸과 소멸 사이의 갈림길에서 방황하는 이유는 언젠가는 죽음이 반드시 찾아오고 그 죽음에 대한 공포와 두려움이 우리 자아를 짓누르기 때문이다.

사실 영혼의 불멸을 믿는다 해도 회귀한 영혼의 동일성을 과학적으로 증명할 길이 없으며 특히 남의 과거가 현재의 내가 된다는 사실은 커다란 괴로움이 아닐 수 없기 때문에 현생의 영혼은 소멸되어 자연으로 돌아가 불특정 다수의 영혼으로 존재해야 하며 죽음 후의 새로운 탄생의 영혼은 동일선상에 있지 않는 것이다. 그러므로 죽음 후의 영혼은 환영이며 꿈이나 상상력에 의해서 나타나는 현상으로 과학적으로는 기억에 해당한다.

영혼에 대한 탐구는 존재와 의미를 동시에 충족시켜야 하는 어려움이 있기 때문에 개념과 추론이 필요하고 변화에 따른 영혼을 이해하는 길은 반드시 학제적 연구에 바탕을 두어야만 한다. 즉 철학, 신학, 문화인류학, 의학, 생물학, 물리학, 심리학, 사회학 등 다양한 학문의 참여가 요구된다.

특히 정보화 사회에서 인공지능(AI), 가상현실(VR), 현실증강(AR), 챗 GPT까지 등장하면서 영혼을 더욱 고갈시켜 언악, 균열, 파편화, 좀비화 한다. 물질문명이 최고조에 이르렀기 때문에 그 흐름은 관계와 교신 그리고 시간의 흐름을 초월하는 초연결 시대로 가고 있기 때문에 몸과 영혼의 상호작용이 더욱 요구되며 건강한 생명 활동을 통한 신념, 믿음, 사고, 의지 등 정신세계의 확장과 더불어 인간의 존엄과 가치를 더욱 높혀야 하는 시대가 되었다.

인간의 사고와 행동은 개인의 경험과 환경의 영향으로 볼 수 있다. 특히 수백만 년의 인류가 이룩한 경험의 역사가 축적되어 장구하게 면면히 흐르고 있다. 그러므로 영혼이란 인간의 사고와 행동과 오랜 경험이 낳은 인류의 정신의 맥이라 할 수 있다. 각 나라마다의 고유한 전통문화와 정신적 유산이 바로 인간 유전인자의 정신적 흐름이라 할 수 있다. 인류의 생존 그 자체인 영혼은 경험적으로 혹은 과학적으로 증명이 될 수 있는가? 첨단과학의 시대에도 불구하고 영혼의 존재를 증명할 수는 없을뿐만 아니라 종교, 철학, 사회, 문화에 따라 의미가 다르기 때문에 신체와 정신에 깃들어 있는 의식이라 할 수 있다. 물질의 작용에 의한 의식의 표상이다. 물질 구조는 분자, 원자, 양자로 쪼개지며 이들은 무질서 속의 질서에 의해 움직인다. 신체와 정신, 형상과 질료의 평행선에서 영혼은 존재한다.

아무쪼록 영혼의 문제가 오늘날처럼 현대인의 진정한 관심의 대상이 되었던 시기는 없을 것이다. 시대가 빠르게 변천하는 만큼 영혼의 존재가 현상으로 다가오고 있는 것이다. 생명의 근원이자 원천인 영혼은 인간의 정신이고 마음이다. 영원한 존재인 영혼은 누구나를 막론하고 언제 어디서든지 모든 것들에서 나타나고 있다. 그래서 영혼은 질서이며 위대하다. 현대인의 영혼을 활짝 열어주는 마음은 어떤 마음인가? 마음의 평정은 어떻게 하면 얻을 수 있는가? 현대인이 추구하는 열정, 즐거움, 영광, 재물, 생명력 등이 모든 것들이 해결될 수 있는가? 이러한 물음의 답은 간단하다.

불확실한 미래에 새로운 세계의 창을 열어 생명력을 복원하고 인류가 번성할 기회를 주는 창의와 창조는 영혼을 통해서만 가능하다. 이러한 마음을 간직할 때 영혼은 인간 스스로를 규율하며 한계를 초월하고 고도의 예술성으로 드러난다. 영혼은 세상과 연결되어 있음을 깨달을 때 사람들의 정신과 마음은 더욱 풍요로워지고 모든 문제를 종합하고 분석해서 다시 통찰할 수 있는 능력을 얻을 수 있다.

따라서 영혼은 스스로의 힘으로 자신을 완성해 나가는 에너지로 영은 마음이고 혼은 정신이라는 사실을 명확하게 아는 것이다.

2024년 6월

신 상 수

CONTENTS

CONTENTS

제1장 영혼의 개념

1. 영혼의 개념

인류의 유구한 역사 속에서 형성되어온 영혼은 사람들 개개인이나 각 나라의 특성에 따라 문화와 전통, 철학이나 종교 등 삶 속에 심어져 왔다. 특히 영혼의 원천인 신화는 상징과 창조성을 바탕으로 이상과 현실의 끊임없는 반복과 차이를 극복하면서 오늘날 첨단 과학기술로 발전하였다. 영혼은 인류의 공동유산이라 할 수 있으며 역사적 성향을 반영한 집단의식으로 볼 수 있다. 따라서 영혼은 현상을 나타내는 것이며 본질보다는 실재라고 할 수 있다.

영혼은 존재하며 현상으로 나타나는 것이기 때문에 그 의미를 이해한다면 과학기술 문명을 이룩한 단초를 찾는 것이며 특히 삶과 죽음, 빛과 어둠, 선과 악 등 인간 본성의 이중성과 그 내면의 심오한 깊이에 대해 알게 될 것이다.

이렇듯 유기체인 인간은 유전형질에 의한 생명 유지와 뇌 기능의 역할에 의한 환경과 상황에 대한 대처 능력의 발달로 인해 생존하고 있는 것이다. 생물학적 욕구와 자아를 유지 보존하고자 하는 욕망의 이중성을 중재하며 스스로 완성하는 실재이다.

영혼은 좁은 의미로는 유기체인 인간의 신체와 정신의 작용을 나타내고 넓은 의미로는 마음을 포함하여 일, 사랑, 건강, 죽음, 사후세계 등 모든 범위에 걸쳐 형성되어 있다. 또한 영혼은 수백만 년 인류와 함께해 오면서 자연 세계를 뛰어넘는 초월적인 위대성을 간직하고 있다. 철학자 칸트는 현상적인 영혼과 윤리에 해당하는 양심은 인간의 지성을 초월하는 종교적이며 영적인 실재로 분류하기도 했다. 따라서 영혼의 존재를 확인하고 핵심적인 원리를 검토하는 것이 무엇보다 중요하다.

최초 인류 역사는 선사시대부터 벽화나 문자로 전래되어 왔으나 근거와 논증의 어려움이 많다. 그러나 기원전 7세기 인간의 본질과 세계의 근원을 찾고자 하는 인도의《우파니샤드》에서 우주 최고의 유일자인 지고의 존재 브라만(Brahman)은 세상의 모든 이질적인 요소들을 통합하고 흩어지지 않게 하는 신성한 기운과 개개 존재의 내부에 깃들어 있는 성스러운 자아인 아트만(Atman)을 주장하였다. 특히 기원전 8세기 성서의 중심인

거룩한 자 이스라엘의 야훼를 중심으로한 초월성의 상징은 영혼의 존재를 알 수 있는 근거가 된다.

17세기 프랑스 철학자 르네 데카르트(Rene Descarte) 이후 영혼과 정신이 구분되었다. 그의 "나는 생각한다 고로 존재한다(cogito ergo sum)."라는 철학적 명제는 과학발전의 기폭제가 되면서 영혼은 정신으로 대체되기 시작했다. 그의 생각이라는 사유 실체와 사물이라는 연장 실체의 이분법은 최초의 과학적 명제로 부가되었다.

임마누엘 칸트(Immanuel Kant) 역시 감정과 이성의 이분법적 사고를 통해 영혼의 매개적 역할을 강조했다. 영혼의 매개적 역할은 단순히 이성과 감성의 문제로만 볼 수 없는 것이 신체의 노화와 죽음에 이르면 다분히 현실적으로 대처하게 된다. 즉 질병과 죽음이라는 냉엄한 현실에 놓이면 "왜 하필 내가 대상인가"라고 분개하지만 결국 타협하고 순순히 받아들이게 된다. 누가 대신 아파주거나 죽어줄 수 없기 때문이다. 이러한 실재에서 칸트의 인식론 핵심은 선험적 자아가 어떻게 자신을 벗어나 대상을 알 수 있는지 그 조건을 묻는 것이다. 질병과 죽음이라는 경험에 앞서 이 경험을 가능하게 만드는 조건을 묻는 자아와 지금까지 생존에 대한 기억과 축적된 인식과 지식을 바탕으로 하는 진정한 자아와의 구별이 중요하게 대두된다.

결국 나의 자아와 세상의 경계에서 느끼는 고통을 시간과 공간이라는 좌표에서 기꺼이 받아들여야 하기 때문에 매우 과학적이다. 영혼의 진정한 가치는 죽음을 앞두고 목숨을 담보로 할 때 드러나게 되는데 이는 몸이 현존한다는 전제하에 죽음 후의 영혼은 환상에 불과함을 알 수 있는 확실한 근거이다.

오늘날 영혼은 과학적 근거에 의해 정신과 마음으로 대별 되어 정신은 프로이트의 정신분석학으로 마음은 심리학 윌리엄 제임스의 심리학으로 발전하였다. 또한 과학이 발전하면서 영혼은 신체와 정신으로 구분되었으나 종교적으로 더욱 영혼의 존재를 갈급하고 있다. 그 이유는 인간의 내면세계와 외부세계인 환경에 대처하며 생명 활동을 하는 동안은 유기체로 존재하고 자아를 표출하고자 하는 끊임 없는 욕망과 욕구의 충동이 있기 때문이다.

인간의 주관적인 삶이나 내면세계에 영혼이 존재한다는 것을 알 수 있는 또 다른 방법은 명상, 기도, 양심 혹은 신령한 지역이나 영험한 세계를 접하면 더욱 영혼에 대한 믿음이 생기며 그 의미를 깊이 이해할 수 있다.

이렇듯 삶에서의 영혼은 그 존재를 인정할 수 있지만 정작 사후의 영혼이 존재하는가에 대해서는 의문이 아닐 수 없다. 예를 들면 귀신과 혼령, 악귀와 악령, 그리고 유령 등은 영혼인가 아니면 심령현상인가? 이 의문에 대한 해석은 역사적, 종교적, 철학적,

과학적, 문화적, 심리적 접근을 통해 풀지 않으면 해결이 어렵다. 왜냐하면 인간은 생리적, 물리적, 화학적 작용 외에도 심리적, 정신적, 영혼의 작용에 의해 움직이는 물질과 정신이 복합된 유기체이기 때문이다.

인간의 생존이 내면세계와 외부 세계와의 경계에서 정신과 마음의 작용이 영혼의 문제라면 사후세계는 생존과는 엄연히 구분되는 또 다른 문제일 것이다. 프랑스의 철학자이자 신학자인 피에르 가상디(Pierre Gassendi)는 영혼을 감각적 영혼과 이성적 영혼으로 구분하여 감각적 영혼은 뇌와 신경의 물질적 구성성분인 원자를 영혼으로 보고 있는 반면, 이성적 영혼은 비물질적인 것으로 뇌 안에서 감각적 영혼에 의해 외부 세계의 이미지를 끌어 온다는 것이다. 감각과 지각 및 사고에 의한 작용을 영혼으로 파악하여 물질과 비물질의 혼합에 영혼이 존재하고 있음을 말해주고 있다.

또한 유명한 신경과학자 안토니오 다마지오(Antonio Damasio) 역시 인간의 의식(conscious)을 연구하면서 느낌(felling), 정서(emotion)로 구분하여 느낌은 사적이고 정신적인 정서 경험으로 정서는 공적으로 관찰 가능한 반응의 집합으로 보았다, 물론 감정(affection)을 배제할 수는 없지만 인간의 현존재인 지금 그리고 여기(here and now)를 가장 적합하게 표현하고 있는 것이다. 영혼의 존재는 순간의 느낌과 정서에 존재하는 감각적 표현이고 이성은 이미지화 된 것을 기억을 통해 종합적으로 표현하는 고도의 사고 능력인 것이다.

17세기에 라틴어로 '신경학(neurologie)'이라는 단어를 만들고 영혼에 대한 학문인 '심리학(psychologia)'을 최초로 명명한 토마스 윌리스(Thomas Willis)도 영혼은 물질적인 동시에 비물질적이라 했다. 물질적인 뇌와 비물질적 정신작용에 의해 영혼이 존재한다는 것이다.

영혼이 존재한다면 그 영혼은 "어디에 존재하는가"라는 의문을 가질수 있다. 생존하는 동안 영혼은 어디에 있을까? 영혼이 비물질적 존재라면 공간적 위치를 점할수 있을까? 실제로 17세기 르네 데카르트는 영혼이 송과선에 존재한다고 믿었다. 인간의 두뇌에 존재한다는 것은 상당한 의미가 있다. 인간의 신체는 지적인 능력에 의해 명령을 내리는 지시사항에 따라 움직인다는 생각을 통해 두 가지 본질인 물질적인 신체와 비물질적인 영혼이 존재한다는 것을 알 수 있다.

물질적 영혼은 죽음을 판정하는 뇌와 심장이지만 비물질적 영혼은 뇌의 기능인 의식에 존재한다. 토머스 윌리스는 이미 인간 영혼의 작용이 뇌의 통로를 거쳐 신경으로 들어가는 화학적 정기들의 이성적이고 비물질적인 물체의 작용이라고 설명하면서 심리학을 개척하였다.

결국 인간의 의식 수준에 따라 영혼의 위계가 달라진다는 점에서 영혼은 인류의 조상과 함께 오늘날까지도 그 맥을 같이하고 있는 현상이다. 존재하는 모든 것이 생동한다는 의미는 근원적 에너지가 작용하고 있다는 것이다. 이러한 에너지의 존재는 초월적이기 때문에 물질의 보이지 않는 어떤 힘의 작용으로 볼 수 있으며 상징으로 나타날 수 있는 것이다. 지각과 인식의 경험을 토대로 하여 의식을 새롭게 하며 영혼을 하나의 전체로 통찰하고 실행하는 것이 필요하다. 존재는 표면을 뚫고 나와 실재를 통찰하는 것이다. 뇌의 기능이 실체를 표방하며 스스로를 완성할 세계를 동경하는 것이며 인간 본질의 고유 기능인 경향화를 내포하고 있는 것이다.

영혼은 시간과 공간 속에서 존재하는 비물질적 존재이지만 생명이라는 유기체로 실존하며 물질적 영혼으로 실존하므로 실체를 표상하는 영혼이며 죽음으로 돌아가면 실체가 없는 영혼으로 대상에 의한 이미지만 표상으로 존재하는 것이다.

인간 고유의 특성인 유전형질과 뇌기능에 의한 생물·생리적인 기능과 심리·영적 기능의 복합적 실체가 영혼의 작용이라 보면 삶과 죽음의 경계에서 유형과 무형의 문제로 귀결된다. 삶은 꿈과 희망의 상호 작용에 의한 가역성 세계인 반면 죽음은 일방적이고 역방향이 없는 비가역성의 세계라고 할 수 있다.

따라서 실체와 허상, 존재와 무 등 종교, 철학, 과학, 문화, 심리 등 학제적 접근과 역사적 흐름 속에서 영혼의 개념을 유추할 수 있는 것은 변화의 속성을 갖는 물질적 자아와 내적이며 초월적인 비물질적 자아를 통해 정신과 마음을 영혼이라 할 수 있다. 영혼은 물질과 정신세계의 자유의 상징이며 오직 인간 스스로가 자신의 운명을 묵묵히 개척하는 힘이다.

1) 영혼의 정의

영혼이란 단어의 사전적 뜻은 "육체에 들어 있으면서 활동을 가능하게 하는 정신적 실체, 혹은 죽은 사람의 몸에서 빠져나온 넋"이라고 한다. 또한 영혼이라는 단어의 어원은 숨을 쉰다는 뜻의 프쉬코(psycho)에 있다. 호흡을 생명과 동일시하는 것은 살아 있음을 의미하는 것이고 호흡이 끊기면서 숨을 쉬지 않는 것은 죽음을 의미하는 것이다. 다만 삶과 죽음의 경계에서 영혼은 살아도 존재하고 죽어도 존재하는 것으로 비물질적이고 실체를 볼 수 없는 정신과 마음으로 존재하기 때문이다.

따라서 영혼의 정의를 종교적, 철학적, 과학적, 문화적, 심리적 정의로 구분하여 폭넓게 그 의미를 찾아볼 필요가 있다. 특히 종교적 영혼과 철학적 영혼은 그 뿌리가 하나로 무려 2500년이라는 시간과 공간 속에서 공존하면서 과학의 발전을 유도하였다. 철학, 종교, 과학기술이라는 역사적 흐름을 통해 최첨단의 디지털 혁명의 시대에 영혼의 존재를 입증하지 못하고 있다. 따라서 인간의 생과 사는 영원한 과제이며 생존은 의식과 정서와 감정을 통해 영혼으로 현시됨과 동시에 열정과 기질을 드러나기 때문에 통찰과 포용에 의한 서술적 정의만이 가능한 일이다.

(1) 종교적 정의

종교는 인간의 삶과 죽음이라는 경계에서 불안과 두려움을 극복하고 마음의 평안을 찾고자 고대부터 발생했다. 특히 종교는 수천년 동안 인간의 삶 속에서 커다란 영향을 주며 진리 추구의 전당이 되면서 오늘날 문화의 한 형태가 되었다. 원래 종교의 역할은 상징과 의례를 통해 인간의 영혼을 구제하고 선행을 장려하기 위한 목적뿐만 아니라 생명의 유한성을 극복하고 영원히 존재하고자 하는 욕망의 표현이기도 했다. 이러한 생명의 유한성과 무한성의 반복에서 영혼의 존재는 시간과 공간에서 공감각적으로 재현된다. 결국 종교는 문명과 문화를 형성하였고 자연계에 질서와 규칙을 확립하는데 기여하였으며 가치와 신념에 기반해서 환경과 상황에 따른 상호작용 등을 통해 인간과 신을 매개하는 영성을 강조한다.

또한 종교의 기능적 측면은 삶의 표상들 즉 환경과 상황으로부터 받아들이는 정보의 해석과 이용을 통해 만들어낸 모든 사실에 궁극적인 가치를 부여하는 특정한 능력이 있다. 종교는 개인의 주관적 내면의 세계와 믿음의 대상인 신과의 관계이기도 하지만 집단적인 믿음의 상징에 따라 획일적 신앙관을 따를 수도 있다. 다만 자연 앞에 무력한 인간이 신을 믿으며 숭배하는 정신은 예술로까지 승화하여 인류문명을 이룩하고 첨단과학과 공존하고 있다.

이러한 역사적 흐름에 따라 인간의 정신과 마음은 영혼의 매개에 더욱 의존하게 된다. 이렇게 영혼의 힘에 이끌려 종교에 귀의하는 이유는 종교와 상호의존 관계를 형성하는 원인도 있지만 근본적으로는 인간의 나약함과 원초적 본능인 죽음에 대한 불안과 두려움의 표상에 경우가 많다.

종교의 참 의미는 인간 존재에 대한 직감적 인식과 인간관계에서 사랑이나 자비를 통해 평화를 실현하는데 있다. 인간과 세상의 문제를 바탕으로 해결하고자 하는 의지의 표출이자 영혼의 본질을 해결하는 방도이기도 하다. 따라서 종교적 영혼이야말로 성과 속의 문제에서 떠나 인간의 본질인 생명과 영원 그 자체를 추구하는 것이다.

특히 초월적인 것에 대한 감각을 기르고 표현하고자 하는 마음은 인간의 오래된 본능이다. 인간 뇌의 진보를 통해 이를 증명하고 있다. 이러한 오래된 전통과 관습 그리고 종교적 진리의 추구는 단순하고 일시적 행위가 아닌 구도자적 자세와 진리에 이르고자 하는 성스러운 의식을 필요로 한다. 온몸에서 느껴지는 깊은 전율과 진한 감동은 자기 존재를 초월하고자 하는 욕망이며 영혼의 깊은 본향을 찾는 자의식이다.

종교적 차원에서의 영혼의 접근은 초월적 존재에 관심을 갖는 신플라톤주의에 시작된다. 플라톤의 사상을 이어 육체에 비해 영혼에 더욱더 관심을 기울였던 플로티누스는 세계와 인간이 신적인 존재인 일자에서 시작되었다고 주장하면서 기독교사상의 정초를 이룬다. 그러므로 그리스도교는 영혼과 신체 그리고 영이 존재한다고 보고 영, 혼, 육의 3원론을 믿고 있다. 이점이 철학과 종교의 차이라고 할 수 있다.

그노시스주의자인 발렌티누스에 의하면, 이 세상에는 세 가지 요소인 물질과 정신, 영적인 것이 존재한다고 하였다. 구원이란 바로 이것을 통하여 물질로부터의 해방과 탈출을 의미하는 것이다. 이에 따라 사람에게도 세 가지 부류가 있는데, 육체적 인간, 정신적 인간, 영적 인간이 그것이다.

특히 종교적 신념과 행동의 양식은 영혼이 깃들지 않으면 불가능하다. 내적경험의 한 측면인 신비경험은 주로 기도, 명상, 예배, 묵상을 통해 얻어지며 이때 신의 영혼과 일치함을 깨닫게 된다. 신비적 느낌들이 일상적인 삶의 경계를 넘어서 초월의 경지에 들어서게 된다.

이러한 종교적 행위들은 단시간에 길러지는 것이 아니고 일정한 시간과 공간 영역에서 꾸준한 인내를 통한 구도적 자세로 임해야만 가능하며 영혼의 소리를 듣게 된다. 의식적으로 기도와 명상을 실천할 때 영혼이 존재한다는 것은 결국 인간과 신 사이의 관계에서만 일어난다는 것을 알 수 있다. 영혼의 존재는 곧 신의 존재와 일치하는 것이다. 내적 세계의 충만과 외적 세계의 무한한 힘을 가진 절대자 혹은 초월자의 에너지를 받아들여야 하는 것이다. 즉 주관적 내적 세계와 객관적 외적 세계는 실재이며 존재하는 것 자체이다. 그러므로 외적 실재인 자연과 신 그리고 내적 실재인 인간은 우주공간에 하나의 연결체로써 작용하고 삶과 죽음의 경계에 영혼은 영원히 실재하고 있다.

가톨릭 교리에 따른 영혼의 정의는 "신체와 결합한 형상"이라 보고 있으며 영혼의 영원성을 강조하고 있다. 영혼 그 자체는 천사와는 다른 개념이다. 신체는 형상을 이루고 있지만 영혼은 형상이 없기 때문에 인식의 문제가 생긴다. 인간이 신을 인식하는가에 따라 신체와 영혼을 구분지을 수 있고 인식할 수 없을 때는 영혼은 보이지 않고 신체만 존재하기 때문에 영혼의 선험을 통해 영혼의 존재를 인정해야만 한다.

따라서 육신과 영혼이 하느님의 창조물이라는 창조설(creationism)에 따른다면 각 개인의 영혼은 신체의 형성에서 죽음의 순간까지 부여되는 유한성이 있음을 알 수 있으며 사후의 영혼은 어디에 존재하는가라는 의문을 제기할 수 있다. 영혼이 비신체적인 존재라는 것을 인정할 때 비로소 물질과 정신의 이분법에 의해 정신적인 형태는 소멸되지 않기 때문에 영혼이 신체로부터 독립적이며 신체와 분리될 수 있으며 사후 존재도 인정되는 것이다.

토마스 아퀴나스는 아리스토텔레스의 형상과 질료를 바탕으로 영혼은 육체의 체형이기 때문에 육체와 함께 각 개인의 실체를 이루지만 영혼은 영체이기 때문에 육체를 떠나서 단독으로 존재할 수 있다고 보고 사후 영혼의 존재를 인정하였다.

또한 그는 인간은 감각을 통해 인식하기 때문에 영혼은 "선한 인식력이 아닌 선한 의지를 갖는 사람은 선한 사람이 아니다"라고 하여 윤리 도덕의 관점을 중요시 하였다.

특히 카톨릭의 고백성사는 개인의 도덕화 과정에서 양심을 강조하였다. 양심은 죄에 대한 수치심이다. 또한 참회를 통해 종교인의 온전성을 추구하고자 하는 소망이기도 하다. 그러므로 고해는 영혼과 같은 것으로 죄의식을 알게 하며 자기성찰 및 자아 추구의 과정에서 영혼이 매개된다.

기독교 역시 교육과 자기통제를 통해 하나님의 은총을 추구한다. 기독교인의 진리와 정의 실현을 위해 선악을 구분하는 훈련과 더불어 양심과 선심이 필요하기 때문이다. 결국 규범의 내면화와 영성 수련을 통해 영혼의 존재를 인식하고 확인하게 된다. 자기 규제와 자기성찰을 통해 자신을 인식하게 되면 영혼의 존재를 인정하게 되고 비로소 믿음으로 승화된다. 내면세계에 몰두하면 정신세계의 또 다른 깊이에서 오는 인간의 감정과 이성 그리고 영혼의 분리를 알게 된다.

불교적 차원에서는 명상을 들 수 있다. 명상에 깊이 들어가면 호흡의 흐름을 알 수 있으며 이때 영혼이 살아 있음을 확인할 수 있다. 실제로 호흡이야말로 생명의 가치를 확인시켜주며 자신이 살아 있음을 온전히 알게 하고 자연과 하나가 되게 하면서 참나를 찾게 되면 영혼의 존재와 동일시 된다.

샤머니즘과 애니미즘은 유기체인 인간은 물론 무기체 등 존재하는 모든 것에 영혼을 불어넣고 있다. 즉 생체로 인정하는 것이다. 장자에 등장하는 '붕새'는 바다에 사는 물고기가 변해서 된 새인데 세상에서 영혼의 깨달음을 얻고자 하는 인간의 욕망이 투사된 자유로운 정신세계를 나타내고 있다. 인간의 가장 높은 이상이 극치와 완전의 경지를 추구하고자 하는 정신세계를 상징적으로 보여주는 것이다.

인간을 온전히 이해하기 위해서는 영혼의 존재를 종교적으로 이해하는 것이 절대적으로 필요하다. 종교는 근본적으로 사랑과 자비를 주장하는데 이러한 행위의 실천 덕목이 바로 이기심이 아닌 이타심이다. 이타심이 신성을 지니고 있으며 신과 인간의 불가분의 관계 형성을 이루고 있다.

따라서 종교적 영혼은 인간의 가장 큰 문제인 죽음의 공포로부터 벗어나게 해주며, 삶의 고통으로부터 해방시켜 삶을 풍요롭게 해주는 것이다. 또한 영혼이라는 상징을 통해 사후의 연속성을 믿고 집단의 영원성이나 이상의 추구 등 집단표상이 종교적 영혼의 본질임을 알 수 있다.

(2) 철학적 정의

철학은 인간에 대한 궁극의 원리와 존재에 대한 탐구이기 때문에 영혼의 철학적 정의는 존재의 의미를 찾기 위해 사유와 직관을 통한 자기 인식이라 할 수 있다. 또한 종교적 계시나 신앙을 통한 믿음, 실험의 결과, 자연법칙, 경험에 의한 실증을 찾는 것이 아니고 형이상학적 의미를 찾는 것이며 고대 그리스 철학에서 그 시원을 찾을 수 있다.

그리스 자연주의 철학사상은 인간의 영혼과 신체의 결합을 주장했다. 즉 신체가 영혼이라고 할 수 있다. 이러한 사상은 17세기에 와서 데카르트가 신체와 정신을 이분법으로 나누기까지는 일원론이 지배적이었다. 신체와 정신의 일원론은 영혼의 존재 자체를 인정하는 것이다. 특히 근원과 본질을 중요시한 고대 그리스 철학자 아낙시만드로스(Anaximandros)는 지각할 수 없는 물질이 존재한다고 보고 가시적인 현상은 비가시적인 물질에 기원한다고 하여 무한한 것을 무한자(aperion)라 명명하고 최초로 관념적인 사고를 주장하였다. 이러한 영향을 받은 소크라테스는 영혼의 불멸을 주장했는데 신을 숭배하기보다는 인간의 내면의 소리에 귀를 기울이라고 하며 객관적이고 보편적인 지식을 습득하기를 강조했다. 실제로 그는 죽음 직전에 “나는 죽으로 갈 것이요 당신들은 살려고 갈 것이다. 어디가 더 좋은지는 가보아야 안다”라고 하며 담담하게 독배를 마시고 죽음을 맞이했다. 이러한 용기 있는 행동은 죽음도 불사하는 영혼의 힘이라 할 수 있다.

플라톤 역시 경험 세계 보다는 본질적인 이데아를 더욱 중요하게 생각하고 초월적이고 형이상학적 사유를 강조하였다. 그의 존재 의미는 참된 앎을 주장하는 이데아에 있으며 이데아는 참된 존재이기 때문에 경험 세계와 모든 사물을 포함하여 존재의 가능성을 강조한다. 특히 이데아는 비물질적이기 때문에 경험 세계의 사물들과는 구별되고 변화하지 않으며 영원한 존재라는 것을 바탕으로 영혼의 의미는 지성의 의미와 일맥상통한다. 따라서 인간의 의식은 물질의 근원을 넘어서는 영혼의 현상으로 보며 신체에 생명을 불어넣는 것 역시 영혼이라고 보는 것이다.

그러나 데모크리토스는 플라톤의 이데아 반대 개념인 물질적인 원자론을 강조하면서 영혼을 원자의 조합으로 보고 원자의 기계론적 운동이 세계의 현상이며 신의 개념과 달리 사람이 죽고 나면 무한한 공간으로 흩어진다고 보고 원자의 운동으로 보았다.

아리스토텔레스 역시 이데아의 초월적 특성을 받아들이지 않고 사람들의 눈에 보이지 않는 이데아의 존재를 부정한다. 또한 비물질적이고 불변의 원칙 보다는 경험과 변화와 대상들의 움직임을 강조한다. 인간의 완전 가능성은 개인의 구원에 대한 영혼의 안위를 추구하는 엔텔레케이아(entelekheia)의 질료가 형상을 얻어 완성되고 사물의 본성에서 발견할 수 있는 목적의 실현과 일치한다. 따라서 의식은 물질적 현상으로 보고 영혼의 안식과 평정심 그리고 이성과 지성을 갖는다는 것이다.

또한 생명체의 운동에는 몸을 직접 움직이는 관절과 근육의 운동뿐만 아니라 소화 작용과 혈액 순환 같은 신진대사 등으로 보았으며 생리와 심리를 주관하는데 이것이 곧 몸과 마음이다. 오늘날 정신과 마음의 근원이라 할 수 있는 신경, 혈액, 호르몬 등 사람의 성격과 기질을 형성하는 근본 요소를 예견했다고 볼 수 있다.

플라톤과 달리 세계는 형상과 질료라는 요소가 결합하여 경험 세계에 존재한다고 주장하였다. 즉 비물질적이고 불변하는 것이 아니라 변화하고 움직이는 대상들로 구성되어 있다고 보는 것이다. 특히 영혼은 산 자와 죽은 자를 구분하는 경계선이기도 했다. 그의 철학은 후세에 과학적 근거를 통해 영혼의 존재를 불신하는데 계기가 된다.

이상의 고대 그리스 철학에서 볼 때 인간의 감정과 정서가 몸에서 비롯되며 뇌, 관절, 근육, 장부의 움직임 등 물질적 구조로부터 사고 과정으로 이어지는 것은 정신과 마음인 영혼이 물질적 작용으로부터 비물질적 존재로 형상화된다고 볼 수 있다. 특히 근원과 본질을 중요시한 아낙시만드로스는 지각할 수 없는 물질이 존재한다고 보고 가시적인 현상은 비가시적인 물질에 기원한다고 하여 최초로 관념적인 사고를 주장한 그의 혜안에 놀라울 따름이다.

중세에 와서는 기독교가 지배적이었다. 특히 종교와 철학이 가미된 교부학의 영향으로 스콜라 철학이 등장한다. 이 철학은 종교와 철학의 문제를 합리적으로 분석하는 것이다. 즉 이성과 신앙의 대립이 아닌 조화를 강조하는 가운데 피에르 아벨라르는 '신학'이라는 용어를 사용하며 "이성에 뒷받침되지 않은 신앙은 단지 하나의 의견"이라고 했다. 따라서 종교와 철학은 그 뿌리가 하나라고 볼 수 있다. 무려 2500년 이라는 시간과 공간 속에서 개념이 정리된 것이다.

토마스 아퀴나스는 영혼을 비신체적으로 보았는데 물질이 아닌 정신으로 보고 영혼은 소멸되지 않는다고 하였다. 그는 인간의 인식 능력은 감각을 바탕으로 경험을 강조하는데 영혼과 감각이 대립하고 있음을 알 수 있다. 따라서 신체와 정신의 이중성에 따른 인간의 욕망과 선함의 중립의 위치에 윤리라는 개념을 도입하여 선에 대한 관점을 제시한다. 주요 선행인 현명함, 용기, 중용, 정의를 받아들이고 이것을 바탕으로 기독교의 선행인 믿음, 사랑, 소망이 탄생하게 된다.

반면 독일의 신비주의의 사상가 에크하르트(Meister Eckhart)는 "모든 사물은 신 자신이다"라고 하여 신은 인간이 존재하는 동안만 경험한다는 것이다. 자신의 영혼과 신이 만날 수 있는 유한성 때문에 영혼의 깊은 곳에서 신과의 일치를 주장한다. 신비의 합일, 신비로운 경험을 할 수 있는 정신의 부분을 '영혼의 불꽃'이라하여 영혼에서 신이 태어났기 때문에 영혼은 신의 존재를 받아들일 수 있다는 것이다. 신의 존재는 인간의 영혼이 신과 하나가 되는 일체의 경험을 통해 알 수 있다는 것이다.

근대 철학에서 스피노자는 신과 자연의 통합을 주장하였다. 그는 실체라는 개념을 정립하면서 물질이 아니라 하나의 무한한 존재라는 것으로 영원하고 스스로 존재한다는 것이다. 존재하는 모든 것은 어떤 성질이나 상태일뿐이라고 하면서 신과 자연은 동일하다는 범신론적 입장을 강조하였다. 범신론의 입장은 영혼을 통해 신을 경험할수 있다는 신비주의와 일치한다. 범신론은 내재적이고 초월적인데 신은 모든 사물 안에 실현된다고 보고 있으며 동양 종교에서도 나타나고 있다. 그러므로 영혼은 실체에 서려 있으며 우연성 보다는 필연성을 띠고 있기 때문에 자유의지보다는 인식이 더 중요하다고 보는 것이다. 영혼 그 자체는 감성과 지성을 갖추고 있지만 감각적 인식보다는 이성적 인식에 의거한 존재 방식을 받아들여야 한다고 보고 비합리적인 감각적 인식을 배격하고 이성주의를 강조한다.

칸트는 선험적, 필연적 도덕원리를 "정언명령"이라 했다. 절대적 자유의지의 "도덕률"은 영혼이 서린 양심의 소리이다. 이 양심은 종교적 가치 이상으로 사람들의 마음속에 살아서 꿈틀거린다. 종교의식의 가장 중요한 하나는 바로 언어의 마술이다. 말을 통한 주술, 주문, 기도, 설교 등은 신앙의 성장 통로이며 믿음의 정수이다. 또한 인간의 사고와 감정, 그리고 행동의 변화를 추구하기 위해서는 사상에서 변화가 일어나고 영혼의 본질과 그 본질의 요구에 대한 인식 속에서 집중하는 것이 필수적이다. 특히 칸트의 비판이론은 영혼의 최고 경지로 진리 인식의 문제를 "사물 및 사태"라는 현실적 성찰에서 대상과 이 대상에 마주 하고 있는 주관 사이의 관계를 강조한다.

따라서 칸트 철학은 인간의 도덕성과 아름다움의 추구를 통해 초월적인 불멸의 영혼과 신의 존재를 자연과도 합일하는 것이 궁극적인 목적으로 보고 인간은 절대적 자유의지의 존재라는 것이다.

현대 철학의 하이데거는『존재와 시간』에서 존재에 대해서 말하기 위해서는 존재의 문제에 대해 말할 수 있는 유일한 존재인 존재자에게 물어야 한다고 하며 자신의 환경과 특정한 관계를 맺고 있는 유일한 존재자는 바로 인간의 현존재라고 강조했다. 존재는 존재에 접근할 수 있는 유일한 길이 언어라고 강조하며 "언어는 존재의 집이다"라고 했으며 인간은 그 안에서 산다고 했다. 하이데거의 철학은 존재 자체의 가치를 높혀 영혼이야말로 현대인의 언어 속에 살아 있으며 언어를 통해 영혼의 존재를 증명하고 있다고 볼 수 있다.

인도철학에서는 영혼을 초월적 영혼과 개별적 영혼으로 구분한다. 초월적 영혼은 의식 혹은 신을 말하며 모든 곳에 하나로 존재한다. 영원성을 지니며 우주의 중심에 있다. 반면 개별적 영혼은 신체 속에 한정된 시간 동안 머물며 각 개인의 수만큼 무한하다. 우리 자신을 물질에 기반을 둔 자기라는 것에만 한정하지 말고 신이라는 개념을 정립해야 할 것이다. 자아의 개념이 확립되지 않으면 신이란 개념은 확립이 어렵다. 만약 자아를 의식하지 못한다면 지식 혹은 앎, 행동 통제, 규율 등을 어떻게 실현할 수 있겠는가? 자신과 우리들 그리고 그것들이 환경과의 상호작용하면서 모든 것이 통합적으로 작용해야만 한다. 이유는 간단하다. 인간은 끊임없이 변화하고 생명력을 통한 지속적인 생성은 영혼의 전승이다. 똑같은 상황이나 상태에 머물지 않고 무한히 계속 변화를 추구하며 새롭고 완성된 무언가를 추구하는 것의 중심에 영혼이 존재하는 것이다.

미국의 프래그마티즘의 선구자 존 듀이(John Dewe)는 "삶의 과정에서 평정한 순간의 성취는 동시에 환경에 대한 새로운 관계의 시작이다. 투쟁을 통해 이루어지는 새로운 적응력을 환경에 부여하는 일의 시작이다. 즉 완성의 시간은 또한 새로운 지각의 시간이다."라고 하여 인간의 정해진 한계를 뛰어넘는 것이 본질의 해체와 죽음이지만 그로부터 새로운 리듬이 생긴다고 보는 것이다. 듀이의 실용주의 정신은 영혼의 혁명이다. 몸과 마음의 유기적 관계를 이해하고 본질 보다는 현상을 중시하여 현재 나타난 상황을 기준점으로 엄정한 현실 속에서 새로이 수행할 과제를 찾는 것이다. 인간 영혼의 의미를 제시하는 그의 선구자적 실용적 자유주의는 오늘날 영혼을 잃어 좀비화되고 있는 인간을 새롭게 깨치고 있다.

경험은 자신의 소멸과정을 영원히 살아 있는 것처럼 투사하게 되는데 개개인의 영혼은 사고와 행동에 의한 경험에 의한 총합이며 의식의 전반적 경향이라 할 수 있다. 존 듀이를 이어가는 리차드 슈스터만(Richard Shusterman)은 충돌과 모순이 없는 무관심적 평정이란 곧 죽음이라고 보았다. 다시 말해 이 세상의 충돌과 모순에 부딪혀 그것을 해결해 나가는 과정이 살아 있음이며 이 과정을 통해 해결이 절정에 이르렀을 때 미적 경험은 정점에 달한다는 것이다.

철학적 영혼의 근본을 이루는 인간의 몸과 마음의 문제는 데카르트의 심신이원론에 기초하여 경험주의 철학이 등장하면서 인간의 마음에 대한 실험심리적 주장과 더불어 윌리엄 제임스의 심리학 원리에 이르기까지 깊이 있는 역사를 가지고 있으며 신체와 정신 그리고 마음의 문제를 해결하는 원동력이다. 즉 비물질 영혼인 사고, 의지는 우리의 몸에 영향을 미치지만 물질에 해당하는 뇌의 상태는 우리의 마음에 영향을 주게 된다. 이러한 물리적 세계인 공간 개념과 시간 내 배열로 이루어진 영혼 세계의 모순을 해결하는 것이 관점이다. 이러한 모순을 해결하는 영혼의 지적 연구의 대가인 켄 윌버는『감각과 영혼의 결혼(The Marriage Sense and Soul)』에서 '사상한도(四象限圖)'을 주장하면서 '나', '우리', '그것'을 강조하였다. 영혼이란 나와 우리 그리고 그것에 묶여 나를 잊어버리는 것이 중요하다. 즉 무아, 혹은 망아 상태에서 우리와 그것으로 개념화하면 영혼은 영원히 존재하게 된다.

특히 불교는 현세 종교이지만 영혼 불멸을 주장하며 환생을 강조하는데 전생의 나로 태어나는 것이 아니다. 환생을 한다고 해도 나 아닌 다른 것으로 태어나기 때문에 '무아(無我)'를 강조한다. 윤회설은 해탈의 관점에서 볼 때 무아를 깨닫지 못한 영혼의 영겁회귀이다.

이상에서 살펴본 내용을 토대로 신의 탄생은 신화에서 비롯되고 철학의 시작은 신화적인 사고를 극복하기 위한 인간의 예지의 표현에서 비롯됨을 알 수 있다. 즉 세계의 근원은 무엇인지, 신과 자연과 인간의 관계는 어떠한지 삶과 죽음의 관계는 어떻게 되는지 등의 의문에 대한 답을 구하는 것이다. 인간과 세계의 본질을 구현하고 존재의 참 의미를 찾기 위한 각고의 노력이다.

소크라테스의 영혼 불멸, 플라톤의 이데아 사상, 아리스토텔레스의 형상과 질료, 마이스터 에크하르트의 내적 경험의 신비주의를 통해서 존재의 의미와 진리를 추구함으로써 생명의 진정성을 알 수 있다. 마음과 정신 그리고 영혼이 신체와 더불어 존재할 때 진정한 가치가 있음을 알려준다.

이러한 철학을 바탕으로 영혼의 철학적 정의는 실존적인 영혼과 신화적 영혼으로 구분할 수 있다.

첫째, 실존적인 영혼은 환상이 아닌 존재 당위성이다. 사람의 외부 표상 세계에 대한 인식의 통로인 눈이 어두운가 밝은가의 문제이다. 따라서 눈이 밝다는 것은 영혼이 순수한다는 증거이다. 어린아이의 운동자를 보면 순수함의 극치를 볼 수 있다. 거기에 아름다운 영혼이 서려 있다.

둘째, 신화 속의 영혼이다. 신화학자 조지프 캠벨(Jogeph Campbell)은 "신화란 우주의 무한한 에너지를 인간에게 솟아 붓는 비밀스런 통로다"라고 했다. 특히 신화는 상징으로 특징지어지며 프시케(psyche)는 그리이스 신화에 나오는 에로스(eros)의 아내인데 영혼을 신격화한 경우이다. 영혼의 상징은 아름다움을 나타내는데 주로 새나 나비 등의 날개로 상징화되고 있다. 영혼은 상징체계이므로 눈으로 실상을 볼 수는 없다. 결국 비실체성이 영혼으로 표현되는 것이다. 그 이면에는 존중과 배려 등 사랑의 실체가 스며 있다. 날개를 가진 고대 이집트의 여신 이시스(Isis) 역시 그 날개가 생명의 숨결을 준다고 한다.

특히 영웅신화의 경우 주인공의 신적인 상태(divine state)는 온전한 영혼의 드러남이라 할 수 있다. 즉 문명의 발달로 생기는 사회 문제들을 해결하기 위해서는 신화적 영혼의 등장을 통해 욕망을 표현한다. 신화성에서 빼놓을 수 없는 것이 불(火)이다. 불은 인간의 영혼을 상징한다. 인간이 죽을 때 혼불이 나간다고 하는데 이는 심장이 멎었음을 의미한다. 인간은 항상 꿈을 꾼다. 다른 세상과 더 나은 세상을 찾는 것은 현재의 모습을 다른 모습으로 재현하고자 하는 의지가 작동하기 때문이다.

따라서 영혼의 철학적 정의는 사유 방식을 통해 영혼의 현실적 의미를 깨닫게 되는 것이며 이성적 판단에 의한 자아를 찾는 노력이다. 즉 자연적 현상과 인류의 역사적 흐름에 따른 인식의 과정에 자아의 의지 실현은 인간의 진정한 자유, 생명의 존엄과 가치를 추구하여 영혼의 안정과 안식을 얻을 수 있기 때문이다. 물질에 불과한 생명체가 의식 수준에 도달한다는 것 자체가 얼마나 철학적 사유인지를 이해해야만 한다. 오랜 세월의 경험과 사고, 감정이 압축된 것이 곧 우리 자신이며 바로 영혼이다.

(3) 과학적 정의

과학이란 경험에 기초하고 실험적으로 확인하는 과정이기 때문에 영혼의 과학적 정의를 내리기는 매우 어렵다. 영혼은 주관적 경험에 의한 의미를 찾을 수 있지만 과학은 사실에 의한 의미를 추구하기 때문에 실험적으로 확인할 길은 없다. 또한 현대 과학이 아무리 발달해도 물질에서 영혼을 찾기란 거의 불가능하다. 다만 고대 철학자 데모크리토스는 영혼을 원자의 조합으로 보았다는데 과학적 의미를 찾아볼 수 있다. 특히 동역학에서 열역학으로 그리고 양자물리학의 시대에 이르기까지 영혼을 과학적으로 정의한다는 것은 참으로 어려운 일이지만 물질의 힘이 팽배할수록 영혼은 부가 되며 보다 높은 차원에서 과학과 통합되어야 할 것이다.

이와 같은 변화의 과정에서 영혼의 과학적 정의는 신체와 정신 그리고 영혼의 삼분법에서 실마리를 찾게 된다는 것이다. 특히 인간의 신체는 양자물리학 차원에서 고형물질이 정보의 순환 체계로 가장 작은 단위인 양자 에너지로 본다는 것이다. 영혼은 '생명력' 이자 '의식'에 다름 아니다.

의식은 호흡과 불가분의 관계이다. 숨을 들이마시고 내쉴 때를 의식한다면 영혼의 흐름을 파악할 수 있을 것이다. 또한 양자물리학에 의하여 생물체가 방출하는 진동은 미약한 자기장의 파동에너지이다. 생체의 전해지는 파동과 빛의 입자는 영혼에 직접적인 영향을 준다. 파동과 입자는 인간의 고유감각에 영향을 주고 지각과 인식 그리고 의식의 근원을 이룬다.

생명체의 속성은 합목적성, 자율적 형태발생, 복제의 불변성에서 찾을 수 있다. 특히 불변성은 영혼 그 자체이다. 고차원적인 질서를 그대로 복제해서 전달한다는 것이 영혼의 불변성이고 그 자체가 불멸이다. 그러므로 영혼은 불멸한다고 할 수 있다. 한 세대가 다음 세대로 이어지면서 역사를 이루고 문화를 이루었다는 것이 그 증명이다. 이미 현대과학에서는 유전정보를 파악하고 있고 복제도 가능한 상태이다. 다만 윤리적 문제가 대두되고 있다. 합목적성에는 의도를 내포하고 있으며 이 의도의 진정성은 종의 보존과 증식이라고 할 수 있다. 그러므로 모든 구조와 기능은 합목적적으로 이루어져 있는 것이다.

르네 데카르트는 17세기 입자의 움직임을 통해 자연을 해석하고 영혼을 물질에서 찾고자 하여 하늘이나 신앙에서 보다 신경계의 작용에 관심을 두었다. 그는 자신의 본질 이외에는 허상이라고 생각하고 표면적인 오감의 감각적 지각보다 존재의 분명함을 제시하였다. 이것이 이성적 영혼으로 "나는 생각한다, 고로 존재한다(Cogito, ergo sum)"이다.

또 다른 과학적 영혼의 선구자는 1664년에『뇌와 신경의 해부학』을 발표한 토마스 윌리스이며 그와 같이 영국 왕립회원이었던 리처드 로워이다. 리처드 로워는 최초로 인간에게 수혈을 성공한 사람으로 공기와 피의 만남이 생명의 비결이라는 것을 입증하여 인간의 영혼은 뇌의 작용과 더불어 심장에서 뿜어 나오는 혈액 역시 인간의 영혼의 일부분이라는 것을 보여주었다. 1659년에 비로소 혈액에 산소의 중요성을 알게 되면서 영혼의 에테르가 산소라는 것을 입증하게 되었다. 결국 토마스 윌리스는 인간의 영혼은 물질적 영혼과 비물질적 영혼의 이중성을 주장하였다. 삶은 물질적 영혼이며 죽음은 비물질적 영혼으로 영혼의 불꽃이 꺼지는 현상이기 때문에 이성적 영혼이 감각적 영혼보다 중요한 이유가 되는 것이다. 그러므로 영혼의 특성과 육체와의 연관성은 신비롭지만 사실 과학적으로 보면 양자세계의 작용과 흡사하다.

또한 과학적 영혼의 탐구는 18세기 콩도르세에게 이어진다. 그의 계몽시대에 제기된 과학적 세계관은 물리학이다. 확률적 계산과 물리학적 추론의 방법론으로 영혼의 참 의미를 찾고자 했다. 이성과 현상을 보편적 인과률을 적용하여 추론적 사유를 이끌어 낸다.

이와 같은 정신의 진보 속에 영혼이 존재하며 오늘날 인류발전에 토대가 되었다.

현대 과학에서는 영혼을 감각의 수용체에 비교하기도 하며 호르몬으로 비유하기도 한다. 아주 현실적이고 실제적인 해석이다. 그동안 영혼은 비과학적 영역으로 생각하여 접근하는 것 자체를 터부시하였다. 이제는 인간의 진정한 영혼의 개념이 밝혀지는 시대이다. 항상 살아 있고 신경세포의 막 속에 있는 단백질이 바로 수용체인 신경전달물질이다. 이들 뉴런은 화학물질을 방출하게 되는데 뉴런 사이에 신경 신호라는 물리적 신호를 신경충격이라 한다. 아드레날린, 노르아드레날린, 세로토닌, 아세틸콜린, 감마아미노낙산(GABA), 글루탄산염 등 신경계에서 신경 전도의 흥분과 억제를 수행하는 물질들이다. 뉴런에 있는 시냅스에서 흥분 신호와 억제 신호를 받아들인 다음 반응하게 된다. 이러한 물질들이 인간의 영혼을 좌지우지하는 매체들이며 인간의 기본적 특성인 유전자와 더불어 인간의 영혼을 과학적으로 증명하고 있는 것이다.

그러나 과학적 영혼의 문제는 여러 가지 신경 물질의 조절이 가능해지고 인간의 감정을 통제하는 연구가 진행되면서 인간의 마음과 정신의 변화를 초래한다는 것이다. 인간의 특징은 언어와 상징을 통해 영혼의 기능을 강조할 수밖에 없는 것이다. 왜냐하면 화학물질이 사람의 정신상태를 변화시키면서 인간성의 말살을 가져오고 정신의 피폐를 가져올 수 있지만 좋은 면은 기억력을 향상시켜 치매를 예방할 수 있다는 것이다.

그러므로 인간 영혼의 온전성을 위해서는 언어와 상징을 통한 인간 본유의 특성인 상상력과 통찰력 등을 살리면서 화학물질인 신경전달물질의 변화를 추구해야만 한다. 이러한 전달체계는 물리적 신호, 화학적 신호, 전기적 신호를 거쳐 의식의 단계로 전환된다는 사실을 이해할 때 비로소 영혼의 참 의미를 알게 된다. 감각 정보들이 전기적 충격에 의해 전달되고 그 정보들이 각각의 두뇌의 어느 영역에 도달하는가가 중요하다. 여러 영역의 목적지에 도달하여 두뇌의 기능에 따라 목적하는 일을 수행하게 된다.

이러한 불가사의한 두뇌의 작용은 영혼의 힘이라 할 수 있다. 결국 영혼은 뇌의 영역에 따른 기능이 역할인 것이다. 기쁨과 슬픔의 영역이 존재하며 감정의 지배를 받게 되면서 영혼의 결과도 달라지게 되는 것이다. 감각은 인과관계 보다는 상호관계로 보는 것이 합당하다.

특히 인간은 통증에 민감한데 우리 몸이 통증 신호를 뇌로 전달할 때 아편과 같은 물질인 모르핀이 생성되어 진통제 역할을 한다. 특히 엔도르핀은 생명이 위험에 처했을 때 우리 몸이 상처에 통증을 느끼지 않도록 하여 위험으로부터 벗어나게 한다. 이 모든 것이 결국은 인간의 영혼의 안정에 기여하는 기제라고 할 수 있다. 통증이 고통에서 시작하여 질병이 되었지만 통증 감각의 긍정적인 것은 고통이라는 아픔을 견뎌내면서 이룩한 이성적 문화의 발전을 이루었다는 사실이다.

인간이 온갖 고통을 감내하면서 인내하는 방법에는 여러 가지가 존재한다. 가령 아편을 비롯한 모든 종류의 마약 등은 인간의 영혼의 안식에 관여할 뿐만 아니라 기호식품인 알코올과 커피, 혹은 식도락은 우리를 즐겁게 하기 때문에 영혼에 커다란 영향을 준다. 다만 아편이나 향정신성 의약품은 사람의 기분이 심리상태에 직접적으로 영향을 준다. 그러므로 "영혼의 치료제"라 불리기도 한다. 많이 알려진 내성 물질인 도파민, 노르아드레날린 역시 같은 맥락으로 이해할 수 있다. 따라서 사람들이 겪는 괴로움과 고통을 단순히 통증 개념으로만 접근하여 의약품으로만 해결하려는 물리적이고 근시안적 자세보다는 고통의 의미를 새로운 각도에서 영혼의 문제로 접근하는 것이 필요하다.

또한 영혼은 파장이며 진동이다. 현 상태에 그대로 머무르고 있는 것은 아무것도 없고 모든 것은 진동하고 있다. 이 원리는 물질, 에너지, 마음, 영적 현상까지 파장으로 본다. 특히 전자와 원자, 분자, 그리고 우주의 모든 것이 진동의 움직임 속에 있다. 진동의 원리를 이해하면 우주의 원리를 알게 되는 것이다.

파동 변화는 기분이나 감정을 비롯하여 정신의 문제까지 포함하여 변화와 치료를 위해서는 파동의 작용이 필수적이다. 사람이 의도적으로 주의 집중하면 많은 일을 할 수 있다. 즉 의지의 힘을 발휘하면 마음의 파동 즉 진동이 작용하여 질병의 치료도 가능해진다. 의지가 주의력에 작용하여 파동에 따라 주의력 역시 진동하기 때문에 변화가 일어난다. 따라서 영혼의 과학적 정의는 사실과 경험을 토대로 존재의 의미를 찾아 진정한 가치를 실현하는 것이라고 할 수 있다.

(4) 문화적 정의

문화는 문명과 같은 의미이다. 인간들의 삶을 풍요롭게 하기 위하여 자연 상태를 인위적으로 발전시켜 문화를 향유하면서 살아가는 것이다. 곧 자유의지를 실현하면서 살아가는 가운데 영혼의 존재가 있다. 원래 인간은 고대부터 자연에 대한 두려움과 공포 등 인간의 부족함을 해결하기 위해 무수한 시간을 견뎌내면서 오늘날의 문화를 이룩하였다. 문화는 감각적 인지에서 기억으로 발전하여 지식이 되었으며 이것은 우리의 몸과 마음속에 영혼으로 전승되는 것이다. 자각할 수 있는 인식 능력이 결국 기억으로 남아 있는 것이다.

특히 종교와 철학을 포함하여 현대 과학에 이르기까지 질서와 안정을 바라는 인간의 염원이 문화사회를 이루었으며 첨단 과학기술의 발전은 인류복지에 기여도 하지만 또 다른 면은 과학으로부터 위협을 받고 있는 것이 문제이다.

독일의 계몽주의 사상가인 헤르더는(J. G. Herder) 문화를 인간의 정신 산물로 보고 있다. 그러므로 영혼의 문화적 정의를 내리기 위해서는 정신의 연장인 문화에서 찾아야 한다. 영혼의 실재를 찾는 길은 인간의 역사적 실천에서 가능하며 실제로 문화는 인간의 변화를 추구해왔다. 인간의 유구한 역사 속에서 계속 발전해 왔으며 그 경험적 지식의 축적은 유전정보에 그대로 존속되고 있다. 오랜 역사와 인간의 정신 속에 아로새겨진 의식인 것이다. 따라서 그가 주장하는 신화적 단계는 물질과 의식작용에 의한 물질계이며 존재론적 단계는 두뇌의 작용에 따른 정신계이다. 기능적 단계는 정신의 범위가 미치는 범위와 정신 초월, 영적 스승, 선경, 고승, 대학자 등의 물질과 정신계를 떠날 때 가능한 영계로 볼 수 있다.

또한 영혼의 문화적 정의는 놀이에서도 찾을 수 있다. 인간은 "호모 사피엔스(homo sapiens)", "호모 파베르(homo faber) " 혹은 "호모 루덴스(homo rudens)"라 한다. 즉 생각하는 인간 속에 영혼이 깃들어 있고, 공작하는 인간 속에 영혼이 깃들어 있으며, 놀이하는 인간 속에도 역시 영혼이 깃들어 있다. 깊이 몰입하면 영혼은 작용하는 것이라 볼 때 의식적 행위에서 영혼이 발현되는 것이라 볼 수 있다. 생각, 공작, 놀이 모두 고도로 집중된 의식이라고 한다면 고대로부터 내려오는 인간 고유의 고등놀이에서 출발했다고 볼 수 있다.

네덜란드의 유명한 역사학자 요한 하위징아(Johan Huizinga)는 인간의 고등 형태의 놀이에서 두 가지 기본적 양상을 주장하는데 첫째, 어떤 것을 얻기 위한 경쟁이고 둘째, 어떤 것의 재현이라 하였다. 즉 어떤 것을 얻기 위한 경쟁의 '재현'과 어떤 것을 잘 재현하기 위한 경쟁에서 영혼이 스며 있음을 알 수 있다.

예를 들면 스포츠 경기는 대표적인 영혼의 재현이다. 특히 많은 관중을 동원하는 축구 경기는 수많은 인원이 모여 함성을 지르고 열광할 때 영혼의 힘이 발현됨을 알 수 있다. 일상적 현실에서 비일상적 현실로의 추구 즉 일상적 실재의 감각을 통해 비일상적 실재를 찾아 나가는 것이 바로 의양의 실현인데 이를 상상력 혹은 창작력(imagination)라 하고 영혼과 통한다. 결국 인간이 어떤 것을 나타내려고 몰입할 때 이미지, 상상력, 비전 등은 영혼으로 나타나게 된다.

영혼이 문화적 특성을 갖는 이유는 인류의 인식을 통한 지성이 전수되면서 사고를 발전시켜왔기 때문이다. 전승되는 과정에서 차별화를 거치고 다듬는 과정을 거치게 되는데 이러한 규칙들을 우리는 전통이라 한다. 그러므로 환경이 전통을 만들고 전통이 환경을 만드는 고리의 순환이 곧 영혼의 전승이다. 영혼은 문화의 원동력이라 할 수 있다. 끊임없이 계속되는 반복과 전래 속에 차이가 발생하고 그 차이는 발전을 의미한다.

또한 영혼은 종족에 의한 문화적 기능이 있다. 인류 유전에 자아가 머물고 있다는 사실에 인간의 본질을 생각할 수 있다. 사물의 특성을 파악하는 본능의 작용이 있다는 것이다. 이것이 지각 능력이다. 즉 인간이 인간들 사이에서 서로 공감하는 능력은 바로 영혼의 작용이다. 배아에서 태아로 전환되는 순간 인간으로 영혼을 부여받는 것이다. 인간의 형태를 갖추었을 때 비로소 인간의 영혼을 부여받게 되는 것이다. 자아를 인식하고 타인을 인지하는 사고체계를 갖는다는 것은 영혼과 영혼의 거룩한 만남을 형성한다는 의미이다. 영혼의 존재를 익히 알고 현실에서 마음에 투사하는게 중요하다.

타인에 대한 공감과 이타심이 곧 신성함의 근본이며 성스러운 실재를 맞이하는 것이다. 자기의 내면세계 깊이 몰입하는 동시에 자기 초월의 경지에 이르는 것이다. 따라서 영혼의 문화적 정의는 몸과 마음이 영속적으로 존재하기 위한 인식에 근거한 실천적 행동의 결과라고 할 수 있으며 진정한 자유의지의 실현이라 할 수 있다.

(5) 심리적 정의

영혼의 심리적 정의는 간단히 말해서 마음의 표출이다. 마음이 곧 우리의 삶의 실제적 요소이기 때문이다. 마음의 확장된 변화가 곧 유일한 존재인 인간의 영혼이다. 대부분의 사람이 정신결정론과 의식과 무의식 속에서 살아간다. 또한 자유의지를 실현하면서 살아간다. 그러나 현대인은 심리학의 아버지 윌리엄 제임스가 1906년 컬럼비아 대학 미국철학연합회 연설에서 주장하는 내용의 의미를 되새길 필요가 있다. 즉 "우리는 반쯤 잠들어 있는 상태이다. 불은 꺼져 있고 불을 지피는데 필요한 바람은 제대로 통하지 않는다. 우리는 우리가 동원할 수 있는 정신적, 신체적 능력의 극히 일부만을 사용하고 있다."라고 하여 오늘날 현대인들의 영혼 상실에 처한 현실을 예견하였다.

특히 정신분석학을 주창한 프로이트는 정신에 대한 과학적 연구를 시작할 때 신화에 바탕을 두었다. 왜냐하면 신화는 인간의 일상사와 같이 과거에 일어났던 일이 현재에도 일어나는 현상이기 때문이다. 신화는 올바른 사고와 행동을 유발하는 기제로 영성의 상징이고 그 영성은 자신의 내면세계에 대한 동경이다. 내면세계와 교통을 하면 모든 문제를 받아들이고 깨달을 때 신에 대한 경외심이 우러나오게 된다. 이런 경지에 이르게 되면 삶은 더욱 풍족해지고 마음의 최고 평정에 도달하게 된다.

결국 의식의 흐름은 다양한 감각 양식의 이미지를 가지고 있으며 서로 협조적, 논리적 연결 상태에서 집합되어 시간에 따라 순방향으로 변화를 추구하면 이미지의 집합이 그 전의 집합을 승계한다는 것이다.

또한 심리적 기능은 광범위한 능력과 지능을 통해 사실을 추론할 수 있다. 인간의 마음속에서 생각의 발현은 개인적으로 그 생각을 소유하고 생각에 따라 행동하며 또한 대상물과의 관계에서 주도성을 가지고 있다. 즉 앎이라는 지각에 따른 기억과 대상에 대한 감각적 인식이 작용하고 있기 때문이다. 이러한 의식의 흐름이 곧 마음이며 이 마음에 작용하는 에너지가 영혼인 것이다.

이 에너지는 이미지에 형성된 내부적 감각이며 특정 이미지는 느낌의 이미지로 힘이 순방향으로 작용하고 영상이 앞으로 전개되듯이 대상에 대해 비언어적으로 메시지를 일방적으로 전달된다. 그러므로 시간은 대상의 이미지와 그 이미지에 대한 개인이 소유하는 인과관계 구축에 핵심적인 요소이다. 의식의 흐름이 영혼이며 시간의 흐름과 맥을 같이 한다. 의식의 심적 과정 자체가 한 개인의 영혼에 해당하며 외부의 대상에는 심적 과정이 존재할 수 없다. 본인의 관점, 사고의 실현과 행동의 결과는 본인만이 알 수 있는 유일한 근거이다. 오감을 통한 느낌과 감정은 지각이 되고 인식이 되면 한 개인으로 성장하고 완성되는 것이다. 인식된 것을 앎이라 하고 개인의 마음은 자아 감각이라 한다. 이러한 앎과 자아 감각이 완벽하게 일치하지 않기 때문에 타이밍을 놓치고 후회를 하게 된다.

인생사가 운명이며 팔자타령을 하는 이유가 여기에 있다. 따라서 사람이 안정된 삶을 살아가기 위해서는 감각 운동 패턴을 정확하게 알아야 한다. 인식과 자아가 부재하면 한 개인의 영혼은 존재하지 않는 것이며 비물질적 영혼 그대로 존재할 것이다. 즉 살아 있는 물질의 영혼은 육안으로 혹은 지각으로 느낄 수 있지만 죽은 영혼은 볼 수도 느낄 수도 없다. 다만 개개인의 생각이나 회상을 통해 이미지를 그려 볼 수 있다. 따라서 의식과 자아가 분리되느냐 분리되지 않느냐가 중요하다. 매 순간 깨어 각성 상태에 머물러 있어야 확실하게 존재하는 것이다.

영혼의 심리적 정의에 있어 중요한 것이 영혼과 욕망의 관계이며 이의 표현이다. 교황 그레고리 1세는 "육체는 영혼의 더러운 옷"이라는 표현을 했다. 우리가 무의식적으로 물들어 있는 습관과 억압된 감정 특히 분노, 공포, 두려움, 슬픔, 갈망, 원망 등 무수한 감정의 기복 속에서 세상의 모든 짐을 지고 시지푸스의 모습으로 살아간다.

특히 욕망이란 비이성적 힘에 이끌리어 사고와 행동을 조절하기 힘든 현실에 적응하고 타개해야만 한다. 다양한 경험과 체험 그리고 감정의 깊은 곳을 찾아서 인지와 인식의 차이를 이해하고 미처 볼 수 없는 에너지를 개발하여야 한다. 즉 심리적 에너지가 영혼이라 인식하는 것이 중요하다.

결국 모든 것이 몸과 마음의 조화이기 때문에 이러한 욕망의 통제와 조절이 결국 한 사람의 인격을 형성한다. 감각적 영혼을 통해 이성적 영혼도 움직인다는 신념이 바로 마음은 신체에 의해 모든 것을 할 수 있다는 것이다. 영혼의 심리적 정의는 마음을 몸으로 나타내면서 인격 도야와 형성을 위해서 노력하는 본심이라 할 수 있다.

2. 영혼의 존재와 구조

1) 영혼의 존재

(1) 영혼의 필요성

인간은 삶과 죽음의 경계에서 살아간다. 삶은 신체와 정신과 영혼이 상호작용하는 실존의 문제로 본능과 욕구에 따라 무엇인가를 이루려고 하고 하는 경향과 새로운 것을 창조하면서 질서를 이루려고 노력하는 형성의 존재이다. 반면 죽음은 자연현상에 의한 변화와 생성의 움직임이며 불가항력적 실체가 없는 비물질적 영혼의 존재이다. 이것이 삶과 죽음의 근본적 차이이다. 창조와 질서를 찾는 인간의 욕망이 오늘날 첨단 과학기술에 도달했지만 신체와 정신이 병들면 영혼도 병들게 되므로 파괴되지 않는 온전한 영혼을 유지하기 위한 노력이 필요하다.

특히 인간의 유전자 연구는 인간의 실체를 파악하였으며 복잡한 사회 속에서 개인들이 해결해야만 하는 실존적인 문제에 봉착하였다. 이러한 복잡한 사회에서 생존의 문제가 행복과 불행의 척도가 되며 아울러 부분과 전체의 총합 속에서 부분이 전체의 합을 넘을 수 없다는 사실을 통해 사회를 이해하며 사회생활에서 실패를 최대한 줄여야 영혼의 안정을 찾을 수 있는 각박한 시대이다.

즉 현대 사회는 첨단 과학기술의 발달로 다양한 삶의 형태 속에서 하루를 바쁘게 살다 보니 인간성의 상실과 인간관계의 단절로 이어지고 있다. 특히 울리히 벡(Ulrich Beck)은 이를 두고 '위험사회'라고 했다. 풍요 속에 빈곤이 심해지고 상대적 박탈감에 따라 사회적 불균형이 갈수록 심화되고 있는 것이다.

특히 사이버 공간에서 현실과 괴리된 생활 속에서 영혼의 의미는 더욱 중요하다. 그러므로 이 시대에 필요한 것이 정신의 근본인 '넋'과 '혼'이다. 이러한 정신적 근본 질서는 부단한 신체와 정신과 영혼의 교류에서 쌓아진다. 도덕과 양심이 바로 서야 하며 피와 땀의 중요성을 인식하고 과정을 통한 결과 속에 영혼이 존재한다는 사실을 인지하여야 한다. 영혼은 한 개인의 성정이면서 집단적이기 때문에 그 에너지가 매우 강하다. 문화 형성의 원동력이 바로 집단적 영혼의 응집이라고 할 수 있기 때문이다.

우리는 현대 사회의 문제와 신인류라는 새로운 문화를 접하고 있다. 자본주의 사회의 모순과 사회 양극화는 인간의 양심을 저버리게 하며 결국 영혼까지도 저버리게 된다. 이러한 근본 원인은 이기심의 발로에서 출발한다. '이기심'은 자유의지의 가장 근원적인 에너지이다. 개인의 자유에 영혼이 깃들어 있으며 집단적 응집에 따른 자유는 더욱 강한 영혼이 작동한다. 영혼은 개인보다 집단적 힘이 강하다는 것을 여실히 보여주고 있다.

따라서 현대 사회의 문제를 해결하는 방안은 개인과 집단 속에 살아 숨 쉬는 영혼의 진가를 찾는 것이다. 자본주의 모순과 오류에 따른 자유경쟁 속에서 배제나 소외가 아닌 포용과 통찰, 열정 등이 영혼의 진면목이라는 것을 강조하여야 한다. 이러한 영혼을 되살리는 길은 정신과 마음의 끝없는 탐구와 더불어 종교의 고도화가 필요하다.

개인과 사회의 유기적 관계를 개선하는 길은 윤리와 도덕을 다시 회복하고 이의 실천에 있다. 또한 관계의 궁극적인 목적은 부분의 합을 뛰어넘는 전체를 보는 것이다. 일상생활에서의 관계는 이해가 필요하지만 관계를 개선하거나 확장하는 일은 마음을 다지거나 더 나아가 초월적인 능력을 요구하는 것으로 영혼의 파장이 전달되어야 하며 전체론적 사고의 핵심인 게슈탈트적 사고를 필요로 한다. 즉 패턴의 인식이 중요한 것이다. 자신의 삶을 풍요롭게 하기 위해서 지적 능력이나 감정을 잘 조절하여 조화롭게 현실에 적응하는 것이 중요하며 영혼이 거짓에 물들지 않도록 노력하여야 한다.

또한 이 시대에 영혼의 개념을 새로이 정립해야 하는 이유는 과학기술의 무한 발전이 인간을 기계화하면서 인간 영혼의 상실뿐만 아니라 파괴까지 서슴치 않기 때문이다. 현대문명의 위기는 다시금 인간의 본연의 자리로 회귀하기를 요구하고 있다. 영혼을 회복하고 삶의 의지를 새롭게 조율해야만 한다. 특히 삶과 죽음의 경계에서 두려움과 불안을 극복하고 삶 그 자체에서 영혼의 안정을 찾아야 한다. 존재의 가벼움과 무거움의 영접회귀적 상황을 이해하고 희화하며 이야기할 수 있어야 한다. 이 의미를 상연할 수 있어야 하며 삶의 영상을 상연하는 근본 취지와 원동력은 영혼에서 찾아야 한다. 영혼의 비실체적 존재는 물질과 더불어 정신과 마음의 진실과 일치하는 역할에 기인하기 때문이다.

17세기 프랑스의 물리학자이자 철학자인 블레즈 파스칼(Blaise Pascal)은 신체의 중요성을 강조하면서 건강의 개념을 단순히 육체의 기계적 면만 있는 게 아니고 정신과 같은 종교적 안정 즉 영혼의 존재를 인정했다. 즉 신체와 정신의 이분법에서 벗어나 신체와 정신 그리고 영혼이 복합적으로 작용하는 하나의 유기체로 보는 관점이 필요하다.

영혼은 미로가 아닌 미궁이다. 삶과 죽음의 경계가 바로 미궁이다. 미로 속의 인간은 두렵고 불안하지만 미궁은 중심으로 이동하기 때문에 불안과 공포가 사라짐과 동시에 자신을 성찰할 수 있다. 영혼 그 자체가 우리 삶의 의지이고 목적이다.

삶과 죽음의 경계는 분명하다. 삶은 존재가 실체로 확인되지만 죽음은 영혼의 존재 자체이기 때문에 실체는 없어지고 기억으로 남게되며 사라지지 않는다. 기억의 한계 또한 삶에서의 장·단기 기억과 무의식의 저장된 기억으로 분류되어 영혼의 기억은 각 개인의 독특한 형태로 존재할 뿐이다.

오늘날의 인간의 위기는 단순히 인간성의 상실과 쇠퇴가 아니라 고난을 통한 자유로운 영혼의 추구라는 초월적 계기가 없어지고 더욱 인간의 온전함을 향한 진정성이 사라지는 위기로 보아야 한다. 따라서 자유로운 영혼의 추구는 인간이 존재하는 한 영원한 것이다. 특히 종교와 철학 그리고 과학의 융복합 과정에서 새로운 질서가 형성되고 영혼의 진정성과 의미를 복원하고 인간성 회복과 영적 존재에 따른 영혼의 실재를 찾아야만 할 것이다.

이 같은 영혼에 대한 탐구는 인내와 노고를 통한 훈련을 요한다. 피와 땀이 서려 있는 노력 없이는 아무것도 해낼 수 없는 것이다. 몰아의 상태에 들어가야만 얻어지는 보배로운 것이다. 영혼의 특이성은 개념이나 이론으로는 설명이 어려운 경험이 존재한다. 따라서 삶의 고통이나 역경을 이겨나가는데 반드시 필요한 것이 용기와 의지이다. 삶의 의지와 용기는 영혼으로부터 나온다. 신성과 영원성은 내면의 세계와 연결되어 있기 때문이다.

내면세계 역시 마음과 두뇌 사이의 차이가 존재한다. 마음은 친숙함에 의해 알게 되지만 두뇌는 객관적인 내용들이 병열적으로 기록하고 서술하는 기능만 있을 뿐이다. 영혼은 인류의 오랜 경험과 지식, 지혜가 축적된 보배로 희망, 절망, 기쁨, 슬픔, 공포, 두려움, 관념, 이념, 목표, 목적 등 모든 것을 내포하는 부분과 전체의 관계이다. 내부의 마음과 외부의 환경을 정확하게 바라보는 관점이 중요하며 이러한 관계의 중요성은 직감, 공감, 영감 등에 영향을 주고 타인을 충분히 이해하는 능력이라 할 수 있다. 인류가 생존하는 가장 큰 이유는 바로 관계를 통한 서로의 도움과 동조 그리고 소통과 신뢰에 의한 이타심의 발로이다.

과학이 아무리 발달해도 결국 인간의 영혼만은 뛰어넘지 못한다는 엄연한 사실을 이해하고 우리의 삶터인 환경과 대기의 중요성을 새롭게 인식하며 과학의 발전은 오직 인류 공동의 발전을 위해 사용되어야 한다. 과학의 발전이 인간의 영혼을 피폐하게 하고 인간성을 말살해서는 안되는 이유는 영혼이 온전해야 인류생존이 보전되기 때문이다.

수렴사회(convergence)와 회복력 시대(resilience)에 반드시 필요한 것이 영혼의 제자리 찾기이다. 의식은 정신이며 마음은 곧 영혼이다. 여기에 영성까지 포함하여 건강과 안녕을 추구하며 탄력성도 갖추어야 한다. 특히 노인인구가 급격히 늘어나면서 사회문제가 되고 있다. 수명 100세 시대에 진입했지만 잔여수명에 대한 준비가 미흡한 가운데 개인의 생존 문제가 대두되면서 노인복지는 국가 재정의 문제로 확대된다.

빈곤 문제와 각종 사회보험의 비중이 늘어나고 세대 간의 갈등은 갈수록 심화될 것이며 영혼은 더욱 피폐해질 것이다. 영혼의 근원인 삶의 의지와 희망을 상실하면서 개인의 건강은 물론 사회를 불안과 위협으로 몰아가고 있다. 그러므로 삶의 의지와 희망을 되찾는 탄력성이 필요하며 생애 과정의 역동적인 에너지를 보충하기 위해서는 역기능을 보강하여야 한다. 오히려 역경에 대한 탄력성이 삶을 강하게 견인하며 노력에 대한 보상과 성취감을 통해 높은 수준의 심리적 안녕(well being)에 도달하는 경우가 많다.

오늘날처럼 스트레스가 심하고 역할상실이 많은 초연결 시대에는 반드시 영혼을 통한 자기관리를 철저히 하여야 한다. 특히 영혼의 정의를 확고히 하여 정신과 마음이 흔들리지 않고 자기중심을 찾는 것은 바로 종교, 철학, 과학, 문화, 심리에 따른 차이를 분명히 아는 지혜가 필요하다. 오직 영혼만이 자신의 한계를 극복하고 역량을 유감없이 발휘하며 어떠한 상황이나 환경에서도 자신감을 잃지 않고 효율적으로 대처하여 삶의 의미와 희망을 찾을 수 있다.

(2) 영혼의 긍정성

영혼의 존재가 긍정적인 이유는 유기체가 느끼는 감정과 정서가 서로 다르기 때문이다. 예를 들면 사람이 살아가면서 가장 중요하게 느끼는 것이 고통 즉 괴로움과 통증이지만 그 반대는 쾌락이다. 고통과 쾌락은 인간이 살아가기 위한 수단으로 생명 조절 기능 중 하나라고 할 수 있다. 고통은 회피하고자 하는 본능으로 누구나 경험하면 싫어하는 이유가 된다. 반면 쾌락은 경험하면 계속 유지하고자 하는 본능이기 때문이다. 경험은 행동으로 드러나기 때문에 회피와 보상 등 인간 행동을 유도하기도 하고 축소하기도 한다.

따라서 유기체의 본질은 성장과 발달을 통해 생명을 유지하고자 하는 것이다. 유기체의 기전은 혈류와 전기화학적 전달에 따른 에너지의 반응에 의해 변화하는 특성이 있는데 이를 영혼의 작용으로 보는 것이다.

또한 영혼이 대상을 지각하는 방법이 중요하다. 즉 존재에 대한 대상의 지각과 외부의 반응에 대하여 조절 능력이 있어야 한다. 오감과 직감 그리고 신체와 조절된 신호의 기능이 작용할 때 온전한 영혼의 작용 된다. 이러한 기능을 감응(affectation)이라 하며 운동과 정서가 영향을 미치며 영혼이 형성되는 조건이다.

영혼은 우리의 마음과 대상과의 관계에서 형성되며 영혼의 작용은 우리의 내면세계에서 발현되어 외부 세계와의 협응에서 만들어 진다. 즉 마음은 마음 밖의 환경과 상황에 대한 대처하는 힘이다. 마음의 상태를 표상하여 자기 조정을 통해 환경에 적응하는 것이다. 이 기제에 있어 중요한 것은 느낌이며 이는 감정과 지각을 포함한다.

(3) 영혼의 부정성

영혼의 존재는 긍정성만 있는 것이 아니고 부정성도 있다. 대표적으로 선의 반대 개념인 악을 들 수 있으며 악의 근본은 탐욕이다. 탐욕은 지나친 욕심으로 욕망과는 다른 뜻이다. 욕망은 인간의 가장 기본적인 본능의 일종이지만 탐욕은 자신의 존재가 무의미해지는 것에 대한 불안을 표시하는 것이다. 자기결정권의 상실과 남으로부터의 통제에 대한 불안이라 할 수 있다. 이러한 불안감은 영혼의 파괴행위에 해당하며 오늘날 많은 사람들이 경제적으로 우월한 위치에 이르기 위해 애쓰고 노력하는 이유 중 하나이다. 물론 금전을 비열한 물질로 보고 경계를 하거나 아니면 수전노 같이 쓰는 것을 아까워하며 돈을 신적인 대상으로 숭배하며 만족을 추구하는 경향도 있다. 즉 돈을 신격화해서 자신의 내면세계인 영혼의 안위를 찾는 것이다. 영혼의 존재 부정성 중 중요한 것이 행복 체험의 순간이 멈추지 않고 영원하기를 바라는 욕망이 도사리고 있기 때문이며 자기 절제라는 관대한 힘과의 갈등에서 탐욕의 유혹을 이기지 못해 영혼의 파괴를 자초하는 것이다.

특히 탐욕은 심리적 문제로 영혼의 존재 차체의 부정성이다. 국가론의 마키아벨리는 공명심과 탐욕이 인간을 지배하는 근본 본능으로 보고 있는데 인색한 행동의 근원에는 공명심이 이루어 놓은 것을 지키고자 하는 마음이 있기 때문이라 보았다. 쇼펜하우어 역시 인간은 천성적으로 악하다고 보고 그 주요 원동력이 악과 이기주의로 보았으며 악한 천성을 가진 인간은 슬픔을 안고 살아가게 되고 고통을 존재의 기본요소로 보았다.

또한 고통의 대척점에 쾌락이 존재하기 때문에 쾌락을 얻기 위한 열정의 정도가 인간적인 수준을 정도를 넘으면 병적인 것이 되고 영혼은 피폐해질 수 밖에 없다고 보는 것이다. 탐욕은 쾌락과 결부되기 쉽고 쾌락은 영원한 기쁨을 주지는 않는 것이 한계이다. 실존하는 영혼의 진정한 기쁨은 일시적 쾌락이 아닌 존재의 순수함과 초월적 에너지를 찾아야만 한다.

따라서 영혼의 존재 부정성은 끝없는 공명심과 탐욕의 발로에서 나온다고 할 수 있으며 인간은 선과 악을 선택하는 자유의지에 따라 영혼의 진정성이 가름되는 것이다. 선은 기쁨의 미덕이지만 악은 슬픔의 죄라고 할 수 있다.

2) 영혼의 구조

(1) 물질적 영혼

14세기 이탈리아를 중심으로 유럽 여러 나라에서 시작된 르네상스(Renaissance)는 인간의 개성과 합리성 등에 의해 내세에 치우친 종교적 문제 보다는 현세를 추구하는 반(反)종교적 정신 운동의 일환인 자연 과학의 급속한 발전으로 근대화에 기여하게 된다. 16세기 인간의 신체에 대한 연구는 신체와 영혼의 문제가 신체와 정신의 문제로 대별되었다.

특히 인간의 신체를 해부하면서 각 기관의 기능과 더불어 궁극적으로 생명의 비밀을 알게 된 것이다. 실제로 안드레아스 베살리우스의 방대한『인체 해부에 대해』라는 저술은 최초로 인체의 전 기관을 설명한 책이었다. 이와 같은 사실적 묘사는 개인의 생명과 관련된 모든 것의 해체이기 때문에 영혼의 정확한 위치를 논할 수 있는 과학적 근거를 제시한다. 인체 해부를 통해 인간의 중심은 뇌와 심장이며 실제로도 죽음과 직결되는 장기는 뇌와 심장이다.

현대의학에서의 법적 사망의 기준은 뇌사와 심장사로 구분하고 있다. 삶과 죽음의 경계에서 영혼의 위치를 확인할 수 있으며 실제로 사망과 동시 영혼의 인체에서 빠져나갈 때의 무게를 측정까지 했다. 영혼이 뇌와 심장에 존재하는 근거는 단적으로 신경의 작용에 의한 정신과 심장의 박동에서 찾을 수 있다. 신경이나 정신의 기능이 마비되거나 심장의 마비가 오면 영혼의 기능 역시 부자연스럽게 된다. 실제로 뇌 기능의 장애로 치매가 오거나 심장의 마비는 죽음을 초래하고 신체는 사후경직이 온다. 따라서 영혼은 생명과 직결된다는 것을 알 수 있다. 사망과 동시 영혼이 신체에서 빠져나가면 신체는 하나의 물질에 불과하며 무기물로 해체된다.

뇌의 중요성은 분석하는 좌뇌와 종합하는 우뇌의 작용이 있다는 것이다. 자세히 알아보면 좌뇌는 논리, 연산, 언어를 담당하고 우뇌는 감정, 맥락 등 큰 그림을 담당한다. 이와 같이 좌뇌와 우뇌는 각기 다른 사고체계를 갖고 있다. 특히 신경과학자 로버트 온스타인(Robert Ornstein)은 〈바른(오른편) 마음(The Right Mind)에서 "우리 뇌의 우반구는 창의성과 영혼이 깃들어 있는 곳이며 아이디어의 보고다"라고 했다. 그러나 디팩 초프라는 뇌가 마음을 창조하지는 않는다고 하였으며 오직 의식만이 있다고 보았다. 명료함이 마음이며 자유의지이다. 곧 깨달음이다.

또한 물질적 영혼은 과학적 영혼과 유비 관계이다. 과학적이라는 용어는 관념과 이론이 전제되며 논리와 증거를 필요로 한다. 예를 들면 문명비평가인 제레미 리프킨(Jeremy Rifkin)의 열역학 제2 법칙 엔트로피(entropy)를 들 수 있다. 유용한 상태에서 무용한 상태로 획득 가능한 상태에서 획득 불가능 상태로 질서 있는 상태에서 무질서 상태로 변한다는 것이고 이 상황을 거꾸로 되돌릴 수 없다는 것이다. 따라서 우주 안에 어떤 시스템에 존재하는 유용한 에너지가 무용한 형태로 바뀌는 정도를 재는 척도인 것이다. 시간과 공간의 수평적 세계를 지배하는 법칙이기 때문에 정신적 초월의 의미나 정신 내적인 의미와는 상반된다.

물질적 영혼의 필요성이 강조되는 이유는 서양과학이 발달하면 할수록 비례하여 정신적 가치가 높아지는데 이를 해결하는 방법은 서양의 과학과 동양의 정신적 가치를 융합하는 방법이다. 과학이 종교의 확실성을 극복하지 못하고 있는 것처럼 인간의 신체와 영혼의 유기적 관계를 과학적 영혼으로 접근하여 인간의 진정한 자아를 인식하는 신 인류적 발상이 요구된다.

앞으로의 시대는 신체의 존재적 확신과 더불어 마음과 영혼의 가치가 정립될 것이다.

물질적 영혼은 그 속성상 현대물리학을 바탕으로 소립자를 연구하는 아원자 물리학의 특성이기 때문에 실험만으로 해결되지는 않는다. 무수히 많은 실험을 통해 가설을 입증해야 하는데 현대물리학으로는 설명할 수가 없다. 이것이 바로 동양의 직관과 통찰의 힘과 일치하는 이유이다. 특히 물질적 영혼과 통찰 및 직관의 해석이 합쳐질 때 시너지 효과는 극대화될 것이다.

1988년 한스 모라벡(Hans Moravec)이 주장한 '자아'을 이루는 정보의 패턴을 로봇 속에 옮겨 넣는다면 영혼은 어디에 존재해야 하는가에 의문을 제시했다. 결국 자아의 연속성의 문제는 물질 입자보다 패턴의 보존에 있다고 할 수 있다. 그러므로 물질적 영혼은 생물학적이고 유전학적인 연구로 확대되어야 한다.

(2) 비물질적 영혼

① 신화적 영혼

신화는 인간의 본성을 이야기로 표현하며 인간과 신을 구분하는 죽음의 한계성이 결정적인 구조이다. 신은 영원히 죽지 않지만 인간은 언젠가는 죽어야만 한다. 저승사자의 존재 역시 인간의 죽음과 관련이 있는 서사적 구조이고 죽음을 확인하는 임무가 주어져 있다. 인간은 질병과 죽음의 공포로부터 자유롭지 못하기 때문에 불안하며 무병장수를 기원하는 이유이기도 하다.

특히 현대사회의 스트레스와 삶에 대한 두려움이 의식을 지배하게 되면 사고의 무력화 내지는 혼돈으로 급기야 질병으로 나타나게 된다. 또한 현대의 질병은 과거와 달리 그 양상이 만성퇴행성 질환과 대사성 질환을 비롯하여 면역기능의 저하로 인한 세균성 질환으로 급속하게 변하고 있다.

특히 죽음 이후의 영혼에 대해서는 풀리지 않는 의문이 많다. 죽음과 동시 영혼이 신체를 빠져나갈 때 그 모습을 볼 수 없기 때문에 삶과 죽음의 경계를 시간과 공간을 초월하여 비과학적으로 접근하여야만 한다.

따라서 삶과 죽음의 경계에서 죽음의 불가사의는 신화와 종교적 접근만이 가능한 일이다. 그리스신화에서는 죽음을 지하세계로 비유하기도 하지만 유일신 사상은 지하가 아닌 하늘에 두고 있다. 영혼의 탄생은 하나님의 명령에 불복종한 원죄에 있으며 자유의지를 얻게 되면서 인간의 본성을 찾게된다.

조지프 캠벨은 "신화란 우주의 무한한 에너지를 인간에게 쏟아붓는 비밀스런 통로다"라고 표현한 것은 적절하다. 신화는 우주 자체를 말하고자 하는 것이 아니며 현세의 모습을 드러내는 것도 아니다. 단지 인간 세상에서 반복적으로 발생하는 삶과 죽음을 바탕으로 한 문화의 구조적 원형인 것이다. 결국 신화적 영혼은 비물질적 차원으로 어떤 경계나 제한이 없다.

② 문하적 영혼

문화는 보편성을 띠고 있는데 그 보편성이 비로 영혼이라 할 수 있다. 이렇게 문화적 지식과 기술을 습득하고 소통하는가는 영혼의 가치 상승이다. 즉 몸과 마음이 하나가 되어 부단히 오랜 세월 부침을 겪으며 연마되어진 것이다.

특히 동양의 정신적 문화는 5000년의 역사를 통해 그 지식의 기반을 다지고 명맥을 이어오고 있다. 동양과 서양의 문화적 영혼의 차이는 서양이 400년의 실험에 근거한 과학적 지식을 문화적 영혼으로 승화시켰다는 점이다. 시간과 공간의 흐름 속에 지혜와 통찰을 격차를 말해주고 있다. 따라서 지성은 곧 영혼이라 할 수 있다. 긴 세월 각고의 통찰은 짧은 세월의 과학적 검증과 일맥상통한다고 할 것이다. 그러므로 종교와 과학의 관계가 나란히 평행선을 이룬다. 과학적 지식과 종교적 믿음의 중심에 영혼이 존재하고 있다는 것은 확실한 진리인 것이다.

예를 들어 과학에 의해 발달한 현대의학이 약물과 첨단 진단 장비를 통해 질병을 빠르고 정확하게 치료하듯이 동양의학 역시 오랜 시간 경험에 의한 진단과 치료를 하고 있다. 이러한 맥락으로 볼 때 동양의학의 경험주의적 접근방식이 서양의학의 관찰과 실험에 의한 과학적 접근방식과 엄연히 다른 것 같아도 사실은 서양의학의 임상실험은 동양의학의 직관에 해당하며 서양의학의 이론은 동양의학의 해석에 해당한다고 할 수 있다. 이러한 경험과 직관 사이에 영혼이 서려 있기 때문에 죽음 때문에 영혼을 배제할 것이 아니고 생명 활동의 영역에서 영혼이 병들지 않도록 건강을 유지 관리하는 것이 신체와 영혼이 추구하고자 하는 욕망일 것이다. 단지 물질적 영혼인 신체 조직과 비물질적 영혼인 문화적 영혼이 생물 유전학적 경계에서 사고와 행동의 변화에 대한 관심을 가져야 할 것이다.

특히 문화적 영혼은 민족적 전통과 역사의 전래를 통해 일정한 믿음의 대상에 대한 무의식적 의미를 부여하고 있다. 예를 들면 민속 전통의 경우 조상들의 영혼이 깃들어 있으며 문화가 다르다고 해서 인간의 영혼이 달라지는 것은 아니다. 예로부터 종교적 의식은 그 지역의 특수성에 맞게 변천되어 왔음을 알 수 있다. 불교, 기독교, 유교 등 모든 종교가 문화적 특수성을 띠고 있으며 그 지역 사람들의 사고와 행동에 영향을 미친다. 물질적 영혼은 비물질적인 문화적 영혼의 토대 위에서 완성된다고 할 수 있다.

③ 감각적 영혼

영혼은 정신과 마음을 통찰한다. 정신과 마음이란 용어가 혼용되고 있으나 사실은 같은 개념이다. 정신과 마음의 학문적 영역이 엄격하게 구분되어 연구되다 보니 사람들은 개념의 혼돈 속에 생활하고 있다. 가령 정신의학, 심리학, 철학, 뇌과학 등 다양하게 분리되면서 진정한 의미의 영혼은 도태되었다.

과학이 발달하면서 정신과 마음을 연구하는 기술은 날로 발전하였으나 종교와 철학의 분야에서는 그 가치의 소중함만 이어가고 있다. 또한 영혼은 온 인류의 집합적 무의식에 의해 영원히 존재한다고 믿고 있으면서도 뇌의 기능과 정신의 작용은 경험되고 인식되지만 사실은 환상과 실상의 경계 속에서 살아가고 있는 것이다. 즉 감각적 영혼과 이성적 영혼 또는 물질적 영혼과 비물질적 영혼의 작용을 정확하게 이해할 수 없는 한계에 봉착해 있다고 볼 수 있다.

특히 생물·유전적이고 역사·문화적인 유산인 전통이 개인적 체험과 어우러져 있는 인간의 영혼을 이해하기란 더욱 어려운 일이다. 그러므로 이 세계에 대해 좀 더 많은 기회를 포착하고 창조와 창의성을 발휘하여 의미 있는 삶을 추구하고 죽음 이후의 사후세계까지도 연구하고 대비할 할 필요가 있는 것이다.

사람들의 의식으로부터 멀어진 영혼을 이해하기 위해서는 신체와 영혼의 관계를 먼저 이해해야만 한다. 신체와 영혼을 최초로 분류한 사람은 고대 그리스 철학자 플라톤이다. 그는 기능에 따라 영혼을 이성, 기개, 욕망으로 구분함과 동시에 인간을 신체와 영혼의 이분법을 적용하여 영혼을 이념체계로 보고 죽음 후에 다시 이념체계로 돌아간다고 보았다. 그러나 그의 제자인 아리스토텔레스는 이념 세계를 허구로 보고 현실 세계를 강조하였다. 이성적인 부분과 비이성적인 부분으로 구분하여 영혼은 형식이고 육체는 재료라고 하였다. 즉 영혼을 생명의 본질로 보고 육체는 영혼의 도구로 보았다. 이 도구가 바로 인체의 정보를 받아들이는 감각기관이다. 감각기관의 발달로부터 인간은 성장하는 것이며 인간으로서의 올바른 영혼은 자리잡게 된다.

중세 그리스도교에서는 인간을 신체, 혼, 영으로 구분하여 3분법 주장한다. 그리고 영혼을 구분하여 영과 지성과 혼으로 구분했다. 결국 지성은 진리를 인식하는 통로로 육체로부터 독립되고 불멸한다고 보는 것이다.

그리스 철학과 그리스도교의 차이는 영이라는 존재에 비중을 두고 있다는 점이다. 그러니까 그리스 철학은 인간중심의 요소가 강하고 그리스도교는 신 중심의 요소가 강하다고 할 수 있다. 이러한 구분은 근대 철학의 아버지 데카르트에게 이어져 “나는 생각한다 고로 존재한다”라는 주장을 통해 신체와 정신의 이분법적 사고로 발전하면서 과학의 시대가 전개되는 계기를 맞이하게 된다.

인간은 영과 육으로 이루어진 존재로 마음과 정신의 작용에 의한 유기체이다. 생물학적으로 신체와 의식 및 현상에 관한 정신활동 즉 마음을 표현하는 존재이다. 그러나 인간의 마음은 수시로 변화하기 때문에 의식적 행동 보다는 무의식적 행동이 지배적이다.

의식은 어떤 현상이라기 보다는 높은 차원의 생명력을 실현하는 것이며 생명의 근원이 곧 영혼의 표출이다. 인간은 의식적으로 결정을 내려야 할 때 뇌 자체의 활성화에 의해 자유의지를 표상하고자 한다. 의식은 뇌의 활성화 결과이므로 행동이 시작되기 전 의식의 결정으로 인해 행동을 멈출 수 있기 때문에 정신은 뇌의 작용에 의한 산물이라는 것을 알 수 있다. 따라서 감각과 지각 그리고 인식을 통한 인간의 정신활동은 곧 영혼의 흐름이라 할 수 있다.

프로이트 역시 마음은 정신과 같은 개념으로 보고 〈자아와 이드〉에서 정신을 의식, 전의식, 무의식으로 구분했다. 의식은 자아와 같은 것으로 보고 이드와 초자아를 포함해서 정신적 기능을 구분했다. 결국 자아는 의식과 무의식의 결정체로 볼 수 있는 것이다. 지각 및 사고 운동능력 등은 의식적 자아이고 꿈은 무의식적 자아에 속한다. 이드는 무의식적 충동이나 욕망을 나타내고 초자아는 종교적 감정 즉 도덕적 감정과 같은 것으로 본다. 또한 칼 융은 무의식을 집단적 무의식이라 하여 정신의 일부분으로 보았다. 아들러 역시 영혼의 안녕을 강조한다.

프로이트의 개인적 무의식은 억압된 기억 혹은 망각이지만 융의 집단무의식은 의식된 기억이 없는 그야말로 유전적 특징으로 이루어져 있다. 즉 죽음의 공포라든지 두려움 등 인간의 조상들이 느꼈던 그대로 전해진 내용들로 원형이라 하며 집단무의식은 모든 사람에게 동일하게 나타난다는 것이다.

그러므로 사실 자아라는 것은 자신의 잠재된 것보다 더 큰 어떤 것이 있는데 이것이 영혼이며 자신을 합리적 존재로 여기던 것을 자신도 모르게 충동에 의해 비합리적인 존재로 바뀌는 상황이 벌어지기도 한다. 쇼펜하우어의 〈의지와 표상으로서의 세계〉의 내용을 근거로 후설의 신체와 마음의 개념은 메를로-퐁티의 현상학을 거쳐 체화된 마음 이론으로 발전하게 된다.

신체는 생물학 법칙의 지배를 받기 때문에 '신체의 병'은 경험과학적으로 치료될 수 있고, 마찬가지로 '마음의 병'은 심리학적으로 치료될 수 있다. 여기서 유의할 점은 그 두 가지 치료들은 인과법칙에 의존한다는 것이다.

반면에 영혼의 작동은 법칙적이지 않고 자유의지에 따르기 때문에 '영혼의 병'은 인과적으로 치료되기 어렵다. 그렇다면 영혼의 병은 어떻게 치료되어야 하는가? 이와 관련하여 빅터 프랭클은 삶의 의미를 파악하려는 기본적인 욕구인 '의미에의 의지'를 강조했다. 프랭클에 따르면, 영혼의 병은 삶의 의미를 추구하거나 회복함으로써 치료될 수 있다고 보고 삶의 의미와 관련하여 환기해야 할 점은 쾌락주의자들이 주장하듯이 인간은 단순히 정신적 쾌락만을 추구하는 존재는 아니라는 점이다. 인간의 삶이 쾌락으로만 채워질 수 없다는 점은 누구도 부인할 수 없을 것이다.

인간의 삶에는 쾌락과 고통이 공존하며, 삶의 의미는 쾌락이라는 긍정적 측면만이 아니라 고통이라는 측면을 진지하게 고려하는 데서 발견될 수 있다.

인간의 삶은 생물학적 차원 보다 높은 영혼의 차원을 갖고 있기 때문에 삶의 의미를 추구하기 위해서 자발적으로 고통을 감내하고 심지어는 스스로 생명을 포기하기도 하는 이유는 초월심리가 작용하고 있기 때문이다. 즉 영혼은 생물학적 차원을 넘어 보다 더 높은 차원에 속하는 삶의 의미를 지향한다.

초월성 원리는 사실성과 당위성을 동시에 갖는다. 즉 초월성은 항상성

(homeostasis)의 반대 개념이다. 항상성은 유기체에 필요한 생물학적 균형을 유지하려는 본능이다. 생명현상을 유지하기 위해 체온 유지, 영양 섭취, 신진대사와 같은 활동들을 통해 항상성을 유지해야 한다. 그러나 인간의 경우 항상성 유지는 삶의 필요조건이기는 하지만 충분조건은 아니다. 따라서 초월성은 인간이라는 존재가 실제로 그 원리에 따라 살아간다는 것을 주장하는 동시에, 다른 한편으로는 인간이 자연의 힘이나 신과 절대자의 요청에 따라 살아가야 한다고 생각한다.

생물·심리적 차원에서의 항상성 유지는 인간 삶의 본질은 아니며 마음의 안정이나 긍정성만을 강조함으로써 발생하는 부정성이 삶에서 차지하는 역기능도 이해하여야 한다. 인간의 삶은 쾌락이나 심리적 안정과 같은 긍정성만으로는 채워질 수 없으며 충족되더라도 진정한 행복에 이르기는 어렵다. 삶의 현실에서 부딪치는 불안과 공포, 실의와 낙망, 역경과 고통과 같은 부정성이 삶에서 중요한 역할을 하기 때문에 이에 대한 이해를 통해 인내하고 초월할 수 있는 능력을 길러야 한다.

실존철학자 메를리 퐁티(Merleau Ponty)는 인간은 신체를 가진 존재이며 신체를 통해서만 세상과 교통하며 관계를 맺는다고 보고 본질적으로 세상에 맞춰 자신을 조율하는 존재이며 현실을 지각하는 직관력 역시 존재의 일부분이라 하며 체화된 존재로서의 영혼을 강조한다.

켄 윌버(Ken Wilber)는 "존재란 사물(질료)로부터 신체, 혼, 영에 이르기까지 서로 엮어 짠 여러 수준들로 이루어진 풍성하고 현란한 융단 같은 것이다"라고 하며 각 상위의 수준들은 그 아래의 차원들 즉 물질, 생명, 마음, 영혼, 정신, 영 등 존재의 대등지에서 모든 존재와 수준은 궁극적으로 영(spirit)으로 귀속된다는 것이다. 결국 각 상위 수준은 하위 특성을 모두 소유하지만 하위적 수준들 초월하면서 내포하고 있다. 그러나 이러한 내용은 전근대적인 종교의 틀로 보고 근대성에 의해 등장하는 과학의 눈으로 보면 확연히 다르게 나타난다. 특히 과학적 유물론은 사물, 신체, 마음, 혼, 영의 대등지는 물질로만 이루어진 세계로 모두 환원된다는 것이다. 결국 존재의 대 사슬로 영혼을 강조한다.

관계의 그물망으로서의 영혼은 거시세계와 미시세계는 서로의 범주는 그렇게 서로 같은 개념으로 원자들의 미립자의 세계는 단편들의 집합이 아니라 오히려 분할이 불가능한 관계의 그물이라는 것을 보여주고 있다. 그러므로 새로운 양자자기(Quantum Self) 속에서 과학 자체에 의해 드러난 전일적이며 치유적인 영혼으로 다시 회귀하게 된다.

특히 복잡한 인간의 신경 정보망이 어떻게 의식으로 전환되는지를 설명하는 데는 한계가 있다. 인간의 사고나 행동이 무의식적으로 자동조절 장치처럼 움직일 것이라는 생각은 너무 단순하다. 반드시 의식이 존재해야만 가능한 일이다. 그렇다면 의식은 신경망의 종합적 작용으로 일어나는가이다. 의식의 공통점은 생각(idea)이라는 기능이 있기 때문이다. 생각이 정보이고 이 정보가 의식 속에서 종합적으로 의미 있는 개념을 만들어 낸다고 볼 수 있다.

이렇게 복잡한 신경 정보는 어떻게 의식 속에서 결합하여 생각을 형성하고 결합하는가? 뇌의 각각의 영역에서 암호화된 정보가 의식 속에 합쳐지는 현상을 관계의 그물망으로서의 영혼이라 명명하고자 한다. 왜냐하면 이 종합된 정보는 오감을 통한 지각과 인식의 작용으로 대부분의 감각 정보는 수용하는 통로로서의 물질적 기능에 불과하다. 따라서 이런 물질화가 정신화되는 과정은 분명 인간만의 고유의 영혼이 서려 있기 때문이다. 감각적 인상이 사고나 개념으로 변환되고 의식화된다.

이러한 생각이 의식을 만들고 더 나아가 우리의 마음이 된다. 그리고 그 마음은 자아를 형성해서 언어와 사고 그리고 행동의 반복되고 무의식에 저장되면서 영속적으로 현실과 재현되는 과정이라 할 수 있다. 결국 마음은 뇌에서 수용된 모든 정보를 의식으로 수렴하고 이를 자아와 자기로 표현하는 것이다.

그러므로 의식은 이야기가 된다. 우리는 자신의 스토리를 누구보다 잘 알고 있고 그 모든 것을 사랑하기 때문에 죽음 앞에 두려움과 공포를 느끼게 되고 절대자에게 귀의하게 된다. 이러한 과정 속에 영혼은 중요한 매개체가 된다. 이 매개체의 의식에 대한 역할은 지각과 사고 행동의 모든 것이 뇌 속에서 병렬적으로 작동하도록 하는 것이다.

유구한 세월 동안 인간의 역사가 반복되면서 수많은 경험과 체험을 통해 인식되면서 영묘한 영혼과 정신을 느끼고 그 존재를 확인하는 것이다. 이러한 영적 경험들은 신의 존재를 인정하게 되고 의식을 통한 심신의 문제를 해결하고자 하는 의지가 생기게 되는 것이다.

또한 진화학적으로 리처드 도킨스의 밈(meme)이 뇌와 의식의 발달에 끼친 영향을 무시할 수는 없다. 인간의 마음의 형성과정에 유전자의 존재는 인정하는 사실이다. 자기(Self)는 마음의 표현으로 자신이 누구인지를 이야기 하는 것이기 때문에 인간의 의식은 이야기의 산물이다. 언어는 마음을 형성하는데 중요한 역할을 한다. 인간이 풀 수 없는 물질로부터의 인식과 의식의 발생은 수수께끼와 같은 것으로 현대물리학의 양자적 접근으로 풀고자 노력하고 있다. 생명의 자기 지속성 혹은 복제는 효소, DNA, RNA 등 복잡한 분자 세계이며 미시적으로는 양자 세계와 결부되어 있다. 생명은 효소에서 시작된다. 모든 생명체의 세포 내의 들어 있는 분자를 만드는 생명의 시원이다. 생명은 고도로 조직화된 유기체이며 질서이다. 미시적 수준에서 거시적 수준까지 균형을 이루고 있다. 무질서 속의 질서 혹은 혼돈으로부터의 질서라고 할 수 있다.

감성적 영혼은 사람의 뇌에서 특정 정신 기능이 각기 다른 피질의 부위에 국재되어 있는 것을 기능적 국재화라 부른다. 이 이론에 따르면 대뇌피질은 구조적으로는 거의 동일하지만 표면 부위에 따라 담당하는 기능이 다르다. 피질의 각 부위는 크게 4 부위로 나뉘는데 전두엽은 이성적 사고를 담당하여 미래 계획적인 의지적 행동을 생성하고, 후두엽은 시각 기능을 담당하고, 측두엽은 청각을 처리하며 언어를 이해하는 부위이다. 그리고 두정엽은 신체의 감각을 처리하는 부분이다. 피질을 인위적으로 전기 자극하면 자극된 부위에 따라 특정한 정신 기능을 인위적으로 일으킬 수 있고, 종양이나 출혈로 피질이 손상되면 손상된 부위에 따라 특정 정신 기능이 손상된다.

피질 부위의 기능 중 예를 들어 시각 기능을 수행하더라도, 시각 피질의 각 반복되는 동일한 구조들을 가지고도 판이한 기능을 수행하고 있는 것은 경이롭다. 동일한 구조를 가지더라도 제공되는 입력에 따라 수행하는 기능이 달라지는 것이다.

이렇듯 대뇌의 상호작용은 인간의 물질과 정신 간의 매개와 더불어 정신이 감각을 통해 지식을 획득하는 감각신경의 특성은 각각의 감각 양상에 국한적이라고 할 수 있다. 결국 신경전달에 의한 감각 성질의 궁극적 상관 현상은 대뇌피질의 특수한 중추에 있다는 가능성을 입증하고 하고 있으며 인간은 감각적 영혼의 지배에 있다는 것을 알 수 있다.

현대 사회가 기술과학의 발전에 의해 풍요의 세상이 되었으며 이성적 사고 보다는 감성적 시대로 빠르게 접어들고 있다. 즉 좌뇌의 영역에서 우뇌의 영역으로 변화하고 있는 것이다. 오랜 세월 좌뇌와 우뇌의 연합작용이 인간의 영혼의 작용이었다면 이제는 우뇌의 직관이 더욱 필요한 시대가 되었다. 전근대적 사회에서 산업화 및 정보화를 거쳐 공감의 시대로 전환하면서 우뇌적 사고가 사회경제적으로 요구되는 것이다. 예술성과 감성적 아름다움을 창조하는 창의성은 공감 능력이라 할 수 있다. 독창적이며 개개인의 소통과 본능적인 직관의 힘이 바로 새로운 영혼의 능력인 것이다.

④ 이성적 영혼

인간은 의식을 자각하는 유기체이다. 부모로부터 유전자를 물려받고 유전 정보에 따라 신체 형성에 영향을 주면서 기질과 성격이 형성된다. 그러나 세포분열이 거의 끝나는 7

년이 지나면 유전체 보다는 개성체의 영향을 받게 된다. 이때부터는 주위 환경에 영향에 따라 유전체와 개성체의 복합적 작용을 통해 영혼의 성장과 발달이 이루어 진다는 것을 심층 및 행동 심리, 인본주의 심리 연구가들의 공통적인 결과가 이를 증명하고 있다. 유전체의 발생학적 모델도 선천적인 질병의 문제 때문에 중요하지만 더욱 중요한 것은 개성체의 역할이다. 이때부터 영혼의 작용은 한 인간의 인격을 형성하는 시기이기에 영혼이 유전체에 영향을 받느냐 아니면 개성체에 영향을 받느냐가 매우 중요하기 때문이다.

문제는 유전체가 강하여 개성체를 억압하는 경우인데 부모의 그늘에서 성장과 발달이 느려져 개성체의 성장을 방해한 경우이다. 이런 경우 이성적 영혼의 힘이 작용하여 의식적으로 성장과 발달을 독립적으로 추구하도록 도와줄 수 있다. 프로이트의 정신성적 발달단계가 인간 성장에 중요한 역할을 하듯이 유전과 개성체에 의한 성장과 발달 역시 중요하다.

특히 유전체에 의해 전해지는 시기는 사춘기를 지나면 거의 사라지고 개성체에 의한 성장 발달이 중심 역할을 한다. 개성을 가진 자아가 사고와 감정을 표현하는 실체로 이러한 성장에 문제가 생기면 정신장애가 발생하거나 이상 성격으로 발전할 수 있다.

이 모든 것이 영혼의 작용으로 본다. 사고와 감정 그리고 태도 혹은 행동은 모두 의식에 영향을 받으며 영혼의 작용이다. 유전체와 개성체는 계속 반복되는 과정으로 물질-의식-영혼 또는 영혼-물질-의식 등의 순환이 계속되는 것이다. 인간의 본질은 변화하지 않으나 유전체와 개체성에 따른 독자성 혹은 개성은 개개인의 특수성인 것이다. 그러므로 개개인의 차이는 자율성과 존엄성의 표현이다.

그러나 과학이 발달하여 인간의 영혼이 메마르고 피폐해질수록 종교적, 철학적 영혼에 대한 기대는 커질 것이다. 종교와 철학이 시대의 흐름에 따라 과학을 수용했지만 과학의 지배에 종속되는 것은 인간성을 상실하는 원인을 제공한다.

서양철학은 기독교 신학으로부터 분리되기 시작하는 근세 이후로 서양과학과 마찬가지로 인간 영혼을 그 자체로 자연 질서에 의해 규정되는 필연성과 유한성의 존재로 규정했다. 존재와 인식 차원에서도 인간은 유한한 존재이기 때문에 한계를 인정하고 죽음 이후의 문제보다는 현재의 삶이 더욱 중요한 것이다.

그러나 인간의 영혼의 문제는 그렇게 단순하지 않아서 끝없는 가능성과 무한성을 추구하고자 하는 욕망의 존재로 유한한 삶에서의 무한성 추구에 대한 대립의 문제가 고대부터 현대까지 인류 전체의 가장 큰 과제이기도 하다. 사후 존재에 대한 종교나 신앙의 차원을 넘어서는 새로운 과학적 접근으로 포스트 휴머니즘이라는 개념으로 접근하고 있다.

이러한 문제의 핵심은 유물론적 개념과 인식론적 개념의 융합에 의해 해결할 수 있다.

경험주의와 실용주의 입장에서 얻어진 윌리엄 제임스의 주체와 객체의 이분법에 기초한 객관적 심리학이 되기 위한 주관적 요소의 배제이다. 즉 감각과 지각을 통한 온전한 지성을 강조한 것이다. 따라서 영혼의 객관적 개념을 이해하기 위해서 인간의 의식이 무엇인지를 알아야 하며 실재가 다양한 의식 상태의 함수를 어떻게 이해해야 하는가에 역점을 두는 것이다.

이러한 문제의 해답은 의식과 대상은 동일한 기능적 복합체로 보고 의식의 독립적 실체를 개별 경험들의 기능으로 보는 것이다. 또한 실용주의 즉 프래그마티즘은 주요 개념의 진실이나 허위를 고찰하지 않고 윤리적, 심미적으로 평가한다는 것이고 실재에 대해 서로 갈등하는 개념을 조절한다는 것이다. 이러한 상이한 신념들의 결과로서 사회적으로 수용 가능한 행동에 대해 공통적이고 합의될 수 있는 타당한 방법이라면 개인적인 신념들을 유지할 수 있다고 주장한다.

프래그마티즘은 실천적이라는 의미가 있으며 특히 미적인 것의 확장을 목표로 하고 있다. 그러므로 프래그마티즘은 예술과 미적인 것과 철학적인 의미를 가미하고 진리와 지식을 넘어 개선된 경험이 궁극적인 목적이다. 지식은 내면의 욕구를 충족시키는 일이다. 내면적 욕구는 무의식적 욕망이기도 하다. 인간이 무엇인가를 알아 간다는 사실은 희망을 만족시켜주는 자존감의 확장이다. 인간의 이러한 지식의 과정은 성장의 일환으로 자신의 욕구 불만이나 불안감을 감소시켜서 마음의 평안과 내면적 욕구를 충족시키고자 하는 본능이다. 진정한 지식은 개념적 사고뿐만 아니라 신체와 정신의 상호작용에 의한 훈련을 필요로 한다.

그러나 인간의 본능에 앞서 자연과 신이라는 대명제는 인간이 살아가면서 피할 수 없는 숙명이다. 성 어거스틴은 “인간의 마음에는 하나님으로 채워지지 않으면 결코 만족하지 못하는 빈 공간이 있다”고 했다. 이 빈 공간이 영혼이 감당하는 영역으로 재물, 명예, 지식 혹은 임체의 중독으로도 채워지지 않는 공간이다. 이 빈 공간을 채우는 일은 영혼과의 매개를 통해 신과의 대화에서 임재할 때 영혼의 안식을 갖게 된다.

미셸 푸코의 몸의 담론인 다양한 몸의 원리, 규범, 실제의 역사적 출현과, 피에르 부르디외의 몸의 규범을 사회학적으로 세분화된 분석을 하고 있다. 빌헬름 라이히, 알렉산더, 펠덴 크라이스 등도 신체적 완전성을 확보하여 영혼의 안정과 안식을 찾는다. 신체와 정신의 상호영향을 강조하고 특히 신체적 단련의 중요성을 강조하며 선이나 요가 등의 효과도 인정하고 있다. 따라서 심신의 작용을 이용한 존재론적 훈련법과 좀 더 개선된 신체와 영혼이 결부된 프래그마티즘의 미학이 요구된다.

인간은 자신과 관계뿐 아니라 우주와의 관계에서 자신을 찾으려는 경계에 서 있다. 존재하는 영혼의 구조를 찾는 것은 매우 중요한 일인데 그 핵심은 물질로 구성된 생명이 신체와 정신으로 대별되어 있음은 현대과학이 인정하는 구성체이며 의식과 무의식의 존재인 정신과 마음의 상호작용이 어떻게 영적으로 연결되어 있는가의 관계를 밝히는 것이 존재하는 영혼의 입증이다.

신체 구조인 뇌(brain)는 물질로 구성되어 있지만 정신의 작용은 물질의 의식구조인 것이다. 따라서 물리적 현상에 의한 신체와 정신은 상호작용을 통한 현상이기 때문에 신체와 정신은 같은 물리적 맥락으로 보는 반면에 마음과 영적 현상은 물리적 작용과는 다른 초물리적 현상으로 볼 수밖에 없다.

따라서 신체와 정신의 작용 주체인 뇌의 기능과 마음을 내포하는 영혼의 문제에서 단연코 영혼이 단순한 물질에 불과한 뇌보다 앞선다. 영혼은 믿음과 신뢰로 표출되며 믿음에 의해 행동이 유발된다.

시대적으로 볼 때 데카르트(Descartes)는 “나는 생각한다. 그러므로 나는 존재한다(cogito ergo sum)”라는 명제를 통해 신체와 정신의 이분법을 주창하였다. 그러나 20세기는 신체와 정신은 병행하여 존재하며 특히 심층심리학(deep psychology)은 마음(mind)을 중요한 연구대상이 되었다.

이와 같은 정신과학의 발전을 통해 영혼의 현시를 증명할 수 있는가? 그것은 직접적인 체험이나 증거를 제시하여야만 가능하다. 불투명한 것을 투명하게 보여야 하는 것이다. 객관적 대상과 그것의 과정의 체계를 세워서 가치와 의미를 표출해야만 한다. 그러므로 영혼의 실제성은 즉 진리와 의미 속에서 혹은 명확한 논리와 영원한 신의 존재 사이에 끊임없는 굴레 속에서 이어질 것이다.

결국 신체와 정신의 이분법은 영혼이 정신에 내포되어 포괄적 개념으로 변천하면서 에고와 자기로 분화되어 왔다. 에고(ego)는 나라는 존재를 나의 것으로 인식하는 집착의 한 형태이다. 이 집착으로부터 벗어나서 참자기의 모습을 찾는 훈련이 필요하다.

고대 인도의 전통 치유과학인 아유르베다와 현대의학을 접목하여 심신의학(Mind-Body Medicine)이라는 독창적인 분야를 창안한 디팩 초프라(Deepak Chopra)는 “치유에너지를 지닌 완전한 행복”을 강조한다. 행복감을 매 순간 느끼기 위해서는 의식적인 자각을 유지하면 되는 것이다. 훈련을 통해 익숙해지면 가능한 것이다. 깊은 의식을 통한 완전한 행복으로 가는 지름길은 간단하다. 첫째 “신체의 움직임에 귀를 귀울리는 것”이다. 이것을 의식하기는 쉽지 않지만 매 순간 의식의 끈을 놓지만 않는다면 신체의 신비를 통해 광활한 우주의 공간과 시간의 구속에서부터 벗어나 온전한 자유를 누리면서 무한한 가능성에 이르게 된다. 이것을 통해 육체와 영혼이 일체가 되어 행복을 찾게 된다.

둘째는 “진정한 자부심을 회복하라”이고, 셋째는 “오염된 삶을 정화하라”이다. 넷째, “옳고 그름에서 벗어나라”. 다섯째, “현재를 살아라”는 뜻은 현재만이 유일하게 영원한 시간이기 때문이다. 현재에 온전히 집중하면 시간을 초월할 수 있다. 여섯째, “내면의 세상에 집중하라” 즉 인간 내면의 세계를 알게 되면 외부에서 행복을 찾으려고 방황할 필요가 없다는 것이다. 일곱째, “항상 깨달음을 추구하라”이다. 이것은 가장 중요한 요소인데 인간의 자아를 찾는 것이 진정코 어렵기 때문이다.

자아 성찰을 강조하는 이유는 피상적인 감각의 차원이 아닌 깊은 의식의 차원에 들어가는 것을 말한다. 바로 의식을 찾는 것이다. 시공을 초월하여 참 자아를 찾는 것이 순수한 행복을 누리는 것이다.

3. 영혼의 역사

영혼의 역사를 논하는 것은 사실상 인류의 뿌리를 찾는 일이나. 지구상 생물체로 생존해온 발자취는 그야말로 기적이다. 인류학자들에 의하면 현생인류는 230만 전~140만 년 전에 살았다는 호모하빌리스 이후 180만 년 전 출현하여 30만 년 전까지 자아 인식이 가능했던 호모에렉투스를 거쳐 10만 년 전 자기 성찰 능력이 있는 초기 호모사피엔스와 4만 년전 자기 자신과 미래를 투사할 수 있는 능력이 있는 현생 호모사피엔스를 인류의 조상으로 보고 있다.

자아 성찰적 면이 있다는 것은 자신과 타인의 행동을 예측한다는 점에서 인지 기능과 의식의 출현으로 볼 수 있다. 또한 약 2만 년 전에 식량, 도구, 귀금속 등 기타 용구를 시신과 함께 매장했다는 것에 내세에 대해 개념이 있었다는 것을 알 수 있다. 물론 슬픔과 공감의 표현과 함께 보호 차원의 의미도 있었다고 볼 수 있다.

이후 인간의 정착 시기인 1만 년 전 농경 생활을 시작한 인류의 조상들로부터 영혼의 존재는 당연한 것으로 생각했을 것이다. 그리고 죽음은 개인 존재의 사라짐으로 이해할 수 있었으며 죽음에 대한 대안으로 영혼이라는 개념을 창안했다고 볼 수 있다. 선사시대의 동물벽화나 유물 등에서 그들의 문화를 통해 유추해볼 수 있지만 지성의 발달은 한계가 있고 더욱 중요한 것은 뇌의 저장 용량이 부족하여 진화 자체가 늦었다는 점이다.

오늘날 인간의 뇌의 구조에서 대뇌피질의 두께에서 수천만의 인류문화의 정보가 저장된 유전자를 통해 유구한 시간 동안 면면히 내려오고 있다는 사실을 부정할 수 없기 때문이다.

영혼의 역사는 인류 역사와 맥락을 같이하는 정보의 보고라고 할 수 있다. 특히 뇌는 인간의 삶과 죽음의 과정에서 사람과 사람들과의 관계 속에서 변화와 수정을 겪으면서 발전하는 형태를 갖추게 되었다. 따라서 영혼의 역사는 유사 이래 인간의 진보에 따른 흐름 속에서 찾아야 할 것이다.

영혼의 역사는 신화와 신학, 이성과 과학의 4단계로 나누어 볼 수 있다. 신화적 역사는 존재를 드러내는 단계, 신학적 역사는 철학을 가미하여 관계를 형성하는 단계, 이성적 역사는 성장이란 의미를 내포하고 있으며 마지막으로 융합적이며 영원이란 의미의 과학적 단계로 나누어 볼 수 있다.

특히 영혼의 시대적 흐름에 따라 불멸성과 자유의지, 영혼과 육체의 관계, 감정, 열정, 충동 등 심리적인 문제까지 확대되면서 심층 심리의 내적인 세계를 알 수 있게 되었다. 즉 고대의 철학자 데모크리토스의 유물론은 물질적 실체를 실재의 전부라 보고 불멸의 원자를 추론해 냄으로써 사물의 본성 추구와 이성의 강조에 의해 윤리의 문제로 결부시키면서 '선'을 최고의 가치로 보았으며 이러한 선을 부동심(Ataraxia)이라 하여 영혼의 상태라 보았다. 희망, 공포, 사랑, 질투 등의 온갖 감정으로부터 자유롭게 되면 이를 수 있는 것이라 보았으며 이러한 상태에 도달하기 위해 자연 세계의 생성과 변화를 냉철하게 관찰하고 동시에 "언제나 정의롭고 법에 알맞은 행동을 하려는 올바른 마음을 가진 사람은 밤낮 즐거우며 강하고 근심으로부터 자유롭다."라고 말했다.

이후 소크라테스는 유물론적인 경향에 반대하며 철학이 외적 자연 가운데서 물질적 실체에 대한 탐구로부터 영혼이 인간의 본성이라는 내면의 세계를 주장하며 플라톤의 이데아 사상과 아리스토텔레스 등이 정신계에 몰두하여 과학에 이르기까지 이어지고 있다.

1) 신화적 역사 - 존재

신화적 역사는 인류사에서 신의 개념이 등장하는 시점을 6,500년에서 4,300년 전 메소포타미아 문명에서 찾아볼 수 있다. 죽음에 대한 두려움과 꿈의 기억을 통한 단순한 의미와는 별개로 사회경제적으로 사제를 비롯한 전문적 직업이 있었기 때문에 신화적 역사는 전래될 수 있었다. 그들이 문자를 사용했다는 것은 무슨 생각을 하고 어떤 행동을 하였는지를 알 수 있는 직접적인 근거가 되며 삶과 죽음의 문제를 종교적 사고를 통해 해결하려는 의지를 엿볼 수 있다.

이집트 문명은 메소포타미아 문명 다음으로 영혼의 신화적 역사에 있어 중요하다. 이들은 이미 5,100년 전에 신을 숭배하기 위한 사원들을 지었으며 신들은 자연의 힘을 표상함과 동시에 생사의 문제를 관장했을 뿐만 아니라 죽음을 삶의 연장으로 보고 영원한 세계로의 이행이라 생각하고 영적인 삶이 지속된다고 보았다. 대표적인 것이 1922년에 발견된 이집트 신왕국 18왕조의 12대 파라오 투탕카멘은 영원한 삶이 죽음 후에 있음을 믿고 저승의 삶을 이승의 삶과 같이 소유물과 부장품을 같이 매장했으며 이승의 형태를 보존하기 위하여 미이라를 만들었다.

특히 서유럽으로 진입하지 못하고 늦게 인도 북부로 퍼져나간 아리안들은 3,700년 전에서 3,100년 전에 리그베다를 지어 후대에 힌두교와 불교라는 양대 종교를 낳게 되었다. 즉 풍요의 신 인드라(Indra), 사지의 신 야마(Yama), 불의 신 아그니(Agni), 하늘의 신 바루나(Varuna) 만卍자 문양을 상징으로 하는 태양의 신 수리아(Surya) 등이 있다.

크레타의 미노아 문명은 3,600년 전에 그리스 본토에 쳐들어온 미케네인이 세웠는데 제우스, 헤라, 아테나, 포세이돈, 헤르메스, 디오니소스 등 많은 신들이 있었다. 그리스인들은 후에 이 신들을 통해 자신의 종교로 발달시키게 된다.

신과 종교가 최종적으로 마무리되는 시점이 2,800년 전으로 거슬러 올라가며 2,200년까지 600년 사이에 유교, 힌두교, 불교, 조로아스터교, 유대교가 탄생했다. 유대교는 기독교와 이스람교로 갈라지게 된다. 실제 이 시대에 탄생한 종교가 오늘날까지 인간들을 형성하고 죄악과 죽음에 이르기까지 관장하고 있다. 즉 개인의 불멸은 가장 큰 종교적 귀의의 원인을 제공한다.

신의 존재는 영적 힘에 대한 믿음과 확신을 주어 종교 형태로 발전하게 된다. 즉 인간이 뇌의 발달로 추론 능력이 가능해지고 자신과 자아 그리고 타인을 이해하며 여러 관계에서 발생하는 일을 성찰하는 능력으로 발전하게 되었다. 특히 자신을 앞뒤로 투사하는 자전적 기억은 오늘날 인류를 과학적 사고가 가능하도록 유도했다고 볼 수 있다.

영혼의 존재를 믿는 종교적 확신은 내세의 믿음과 죽음의 공포와 삶의 고통을 즐거움과 행복으로 전환하기 위한 희망의 끈이라 할 수 있다. 신화는 단순히 공상이 아닌 자연현상에 대한 해석의 결과라 말할 수 있다.

특히 신의 기원과 관련된 많은 이론 즉 사회적 이론, 친사회적 행동이론, 심리적 이론, 패턴 추구이론, 신경학적 이론, 유전학적 이론 등 다양한 이론들이 있지만 가장 중요한 것은 신경학적 이론이라 볼 수 있는데 이는 뇌의 발달이 신화의 이야기에 영향을 받았다고 추측할 수 있다.

현대의 신경신학(Neurotheology) 이론은 종교적 사고와 연관된 뇌 영역을 확인하려는 학문으로 많은 연구들이 뇌의 관자엽을 중심으로 마루엽, 이마엽, 관자마루이음부 등에서 초월 감정이나 종교적 체험에 관한 연구를 하고 있다. 또한 가장자리 계통(변연계)의

해마와 편도 그 연관 부위도 신경신학 연구의 대상이다. 실제 연구에서 명상을 하면 이마엽이 활성화되고 강렬한 감정이 수반되는 경험은 편도를 활성화하는 것으로 나타났다.

현대사회는 과학과 기술의 발전으로 물질의 풍요를 가져왔지만 그에 수반한 기계론적 세계관은 사람의 영혼을 경시하는 경향과 사회의 불균형을 낳아 현대인의 영혼의 갈급과 정신적 피폐를 심화시키고 있다. 그러므로 새로운 정신문명과 영혼의 융합을 위한 관계망 형성이 시급하다고 본다.

과거의 기계론적 사고는 결정론적 사고라 할 수 있으며 인과론적이라 할 수 있다. 기본적인 과정들이 가역적이기 때문에 비가역성을 포함하는 과정들은 인위적 현상으로 우연과 필연의 관계가 성립되며 이는 다분히 확률적이다. 전통적으로 종교 차원의 신화에서는 종교적 담화의 실제를 받아들이기 보다는 언어를 초월한 실재에 대해서 상징성 작용하기 때문에 신화는 곧 상징이다.

상징을 통해 드러나고자 하는 의미는 영혼의 존재를 나타내고자 하는 의도가 숨어 있다. 그리스 로마신화를 비롯하여 종교는 상징을 강조한다. 상징이 없는 종교는 없다. 따라서 신화적 역사는 상징을 통해 존재를 드러내고 영혼의 특징을 알리고자 하는 것이다.

결국 신화적 역사는 인간 존재의 의미는 심어주기 위해 신이라는 상징적 표상을 통해 삶의 위안을 받고 죽음의 두려움으로부터 내세에 대한 확신을 주어 내면의 불안감을 해소해 주는 유일한 통로이기도 하다.

2) 신학적 역사 - 관계

신학적 역사에서 중요한 것은 자아 출현을 창세기에 상징화하고 있으며 이러한 인간의 개인 자신에 대한 인식은 비로소 중세에 와서야 확신할 수 있었다는 사실이다. 중세 이전에는 인간의 자기 인식이 온전하게 형성되기 전이고 인생의 참 의미를 신앙의 차원에서 구제와 구원이 우선이었다. 즉 영혼에 대한 개념이 철학적 수단에 불과했던 시기였고 영혼이라는 존재 자체의 경향성에 무지했다.

플로티누스는 고대 그리스 신플라톤주의 철학자로 기독교의 탄생에 중요한 역할을 하게 된다. 그야말로 종교와 철학의 합일점을 찾는 계기를 제공하였으며 특히 기독교의 하나님 교리를 만든 성 아우그스티스에게 영향을 주었다. 그는 신학을 위한 철학을 시작하였으며『고백록』을 통해 "내 영혼은 당신 안에서 안식을 취할 때까지 평안할 수 없나이다"라고 하였다. 결국 그는 교회에 철학적 개념을 도입하여 기독교의 교부가 된다. 이러한 철학적, 종교적 흐름을 볼 때 인간들의 사명은 영혼의 타락을 막고 죽음으로부터 벗어나서 영혼의 영원한 안식을 찾는데 있다고 할 수 있다.

신학적 개념을 정립한 사람은 토마스 아퀴나스 였다. 그는 신앙과 지식의 두 영역 간에는 모순이 없다고 하였다. 신학의 진실이 이성만으로 해결되는 것도 아니고 그렇다고 이성의 개념이 없다고도 할 수 없기 때문에 신학적 진실이 이성에 의해 파악될 수 있다면 철학은 신학에 기여할 수 있다고 하였다. 이러한 관점에서 스콜라 철학이 등장하게 되고 철학을 신학의 목적을 위한 수단으로 사용하게 된다.

스콜라 철학이 정점에 이를 때에 영혼에 대한 개념은 모호하였다. 토마스 아퀴나스는 인간의 영혼은 비신체적인 존재로 보고 물질이 없는 순수한 정신적 상태만을 의미 했다. 즉 영혼이 신체로부터 독립적이기 때문에 파괴되지 않는다고 보는 것이다. 이때에만 해도 인간의 정신과 마음 그리고 신체의 기능에 대한 과학적 지식이 아직 미비하였던 것이다. 인간의 태도나 감정에 대한 지식들이 나오긴 했지만 아직 통일되지 않았으며 체계적인 학문의 위치를 점하지 못했다. 다만 18세기 프랑스의 사상가 장 자크 루소는 "신학적 동물"이라는 표현으로 영적 존재의 확신으로 인간의 삶을 초월적인 것과 연결하고자 하는 갈망을 나타내고 있다.

그러나 하나님의 피조물인 인간과 자연 존재로의 인간과 대립하면서 하나님의 형상대로 지어진 피조물의 영혼은 경험과 지식을 통해 얻어진 과학적 사고에 의해 제한된 시간과 공간의 자연법칙을 따르는 존재가 되었다. 육체의 시간적 한계성에 따른 불멸에 대한 의문은 물질인 육체와 비물질인 영혼의 관계를 설정하고 신학과 과학의 첨예한 대립을 낳게 되었으며 인간의 자유의지는 자신의 운명에 책임을 지고 모든 것에 대하여 스스로 결정해야만 시대가 열린 것이다.

토마스 아퀴나스 이후 마이스터 에크하르트는 신과의 신비주의적 통합을 주장하였다. 특히 그는 신은 인간이 지상에 존재하는 동안 경험할 수 있는 존재로 보고 신비적인 합일을 강조하면서 신비로운 경험을 할 수 있는 인간의 정신을 '영혼의 불꽃'이라고 하며 영혼에서 신이 태어났기 때문에 영혼은 신의 존재를 받아들 수 있다는 것이다. 이와 같은 신비주의는 신학에서 신이 자비에 의한 내적 경험이라 보는데 신비로운 신의 경험은 도교, 불교 등과 같은 종교에서도 중요하게 생각한다. 신비주의자는 완전한 몰입을 통해 신과의 합일을 경험할 수 있다고 보고 기도, 명상, 금욕, 단식, 순례 등은 신과의 신비로운 일체를 경험하기도 한다.

그러나 유명론으로 유명한 윌리엄 오컴은 신앙과 지식의 구분을 강조하면서 실질적인 존재는 분명하게 정의할 수 있는 물질, 가치, 시간, 공간적 위를 갖는 사물들에만 해당한다고 주장하였다. 이성을 통하여 신의 존재를 증명할 수 없으며 신의 특성도 증명할 수 없다고 주장하였다. 이와 더불어 사회가 법적, 경제적, 군사적으로 확대되면서 국가의 역할이 중요해지고 성과 속의 문제와 더불어 종교와 국가는 같은 방향을 지향하게 되었다.

특히 16세기의 인체해부학은 최초의 인체의 전 기관을 기술하였으며 인간에 대한 이해는 과학적 지식과 더불어 자기관찰과 성찰의 계기가 되었다. 즉 더 이상 원죄로부터 구속이 아닌 인간의 경험과 이성 그리고 성찰과 더불어 자기 절제의 힘으로 극기하고 인간다운 건강한 삶을 추구하는 것이었다.

특히 영혼의 신학적 의미는 철학이 가미되어 형성된 점을 상기하여 영혼에 대한 신의 영역과 인간세계의 연결점이 필요하게 되었다. 즉 관계 형성이 필수이며 그 관계는 실재에 의한 경험과 체험에 의해 형성된다. 신과의 관계 형성은 성령으로 관계 형성이 이루어지며 이를 통해 자신의 신앙관이 형성되고 믿음의 깊이도 달라진다. 카톨릭은 고해성사를 죄의식과 자기성찰의 과정을 통해 자신의 행동을 반성하고 개선하기도 한다. 결국 양심의 가책을 느끼고 계율을 지키며 생활하는 것을 선택하게 된다.

실제로 사도 바울은 육신이 상했지만 심령은 상하지 않았다고 했다. 고린도후서 4장 11절에 "우리 살아 있는 자가 항상 예수를 위하여 죽음에 넘겨짐은 예수의 생명이 또한 우리 죽을 육체에 나타나게 하려 하심이라"와 12절 "그런즉 사망은 우리 몸에 역사하고 생명은 너희 안에서 역사하느리라"라 하여 육신의 죽음 즉 육화된 삶은 죽음과 더불어 더 나은 삶이 보장되어 있음의 믿음이다. 죽음의 모든 요인은 자체와 함께 '생명에 삼킨 바 된다'라는 것이다. 즉 성령으로 말미암아 초자연적인 삶을 경험하고 있음을 확신하고 있는 것이다.

율법주의자가 삶을 살아가는 일단의 현세적 태도를 보였다면 바울은 현세와 구분되는 내세의 사후세계까지 확장되면서 이교도들에 대해 신앙의 구분이 구체화 되었다고 볼 수 있다. 따라서 신학적 역사는 사도 바울을 계기로 신학이라는 개념이 성립되었다고 볼 수 있다. 즉 하나님을 통하여 인간과 맺은 관계를 연구하는 것이 목적이다.

종교개혁 이후 카톨릭의 고해성사는 구원의 수단이 되지 못했다. 신교인 기독교는 교육과 자기성찰과 자기규제 등 자기통제 형식을 통해 기독교인의 삶을 살아 가기를 독려하고 확고한 믿음으로 성령 충만과 신의 은총을 기대할 수 있었다. 특히 성부, 성자, 성령의 3위 일체 믿음으로 자신의 죄를 속죄하며 구원의 길을 찾는다. 자신의 내면 세계로 더욱 깊이 들어가서 참회하고 성찰하는 생활과 양심에 따라 십계명을 지키며 살아가도록 요구하는 것이다. 이러한 경건한 삶을 통해 영혼의 진정한 가치를 찾게 되었다. 반면 민간신앙은 고대로부터 물활론에 근거하여 만물에 깃든 신령 혹은 정령을 믿으며 오늘날까지 전래 되고 있다.

불교에서는 윤회설(輪廻說)을 주장한다. 사람이 사망하면 영혼이 육신을 떠나 다른 육신으로 재생되는 과정을 말한다. 인도에서 널리 퍼져 바라문교(婆羅門教, Brahmanism)와 불교(佛教, Buddhism)를 형성했다. 유대교 신비주의 사상인 카발라(Cabbala)에서도 발견된다.

그리스에서는 플라톤과 피타고라스가 윤회설을 주장했다. 그리스도교 시대에 와서는 오리게네스가 영혼의 선존설(先存說)을 주장하면서 윤회설에 가까운 교설을 주장했다. 이 설은 성 아우구스티누스와 가자(Gaza)의 아네아스(Aeneas)의 반박을 받았고, 1274년 리옹 공의회에서 암시적인 단죄를 받았으며, 피렌체 공의회(1439)는 영혼은 죽은 후 곧 천국, 연옥, 지옥으로 간다고 못 박았다.

근세에 다시 등장한 윤회설은 현대에 와서는 불교뿐만 아니라 영매술(Spiritism), 강신술(Spiritualism)과 신지학(Theosophy), 영매(Medium) 등의 전생 리딩 등을 통해 전생과 사후세계에 대해 관심이 높아지고 있다. 윤회설이 현대인에게 매력을 끄는 것은 인간 생활에서 불공평한 운명과 천부적으로 타고난 성격 등을 전생의 공과로 설명하는 데 있다.

그리스의 문화를 이어받은 로마문화는 다신교문화였다, 고대 그리스 이래의 다신교와 그 각종 숭배 제의는 영지주의, 헤르메스주의(Hermeticism), 마니교 등으로 분류된다. 중세에 와서는 이교(pagan)로 점성술, 연금술, 마법(magic), 주문법(grimoire) 등이 등장한다. 계몽시대에 이르면 지식인들은 드디어 인간의 이성을 신격화하고 예배하는 이신론(理神論 deism)을 내세우며 기독교를 공격하였다. 이교가 기독교 세계에 공개적으로 정치적 세력을 가지고 등장하였던 것이다.

19세기에는 고대의 신성한 지혜를 전수 받는다는 신지학(theosophy)과 강신술(spiritualism)이 등장하여 오컬티즘이 성행하게 된다. 특히 신지학은 고대 이집트 및 그리스 종교철학, 영지주의, 신플라톤주의, 르네상스 마법, 카발라(유대교 영성사상), 힌두교, 불교, 도교 같은 동양사상도 포함되어 있다.

3) 이성적 역사 - 성장

영혼의 이성적 역사는 그리스로 거슬러 올라간다. 그리스의 자연철학자들의 이성적 탐구에서 영혼의 역사는 시작된다. 물질세계에 기반을 둔 이들의 사고는 세상의 질서를 찾으면서 과학적 근거를 만드는 계기가 된다. 이성은 실증적 탐구를 통해 인식의 길로 인도하며 진리를 깨닫게 하는 지름길이기도 하다.

인생의 목적이 쾌락이라고 주장하는 에피쿠로스는 철학의 목적은 의론과 추리에 의해 행복을 추구하는 것이라고 했으며 그의 저서『자연학』에서 데모크리토스의 원자론에 따라 세계는 원자 및 원자가 운동하는 공간뿐으로 생과 사, 신과 영혼, 일체의 만물이 모두 원자의 집산(集散)이라 하였다. 또한 『윤리학』에서 "사람이 살아 있을 때는 죽음이 없고, 죽었을 때는 사람은 존재치 않는다"라고 하여 죽음의 두려움과 공포, 고통과 혼란으로부터 벗어나는 '평정(ataraxia)' 즉 영혼의 안식을 강조하였다. 자연과 하나가 되어 정신과 감정이 흔들림 없이 조화를 이루는 것이다.

특히 기원전 4세기 제노에 의해 창설된 스토아 철학은 키케로, 세네카, 에픽테투스, 아우렐리우스 등으로 전해진다. 이들의 주장은 존재하는 것은 모두 물체라는 것이다. 따라서 우주를 지배하는 자연법을 주장하였으며 이성에 원리에 따라 욕망으로부터 자유로운 부동심(Apatheia)을 강조하였다. 즉 인간의 운명을 영원한 회귀설로 보고 있는데 과거의 불변성은 미래로 이어지고 미래의 설정된 구조는 운명이 섭리로 귀결되는 것이다. 우주의 영혼은 유물론적 형이상학이라 할 수 있다. 인간의 신체는 영혼이 깃들어 있으며 이 물질적인 세계도 영혼이 깃들어 있다고 보는데 이것은 정신적인 유물론이다. 인체의 감각적인 인상이 경험이 되고 이 경험 역시 활동적인 영혼의 예정을 일깨워 준다고 보는 것이다.

그러므로 인간의 자유의지는 없는 것이며 자연이 곧 신의 섭리라고 할 수 있다. 이것은 결국 인간의 인격이 자연 및 신과의 사이에 기본적인 연결고리인 적합성을 이루면서 매개 역할을 영혼이 한다고 볼 수 있으며 인간을 초월하는 힘이나 자연과 신을 숭앙하는 합리성을 신앙으로 대체하게 되었다고 볼 수 있다.

스콜라 철학의 전성기는 13세기로, 아리스토텔레스의 자연학서(自然學書)를 통해 신학으로부터는 독립된 지적 연구가 진행되고 전통적인 스콜라학의 체계 속에 융화시킨 사람이 토마스 아퀴나스이다. 신학에 대한 철학의 원리적인 독립성이 유지되면서 신학의 체계로서 종합되었다. 그러나 보나벤투라는 전통적인 아우구스티누스적·신비주의적 경향을 지켰으며 스콜라 철학의 말기인 14세기 와서 신앙과 이성과의 조화가 점차 상실되는데 유명론자(唯名論者) W. 오컴과 신비주의자(神祕主義者) M.J.에크하르트의 영향으로 다음 시대를 예고하고 있었다.

과학혁명의 초석인 기계론적 사고는 뉴턴의 역학에서 볼 수 있다. 즉 절대적 공간과 절대적 시간, 물질적 입자에 의한 모든 물리적 사건들은 상호의 인력, 즉 중력에 의해서 야기되는 운동이라 할 수 있다.

우주는 본질적으로 관찰자를 포함하는 역동적이며 불가분의 전체로서 체험되면서 공간과 시간, 독립된 대상, 원인과 결과라는 식의 전통적 개념들은 그 의미를 상실하게 된다. 이러한 체험이 바로 오늘날 동양의 정신적 가치와 일맥상통하는 이유이다. 특히 양자론과 상대성이론을 통합한 아원자물리학은 동양의 정신적 가치의 진정한 표현인 것이다. 이것이 영혼의 절대 불변성이다.

1964년 벨(J.S. Bell)은 "우주는 전체로서 존재하는 것이며 여기에서 일어나는 우리의 사건들은 멀리 떨어져서 일어나는 다른 사건들의 즉각적인 영향을 받는다"라고 하였다. 우주를 하나의 거대한 유기체로 보는 것으로 영원히 변함없는 우주의 원리이다. 전체와 부분이 상호작용하여 스스로의 조직을 유지하고 발전하는 창조적인 구조이며 변화를 추구하는 역동적인 형태이다. 그러므로 다수준 구조가 인체의 각 기관의 기능과 같은 맥락으로 높은 수준의 구성체는 낮은 수준의 구성체의 환경이 되는 것이다. 쉼 없이 움직이는 물질의 경향과 높은 수준과 낮은 수준의 상호 경향은 서로 보완적이다.

그러므로 개인의 환경이 사회이며 사회는 생태계를 생태계는 생물권을 생물권은 우주를 환경으로 삼고 있어 유기체는 환경과의 부조화가 심화되어 죽음에 이르게 되고 영혼은 사라지게 된다.

1500년대 고트프리트 빌헬름 라이프니츠(Gottfried Wilhelm Leibniz)는 물질 안에 의식이 있다고 생각했다. 1700년대에 이르러서는 영혼은 물질에서 제거되어 사람에게 있는 것으로 알려졌다. 과학이 발달하면서 영혼은 측정할 수 없으므로 물질에는 영혼이 없다는 합의를 하기에 이른다. 다시 1900년대 들어서는 물질에 핵과 전자로 이루어진 원자가 존재함을 알았다. 입자이면서 파동인 원자는 유령 같은 존재이지만 물질의 어디엔가는 원자나 소립자로 존재한다.

루이 드 브로이(Louis de Broglie)는 파동 -입자 이중성을 빛으로부터 물체에까지 확장시켰으며 이것이 양자물리학(quantum physics)의 현대적 수식화의 출발점이 되었다. 하이젠베르크, 보른, 조르단, 슈뢰딩거, 디렉 등이 양자물리학을 일관성 있는 이론으로 만들어 놓았다.

21세기 첨단과학의 시대에 영혼이 물질로 되살아나는 현상을 어떻게 설명해야 하는가는 우리 모두의 과제이다. 이 과제가 바로 물질에 대한 에너지 개념으로 의식이라는 주제를 통해 영혼은 의식의 흐름이 같은 맥락이라는 것을 확신할 것이다.

특히 파동방정식을 통해 파동역학을 주장한 슈뢰딩거(Schrödinger)는 유전자가 한 세대에서 다음 세대로 전달된다는 점에서 유전에 고도의 정확성에 대해 관심을 가졌다. 고전물리학과 화학 법칙들이 통계적 법칙이라는 것을 알고 있지만 이 법칙의 핵심인 원자와 분자의 무작위 운동은 평균적으로만 옳고 진정 이해할 수 있는 이유는 많은 수의 입자가 상호작용하기 때문이라는 것이다. 이와 같은 현상을 '큰 수의 평균화' 또는 '무질서 속의 질서'라고 표현했다.

또한 양자물리학과 소립자물리학(elementary particle physics)이라고 불리는 고에너지물리학(high energy physics)의 실험 덕분에 아원자 수준에서는 모든 물질이 에너지라는 사실을 알게 되었다. 영혼 역시 생기 혹은 생명력으로 에너지의 작용이다. 이러한 사고의 변화는 현실의 물질성이 위장된 것이라는 점을 알고 현재의 물질적 사고를 버리고 의식 수준의 변화에 따른 새로운 영혼관을 형성해야 하는 것이다.

즉 인간이 경험한 현실의 모든 수준은 물리적 감각, 활력적 느낌, 정신적 사고, 초 정신적 직관, 영적 전체성 등 구성요소를 의식의 경험 자체에 의한 다른 수준에서 보아야 한다. 그러므로 인간 존재의 본질은 불멸이며 영원한 정신 영적(psychospiritual) 존재이고 영혼은 불멸한다.

특히 한 생물이 가지는 모든 유전정보인 '유전체'라고 하는 인간 게놈(genome)에 의한 성장과 발달은 60억 개라는 양보다는 신체조직의 변화에 따른 질적 요소의 진리가 들어 있다. 왜냐하면 인간 게놈이란 표현 속에는 통계적 의미가 서려 있기 때문이다. 앞으로 게놈지도를 바탕으로 질병에 결정적인 영향을 미치는 유전자를 밝혀내고 그 유전자를 교체하거나 기능을 할 수 없도록 예방할 수도 있으며, 개인의 유전자 특성에 따라 약물이나 치료법을 달리하는 맞춤식 치료도 개발될 수 있다.

결국 인간은 과학과 기술의 끊임없는 발전을 통해 인간의 미완성을 해결할 것이며 유전자 정보와 그 환경의 변화에 따른 적응과 활동에 의해서 완성될 것이다. 인간은 스스로를 완성해가는 외로운 영혼의 존재이다. 결국 끝없는 성장 가운데 인격의 완성을 추구하는 과정에 추상적이며 범주적인 스펙트럼과 분류하고 조합하는 기능적이고 통합하는 역할 속에서 영혼은 존재한다.

현재 주류과학계에서는 의식을 뉴런 간의 시냅스를 통한 연결에서 비롯한 산물이라고 보고 있다. 또한 1990년대 노벨 물리학상 수상자인 로저 펜로즈(Roger Penrose), 마취학자 이자 심리학자 스튜어트 해머로프(Stuart Hameroff)는 조화 객관 환원(Orch OR; Orchestrated objective reduction) 이론을 주장하면서 의식이 뇌세포 내 소기관 중 하나인 미세소관(microtubule)에 의해 조정되는 객관환원(OR)이라는 양자역학 메커니즘이라고 상정한다.

의식을 뇌파가 붕괴할 때마다 발생하는 양자 사건으로 정의하고 다시 의식을 전(前)의식과 의식이란 두 단계로 나눈다. Orch란 전의식의 요소들이 모여 오케스트라처럼 조화를 이루어 일관된 구조를 이룰 때 진정한 의식이 생김을 말한다.

로저 펜로즈와 스튜어트 해머로프는 양자역학으로 이러한 의식의 발생 및 조화과정을 설명할 수 있다고 주장했다. 뉴런 내부의 원통형 구조물인 미세소관은 구조상 뇌 속에서도 긴 시간에 걸쳐 양자결맞음 상태를 유지할 수 있기에 사실상의 양자컴퓨터로 기능하며 여기서 의식이 발생한다고 보았다. 미세소관 내의 활동과 구조를 연구한 결과 양자컴퓨터처럼 한 번에 여러 가지 일을 처리하는 것을 관찰할 수 있었기 때문이다. 의식은 파동과 같은 우주의 요동이며 따라서 의식은 우주의 근본적인 단계에 존재한다고 본다.

양자이론처럼 제한에 대한 반작용으로서 움직이는 소립자들처럼 어떤 양자 상태에서 돌연히 다른 상태로 전환하는 원자들과 모든 현상들의 본질적인 상호 연관성 등이 원자의 특징인 것이다. 이상의 원자 현상의 근본적인 힘은 양전하의 원자핵과 음전하의 전자들 사이의 전기적인 인력이다. 이 힘과 전자파 간의 상호작용은 다양한 현상을 일으키는 원인이 되는 것이다. 전자와 원자핵 사이의 상호작용은 모든 생명현상을 지닌 유기체와 그 외 관련된 생물학적 작용의 근본이 된다. 오늘날 인류의 역사가 면면히 흘러오는 것은 영혼의 사회적 원자화라 볼 수 있다.

현대물리학은 미시현상의 불연속성과 확률분포를 통해 자연 속에는 객관적인 통계법칙이 있다는 사실을 밝혔다. 우연은 법칙과 무관한 것이 아니라 필연과의 관계 속에서 파악되어야 한다. 생명 활동은 우연과 필연의 과정이다. 또한 생명의 진화 역시 우연과 필연의 통시적인 관계 속에서 통계적 법칙에 의해 규정되는 과정이다. 따라서 인간을 포함하여 모든 생물들은 자연에서 전개되는 활동 과정은 법칙이 아니라 확률 분포를 따른다고 보아야 한다.

이러한 이성적 역사에서 인간다움이란 이성과 합리성을 바탕으로 무한한 욕망과 사악한 마음을 통제할 수 있는 지적 능력의 발전이 필요하다.

4) 과학적 억사 - 엉원

앞부분의 성장 차원에서 살펴본 이성적 역사에서 물리학자이자 수학자인 로저 펜로즈는 의식이라는 현상은 두뇌에서 일어나는 비컴퓨팅적인 물리적 과정의 존재에서만 생길 수 있다고 주장한다. 그의 이론은 마음과 물리법칙에서 인간의 몸과 마음이 다른 표현으로 신체와 정신이 매우 미묘하고 광범위한 수학 법칙들을 아주 정확하게 따르는 우주의 일부라는 것이다. 사실 물질적 신체는 이러한 법칙에 따라 움식이는 것을 현대의 정신과학, 뇌과학 등 첨단과학도 인정하고 있다.

몸과 마음의 이중성을 놓고 선을 긋거나 저울질하기에는 너무나 수학적이기 때문에 마음이란 개념이 물질적인 신체에 영향을 주지 않는다든가 신체로부터 영향을 받지 않는다고 가정하는 것은 큰 의미가 없다. 즉 신체와 정신이 독립적으로 움직인다는 법칙을 믿는다면 다시 말해 이원론적 견해를 따른다면 진정한 의미의 인간은 존재하지 않는다. 신체를 관장하는 물리 법칙들이 자유의지를 허용하고 이 자유의지가 정신의 일부분이라고 한다면 마음이 몸을 움직이는 운동성 역시 물리적인 법칙이란 것이다. 마음 즉 정신 역시 물질적 속성을 나타내는 우주의 근본 법칙과 다르지 않을 것이기 때문이다.

결국 인간의 의식적 사고를 컴퓨팅과 비교하는 관점에서 인간의 인식이란 두뇌의 물리적 활동의 특징이고 물리적 활동을 모두 컴퓨터로 시뮬레이션할 수는 있지만 그 자체만으로는 인식이 생겨나지 않는다는 사실만은 분명하기 때문에 인간의 의식이라는 현상은 두뇌에서 일어나는 비컴퓨팅적인 물리적 과정의 존재에서만 생길 수 있다고 주장에 근거를 제시할 수 있는 것이기 때문에 영혼의 존재가 인정되는 것이다.

또한 일리아 프리고진는 19세기 물리학의 관심이 동역학에서 열역학으로 변하면서 열역학 제2법칙이 등장하자 시간의 개념이 바뀌게 되었다고 주장한다. 즉 우주에는 피할 수 없는 에너지 손실이 있다는 것이다. 엔트로피를 보충하기 위해 우주를 거꾸로 돌릴 수는 없는 것이다. 시간은 방향성을 말하는 것이고 순간에서 순간으로 이어지는 어떤 사건이나 사고를 되돌릴 수 없다는 사실을 알고 있으며 비가역적이라는 것을 너무나 잘 알고 있다. 비가역적인 것이 단순히 비정상적인 것이 아니고 대부분의 우주의 특성이라는 것이다.

따라서 물리학과 생물학의 관점이 명확해진다. 즉 이러한 일리아 프리고진의 주장은 우연과 필연의 문제를 다시금 생각하게 한다. 우연과 필연은 화해될 수 없는 대립적인 것이 아니고 운명 속에서 각각 동반자로서의 역할을 하고 있는 것이다.

제널드 에델만 역시 1차적 의식이 됐든 고차적 의식이 됐든 범주화의 흐름은 개별적이고 뒤바꿀 수 없다는 것이다. 시간적인 연속성을 개인이 시시각각 다른 방식으로 경험한다. 예를 들면 추상적인 것, 신비나 신에 대한 생각 등 실제 일어나는 사건은 역시 순서와 연속성에 의해 기인한다. 즉 인간의 의식과 경험된 시간과 공간은 정확한 좌표를 가지고 있다. 각 개인은 물질계의 열역학 제2법칙만을 따르는 것이 아니라 자신의 지각과 기억에 있는 뒤바꿀 수 없는 선택적 사건들의 다층적인 집합을 따르는다.

인간의 이러한 이중성은 지향적인 주체로서 개인의 역사와 비지향적 대상들에 영향을 끼치는 실재 세계의 변화는 중요한 것이다. 즉 사건들은 개별적인 것이고 대부분 예측할 수 없는 것이다. 인간은 자유의지와 결정론의 대립에서 이중성을 보이며 선택의 결정은 본인의 개성의 문제이고 이것은 의지 혹은 의미의 개념으로 전환된다. 의미는 기억된 육체의 감각들과 심상의 역사와 함께 성장한다. 즉 가치에 토대를 둔 범주화에 의존하는 개념으로 정립되는 것이다. 그러므로 각 개인의 정서와 감정은 이성 못지않게 가장 복잡한 정신적인 영역으로 결국 영혼의 문제로 귀결되는 것이다.

그러나 에델만은 영혼의 문제를 현대물리학을 넘어서는 신경과학이라는 새로운 학문의 입장에서 영혼이라는 존재를 일축한다. 그 이유는 각 개인은 어느 누구와도 똑같지 않으며 기계가 아니기 때문이라고 강조하면서 각 개인의 마음이 죽을 운명이라는 것을 받아들이게 된다는 것이다. 인간의 마음의 세계에서 어떻게 생겼는가에 대해서 과학적인 견해를 받아들이는 순간 자연에 대한 더 풍부한 견해와 더불어 탈 신화적인 인간으로 바뀌게 되는 것이다.

1988년 카네기 멜론 대학교 부설 로봇연구소(The Robotics Institute)의 한스 모라벡(Hans Moravec)이 주장했던 것처럼 인간의 '자아'를 이루는 '정보의 패턴'을 로봇에 옮겨 놓는다면 인간의 영혼의 문제는 영원한 과제로 남게 될 것이다. 특히 트랜스 휴머니즘(trans humanism)은 과학기술을 이용해 사람의 정신적, 육체적 성질과 능력을 개선하려고 노력하고 있다.

따라서 인간의 영혼은 새롭게 전개될 것이며 특히 기계와 인간이 공존하는 시대에 영혼의 가치는 더 높아질 것이며 유물론과 유심론의 구분 자체가 무의미할 것이며 영혼이라는 일원론으로 귀결되는 것이다. 인간이 뇌가 끊임없이 환경에 적응하듯이 경험은 영혼을 형성하고 인간의 마음과 정신은 영혼이라는 정향성과 순응성으로 통일되어 갈 것이다. 유전적인 문제 보다는 후생적인 것이 강하며 유전체를 초월하는 영혼의 능력을 창발이라고 볼 수 있다. 앞으로 사이보그, 휴머노이드의 일상화 속에서 인간과 기계가 공존하면 인간의 영혼은 영원한 위치에 있게 될 것이다.

20세기에 프리초프 카프라는 『현대물리학과 동양사상(The Tao of Physics 』, 『새로운 과학과 문명의 전환(The Turning Point) 』등 저서를 발표하여 종교, 철학, 과학 특히 물리학이 융복합시대를 열게 된다는 것을 예견하였다. 또한 켄 윌버 역시 학문의 통합과 인간의 통합을 주장하였다.

켄 윌버(Ken Wilber)는 "존재란 사물(질료)로부터 신체, 혼, 영에 이르기까지 서로 엮어 짠 여러 수준들로 이루어진 풍성하고 현란한 융단 같은 것이다"라고 하며 각 상위의 수준들은 그 아래의 차원들 즉 물질, 생명, 마음, 영혼, 정신, 영 등 존재의 대등지에서 모든 존재와 수준은 궁극적으로 영(spirit)으로 귀속된다는 것이다. 전근대적인 종교의 틀과 근대성에 의한 과학과는 비교되지만 신체, 정신, 마음은 물질로 이루어진 체계 내에서 존재의 당위성은 영혼에서만 찾을 수 있다.

제2장 영혼의 관점과 속성

1. 영혼의 관점

영혼의 관점은 인간과 자연 및 신의 관계에서 성립되는 초월적 세계이기 때문에 삶과 죽음 그리고 사후의 문제까지 확장된다. 따라서 단순하게 접근해서는 영혼의 진실을 파악하기는 어렵기 때문에 영혼을 깊이 있게 알기 위해서는 지역적 특성에 따른 동양과 서양의 관점 그리고 기독교와 불교의 종교적 특성을 살펴보아야 한다.

특히 영혼을 연구했던 학자들의 견해는 더없이 중요하다. 진실을 밝혀주는 역할은 언제나 인간이 몫이었다. 그들의 노력이 없었다면 오늘날 영혼의 미로에서 벗어나지 못했을 뿐만 아니라 영혼에 대한 진실이 인간의 감성과 사고의 결과라는 것을 몰랐을 것이다.

과학의 힘은 경험적이고 실험적인 방법을 활용하는데 있다. 종교와 철학의 사유는 영혼을 설명하기에 한계가 있기 때문에 현대인의 관심은 종교와 철학뿐만 아니라 과학에서도 근거를 찾고 있다. 영혼의 비밀을 찾기 위해서는 초월적 견지에서뿐만 아니라 학문을 통한 과학적 접근을 통해서 가능할 것이다. 특히 생물학, 유전학 구조화된 내면의 무의식적 욕망이나 욕구에 따른 관점뿐 아니라 환경에 따라 변화하는 인간의 사고와 행동을 분석하는 심리학 또한 중요하다.

영혼의 변화는 신체의 변화를 반드시 동반한다. 영혼의 파괴에 따른 정신질환이나 마음의 병 혹은 심리적 원인에 의한 다양한 신체적 질환도 발생하기 때문이다. 영혼은 마음 깊숙이 잠재해 있고 이 잠재력은 신체에 영향을 끼친다. 인간의 가장 깊숙한 중심으로 들어가야만 영혼의 참 의미를 알 수 있다. 이 깊숙한 영혼의 통로에서 개체성과 더불어 환경에 대한 적응 능력의 비밀이 숨어 있다.

베르너 하이젠베르크는 인류의 사상사에서 두 개의 서로 다른 사상이 중요한 발전을 이루었다고 보았다. 문화의 전혀 다른 분야에서 상이한 시대, 문화 환경, 종교적 전통에 근원이 있다고 보고 그 연결의 중요성을 강조한 바 있다. 동양의 주관적·직관적 방법과 서양의 객관적·경험적 사유 방식의 정신적 융합이 필요한 것이다.

1) 동양의 관점

영혼에 대한 동양의 관점과 서양의 관점은 서로 다르다. 동양은 무엇보다 집단에 의한 관계를 중요시한다. 즉 조화와 더불어 구성원들의 관계적 존재에 가치를 둔다. 서양은 형식과 논리가 중요하며 개인의 자율성을 중요시하여 독립된 개체를 가치 있게 본다.

동양의 영혼에 대한 관점은 추상적인 면이 강하기 때문에 현실적이고 실용적인 면에서 서양에 비해 뒤처지게 되었는데 과학기술 면에서 이러한 현실이 드러난다.

또한 동양의 특수한 상황은 바로 음양이론으로 서로 반대되는 힘이 서로를 완전하게 만든다는 신념이다. 유교, 불교, 도교 등 종교적 가르침 또한 양면성이 서려 있다. 유불선이라는 종교적 신념은 동양 정신의 전통적 관점으로 자리를 잡으면서 영혼의 존재 자체에 대해 탐구정신은 미약하였다. 부분보다 전체를 중시하는 이러한 관점은 사물의 상호 관련성 즉 공명이라는 의미가 크다.

사실 추상적 개념의 영혼보다는 생을 마감하면 죽음에 대한 예의로 그 의미를 다하였으며 공자는 "삶을 모르는데 죽음을 어찌 알겠는가?"라고 반문했다. 특히 동양의 유가나 도가에서는 개별 생명체를 자연의 기의 응집으로 여기며 삶과 죽음을 응집된 기가 흩어지는 논리로 설명하고 있다. 그야말로 자연으로 되돌아가면 삶이 끝나는 것이고 이것은 우주 만물의 정한 이치로 보고 있다. 어떻게 보면 '엔트로피'라는 개념을 이미 잘 알고 있었던 것이다. 즉 열역학 제2법칙을 예견하고 시간을 되돌릴 수 없다는 개념과 더불어 질서와 무질서의 관계를 직감으로 알고 있었다는 것이다. 우주의 일반적인 원칙은 질서에서 무질서로 나아가기 때문이다. 곧 죽음은 유기체의 질서에서 흩어짐의 무질서로 진행하는 것으로 본다.

다만 불교에서는 생명체가 죽으면 오온(五蘊)은 흩어져 멸하여도 그 개체가 지은 업은 그대로 남아 그 다음의 오온을 형성하므로 죽음을 끝으로 보지 않고 윤회한다고 한다. 즉 죽음은 새로운 시작으로 보는 것이며 영혼을 영원한 존재로 보고 있다. 허망하게 사라진 세월을 기억하고 회상하며 미래의 죽음에 대한 부게와 두려움을 윤회라는 환생의 길을 통해 위안을 찾는 것이다.

영혼은 시간을 기억하지도 회상하지도 않는 초월하는 영원성의 존재일 뿐이다. 죽음에 이르러 혹은 사후에 시간의 흔적들을 기억하거나 회상하는 그 자체는 무의미하고 무질서로 향하는 것이지만 영혼의 인식이라는 의미는 인간의 염원일 뿐이다.

그러므로 불교의 궁극적 목적은 열반에 드는 것이다. 오직 열반만이 생사윤회 너머의 진여 법신 혹은 법신 증득의 일이라면 죽음은 삶의 바탕인 것이다. 즉 삶과 죽음의 연속성인 불생불멸을 직시하고 색즉시공과 공즉시색의 참 뜻을 깨달아 영혼의 자유를 얻는 것이 해탈과 열반의 길이다.

영혼에 대한 동양의 관점은 불교의 영향이 크다고 볼 수 있는데 불교에서는 인간을 오온(五蘊), 오음(五陰), 오중(五衆), 오취(五聚)라 하여 육체와 정신은 생멸하고 변화하는 것으로 보고 있다. 육체와 정신(마음)을 다섯 가지로 분류하여 색(色)·수(受)·상(想)·행(行)·식(識)으로 보고 있으며 영혼의 존재 보다는 물질과 정신을 중요시 한다.

윤회 역시 영혼의 환생이 아닌 업으로 보고 전생의 지은 업에 대한 현생의 인과응보(因果應報)로 본다. 즉 선과 악의 소행에 따라서 그에 해당하는 과보(果報)를 받게 된다는 것이다. 다만 생각해볼 점은 부분과 전체의 의미이다. 부분 역시 전체성을 갖는다는 사실이다.

한편 영혼과 같은 맥락으로 정(精), 기(氣), 신(神)이라는 삼분법적 체계를 통해 인간 생명의 원천을 설명하였는데《황제내경 黃帝內經》에 이르러서는 정(精)·기(氣)·신(神)의 체계로 정착되었다. 동양 철학 일반에서 정은 '가장 정미한 것'을 뜻하는 개념으로 신체를 매개하는 원자에 해당된다. 기(氣)는 전통적으로 천지 만물을 형성하는 기본적 질료로 영혼에서 나오는 에너지이다, 정(精)과 함께 결합하여 정기(精氣)로 사용될 경우에는 무형인 생명의 원천을 의미하였으며, 형(形)과 함께 결합하여 형기(形氣)로 사용될 경우에는 유형인 질료를 의미하였다. 유형과 무형의 성질을 동시에 지닌 특수성으로 인해 정기신 이론 내에서 기(氣)는 정(精)과 신(神)을 이어주는 매개 역할을 하는 것으로 설명되었다.

신(神)은 육체와 영혼을 매개하는 가장 근원적인 에너지이다. 즉 사람의 생명을 유지하는 근본인 정신적 활동을 말한다. 그러므로 영혼의 다른 이름이 바로 정(精), 기(氣), 신(神)이라 할 수 있으며 이를 잘 운용하는 것이 중요하다. 영혼의 3요소가 잘 조화를 이루면 영과 육이 강건하여 행복을 누릴 수 있다고 보는 것이다.

유교적 관점은 이기이원론과 이기일원론으로 구분할 수 있으며 영혼과 실제적 맥락은 주리론에 가깝다고 할 수 있는데 본체는 변화할 수 없는 것이기 때문이다. 반면에 현상에 가까운 주기론은 영혼보다는 물질 영역인 신체에 관한 내용이라 볼 수 있다.

따라서 영혼의 동양적 관점은 내재적이며 초월적인 성격을 띠고 있으며 영혼을 통해 신의 경지에 도달하고자 하며 자연과 신을 같은 맥락으로 보는 범신적 신비주의가 특징이다.

2) 서양의 관점

영혼에 있어 동양의 관점과 서양의 관점이 확연히 다르기 때문에 어디에 방점을 두고 차이를 설명하느냐가 중요하다. 동서양의 관점이 결국은 종교적으로 수렴된다는 점에서 의미가 있다. 그러므로 영혼이 국가와 민족 혹은 역사와 전통 등에 의해 일정 기간 분리될 수는 있었지만 현대 과학과 첨단기술의 발전으로 영혼의 개념의 주요 맥락인 창조성, 영원성, 가능성의 진정한 가치를 인정받게 되었다. 변증법의 정반합 논리가 오랜 경험의 역사와 함께 융합되는 것이다.

개인의 자율성이 강조되었던 그리스인들은 자신이 원하는 것은 무엇이든지 자유롭게 얻을 수 있다고 생각했다. 또한 개인의 발견을 르네상스에 기원을 두고 있으며 새로운 자아 개념은 근대적 개인으로 계몽사상과 함께 18세기 정점에 이르렀다. 근대적 개인은 독자적이고 자율적인 자유를 누리는 개인만을 의미한 것은 아니고 자의식의 사회문화적 맥락으로 변천하면서 사회성이 매개된 개인 중심적인 사고를 더욱 확고히 하는 계기에서 비롯되었다.

특히 18세기 후반에 이르러 시민사회의 성숙에 따라 개인화, 종교적 자유, 인권의 차원에서 자기 인식과 자기 확신이 확대되었다. 물론 중세에도 개인의 존재는 있었다. 예를 들면 개인에게 신으로부터의 구원을 강요하면서도 개인의 영혼을 얻을 수 있는 자유로움이 있었다. 영원한 구원을 얻기 위해서는 모든 개인은 기독교인임을 증명해야만 했다. 그러나 교회에 반드시 얽매인 것은 아니고 자신이 감각과 인식을 통해 영혼의 합일을 이루고 그 힘을 이용하기 위해 묵상이나 명상이 활성화 되었는데 이것이 결국 개인을 강화시키는 원인이 되었다.

개인의 구원이 더 이상 성직자의 중재에 의존하지 않고 당사자가 직접 신과 관계를 맺으면서 성경을 해석해 주는 성직자의 권위는 그 힘을 점점 잃게 되면서 개인은 더욱 성숙해졌다. 개인의 영혼은 더욱 자유로워지면서 스스로 위안을 얻게 된다. 영혼의 안식이 교회를 통해서만이 아니라 성경 공부 혹은 양심과 도덕의 문제로 변하게 되는 것이다. 이와 더불어 원죄론의 문제는 신의 명령에 불복종했을 때 영혼이 피폐해지며 도덕성과 자유성을 잃게 되는 것이다. 따라서 종교의 생명은 영육 간의 결합이 중요시 된다.

서양의 관점에서 더욱 중요한 사실은 그리스 시대를 거쳐 중세 및 르네상스 통해 영혼이 주목받게 되는 것은 종교개혁 이후 개인주의 등장과 함께 양심이라는 심리적 변화에 있다. 르네상스 즉 문예부흥과 종교개혁이 개인의 중요성을 눈뜨게 했고 사회에 커다란 반향을 일으켰다. 인간성의 존중과 개성을 표방하는 학술 및 예술에 대한 혁신은 신 중심의 세계에서 다시 인간중심의 세계로 복귀하는 것으로 그리스 및 로마문화의 부흥을 추구면서 서구문화의 근대화에 직접적 영향을 주었다.

특히 자신의 서신을 통해 자신을 나타내려고 인문주의자들이 등장하면서 개인주의 흐름은 가속되었다. 대표적인 인문주의자이자 근대자유주의의 선구자 에라스무스가 있는데 그는 한 인간으로 태어나서 신에게 의지하는 것보다 인간의 중심에 무게를 두고 자기 자신과 삶의 가치 즉 인생의 기쁨과 슬픔에 천착하여 인간 내면에 관심을 갖게 된다. 자신의 주관적 통찰력은 영혼의 울림을 알리는 계기가 되고 종교적 믿음에 의한 영혼의 의미 보다도 인간 이성이라는 영혼에 더욱 의미를 부여하였다. 이후 몽테뉴의 등장은 개인주의 꽃이라 할 수 있는데 현대의 문학사가들은 몽테뉴를 근대 개인주의 문학 형식의 창시자로 인정한다. 후에 데카르트나 베이컨에게 많은 영향을 끼치게 된다.

16세기 몽테뉴는 그의 저서 〈엣세〉에서 "순박함과 진실한 태도는 시대를 초월해 통용된다"라는 명언을 통해 영혼의 진실된 참 의미를 보여준다. 특히 자기를 중심으로 한 인생의 중요한 문제와 자기성찰은 물론 인성과 감성 등 인생 경험에 대한 자기 탐구를 통해 개인의 발견의 선구자가 되었다.

프란시스 베이컨은 〈학문의 진보〉라는 저서에서 신과 인간의 분명한 한계를 두고 있는데 지식의 한계를 설명하는 것이기도 하다. 가령 그의 주장은 "자연을 관조함으로써 신의 신비에 도달하려고 감히 바라지 않는다"는 것이다. 즉 지식이 풍부해지면 질수록 무신론에 도달할 수 있음으로 이를 경계하는 것이다. 무신론으로 기울 때 인간의 영혼은 피폐해진다. 또한 그의 경험적 방법은 근대 서양의 인식체계의 초석으로 그의 이론과 실천의 결부는 오늘날 학문의 진보를 이룩했다고 볼 수 있다. 그의 생각이 파스칼로 이어지면서 신, 자연, 인간의 관계 형성을 통해 인간의 영혼은 깊이 있게 논의되는 것이다.

개인의 발전을 도모하면서 자연에 관심을 갖고 18세기 이후 자연과학 연구는 현대 과학으로 연결되면서 인간 영혼의 중요성이 강조되었다. 이러한 역사의 흐름은 신본주의에서 인본주의로 다시 인본주의에서 자연주의로 전환하면서 첨단 과학기술의 발전을 이룩하였지만 21세기 자연과학의 한계에 도달하면서 결국 신과 인간의 복합적 개념으로 다시 회귀하는데 이러한 인간 등고를 통해 인간 영혼의 존재는 재인식되는 것이다. 그리고 영혼은 인간을 상징하는 가장 중요한 가치를 지니게 된다. 유사 이래 수많은 전쟁과 자연으로부터 위협과 인간 스스로의 진보를 위한 싸움과 현대의 첨단기계로부터의 인간성 회복을 위한 노력은 바로 영혼의 정당성과 필연성을 강조하는 것이라 하겠다.

17세기 프랑스 철학자 데카르트는 심신이원론을 주장하여 현대 과학의 원조 역할을 했지만 마음과 영혼은 종교적 영역으로 거듭나게 되었다. 결국 인간의 몸은 마음에 따라 움직인다는 사실을 통해 신체의 동작 하나 하나가 운동을 일으키는 소근육에서 대근육에 이르기까지 사고의 작용 즉 마음의 결정에 따른다는 것이다. 자유의지는 반드시 마음을 통해서 몸을 움직이기 때문에 심신의 안정과 영혼의 안식은 생물·유전적 혹은 생리·심리적 과정을 거치는 다분히 과학적 근거가 있는 것이다.

인간의 생물 유전적 근거는 세대에서 세대로 전달되는 구조적 규범의 불변성과 자연선택이라는 우연성과 모든 구조와 기능에 따른 활동의 합목적성이다. 즉 생명체라는 것이 구조나 활동에 있어 의지를 실현하며 진리를 추구하는 것이 목적이기 때문이다.

또한 18세기 근대 철학자 임마누엘 칸트는 인간의 본성을 감성과 이성으로 보지만 그의 철학 체계는 이성의 한계를 지적한다. 그러므로 자연을 자유로 감성을 이성으로 경향성이 도덕성으로 합목적성을 갖는다고 보고 있으며 특히 경향성은 자연 상태 그대로의 인간의 마음으로 물질의 정신화라고 볼 수 있다. 이성의 한계를 통해 영혼의 가치를 높이고자 하는 것이다.

또한 그는 인간의 영혼을 진·선·미로 구분하고 선험적 인식 현상으로 보았다. 즉 인간은 자연과 영혼으로부터 영원히 떨어질 수 없는 관계로 보고 완전히 다른 성질의 두 가지 법칙이 존재하고 분열된 두 법칙 사이에서 오가면서 가능성 추구하는 인간으로 보았던 것이다. 현실적으로 혼란과 방황 속에 혹은 고통과 번뇌 속에 가능한 방향을 추구하는 존재라는 것이다. 그러므로 인간의 감성과 이성이 모순적이지만 잘 조화하고 진과 선을 토대로 아름다움과 숭고함을 통일하는 것이 영혼이라고 보는 것이다.

3) 학자의 관점

영혼에 대한 학자들의 관점은 다양하고 시대별로 사고의 깊이와 시대 상황에 따라 변천되어 왔기 때문에 일괄적인 영혼의 관점을 제시하기는 어렵지만 시대별로 고대, 중세, 근대, 현대의 구분에 따라 학자들의 나름대로 특별한 개념을 가지고 있기 때문에 학자의 관점은 영혼학의 이론적 토대가 될 수 있다.

고대의 아낙시만드로스. 플라톤, 아리스토텔레스의 철학적 관점에서부터 근대의 데카르트 합리주의, 칸트의 이성비판, 헤겔의 사변철학, 니체 실존철학을 거쳐 현대의 철학자까지 다양하지만 심리학자인 윌리엄 제임스를 비롯하여 현상학의 창시자 후설의 의식의 '지향성', 하이데거를 거치면서 메를리 퐁티(Maurice Merleau-Ponty)는 실존주의 철학적 관점을 중시하여 충만한 내용으로 의식이 주어지며 외부 대상은 신체의 지각을 통해 이루어진다고 보았으며 의식이 바라보던 외부 대상에 불과하던 신체는 의식적 활동 자체를 가능케 하는 근본적 질료가 된다는 주장이다.

특히 학자들의 영혼에 대한 관점은 심층심리학자, 인지학자, 물리학자, 실존철학자, 정신의학자, 신경과학자, 생물학자 등 과학적 관점의 근거를 통해 알아보는 것은 상당한 의미가 있으며 구체적으로는 정신분석학의 지그문트 프로이트, 분석심리학의 칼 융, 개인심리학의 아들러, 에리히 프롬 등 심층심리학자들의 이론과 인지학의 루돌프 슈타이너(Rudolf Steiner), 실존철학자 칼 야스퍼스(Karl Jaspers), 물리학자 로저 펜로즈(Roger Penros), 신경과학자이자 뇌과학자 제널드 에델만(Gerald Edelman), 정신의학자 데이비드 호킨스(David Hawkins), 안토니오 다마지오(Antonio Damasio), 생물학자 에드워드 윌슨(Edward Wilson)와 자아초월심리학자 켄 윌버(Ken Wilber)를 중심으로 살펴보고자 한다.

(1) 지그문트 프로이트(Sigmund Freud)

프로이트(Freud)는 영혼의 개념을 꿈의 해석(1900)에서 밝히고 있다. 그는 꿈의 의미와 무의식에 대해서 그 성질과 힘을 이해하고 자기 인식을 강조한다. 자기(self)라는 개념은 의식, 무의식, 신체, 정신적인 모든 속성으로 개인이 지니는 자신에 대한 전체적인 개념이다. 또한 꿈은 영혼이 활동한 결과라고 주장한다.

윌리엄 제임스는 자기에 대해서 인간은 많은 다른 상황에 직면해 있기 때문에 하나가 아닌 다양한 자기를 가지고 있다고 했으며, 호오나이(Horney)는 이상화된 자기와 반대로 실제적 자기(real self)는 인간이 가지고 있는 독특한 성숙과 발전의 능력으로 이루어진다고 주장했다. 올포오트(Allport)는 자기라는 말 대신에 라틴어 고유문(proprium)를 사용하여 영어의 고유의(proper)에 해당하는 '적절한'의 의미로 점차 발달하는 신체감각, 주체성, 자기평가 및 개인적 가치관, 태도, 의도, 등 개인의 본질을 강조하였다.

영혼을 이해하는 일은 결국 인간의 본질을 이해하는 것으로 자기 인식의 개념을 통해 영혼의 가장 깊은 곳까지 파악하고 정신과 마음을 정립하는 것이다.

특히 영혼의 본질과 구조, 발달과 특성에 대해서뿐만 아니라 영혼이 인간의 행동과 꿈속에 어떻게 나타나는지 그 방법에 알 수 있다. 그 핵심은 공감으로 우리의 영혼이 타인의 영혼에 대해 갖는 감정적인 반응을 강조하는 것이다.

인간의 뇌의 발달에 있어 '마음 이론'이란 것이 있는데 이는 인류가 발전해 오면서 자기를 인식하고 남을 인식하는 단계에 이를 때를 말한다. 문제는 타인을 인식하는 방법이 추상적으로 관찰하고 이해하며 인식한다는 것인데 시선을 정확하게 바라봐야 하며 타인의 영혼과 무의식을 파악해야만 한다는 것이다.

프로이트의 언어 및 그의 문장은 괴테(Goette)의 영향을 받았으며 영혼 세계를 주장했으나 영어 번역에는 대부분 정신으로 대체되었다. 영혼의 진정한 의미는 정신과 마음이라는 깊은 뜻이 있지만 정신은 과학적 의미를 담고 있으며 연구의 대상이 되었다. 특히 정신은 뇌와 연관이 있기 때문에 과학적 연구의 바탕이 될 수 있으며 정신의학, 심리학, 뇌과학, 신경신학 등 분과학문의 발전에 기여하게 된다.

프로이트의 영혼에 대한 개념의 왜곡은 특히 성 문제 정신분석에서 삶의 본능에 해당하는 에로스(eros)와 관련이 많다. 신화 속의 영혼 개념으로 '프시케(psyche)'가 있다. 그리스·로마신화에서 프시케는 영혼의 화신으로 사랑의 신 에로스의 연인이다. 프시케는 '영혼', '심리', '정신' 등을 뜻하는 단어로도 쓰인다. 사랑의 신 에로스를 접한 인간의 영혼인 프시케가 지나친 호기심을 억제하지 못해 파국을 맞이하지만 진정한 사랑의 간절함과 노력으로 이를 극복하고 행복한 결말을 맺고 쾌락의 여신 볼룹타스((Voluptas)를 낳게 된다. 오늘날도 에로스는 남녀 간의 사랑의 대명사로 잘못 인지되어 있으며 성 문제의 핵심에 있다.

성적인 사랑이 진정으로 에로틱한 쾌락이 되기 위해서는 에로스의 상징인 아름다움이 있어야 하며 아울러 프시케로 상징되는 영혼의 갈망이 요구된다. '프시케'라는 단어는 아름다움, 연약함, 비실체성 등 영혼을 상징하는 의미로 묘사되어 있으며 날개의 상징이 있는 새와 나비 역시 영혼과 결부하여 보살핌, 배려, 존중의 의미가 있다. 프로이트는 정신분석을 통해 영혼이 의식적인 것 즉 신체와 지성뿐만 아니라 무의식적 것을 포함하여 죽음 후의 사후세계에 존재하는 영혼에 대해서도 강조한다.

그러므로 이드, 자아, 초자아의 개념과 더불어 에고를 포함하는 무의식적 자아와 초자아에 해당하는 참 자아 사이에 접점은 인간의 영혼을 불러온다. 이 연결점의 중요성을 이해한다면 깨달음의 길에 들어섰다고 할 수 있다. 깨달음은 진정한 자유이며 사실에 순응하기 위해 인간의 의식을 끊임없이 확장하는 것이다. 욕망을 컨트롤 하는 기법이 중요하며 욕망을 죄악시하기보다 실재라는 현실적 접근이 필요하다. 궁극적인 자기 존재감이 환영에서 벗어나는 유일한 길이다.

(2) 칼 융과 아들러(Carl Jung & Adler)

분석심리학 창시자이자 스위스 정신과 의사인 칼 융의 그림자는 자기가 숨기고 싶어하는 자기 성격의 부정적인 면을 말한다. 이런 느낌은 그 자체가 힘든 것이 아니고 이런 감정의 발현에 대한 순간의 감정을 노출하거나 기꺼이 받아들이지 않기 때문이다. 감정이나 신체적 감각까지도 그것이 너무 강하거나 고통스러우면 감각을 차단하고 거부하게 되지만 영혼의 존재를 알게 되면 불쾌한 경험이든 즐거운 경험이든 있는 그대로 온전히 받아들이게 된다. 그림자의 진정한 의미인 생각, 느낌, 감정, 신체 감각 등 다양한 경험의 실체는 자기와 현존하는 실재인 것을 아는 것이고 더 나아가 자아의 실체를 아는 것은 바로 그림자를 통해 깨달을 때 가능하게 된다.

융(Jung)은 자기를 개체화 과정에서 서서히 발전해 오는 것이며 후기 성숙기에 이르기 전까지는 완전한 것이 아니라고 주장한다. 또한 의식에서 사라진 마음은 무의식에 존재한다고 했다. 경험에 대한 경계를 가지고 외부 사건, 꿈, 신체 경험을 무시한다면 경험의 에너지는 변형되는 것이다. 자의식의 깨달음이 중요한 이유는 각성된 마음이 반드시 신체를 지배하기 때문이다. 즉 의식적인 마음은 어떤 일이 중요한 의미를 갖게 만드는 바로 영혼이라 볼 수 있다.

아들러(Adler) 역시 자기를 개인의 생활양식이라 하여 만족감을 추구하는 양상이라 했으며 영혼의 안녕을 강력하게 주장하였다.

(3) 에리히 프롬(Erich Fromm)

에리히 프롬은 유일신의 기독교와 불교, 유교, 도교 등 비 유신론적 종교는 서로 다르지만 사람과 사물이 서로 친밀하게 관계를 맺으면서 자유를 구가하는 영혼의 독립성을 주장한다. 특히 종교의 중요성을 권위주의적 성격을 갖느냐 아니면 인본주의적 성격을 갖느냐를 주장하면서 유불선, 예수, 소크라테스, 스피노자, 유대교, 기독교의 신비주의 등을 인간이 갖는 정신과 마음의 고향을 동경하는 인본주의적 종교로 분류하고 있다.

그가 주장하는 종교의 권위주의적 성격은 종교혁명과 과학 문명의 끊임 없는 발달로 무색해지면서 인본주의적 성격의 시대로 변화하고 있다는 것이다. 이것은 인간 정신과 마음에 대한 학자들의 연구와 탐구의 역사적 결과이며 인간 영혼의 진실을 밝혀주는 일이다. 즉 인간은 필연과 우연에 의한 객관과 주관의 이율배반적 혼돈의 첨단 과학기술의 시대에 가장 중요한 것은 도덕률이라는 인간성을 잃지 않는 것이라고 진단한다. 가능성과 완전성에 대한 추구와 윤리와 도덕이 사라지면 진정한 인간은 없고 기계의 시대와 더불어 인류문명은 한계에 도달할 것이다.

따라서 인간의 유한성에 대비하여 무한한 발전성과 가능성의 기치를 높이 들고 영혼과 육체의 유기적 관계 통해 정신과 마음이 하나가 되도록 하여야 한다. 특히 영혼이 중요한 이유는 존재와 소유의 문제로 존재는 영혼의 가치를 높이며 삶의 참 의미를 주지만 소유의식은 영혼의 탐욕이란 부정적 의미를 준다고 볼 수 있다. 소유의 부정적 면은 정신적 탐욕으로 인해 영혼의 공허감, 권태감, 고독감, 침울감 등을 욕망을 충족하지 못하기 때문에 영혼의 안정과 행복을 느낄 수가 없고 우울증 등 정신질환에 노출될 수 있다고 주장한다.

인간은 자기 자신에 대한 의식을 지닌 유기체로 보고 내면에서 일어나는 자기 인식은 고독감과 공포감을 불러일으키기 때문에 영혼의 중요성을 강조한다. 전진과 퇴행을 통해서 가능하다는 것인데 전진은 자신의 인간적 힘을 발전시켜 새로운 가능성을 발견하는 것이고 퇴행은 인간이 반성이 없는 동물이 되려고 하는 것이라고 했다.

(4) 루돌프 슈타이너(Rudolf Steiner)

인지학의 창시자이자 교육자인 그는 괴테의 자연관과 인간관 그리고 동양사상에 깊은 영향을 받았으며 정신과 영혼 세계의 중요성을 강조하여 '인지학(anthroposophy)'을 창설하였고 발도르프 교육으로 유명하다. 형태 형상을 활력체의 기능으로 보았으며, 인지학이라 표방했다. 초기 신지학으로부터 인지학으로 변하게 되는데 인간의 영혼 생활을 인지, 감성, 사고로 표현하며 스콜라 철학의 존재론이 괴테의 자연과학적 방식을 통해 오늘날 인간 영혼 생활의 근거가 된다는 생각을 주장한다.

특히 슈타이너의 영혼에 대한 관점이 중요한 것은 오늘날 인간들의 미래를 예측하고 기계화에 대비를 주장했다는 데 있다. 즉 인간의 영혼 생활은 이미 18세기 제임스 와트(James Watt)의 증기기관의 발명으로부터 인간의 의지를 기계화하기 시작했으며 18세기 말에 활동사진과 녹음 기술의 발달을 통해 감성이 변화하였으며 20세기에 드디어 컴퓨터의 발명으로 인간의 사고까지 기계화되기에 이르러 IT 기술의 발전으로 인공지능(AI), 증강현실(AR), 휴머노이드 등 로봇의 새로운 기술이 등장하고 있다.

결국 인간의 영혼은 기계의 상용화에 따라 육체로부터 분리되어 정신과 마음으로 세분화 되면서 인간의 의식과 사고는 혼란을 자초하게 되었고 정신질환과 마음의 병으로 괴로워하고 있다. 기계혁명의 결과는 정신과 마음이 피폐해지는 동시에 과히 영혼의 파괴라고 할 수 있는 현실에 봉착하였다.

이러한 현실에서 인간의 영혼을 되살리는 길은 영혼의 상실을 가져온 기계문명을 지시하고 그 대안으로 사고의 확장을 통해 순수의식의 세계를 개척하는 것이다. 사르트르의 순수의식이 강조되는 이유이기도 하다.

사고의 순수성 즉 실용적 사고를 위한 방법은 몰입을 통한 삶에 충실함이다. 대부분의 현대인은 사고의 혼란함 때문에 몰입이 어려우며 사리 분별에 약해진다. 현대인의 몽상적이고 광신적인 성격은 '아스트랄적'이라 볼 수 있다. 이 문제의 아스트랄적 사고를 몰입이라는 실재의 경험을 쌓는 훈련이 필요하고 이러한 훈련이 영혼을 의식적으로 지켜주며 문제의 아스트랄체를 바로잡아 줄 수 있는 유일한 길이라고 주장한다.

이러한 훈련만이 오늘날 기계문명에 의한 인간의 정신과 마음의 심각한 문제를 해결하고 인간의 진정한 자아를 찾아 신체와 영혼이 건강한 인간으로 다시금 태어날 수 있게 할 것이다. 특히 인간의 의지와 사고의 중요성을 강조하여 성장기 어린이의 의지와 사고의 결함에 대해 의지의 결함의 문제를 더 크게 지적하고 있다. 특히 강박관념은 의지로부터 생기기 때문에 어린이의 성장 발달에는 유전 상의 결함과 구분하여 생명체의 특성을 이해하여야 한다.

인간의 내면세계가 본능, 충동, 욕망 등 동물적 세계와 공존하기 때문에 이것을 동기라고 하고 현재 얻고자 하는 것을 의지라 하고 있다. 단순한 의사결정이나 행위의 동인은 동기라 할 수 있지만 의지는 단순히 결정하고 실행하는 결심이 아닌 도덕적 근원이며 인간의 내적 세계의 표상인 것이다.

따라서 이러한 내면세계의 울림은 "더욱 잘 할 수 있었을 텐데"라고 하는 소망 내지는 희망으로 다가온다.

(5) 로저 펜로즈(Roger Penros)

물리학자 로저 펜로즈는 두뇌와 마음이라는 개념을 통해 영혼을 설명한다. 사실 두뇌는 신경세포의 작용에 따른 정신이기 전에 신체의 기관의 일부이다. 따라서 신체와 정신은 뇌와 마음의 문제이다. 결국 신체와 정신 그리고 몸과 마음은 같은 맥락으로 영혼을 강조하는 것이다.

물질적인 신체는 물리적인 법칙을 따르며 과학적 관점에서 관찰과 분석이 가능하다. 물론 프로이트가 정신분석을 통해 인간의 마음을 의식과 무의식으로 구분하였듯이 마음이 몸의 기능에 영향을 전혀 주지 않는다든가 혹은 마음이 몸으로부터 아무런 영향을 받지 않는다면 그야말로 몸과 마음은 분리되어 있는 실체로 생각할 수 있으며 영혼도 존재할 이유가 없다. 따라서 마음을 물리적 몸과 같은 물질적 개념으로 이해하기 위해 의식이라는 실존의 세계를 끌여들여야 한다.

세계적인 과학철학자 대니엘 대닛은 물질과 마음이라는 이원론을 비판한다. 뇌에서 정신과 물질이 만나는 지점이 없다는 것이고 물리적 과정을 거쳐 전달된 감각적 입력 신호들이 모이고 통합되어 영화를 상영하듯이 전개되는 내적 자아는 어디에도 존재하지 않는다고 보는 것이다. 전기적 신호와 화학적 전달에 의해 감각 정보가 입력되면 신호를 기억으로 바꾸며 회상을 통해 그 감각을 의식하고 이해하게 된다는 점을 강조한다.

인간의 정신 즉 마음은 감각 입력이 병렬적으로 처리되고 해석된 결과물이라는 것에 반론의 여지가 없다. 의식은 단일한 흐름이 아니라 지각과 사고와 정신활동이 뇌의 여러 곳에 분산되어 처리되는 의식과 무의식의 폭넓은 세계일 뿐이다. 그러므로 의식은 정신이 명료한 상태로 영혼의 밝고 맑은 상태이며 마음은 신비에 쌓인 의식의 특징일 뿐이다. 즉 뇌는 물질 현상에 의한 정신 발현이고 뇌의 작용은 마음의 신비에 따른 경험적 사실이라고 보는 것이다.

(6) 제널드 에델만(Gerald Edelman)

신경과학자이자 뇌과학자 제널드 에델만은 인류의 발전에 의미를 두고 뉴턴의 물리학이 과학의 틀을 형성하였고 물질로부터의 의식의 출현과 마음의 탄생이 종교에서 과학으로 전환하는 시점에서 영혼의 존재를 인정하고 있다. 프로이트의 무의식의 발견과 더불어 신경과학은 인간의 마음을 뇌에서 찾고 있기 때문에 영혼은 결국 개인의 의식과 무의식의 문제로 보는 것이다.

영혼을 뇌의 신비로 보는 이유는 천 억개에 이르는 뇌세포가 서로 작용하는 범위는 각 세포들이 유전자들의 집합에 의해 규제를 받는 환상적이며 복잡한 생화학적 조절작용이 있기 때문이다. 또한 이들 세포는 형태형성을 하며 상호 결집하며 엄청나게 많은 조절 고리를 갖고 육체와 뇌를 만들기 위해 장소 의존적인 방법으로 신호를 교환한다. 이 모든 것이 생존을 지배하는 다양한 자극에 반응하여 개체 혹은 세포의 상태를 일정하게 유지하려는 성질을 의미하는 항상성(homeostasis)을 주장한다. 주변 환경에 의해 깨진 평형 상태를 원래대로 복구하여 최적화된 상태에서 생명현상을 유지하는 것이다.

그러므로 영혼은 지각 범주화와 개념 범주화가 중요하며 특히 기억은 재입력에 의해서 지각범주화가 역학적으로 상호작용한다. 범주화를 통해 학습이 진행되면 기호와 의미가 형성되고 중추와 상호작용한다. 이러한 일련의 작용이 인간의 개체성을 강조하게 되고 이 개인적 특질은 유전학이나 면역학에서 나온 개체성만 아니라 발생학적 또는 사회학적 의미가 포함되어 있기 때문이다.

(7) 데이비드 호킨스(David Hawkins)

정신의학자 데이비드 호킨스는 1995년 박사 논문인「인간 의식의 수준들에 대한 양질 분석 및 측정」을 출판하면서 과학과 영성이라는 이질적인 영역을 해결하기 위한 방법을 제시했다. 인간 경험을 의식 진화의 관점에서 재맥락화하고 마음과 영성에 대한 이해를 생명과 존재의 기반이자 지속적 근원인 신성으로 표현으로 통합하는 것이다.

현명한 사람들은 인간의 지식은 기껏해야 잠정적이고 가설적이라 나중에 수정되게 마련이라는 것을 알고 '사실'도 자료의 해석이 맥락에 따라 달라지므로 재해석된다는 점에서 일시적인 명제에 불과하다고 주장한다.

1952년부터 정신과 의사로 일해 왔으며 1973년 노벨 화학상 수상자인 라이너스 폴링과 분자교정 정신의학(Orthomolecular Psychiatry)을 공동 집필하여 정신의학의 새로운 분야를 개척하였다. 1995년 의식 혁명(Power vs. Force)을 출간하였으며 2005년 「의식수준을 넘어서」를 출간하면서 에고의 고유한 한계와 그 한계를 초월하는 방법을 제시하였다.

무엇보다 중요한 것은 오랜 세월 영혼의 세계가 설명의 부족으로 오해받고 곡해되는 현실을 직시하여 영혼의 세계를 활짝 열어 영적으로 진화한 상태와 의식연구를 통해 "참나로서의 신의 현존"에 대한 각성을 강조했다.

2000년 서울에서 '태령선각도사(太靈先覺道士, 깨달음의 스승)'라는 호칭을 받았다.

(8) 안토니오 다마지오(Antonio Damasio)

정신의학자 안토니오 다마지오는 느낌, 감정, 의식 등 뇌의 기저에 대한 연구를 통해 감정이 의사결정 과정에서 역할이 중요하다는 보고 있다. 이는 영혼의 가장 중요한 부분으로 이성과 감성의 상호작용의 핵심에 영혼이 존재한다는 의미로 볼 수 있다. 그리고 그의 의식에 개념에 있어 핵심 의식은 파동 형태로 생성된다는 주장의 새로운 신경과학의 장을 여는 것이다.

의식의 연속성에 영혼이 존재한다고 보는 것으로 수많은 대상과 그것들의 상호작용을 끊임없이 처리해 자아를 변화시키는 과정에 있는 연속적인 의식 파동의 생성을 강조한다. 즉 의식의 흐름이 영혼이라고 볼 수 있으며 이러한 일련의 과정을 통해 뇌의 여러 부분이 관여하여 앎의 상태가 유지되는 것이며 앎은 곧 영혼의 진수라고 할 수 있다.

(9) 칼 야스퍼스(Karl Jaspers)

독일의 정신의학자이자 실존철학자인 칼 야스퍼스는 실존주의 선구자 키에르케고르에게 영향을 받은 인간의 한계상황을 강조하고 보통의 노력으로는 삶을 변화시킬 수 있지만 본질적으로 변화시킬 수 없는 죽음의 필연성 강조하고 실존은 한계상황에 노출된 경험으로 일축한다. 상황과 환경의 차이를 구분하면서 상황은 구체적이고 개인적인 것으로 자유의지와 의미를 추구하는 내면적 문제인 반면 환경은 생물학적이고 객관적인 것으로 생명의 적응 문제인 것이다.

이러한 차원에서 현대인은 개인적 상황과 환경이란 거대한 조직에서 정신의 방황과 불안 속에서 위기를 느끼며 신체도 병들고 있다. 이러한 위기를 벗어나려고 종교, 철학, 과학, 예술 등 온갖 영혼의 구원을 찾기 위해 노력하지만 기계화 되어 있는 현실은 더욱 인간성의 왜곡으로 치닫고 있음을 강조하고 있다.

결국 해결의 실마리는 상황의 극단에서 마주치는 타자의 만남 즉 초월자(신)를 인정하는 것이며 절대적 의식을 통해 자신의 내면의 세계를 구축하게 된다는 것이다. 이 길은 상징이라는 기호를 통해 드러나며 자연, 역사, 인간 등의 경험적 현상과 예술을 통한 직관적 초월에 의한 음악과 미술, 문학 등이 해당한다. 특히 문학의 플롯이 인간의 한계상황을 설정하고 앞으로도 뒤로도 갈 수 없는 어쩔 수 없는 현실에서 무언가 희망을 찾는 영혼의 힘을 통해 삶을 변화하고자 한다.

특히 차축시대의 견해를 밝히며 영혼의 출현을 BC 800년에서 AD 200년으로 보고 있다. 즉 인간의 의식을 고양하고 정신과 마음을 확신하는 시대가 되었다고 보고 있다. 차축시대 이전에는 신의 마음대로 독재자처럼 군림했으나 차축시대에 들어오면서 인간이 실현하고자 하는 이상적인 정신 즉 영혼의 숭고함과 사랑과 지혜를 통한 신의 무한한 포용력과 사랑의 존재로 다가오는 것이다.

이성의 한계를 자각하며 초월을 향해 나감으로 존재 실현의 길을 열 수 있다고 주장하면서 내면세계를 통해서만 이해될 수 있다는 것이다.

(10) 에드워드 윌슨(Edward Wilson)과 켄 윌버(Ken Wilber)

생물학자 윌슨은 지식의 대통합을 주장하며 영혼에 대한 실마리를 찾는 계기를 열었다. 자연과학과 인문과학 그리고 사회과학의 대통합을 통하여 신체와 정신 그리고 영혼의 신성한 의미를 학문적으로 정립할 수 있는 업적을 이루었다.

생물학을 전공한 자아 초월심리학의 대가인 켄 윌버는 자연과학과 인문과학 사회과학을 통합하는 비전을 제시하였다. 통합된 새로운 인간 모형을 제시하면서 영혼의 의미를 찾을 수 있다고 주장하고 있다.

2. 영혼의 속성

영혼의 속성을 설명하기 위해서는 종교, 철학, 물리, 의학 등 다양한 학문적 접근을 통해 영혼의 구조적 틀을 이해하여야만 한다. 왜냐하면 인간세계를 정신과 물질로 구분하는 데카르트의 이원론과 세계의 근본 물질인 아르케(Arche)를 추구한 고대 이오니아(Ionia)의 자연철학자들의 일원론과 대립하기 때문이다.

이원론과 일원론의 대립 속에서 짧은 일생 동안 혼동의 삶을 살아갈 수 밖에 없지만 물질과 정신을 구분하지 않고 자유의지에 따라 유물론 아니면 유심론을 선택해서 삶을 영위한다.

따라서 영혼의 속성을 창조성, 영원성, 가능성, 자유성, 위대성, 예술성, 양면성 등으로 구분하여 살펴보고 정신과 마음 즉 영혼의 가치를 깨닫는 진정성이 필요하다. 또한 삶을 부정하거나 초월적, 신비적 세계만을 추구하거나 현실을 도피하는 것이 아니라 영혼의 속성에 따라 주어진 삶의 길을 가는 것이 중요하다. 자신의 인생을 긍정적이고 창의적인 생각과 행동으로 일관하여 생과 사를 통찰하는 능력을 길러야 한다.

1) 창조성

인간의 역사는 언어의 사용과 함께 활자의 발견으로 오늘날 첨단 과학기술 시대를 열게 되었다. 특히 계속 반복되는 양식(pattern)과 행동은 풍속과 문화를 낳게 되었으며 이를 바탕으로 인류는 변화와 발전을 거듭했다. 창조적 신화를 바탕으로 각 민족마다 설화가 구전되면서 전통으로 이어져 왔다.

그러나 창조 신화는 다윈의 〈종의기원(The Origine of Species)이 발표되면서 종교와 과학은 분리되었고 상반된 입장이 대립 속에 조율하는 과정에서 창조적 사고를 바탕으로 의식화 되어야 한다. 이러한 의식 속에 판단의 기준과 추리하는 능력이 요구되면서 영혼의 창조성은 싹트기 시작했다.

창조 신화는 구약성경에 야훼로부터 기원한다. 에덴동산의 아담과 이브의 이야기는 실제적 사실의 역사 기록이 아니라 신화적 기술이라고 볼 수 있다. 이렇게 시작된 서사의 내용은 기원적 1850년 야훼와 아브라함의 기술에서부터 역사적 의미를 갖는다. 성서를 기술한 기자들이 창조 신화와 역사적 사실을 혼합하여 기술하면서 영혼의 창조성이 비롯된다.

영혼의 창조성은 신화로부터 비롯되어 인간의 내면 깊숙이 존재하며 신의 피조물로써 인간 본연의 창조성을 드러내기 위해 노력하고 있으며 또한 창조적 파괴를 통해 피조물의 지위를 초월하고자 한다. 창조의 반대 개념이 파괴이기 때문에 삶의 본능과 죽음의 본능은 그 작용하는 힘이 같다고 보고 생명을 파괴하는 일이 생명을 창조하는 것과 동일하게 초월적이라 할 수 있다.

또한 창조성이 결여되면 수동적인 피조물의 본성이 드러나며 자신을 파괴하고자 하는 초월적 환상을 꿈꾸게 된다. 즉 창조성을 발휘하지 못하면 파괴를 통해 생명을 파괴하는 것이 생명을 창조하는 것과 같은 초월적 관념을 가게 된다. 초월적 관념은 창조성과 상반된 것으로 창조적 역할을 충실히 하지 못하면 드러나는 인간 내면의 강한 욕구라고 할 수 있다.

창조성의 핵심은 실험과 실증 등 과학의 범위에 속하며 종교는 이미 창조된 세상에 대한 피조물이 신의 존재에 대한 실재를 믿고 인간의 협력을 통한 세계의 완성을 위한 노력이기 때문에 영혼은 인간의 창조물이 아니라 오히려 영혼에 의해 창조성을 발휘할 수 있는 것이다. 영혼에 의한 진정한 창의성은 의식을 바탕으로 존재를 나타내기 위한 과정으로 기억력, 논리와 추론, 언어의 발달 등 새로운 사고를 통해 유기체의 끊임없고 유한한 발전을 도모하는 것이다.

그러므로 영혼의 창의성은 의식의 흐름이며 각 개인 풀어야 하는 문제를 안고 살아가도록 하는 운명적 조합이라고 할 수 있다.

2) 영원성

고대 이집트 헤르메스에서는 우주의 속성이 정신적이라 가르치고 물질 혹은 에너지라고 한다. 허버트 스펜서(Herbert Spencer)는 “모든 것의 근원은 무한하고 영원한 에너지의 존재”라고 했다. 영혼의 실재는 우주의 움직임이나 자연의 현상들이 이를 설명해주고 있다. 특히 생명 현상은 가장 경이로운 영혼이 작용이라 할 수 있다. 물질 감각으로부터 지각하여 인식하는 방법 역시 본질적인 실재이며 의식의 정신작용은 아주 경이롭다고 할 수 있다.

생물학적으로 영혼은 유기체의 생기와 생명력을 의미한다. 에르빈 슈레딩거는 『생명이란 무엇인가』에서 물질 구조와 유전적 특성의 영원성 관계를 이렇게 밝혀준다. 물질 구조에 의해 전달되고 만들어지는 ‘표현 형질’의 전체 양식 즉 개체의 가시적이고 뚜렷한 성질로 유전되어 영속성을 갖는다는 것이다. 다만 실제로 경험하고 체험했던 모든 일이 그대로 영속되는 것은 아니며 주관적 경험은 집합적 경험으로 희석되기 때문에 집단무의식으로 이어질 뿐이다. 가령 삶과 죽음이라는 명제 앞에서 그 누구도 그 존재를 부인할 수 없기 때문에 정신과 마음 그리고 영혼으로 영원히 존재한다.

종교적 영혼은 영원성을 전제하기 때문에 신의 뜻에 따라 창조된 영혼의 실재라고 할 수 있으며 오직 신을 표방하고 있다. 신의 은총을 입은 육신은 물질에서 비롯되지만 영혼은 신의 계획이며 물질적 구조인 신체와 신을 대신하는 영혼의 작용이 복합적으로 작용하도록 계획된 것이다.

그러므로 영혼의 영원성이란 고대 그리스의 철학자 데모크리토스가 물질의 원자적 성질을 주장하여 원자와 빈공간의 존재를 인정했듯이 과학적으로 영혼의 존재는 미시세계에도 존재하며 현대의 양자물리학이 증명하고 있다.

양자물리학에 의한 물질적 접근과 정신, 신체, 영혼의 상호작용의 실마리 풀 수 있는 첩경이다. 시간과 공간 속에 존재하며 신체와 정신 그리고 영혼이라는 복잡한 물리, 화학, 생리, 유전, 심리와 융합된 개체이다.

오늘날 현대인의 뇌는 인류발전의 모습을 그대로 담고 있으며 현생인류의 형태를 유지하고 있다. 뇌의 고피질과 신피질이 이를 증명하고 있으며 여러 영역이 골고루 발달해 왔음을 알 수 있다. 특히 언어와 사고의 발달은 다른 동물과는 다른 특수 영역이라 할 수 있다.

또한 인간의 유전 정보의 분석이 가능해지면서 인간의 실체를 파악하고 자연과학의 융합으로 인체의 비밀을 알아냈으며 정신과 마음은 원자와 분자의 미세기관들이 서로 상호작용하여 생명 활동을 이어간다는 사실이다. 특히 물질로써 인체의 전기화학적 작용은 인간들이 인식할 수 없는 찰나의 순간에 이루어지기 때문에 미세전류가 흐르는 세포막 전위라든지 1초에 30만㎞를 움직이는 생체광자와 함께 전자기적인 성질을 가지고 신경화학적으로 움직이기 때문에 알 수가 없다. 이와 더불어 정신과 마음은 뇌의 신경화학적 작용은 더욱 복잡하여 세포와 조직 그리고 기관이 서로 작용하여 생체에너지를 이루기 때문에 국소성이라는 의미로는 이해할 수 없다.

다만 인간의 정신과 마음 그리고 영혼의 관계는 단순히 국소성에 의한 작용이 아니기 때문에 이 문제의 해결은 양자물리학적 접근으로만 가능하다. 비국소성이라는 양자얽힘 혹은 중첩성 등의 이론으로 접근하여 개인이나 집단의 에너지장 즉 정보장(infoemation field)이 존재한다는 사실이다. 이 모든 것이 차질 없이 이루어지기 위해서는 양자장이라는 파동의 에너지가 필요하고 이 파동의 과정이 인간 생명활동의 영원성이라 보는 것이다.

영혼의 영원성이야말로 인간의 성스러움과 참모습이며 존재의 이유이기도 하며 의식의 근원이다. 또한 영혼의 영원성은 인간만이 갖는 순수정신이며 자연과 신 그리고 인간의 동일체라고 할 수 있다. 그러므로 영혼에는 시간관념이 없으며 시간에 얽매이게 되는 순간 영혼의 영원성은 사라지게 된다.

3) 가능성

21세기는 물질의 미세구조를 밝히는 소립자의 발견으로 더욱 발전하는 계기가 될 것이다. 특히 인간은 물질적 구조의 신경·정신적 구조에 의한 의식을 갖고 무한한 가능성을 추구하는 영혼의 존재이다. 과학기술의 발전으로 영혼의 가능성은 양자역학, 신경과학, 뇌과학, 인지과학, 사회과학 등 학문의 융합으로 새로운 장을 열어 갈 것이다. 즉 복잡성, 특이성 등 다양함 속에서 영혼의 무한한 가능성을 발견할 수 있다. 자연과 인간 그리고 사회 속에서 영혼은 상호 작용하는 무한한 가능성의 존재로 초연결의 결정체 역할을 할 것이다.

특히 영혼의 가능성은 파장의 진동으로 볼 수 있는데 이 원리는 물질, 에너지, 마음, 영혼까지 파장으로 보기 때문이다. 전자와 원자, 분자, 그리고 우주의 모든 것이 진동의 움직임 속에 있다. 진동의 원리는 자기조직화를 통한 패턴의 한 형태이다.

파동 변화는 감정과 사고를 비롯하여 영혼의 문제까지 영향을 줄 것이다. 사람이 의도적으로 주의 집중하면 많은 일을 할 수 있다. 즉 의지의 힘을 발휘하면 마음의 파동 즉 진동이 작용하여 주의력이 강화되고 마음의 변화가 일어난다. 몰입에 의해
정신의 리듬을 유지하며 더욱 안정를 유지하게 되는 것이다.

대부분의 사람들은 환경에 지배를 받게 되고 자신이 타고난 유전인자 즉 성격에 지배받게 된다. 그러나 이러한 균형을 이루는 수련을 거치게 되면 일상적인 생활 및 행동들을 통제할 수 있다. 더 나아가 인체의 생명력이나 에너지 충족에 활용하기 위해 자신의 생각과 행동, 감정, 마음 등을 절제하고 조절하는 방법인 마인드 컨트롤(mind control)이 가능해지면 높은 정신활동의 영역을 고수하게 되는데 이는 곧 창조 정신과 환경 극복을 통한 지고의 경지에 도달하게 되는 것이다. 이것을 자기완성이라 한다.

자기완성의 길은 자기 공고화의 과정을 거쳐 개인화가 정립되면 자기 확신의 단계에 이르게 된다. 또한 인간과 환경의 상호작용에 따른 통일성을 강조한다. 환경에 조직이 변화하는 패턴의 역동성을 이해하고 생성과 변화를 계속적으로 추구해야한다. 자기완성은 가능성이 최고 목표로 신생활에서 경험한 것은 진정한 의미로 의식의 최고 영역이다. 일상생활로부터 경험하는 최고의 인식 단계이다..

그러므로 인간은 삶을 초월하여 무엇인가 되려고 하는 의지가 있으며 이를 성취하고자 하는 목표를 가지고 있다는 것이다. 수동적인 피조물 형태를 벗어나 초월적이고 싶은 욕

망이 곧 영혼의 가능성이라 볼 수 있다.

오늘날 과학의 발전으로 소립자 쿼크까지 찾아낸 인류는 미시세계인 원자에서 거시세계인 우주공간까지 그야말로 부분과 전체를 알게 된 인간들은 신인류로 새롭게 탄생하기를 염원한다. 그러나 부분이 전체를 넘지 못하는 한계가 있듯이 물질이 영혼을 뛰어 넘지는 못한다. 그러므로 신체와 정신 그리고 영혼으로 구성된 인간 본연의 모습을 지향해야만 한다.

4) 자유성

인간은 유기체이며 복잡한 에너지 체계이다. 우리는 신체를 통해 쉬지 않고 에너지를 처리함으로써 생명을 유지한다. 유전적 특질과 상황과 환경의 영향에 기인한 인식과 의식으로 수렴되기 때문이다. 이와 같은 수렴적 현상은 생존의 필수 요소이다. 즉 환경에 적응하는 것이 생존에 유리하다는 것을 아는 것이다. 특히 인간의 언어의 수반성은 인식과 의식의 길로 통하는 지름길이다. 자유는 한계 없는 각성된 인식과 의식으로 영혼의 자유로움이며 정신과 마음의 영원한 자유의지이기도 하다. 특히 자유의지는 끊임없이 변화하고자 하는 마음의 표현이며 이것은 살아 있음의 표현이며 삶의 의지이기도 하다. 삶의 의지가 희망이고 희망을 통해 변화를 추구한다. 자유의지를 통해 삶이 전개되고 그 과정에서 성장 발달하는 것이다. 인간은 변화를 통해 성장하는 인격체이자 초월하고자 하는 자유성을 갖는 존재이다.

자유성은 출생에서부터 현실을 창조하고 변화시키는 힘을 타고났으며 사회화된 습관과 특정한 사고를 형성해온 일종의 문화이기도 하다. 또한 사고의 특성에 의해 형성된 문화는 물질적인 실재를 포함해 모든 정신적 실재의 창조적 의식이 만들어 낸다. 또한 영혼은 추상적 실재이기도 하지만 엄연히 인식을 통한 의식의 작용이며 환경의 적응에 따른 문화적 산물이기도 하다.

사람은 태어날 때 주변 사람들에게 도움을 받고 생명을 보전한다. 성장하는 일정 기간은 구속된 상태로 유지되지만 성장과 더불어 세상이나 대상에 대해 자유롭게 열려있고 매사의 결정에 자유의지를 마음껏 펼칠 수 있다. 이러한 자유의지는 경험과 학습을 통해 길러지며 인격과 성격으로 발전한다. 특히 쇼펜하우어의 "자유의지를 전제한다면 인간의 모든 행동은 불가사의한 기적일 것이다"라는 말을 상기할 필요가 있다. 또한 칸트의 정언명령과 도덕성은 이성에서 의지로 넘어간다는 것을 보여주는 것이다. 따라서 영혼의 자유성은 시간과 장소에 따라 변화무쌍한 마음의 경향성을 안정적이고 보편적인 이성으로 다루고자 하는 것이다.

자신이 처한 상황과 환경 혹은 자신의 과거 경험과 현재의 심적 경향에 따라 선택적 행동을 할 수 있다. 따라서 사람이 느끼는 실제상황인 객관적 관점과 본인의 의지에 따른 주관적 관점이 다를 수 있다. 여기에 작용하는 것이 영혼이라고 할 수 있다. 한편 '자유의지'는 없다라고 주장하는 프란츠 M. 뷰캐넌은 자유의지를 환상의 진화라고 보고 있다. 이점이 바로 인간의 이성의 한계이며 사물에 대한 지각과 마음의 작용은 영혼이라는 매개체를 필요로 한다.

인간은 자기완성을 추구하면서 살고 있지만 영혼의 자유성이라는 것은 선택의 기로에서 개개인이 결정하는 것이다. 이것이 바로 인간의 자율적인 삶이다. 외력에 대항하는 움직임과 내구력에 의한 대립은 사고나 생각의 변화를 통해서 영혼의 자유성과 그 의지를 표현하고자 하는 영혼이 깃든 생명력이다.

이와 같은 자유성의 진정성은 곧 실존주의와 일맥상통한다. 실존주의는 영혼의 자유성에 대한 철학이며 지혜과 용기를 토대로 현실을 직시하고 사물을 철저하게 통찰하는 법을 강조한다. 자유는 선택권이 주어지며 선택이란 행동이 잠재되어 있는 믿음이며 존재하는 영혼은 행동으로 드러나게 마련이다. 그리고 언젠가는 반드시 죽는다는 죽음에 대한 허무감, 불안감과 현실에서의 소외감 등 실존에 무거운 책임과 의무를 지고 있다.

그러므로 삶을 고통으로 보는 쇼펜하우어와 자아의 존재를 발견하기 위한 신과의 관계를 강조했으며, 인간은 신 안에서 자기 자신 발견한다는 의미심장한 말을 하였던 키에르케고르는 영혼을 바탕으로 한 실존철학의 선구자들이다. 선택의 자유도 한계가 있으며 죽음, 고통 등 한계상황은 인간이 더 이상 확장하기 어려운 경계이기도 하다.

자유와 선택은 그냥 주어지는 것이 아니고 지식과 지성이라는 높은 관문을 통과하여야 진정한 자유함을 얻게 된다. 이것을 깨달음이라 하고 더 나아가 제한된 삶의 영역 즉 유한성을 넘어서게 되는 것이다. 무한이 영역으로 확장하는 길이다. 무한한 존재의 자유의 신대의 기쁨을 맛볼 수 있을 것이다. 이와 같은 삶에 대한 욕망과 의지는 영혼이라는 실재를 정신이나 마음을 연결 짓지 않으면 불가능하다.

영혼의 특성 중 하나는 마음이 이중성을 갖는다는 것이다. 이것은 내면의 갈등을 일으키는 자아의식의 문제로 주관적 인식을 말한다. 칼 로저스는 있는 그대로의 자아와 자기가 되기를 바라는 이상적 자아가 공존한다는 것이다.

이상적 자아는 자유성을 토대로 형성되며 의도적으로 의식(ritual)하는 훈련이 필요하며 심사숙고해서 판단하고 체계적이고 구조적으로 행동을 조율하는 필요한 것이다. 자각을 통한 영혼은 자유로우며 자연적이다. 따라서 인간의 본질은 자연과 더불어 영혼의 자유성을 실현하는 것이다. 반대로 무의식적 행위를 통해 영혼의 자유성을 알 수 있는데 대표적인 것이 고유감각 특히 감각운동 기능에 의한 자동화를 들 수 있다. 자동조절의 세계는 영혼의 작용으로 볼 때 인체의 항상성 혹은 다양한 감각의 외부 수용에서 상황이 환경에 따라 이미지를 만들어 내는 상상이나 환상의 능력은 인간만의 고유 능력으로 영혼의 존재 가치의 실증이라 할 수 있다. 다만 심상을 만들어 내기는 하지만 타인이 그 심상을 경험할 수는 없는 일이다. 지식과 인지 등 학습과 기억에 저장된 내용들이 정보일 뿐이지 경험 그 자체는 아닌 것이며 이는 타인이 자신의 경험의 느낌을 알 수 없다는 것이다. 오직 영혼의 자유성에 달린 문제이기 때문이다.

따라서 영혼의 자유성이란 의식과 무의식의 작용에 의한 인간의 사적현상으로 객관적 실체이기도 하며 비밀스럽고 주관적이 경험이기도 하다.

5) 위대성

파스칼은『팡세』(Pensée)에서 "인간은 자연 가운데서 가장 약한 하나의 갈대에 불과하다. 그러나 그것은 생각하는 갈대이다."라고 하여 광대무변한 대자연 가운데 '한 개의 갈대'와 같이 가냘픈 존재에 지나지 않으나, 생각은 우주를 포옹할 수도 있는 위대성을 지니고 있으며 그 영혼의 위대함은 나약함과 불안을 극복할 수 있음을 상징적으로 나타내고 있다. 자연 속의 인간은 약하지만, 생각하는 영혼의 위대성을 표상하고 있다.

인간과 환경의 상호작용이 중요한 이유는 성장 발달에 가장 중요한 요소이기 때문이다. 사물에 대한 지각과 인식 그리고 의식을 통한 자기 확신과 자기성찰이 가능하기 때문이다. 가령 물질적 생체와 시간과 공간은 신체 표면과 물리적 장이 형성되기 때문에 상호 간섭한다는 것이다. 따라서 환경은 생명 활동에 영향을 미치며 그 경계에서 영혼 작용의 준거가 된다.

영혼의 위대성이 중요한 이유는 바로 나를 의식할 수 있다는 사실이다. '나'라는 존재 즉 자아가 무시되면 바깥세상도 무의미 하기 때문에 나의 존재는 바로 의식의 끊임없는 형성이다. 의식의 실시간 형성이 중요하다. 이러한 의식화 과정이 발전하면 지능화 과정을 거치게 되고 결국 영혼의 결정체로 나아가게 된다. 영혼의 결정체가 바로 지혜의 최고 경지라고 할 수 있다. 이것이 실재이기도 하며 영혼의 위대성이다. 영혼의 위대성은 자아를 완성하는 것이고 신과 인간의 합일점을 찾는 것이다.

이는 태초에 신의 원하는 바를 달성하는 것이며 마이스터 에크하르트(Meister Eckhart)는 말하는 신의 존재를 신비한 인식에 의해 인간의 영혼이 신과 하나가 되는 경험을 강조하는 것과 같은 맥락이다.

영혼은 감각에서부터 시작한다. 감각은 내부 세계에서 형성된 기억, 지각 등에서 주변 세계와 통합하면서 발전한다. 그러므로 천성적이냐 후천적이냐를 놓고 대립할 수 밖에 없다. 그러나 이러한 대립은 결국 천성과 후천적 노력과 주위의 환경에 영향을 받아 더욱 강화된다.

또한 영혼에는 도덕성이 있기 때문에 위대하다. 과학과 기술이 발달하면서 영혼의 몰가치는 영혼을 병들게 하는데 이를 치유하는 길은 오직 영혼의 도덕성을 찾는 것이다. 물론 자신의 운명을 개척하기 위해 과학기술의 편의를 이용하고 시대 변천에 따른 적응과 주어진 상황에 따라 발전해 나가야 한다. 그러나 사람의 운명은 대부분이 자신의 사고나 행동 여하에 따라 변하기 때문에 개인과 사회의 특성을 이해하는 것이 중요하다.

개인의 존재의 특성이 모든 인류의 특성과 일맥상통하고 다 나아가 과학기술의 특성도 결정되는 구조로 볼 수 있다.

따라서 각 개인의 과학기술에 대한 지식과 의지 등 책임을 지고자 하는 마음이 곧 영혼의 도덕성이라는 것이다. 이러한 책임의 문제는 반드시 결단의 문제로 그 결단의 핵심에 영혼의 도덕성이 자리하고 있다. 결단의 자유 즉 결정의 자유의지는 매우 중요한 영혼의작용이다.

과학기술의 발전은 오히려 인간들의 이성을 흐려 놓았다. 종교적, 도덕적 영혼들은 쇠퇴하고 피폐하고 무력해지고 있다. 과학과 기술이 발달하면 할수록 인간의 영혼은 배제될 것이다. 종교가 필요한 이유는 영혼의 안식도 있지만 인간의 정신과 마음을 강인하게 하고 인내하게 하며 잠재된 능력을 발휘하는데 있다.

영혼의 도덕성이 바로 종교적 가르침의 정수를 따르고 몰아의 경지로 이끌고 동시에 통찰과 초월을 경험하게 된다. 그러므로 과학과 기술의 세계를 동경하고 첨단과학으로 무장한다고 해도 영혼의 위대성에는 미치지 못한다. 미래를 예측, 사고와 행동, 시간과 공간, 과학 기술, 문화와 전통 등 인류의 업적이 사실은 영혼의 집합이며 변화의 결과이다.

따라서 인간의 최종 목적은 행복을 추구하는 데 있다. 행복은 영혼의 위대성을 상징하는 보루이며 인간으로서의 탁월한 기능이기도 하다. 영혼이 타월성을 발휘하기 위해서는 많은 인생의 경험과 시간에 비례하는 노력과 피나는 훈련이 필요하기 때문에 더욱 위대한 것이다. 이렇게 길러진 성품이나 인격은 인간의 참모습을 보여주며 위대한 영혼으로 인도한다.

영혼은 인간의 영원한 동반자이자 타고난 개성 또한 위대한 영혼의 산실이다. 영혼의 위대성은 생명을 유지 보존하는데 있다. 뇌와 신경, 의식과 무의식 등 신체와 정신 그리고 마음의 생성 등 지적 능력은 인간에게 주어진 영혼의 값진 선물이다. 따라서 영혼의 위대성은 인간의 수백 만년에 걸쳐 형성되어온 의식과 사고에 있으며 이러한 고도의 기능은 바로 감정이나 정서로부터 생성되는 원천이라는 사실이다. 오직 인간만이 환경과 상황에 대해 자신이 느낀 것을 표현하고 가공하는 특출한 능력이 있다는 것이 영혼의

6) 예술성

영혼의 예술성은 인내와 정진에 의해 열려 있는 유연한 세계이다. 즉 긴장과 격정, 도전과 분투 등 피와 땀의 결실 속에 얻어진 성취이기도 하다. 주어진 공간과 시간 속에서 외부에 저항에 굴복하지 않고 잠재된 능력과 무한한 가능성을 최대한 발휘하여야만 한다. 특히 마음과 정신을 집중하여 감정을 표출하여 자연과 사회와 인간을 하나로 이어주는 것이다.

윌리엄 제임스(William James)의 프래그머티즘의 등장은 영혼의 예술성과 일맥상통한다. 예술을 더욱 자유롭게 규정하는 것은 미적인 것의 확장이라 할 수 있다. 즉 지식이 주는 영혼의 안식도 있지만 중요한 것은 경험이나 체험을 통한 내적 세계의 완성이 진정한 영혼의 평안과 안식을 주는 것이다.

제임스를 이어 존 듀이(John Dewey)는 "삶의 과정에서 평정한 순간의 성취는 동시에 환경에 대한 새로운 관계의 시작이다. 투쟁을 통해 이루어지는 새로운 적응력을 환경에 부여하는 일의 시작이다. 즉 완성의 시간은 또한 새로운 지각의 시간이다."라고 했다. 따라서 정해진 한계를 뛰어넘는 초월성에서 새로운 리듬이 생긴다. 이것을 예술성이라 할 때 인간의 경험은 자신의 소멸과정을 통해 영원히 살아 있는 것처럼 투사할 수 있다. 예술을 통해 삶을 실현한 것이 인간의 욕망을 충족하고 영혼의 안식을 누리는 것이다.

따라서 영혼은 생명과 같고 생명은 예술과 같다고 볼 수 있다. 특히 자연을 예술에 비교하는 것은 매우 중요한 의미를 갖는다. 사실 자연처럼 완전한 예술은 없다. 변화와 생성을 거듭하며 영원한 향상을 추구하는 것이 영혼의 힘이다.

독일의 발생학자 블루맨 바흐(Blumen bach)는 생명의 생산과정을 '형성 충동'이라 했다. 인과율의 사슬에 묶여 있는 생명 형성의 과정을 예술로 보는 것이다. 예술가 역시 본인의 내부적 핵심에 있는 무엇을 찾는 구도와 같은 행위를 통해 얻어진다. 마찬가지로 생명의 완성 역시 인간 창조의 근본 개념이기도 하다. 인간 발생의 가장 근본적인 제 1요

소인 DNA 역시 창조적인 역할을 수행한다. 개체의 태생에서 성장과 소멸에 이르기까지 모든 비밀을 알고 내포하고 있다.

결국 생명의 원천은 물질과 정신이라는 영혼의 결합 즉 정신과 마음의 작용을 통해 완성해 가는 예술의 극치라고 할 수 있다. 물질이 과학으로 정신은 종교 이어지며 오늘날 첨단과학의 시대로 발전하였지만 예술의 가치는 숭고하며 영혼의 깊이를 보여주며 순수한 마음의 높은 경지로 인도하는 첩경이다. 영혼의 예술성은 문화와 전통의 집적된 보고라 할 수 있다.

현대인의 정신적 안녕을 위해서는 과학과 종교의 융합된 형태의 화합도 필요하지만 영혼의 예술성을 기반으로 문화예술적 사회를 형성하여 온전한 삶을 영위하는 것이 중요하다.

7) 양면성

삶과 죽음, 행복과 불행, 사랑과 증오 등 양면의 세계가 존재하며 실제로 신체와 정신, 마음과 영혼 등 모든 것은 이중성을 갖는다. 예를 들면 회색은 검은색과 흰색의 차이에서 발생하는 것처럼 중간 지점을 기준으로 서로 상대적인 것이고 그 정도의 차이와 역할 차이가 있을 뿐이다.

인간의 삶이 동전의 양면과 같아서 고통과 쾌락이 동시에 있기 때문에 이 양면성을 극복하기 위한 몸부림이 결국 두려움과 불안으로부터 탈피하기 위하여 자유로움을 추구한다. 우리의 뇌의 영역에 있어 고통과 두려움은 피하고자 하는 본능이 있으며 이는 기쁨보다도 강력하여 덜 기쁘더라도 고통만은 피하려는 도피반응으로 생존의 본능이다.

특히 인간의 강한 에너지 중의 하나는 신념이라고 할 수 있지만 그에 못지 않게 작용하는 반대의 에너지인 의심 혹은 의혹 역시 부정적 신념의 하나이다. 그러므로 인간의 정신과 마음을 지배하는 신념은 영혼의 양면성에서 인간의 가장 중요한 행동의 패턴을 변화시킬 수 있는 무기이기도 하다.

현대인의 영혼의 갈림길에 방황하는 기다린 이유는 영혼의 양면성을 이해하지 못하는데 있다. 신념과 의혹의 차이를 이해하지 못하고 혼란 속에서 방황하기 있기 때문에 결국 영혼이 병들어 신경증 혹은 정신병으로 발전하게 된다. 그동안의 심적 고통과 현재의 상황과 그에 따른 불안, 불만, 부자유 등 부정적 에너지를 긍정에너지로 변화시키는 영혼의 양면성을 이해하고 어려움과 시련을 극복해야만 한다. 이러한 양면성은 의식과 무의식의 이중적이고 중첩된 현상에서 볼 수 있으며 과학적으로도 증명이 어려운 오직 인간 영혼의 고유 기능이라 할 수 있다.

또한 신체와 정신은 하나이다. 신체가 건강하면 정신이 말고 깨끗하며 정신이 온전하면 신체가 강건하다. 정신신체가 일체가 되면 영혼은 더없이 맑고 깨끗하며 순수하다. 현대의 과학이 통일성을 주장하고 인간의 획일화를 유도해도 온전한 인간은 반드시 영혼을 잃지 않기 위해 신체와 정신의 양면성을 극복하고 합일을 통한 영혼의 통일성이 더 중요하다고 주장한다. 영혼의 직관적이고 창의적인 힘은 공감을 통해 과학기술의 폐해를 걸러내고 진정한 인류발전의 길로 매진할 수 있기 때문이다.

신체가 육적인 욕망을 상징한다면 마음은 영혼의 맑은 상태를 나타내는 상징이다. 따라서 선과 악, 밝음과 어둠 등 양면성을 띠고 있는 인간의 본성을 승화시켜야 한다. 영혼의 가능성은 일명 지향성과 같은 것으로 진, 선, 미를 추구하고자 하는 인간의 본성이다.

따라서 인간의 영혼의 안정은 뇌의 영역별 상호작용을 통한 정보의 종합과 축적되어 있는 지성을 활용하여 온전한 영혼의 흐름이 이루어지면 일상생활의 건강과 행복을 누릴 수 있을 것이다. 일상의 균형을 이루는 비결은 고통과 즐거움의 양을 균형 있게 유지하는 것이다. 감정의 두 극성을 이해하는 요령은 즐거움을 경험하면 반드시 고통의 의미를 되새기는 훈련이 필요하다.

어떻게 보면 인간의 마음 저변에는 지킬과 하이드 같은 이중성과 현실적 자아와 이상적 자아 사이의 괴리 때문에 심리적 고통을 겪는 것이고 정신과 마음 그리고 영혼의 복합작용으로 인간은 사고하며 행동하는 고등동물이라 볼 수 있다.

제3장 영혼의 기능

생존하고 있는 사람은 영혼과 신체를 분리할 수 없다. 생존 자체는 신체와 정신 그리고 영혼의 혼합체이며 죽음과는 분리된 전인(whole person)이며 죽음과 동시 신체와 영혼은 분리된다. 신체화 장애(psychosomatic disorder)와 바이오피드백(biofeed back)이 이를 증명하고 있으며 영혼은 정신과 마음으로 혼용하기도 하지만 영혼은 그 수준이 높다. 신체는 물질적, 생물학적으로 실재하고 있으며 정신은 신경 작용에 의한 마음 에너지와 같은 역할을 하고 있다.

미국의 저명한 물리학자 데이비드 봄(David Bohm)은 물질계, 정신계, 에너지계로 분류하고 그 구성을 물질계는 극초미립자〉 파동〉 초양자장〉 에너지〉 소립자〉 원자〉 분자로 정신계는 극초미립자〉 파동〉 초양자장〉 에너지〉 소립자〉로 에너지계는 극초미립자〉 파동〉 초양자장으로 구분하여 신체와 정신의 존재를 동일하게 보지만 에너지계는 다르게 표현하고 있다. 현대물리학에서 특히 양자물리학에서 이미 데이비드 봄은 양자 얽힘이라는 양자 중첩성을 통해 이론적으로 밝힌 바 있다.

에너지계는 영혼과 일맥상통하는 것이다. 인지학의 창시자 루돌프 슈타이너(Rudolf Steiner)는 물질로부터 즉 에테르나 공기의 진동이 감각을 자극하고 그 자극이 곧 감각 자체의 성질을 통찰함으로써 영혼의 힘이 작용하고 이 에너지를 통해 신체와 정신을 이해할 수 있다. 그러므로 어린이가 느끼는 생동감에서부터 노인의 느끼는 사고와 의지는 엄연히 다르며 탄생에서 죽음에 이르는 성장 발달하는 과정을 거쳐야 비로소 삶과 죽음의 참 의미를 알게되는 것이다.

또한 르네 데카르트(Rene Descartes)의 "나는 생각한다 고로 존재한다"는 생명과 죽음의 맥락에서 영혼의 의미를 되새기고 있다. 즉 "나는 존재한다 고로 나는 생각한다"라는 명제는 다르긴 해도 정확하게 맞는 말이다. 존재해야만 형상에 의해 생각이 가능하기 때문이다. 따라서 의식은 형상에 의해서만 스스로 알게되는 것인 반면 영혼은 형상 위에 존재하는 실체이며 형상 너머에 있는 절대의 경지와 다를 바 없는 것이다. 그가 설명하지 못한 인식의 방법론에서 정신과 물질의 이분법은 실체를 "스스로 존재하는 것"이라 보고 영혼의 존재를 인정한다 볼 수 있다.

마음과 신체는 하나의 실체이며 상이한 두 측면이 존재한다. 두 개의 독립된 실체가 아니라 서로 의존하는 하나의 실체이다. 또한 마음과 뇌는 다른 특성을 가지고 있기 때문에 물리적으로는 혜량할 수 없다. 마음과 신체를 동일시 하는 것은 마음이 몸을 경험하고 있기 때문이다. 신체가 결여되어 있으면 온전한 마음으로 행위나 행동을 할 수 없으며 비정상적이며 국소적인 움직임만 가능할 것이다. 결국 마음은 물리적 뇌의 기능을 초월하는 에너지장이라 할 수 있으며 마음은 시간과 공간을 초월한다. 양자장의 역할이 비국소적으로 넓혀지는 이유는 에너지의 힘에 의해 영향을 받기 때문이다.

생명의 모든 현상을 관찰하고 아는 것은 경험과 선험을 통한 공명이며 의식의 본질을 자각하는 일이 무엇보다 우선되어야 한다. 또한 인간은 삶과 죽음의 문제에서 자유롭지 못하기 때문에 삶은 영혼의 자유를 추구하고 죽음은 실존의 문제로 불안과 두려움 때문에 부자유하다.

특히 영혼의 기능은 언어와 기억으로 대별 할 수 있으며 언어는 인간의 고유 기능으로 기억을 회상하는 특징이 있다. 기억에는 암송을 대표하는 서술적 기억과 행위를 통해 능력을 부여하는 절차적 기억이 있으며 개인의 주관적 감정이나 체험에 의한 기억은 일화적 기억이라 한다.

인간의 역사는 기억의 역사이고 개인은 기억이 상실되면 자아 및 자기는 소멸되며 치매나 죽음을 통해 확인할 수 있다. 죽음 후의 기억은 회상되는 구조를 갖는데 반드시 영매를 통해 소통의 과정이 필요하며 리딩이라고 한다.

기억에 대한 가장 과학적 근거는 기억흔적이다. 캐나다 심리학자 도널드 햅(Donald Hebb)은 두 개의 뉴런(Neuron)이 동시에 활성화되도록 하는 방법은 둘 사이의 시냅스를 변화시키는 조절 뉴런이 학습이나 경험을 통해 강화될 수 있다고 하며 이를 기억흔적이라고 주장했다. 대표적인 신경전달물질은 세로토닌과 도파민이며 그 위치는 해마라는 뇌 영역이다.

결국 기억은 뇌 기능의 하나이며 이러한 기억 흔적들의 집합이라 할 수 있다. 그러므로 인간이 무언가를 기억하기 위해서는 학습이 선행되어야 하며 그 학습은 뇌에 저장된다. 신경조직의 활성화는 학습효과와 경험이나 체험이 기억의 효과를 높이는 결과를 산출하는데 결국 개체의 특성이라 할 수 있는 뇌세포 작용이 근거가 된다. 즉 시냅스의 기능이 분자들의 작용이기 때문이다.

노벨 생리의학상을 수상한 미국의 컬럼비아 대학교 분자생물학자이며 신경생물학자 에릭 캔들(Eric R. Kandel)은 학습과 기억 과정에서 시냅스의 변화를 규명하고 단기 기억과 장기기억의 메커니즘이 다르다는 것을 밝힌 바 있다. 인간의 존재와 상호작용 능력의 근간이며 영혼의 핵심이라 할 수 있는 장단기 기억의 형성과정을 입증하였다.

따라서 영혼의 기능은 인간의 내면세계의 구조와 조직을 통제하고 주변환경과 조화를 통해 온전한 인간으로 살아가도록 돕는 것이다. 인간의 감성과 이성이 조화를 이루도록 훈련하고 노력하는 교육 과정이 필요하다. 특히 삶과 죽음의 어려운 과정을 겪으면서 종교적 믿음과 도덕성을 바탕으로 자각과 인식이 필요하다. 영혼의 기능은 인간성을 배양하기 위해 열정과 기질을 개발하고 통찰하고 포용할 수 있는 순수성을 찾는 것이다.

1. 삶과 죽음

1) 우연성

인간은 누구를 막론하고 죽는다는 실존적 문제를 안고 있으며 죽음에 대한 두려움, 불안, 공포로부터 당당한 사람은 거의 없을 것이다. 사실상 죽음의 인식은 죽음 자체보다는 죽어가는 과정에서의 두려움과 미지의 세계에 대한 불안감에서 정신적 고통이 따를 뿐이다. 삶의 유한성과 죽음의 필연성은 실존적 문제로 일회성의 경험 세계이기 때문에 존재와 영혼 그리고 의식으로 나타나는 정신과 마음의 구조를 이해하여야 한다.

삶과 죽음의 문제는 탄생에서 시작하여 생명의 고귀함 속에 성장과 발달의 과정을 거쳐 죽음에 이르기까지 우리는 의식 속에 존재한다. 또한 죽음을 생각할 때 육신으로부터 분리된 영혼의 상실과 알 수 없는 내세의 두려움과 불안 때문에 영혼의 참 의미를 찾게 되는 것이다. 구체적으로 자아와 소유의식의 상실 때문에 불안과 두려움이 크다. 자아의 집착을 놓게 되면 죽음의 두려움은 사라지게 된다.

삶은 존재 자체이고 자아실현을 위한 의지이기도 하다. 생명의 중요성과 가치를 안다면 삶을 창조할 수 있는 자유와 힘을 발휘할 수 있다. 생명은 에너지의 표출로 끊임없는 환경의 변화 속에 적응해야 하며 영혼이라는 정신과 마음의 상징을 통해 극복하여야 한다. 특히 생명의 경계는 내부와 외부의 환경에 대한 선택적 투과성에 의해 사고와 행동으로 이어지기 때문에 의식이 곧 마음이며 생명에 있어 가장 중요한 요인이다. 의식된 마음은 현재에 있으며 지금 여기의 발현이 영혼의 진정한 의미이기도 하다.

따라서 삶은 신체와 정신과 마음의 조화 속에 영혼을 이루지만 죽음은 물질 구조인 신체는 사라지고 비물질인 영혼만이 마음으로 남게 된다. 그러므로 죽음의 시간이 다가오면 자신을 자각하고 죽음을 맞이하는 것이 중요하다. 이렇게 죽음에 당당하기 위해서는 훈련이 필요하며 실재에 대한 통찰 능력이 생기면 삶과 죽음의 문제로부터 자유롭게 될 것이다. 자신의 과거를 반성하고 자아 존중과 자기실현의 가능성을 인식하고 삶을 충실히 사는 것이다.

이러한 의식적 에너지를 활용하기 위해서는 시간과 공간에 대한 인식을 통해 과거인 출생과 아직 오지 않은 미래인 죽음을 현재라는 시간 속에 그 가치를 의식하는 것이 중요하다. 특히 현재라는 시간은 잡을 수 없기 미망에서 벗어나 삶의 유한성과 죽음의 필연성을 깨닫는 것이 중요하다.

죽음과 대비되는 삶의 과정에는 주체인 자신과 사회구조 속에 존재하는 객체인 타인이 있으며 우리가 알 수 없는 영적 세계가 존재한다. 주체와 객체 그리고 영적 존재로 이루어진 세계는 변화와 더불어 불확정적이다.

종교나 믿음을 통한 내세에 대한 희망은 단순히 삶의 연장만을 의미하지는 않는다. 생명의 특성은 존재하려는 경향성이 있고 '나'라고 하는 자아를 영원히 존속하고자 하는 의지가 있다. 특히 영적인 존재에 영향을 받으며 믿음과 진리를 추구하여 자기완성을 이루게 된다.

2) 생명과 영혼

생명은 1953년 케임브리지 대학의 제임스 왓슨과 프랜시스 크릭이 DNA의 이중 나선구조를 밝힘으로써 확실해졌다. 그러나 죽음은 아직도 신만이 아는 세계이다. 다만 죽음은 생명의 불가역적 현상으로 생명이 다하면 영원히 되돌아올 수 없다는 것이다. 따라서 일회성의 생명은 영혼을 내포하고 있고 죽음 후의 자아 보존과 새로운 탄생의 욕망 때문에 종교가 존재하는 이유이기도 하다.

인간이면 누구나 죽음을 피해 갈 수는 없으며 죽음에 대한 불안에서도 벗어날 수는 없다. 다만 죽음에 대한 불안감을 떨쳐버리기 위해 영원한 생명에 관심을 갖는다. 미지의 세계에 대한 두려움과 불안, 공포가 인간의 마음에 신을 의지하게 만들었다. 인간은 신의 환영을 스스로 만들고 지속적으로 자신의 생명의 근원으로 생각하며 다른 모든 생명력과 더불어 지속적으로 존재한다고 믿게 된다. 영원한 생명을 보존한다는 것은 남은 인생에서 가장 큰 행복이며 축복으로 보는 것이다. 그러므로 생명과 영혼의 영원한 고리는 영속성을 갖는다.

삶과 죽음의 사이에 의식이 존재한다. 의식은 지향적 행위로 생명이 다하면 죽음으로 향하게 되고 죽음은 또한 삶을 위한 지향적 행위로 볼 수 있다. 따라서 의식은 영속성과 같으며 선조로부터 후손에 이르기까지 영속성은 영원히 이어질 것이다. 이러한 생명은 경이롭고 신비한 것이지만 죽음은 삶의 부정으로 오직 정신과 마음 그리고 영혼에 의지하는 것이 바람직 한 것이다.

영국의 인류학자 에드워드 버넷 타일러(Edward Burnett Tylor)는 1871년 발표한「원시문화(Primitive Culture)」에서 종교적 사고의 출현을 진화적 관점에서 보았는데 원시인들이 죽음과 꿈에 대한 이해를 토대로 최초의 종교적 개념을 발달시켰다고 믿었으며 이는 자전적 기억의 획득에 있다고 보았다. 자전적 기억은 자신의 죽음에 대해 인식하게 해주었다. 또한 자신의 생각을 성찰할 수 있으므로 무한, 영원, 삶의 의미 같은 새로운 개념들이 나타나게 되었다.

또한 신경과학자 안토니오 다마시오(Antonio Damasio)는 현대적 의미의 생명과 의식은 '에너지원'이라고 주장한다. 유기체가 구조를 갱신하고 생명을 유지하는데 필요한 에너지원을 발견해 사용하지 않으면 생존할 수 없기 때문에 반드시 행동해야 한다고 주장한다. 즉 행동이 생존의 근원이라면 이를 가이드 해주는 이미지의 이용 가능성과 행동의 힘이 연관되어 있다면 이미지를 효과적으로 다를 수 있는 장치가 필요하고 이 장치는 바로 의식이라고 보는 것이다. 생명 조절과 이미지 생성을 연결 및 변환시키는 능력이 곧 창의성인 것이다.

인간의 존재와 자의식의 깨달음은 인간을 한층 성장시키게 된다. 특히 인간은 영혼의 존재이며 죽을 때 육체에서 영혼이 떠난다는 믿음은 종교적 사고의 기원이라 보고 있으며 꿈은 내세에 영혼이 존재를 증명하는 것이라고 보는 것이다. 실제로 꿈의 경험은 누구나를 막론하고 종교적 믿음, 실천, 경험과 밀접하게 관련되어 있음을 부인할 수 없다.

따라서 인간의 죽유 후의 존재는 4만년 전부터 사람의 영혼이 계속해서 산다는 생각을 가지기 시작했다 볼 수 있다. 육체가 죽은 뒤에도 저 세상에서 삶이 계속 된다는 것은 자전적 기억의 영향이 크다고 볼 수 있다.

자전적 기억의 뇌 영역은 전두엽에 활성화되며 해마와 편도가 관련이 깊으며 자전적 기억의 결정적인 면이 있다. 이들이 진화적인 측면에서 가장 오랜 영역에 속하며 가장 새로운 인간의 인지 기능인 자전적 기억에 관여하는 이유는 기억 저장에 결정적인 역할을 한다는 반증이기도 하다.

인간 존재의 참 의미는 이러한 경이로움을 숭앙하며 초월적 차원의 경계를 넘나들면서 인간의 의지로는 해결할 수 없는 신의 경지를 경배하는 것이다. 물론 신을 인정하지 않는 경험주의로부터 실존주의에 이르는 사조는 의식에 대해 물질적 비물질적 종류를 불문하고 모두 의식에 투영되는 현상의 집합으로 보기도 한다. 그러므로 우리가 인식하는 것은 의식과 존재 사이의 관계라는 것을 알 수 있다. 특히 시간은 의식과 존재의 투명성을 제공하고 현재는 실재이고 과거와 미래는 기억과 예측으로만 존재한다.

시간과 의식 그리고 존재는 인간의 참모습을 그대로 반영한다. 이러한 과정에는 출생과 성장 그리고 노후라는 마지막 관문의 끝에 죽음이 도사리고 있다. 인생의 전반기 및 중반기는 커다란 문제 없이 주어진 삶에 충실하면 되지만 후반기인 노년기는 엄연히 다르다. 노년기에 가장 중요한 것은 노화라는 신체적 변화이다. 노화는 생물학적 변화를 포함해서 신체적, 심리적 변화와 더불어 영적인 변화를 고려해야만 한다.

특히 프로이트가 주장한 정신성적발달에서 정신영적발달로의 전환이 중요하다. 인간의 성장과 발달에 있어 정신과 마음 그리고 영혼의 문제가 비과학적인 것 같아도 사실은 인간의 뇌와 신경조직, 심혈관계, 면역계 등 과학적 원칙을 따르고 있다. 따라서 인간의 출생과 발달의 과정을 거쳐 죽음에 이르고 사후의 세계에 대한 모든 현상은 과학의 연장으로 신비로운 세계가 아닌 것이다.

3) 노화와 죽음

20세기 들어와서 현대물리학의 영역 중 양자역학은 생명의 신비에 도전하였고 막스 프랑크, 닐스 보어, 루이 드 브로이, 에르빈 슈뢰딩거, 폴 디렉 등이 원자와 구성 요소들에 대한 양자론을 주장하면서 생명의 영속성에 대한 불합리성을 주장하고 불연속성이라는 것을 발견하였다. 불연속성의 작용 기제는 에너지의 흐름이라는 것을 찾은 것이다. 이때 에너지를 양자화 되었다고 한다.

우리의 생명은 과연 무엇인가? 생명은 효소에서 찾을 수 있다. 효소는 우리 조상들이 수천 년 전부터 곡물이나 포도즙에 효모를 넣어서 맥주나 포도주를 만들면서 이미 활용되어 왔다. 파스퇴르는 포도즙이 포도주가 되는 과정을 증명하였는데 발효의 변환 원리가 양조나 제빵에서 발효제로 이용되는 살아 있는 효모와 연관이 있다는 것을 알아낸 것이다. 결국 1877년 퀴네는 살아 있는 효모 세포나 생체 조직에서 추출한 물질에서 생명활동을 '효소(Enzyme)'라고 명명하였다.

또한 생명의 과학적 증명은 자기복제를 하는 RNA분자의 세계에서 DNA와 세포의 등장으로 이어졌다는 생명의 기원설이 있다. 특히 효소로서 작용하는 RNA를 리보자임(Ribozyme)이라 하는데 RNA(Ribonucleic Acid)의 'Ribo' + 효소(Enzyme)의 'zyme' 복합어이다. 원시 세포의 유전 정보 체계를 구성하였다고 추정할 수 있는데 유전 정보의 저장과 효소로서의 기능을 둘 다 갖는 특성 때문에 자기복제를 하는 분자에서 예상되는 모든 중요한 반응을 수행할 수 있는 것으로 밝혀졌다.

앞으로 유기체인 생명은 고전적인 뉴턴역학으로부터 열역학 그리고 양자역학의 영향에 따라 새로운 양자생물학의 시대를 열어갈 것이다. 이와 같은 경계라는 의미는 영혼이라는 의미와 일맥상통한다. 생명, 의식, 죽음이라는 경계에서 인간은 또 다른 도약의 단계를 만들어야 존재의 확고한 신념을 갖게 될 것이다.

생명과 의식으로부터 죽음으로 진행하는 첫 단계인 노화(aging)는 사람이 나이가 들어가면서 일어나는 신체적 위축과 기능의 변화를 말한다. 노화의 범위나 속도는 개인의 특성과 환경에 따라 다르고 또한 질병과도 다르기 때문에 노화과정(aging process)에 대한 적응과 일상생활(activities of daily living)의 관리가 중요하다.

사람의 인생 과정(life cycle)은 출생하여 노쇠하여 죽을 때까지 생물학적으로 수태(fertilization), 성장(growth), 발육(development), 성숙(maturity), 노화(aging process)의 과정을 거치게 된다. 즉 생체의 시작(유전자형)으로부터 형태적 크기의 증대 및 기능적 발달과 함께 최대로 기능을 유지하다가 재생 감퇴에 의한 체세포수의 감소와 노쇠로 죽음에 이르게 된다.

또한 노인의 정서적 문제는 죽음과 이별이다. 죽음이나 이별을 통해 대상을 상실하게 되면 애도기 동안에 일어나는 성격의 회복 과정을 애도(mourning)라 하며 이는 정상적인 슬픔이며 상실에 대한 자연스런 심리적 반응이라 할 수 있다. 따라서 죽음은 누구에게나 오는 마지막 길이라 생각하여야 하며 애도나 분리 불안은 상실에 대한 정상적인 감정반응으로 일정한 기간이 지나면 자연히 해결되는 것이다.

노화 과정은 가령(加齡)에 의해 세포, 조직, 기관 등 개체 전체에 진행성으로 발생하는 변화를 말하며, 노화현상은 보통 40세 이후부터 시작하여 45세에서 노화의 증후가 나타난다. 또한 노화는 신체와 마음, 영혼 등에 의하여 노화 과정에 영향을 준다. 실제로 생리적인 노화가 일어나지만 각 개인의 경험에 의하면 직접적인 영향을 받지는 않는데 장수촌의 노인들이 건재함이 이를 증명하고 있다. 노화는 일련의 프로그램과 고정관념, 혹은 행동양식 등의 결과이기도 하다.

따라서 노화를 경험하는 대상인지 아니면 경험자인지 의문을 가져야 한다. 노화를 경험하는 대상이라면 대상자의 의식에 따라 노화는 달라질 것이고 경험자로서의 입장은 분명 황혼이라는 종말의 쓸쓸함을 느낄 것이다. 신체 기관 자체는 노화를 느끼지 못하지만 의식에서는 인지하는 것이며 마음 에너지의 충만함의 여부에 달렸다고 본다. 단순히 노화를 죽음에 가까이 간다는 의미 보다는 사물에 대한 인지능력과 이해력이 먼저 쇠퇴한다는 것이 중요한 것이다.

역연령(chrological age)에 따른 노화는 노쇠라는 의미가 있다. 그러나 나이에 대한 믿음, 주관적으로 받아들이는 방식, 세월을 받아들이는 믿음 체계 등에 따라 노화의 개념 자체가 달라진다. 노년에 대한 두려움과 슬픔을 극복하는 유일한 방법은 노년의 심상을 잊는 것이다.

노화의 대상이 되지 말고 관찰자의 입장에서 경험하는 것이다. 선택권이 바로 자신에게 있기 때문이고 존재자의 특권이다. 노화는 노쇠가 아니라 일생의 지혜와 지식의 축적된 보고이다.

따라서 노인은 신체보다는 마음 에너지가 최고도에 도달한 사람으로 존중받아야 할 것이다. 노화도 성장이고 의식의 확장이며 자각의 기회로 인식하면 질병에 노출될 이유가 없다. 인간의 의식과 무의식, 집단의식 등 인간의 멍에와 굴레는 현재진행형으로 당당하게 받아들이는 자세가 필요하다.

이러한 인간의 질고는 신도 감당하지 못하는 문제이며 오직 개인 스스로가 자각하는 상황인 것이다. 죽음도 경험이며 성장 과정인 것이다. 따라서 웰다잉(well dying)은 매우 중요한 의식으로 죽음을 극복하도록 용기를 주기도 한다.

노인병(geriatric disease)은 노화현상이 원인이 되어 발생된 병으로 넓은 의미로는 40세 이후 발생되는 병을 총칭하며, 좁은 의미로는 60~65세 이후의 노년기에 많이 발생하며 겉으로 드러나 있는 각종 질병이다. 최근에는 인체의 노화에 수반하여 발생하는 각종 질환이 장년기에서 발병하여 노년기까지 만성적으로 진행하는 경우가 많기 때문에 성인병이라고도 한다.

인체는 대체로 40세가 넘으면 체력이 쇠퇴하고 질병에 대한 저항력이 저하된다. 따라서 노인병에는 중추신경계의 뇌졸중, 암, 심장질환(고혈압성 심장질환·심근경색 등), 골다공증, 노년정신병(치매, 파킨슨), 관절염, 전립선 질환, 당뇨병 등이 있다.

노화는 결국 활력 에너지의 손실을 의미하며 힘(energy)이 없는 노쇠와 같은 것이다. 노환이라는 것이 결국 원기의 상실 즉 힘이 빠져서 노쇠해지는 결과이다. 인간이 자신의 신체의 기능의 약화를 의식하는 순간부터 나약해지는 것은 결국 성장하고 발달할 수 있는 능력인 에너지 즉 생명력(vitality)을 잃어가는 과정인 것이다.

따라서 항상 자신을 의식하면서 신체의 기능을 보전하고 세포들의 건강을 염두에 두고 세포들이 손상을 받지 않도록 유의하는 것이 중요하다.

특히 신체의 노화는 반드시 개인의 경험에 따라 다른데 단순히 생물학적 요인들에 따라 결정되는 것이 아니다. 나이가 들수록 신체 자본을 생성하고 다른 형태의 자원으로 소모하는 사람들의 능력은 저하되는 경향이 있다. 이때 사회계급은 특정 집단들의 노화 경험방식을 결정하는 중요한 역할을 한다.

일반적으로 노인이 되면 지위와 일을 놓게 되고 경제적 자본을 축적할 수 있는 능력이 떨어지며 특정한 형태의 문화 자본도 그 가치가 절하되지만 특정한 위치나 지위의 사람들은 가치와 차별성을 나이가 들어서도 유지하는 경향이 있다.

피터 피터슨(Peter Peterson)은 인구의 고령화를 실버의 새벽(gray down)이라 했다. 실제로 85세 이상의 늙은 노인(old old)이 젊은 노인(young old) 보다 더욱 늘어나는 추세이며 이러한 과정을 고령자의 고령화(aging of the aged)라고 부른다.

앞으로 노화와 고령자를 연구하는 노년학(Gerontology)의 위상과 건강과 질병에 대한 새로운 인식의 발상이 필요하다. 노년학은 인간의 노화현상을 과학적으로 연구하는 학문으로 노화의 원인 규명, 분석 등 제반 문제에 대한 적절한 대책을 강구한다. 인간의 평균수명이 늘어나고 고령층 인구가 늘어나자 이들에 대한 연구의 필요성이 제기되었고 생물학자 메치니코프(Metchnikoff) 박사가 명명했다. 미국의 노년학자 N. 쇼크는 노년학의 연구대상으로 고령자의 증가에 따른 사회·경제학적 문제, 노화의 생리, 심리, 병리학적 문제 등을 제시했다.

노화와 관련하여 죽음을 앞둔 영혼은 과거와 미래를 매개로 하여 현재라는 시간에 실재함을 깨닫는 시기이다. 특히 영험한 영매는 과거(지나간 미래)의 일을 미래의 일(일어날 과거)로 보여주는 능력을 통해 죽음이 가까워진 사람들에게 현실성 있는 자각을 일깨워 주는 역학을 한다. 이러한 시간의 차원을 세상에 나타내는 것은 바로 의식인 것이다. 따라서 이시은 삶과 죽음의 경계에서 마음이고 정신이며 영혼이다.

데이비드 호킨스 박사는 영적으로 진화한 상태와 의식연구를 통해 '참나'라는 신의 현존을 각성할 수 있음을 수치로 환산하여 보여준다. 의식 수준을 이해하기 위해서는 의식의 출현과 에고(ego)의 진화를 아는 것이 필요하며 또한 영혼이라는 영역을 이해하기 위해서는 프로이트, 칼 융과 아들러 같은 심층심리학자들이 정신분석하적 용어들의 개념과는 다른 깊이의 차이가 있음을 인식하여야 한다.

특히 영적 진화는 개인의 자유와 결부된다. 자유는 선택의 힘이며 의지는 본성이다. 따라서 개인의 영적 진화는 영적 의지에 의해 발전되는 것이며 에고의 에너지는 한계를 보이게 된다. 이러한 한계는 죽음이라는 실존의 문제를 단계별로 인식할 때 해결될 수 있다.

죽음의 단계는 엘리자베스 퀴블러 로스가『죽음과 죽어감(On Death and Dying)』이라는 저서에서 밝혔다. 첫 단계는 부정과 고립, 제2단계 분노, 제3단계 협상, 제4단계 우울, 마지막 단계는 수용이다. 이와 같은 단계를 통해 죽음에 대한 불안과 공포감을 느낄 수 있고 또한 사후에 대한 희망과 영혼의 진정한 의미를 생의 마지막 단계에서 배울 수 있다. 죽음의 단계에서 계속적으로 희망의 끈을 놓지 않고 있으며 영혼의 힘에 의지하고 있음을 알 수 있다. 죽음 후의 영혼들은 평안하며 이생의 삶에서 과오나 실수를 원망하지 않고 사과와 함께 모든 것이 잘되도록 기원한다는 사실이다.

퀴블러 로스에 의하면 죽음과 죽어감의 불안과 공포는 죽어가는 당사자의 공포 보다도 가족이나 주위 사람들의 죽음에 대한 공포를 더욱 구체적으로 나타내고 있다. 사실 죽음과 관련된 관습과 예식은 신의 분노 혹은 죽은 자의 분노를 가라앉히고 그들이 받게 될 처벌을 최소화하는 것이 목적이다.

또한 슬픔과 비통함이나 죄책감을 표현하고 이러한 감정은 화나 분노와 같은 것으로 이러한 감정은 다른 감정으로 위장되거나 억압되어 슬픔의 기간을 연장하거나 다른 방식으로 표출한다. 더욱 놀라운 사실은 죽음에 대한 예식이 사람들에게 남아 있는 분노의 감정을 다스리기 위해 있는 것으로 묘비를 만드는 것도 사악한 영혼을 지하에 가두기 위한 소망의 상징이라고 보고 있다.

이렇게 죽음에 대한 생각이 기본적으로 변하지 않을뿐더러 죽음은 여전히 두렵고 공포스러운 사건이다. 죽음에 대해 어느 정도 극복했다고 해도 죽음에 대한 두려움은 인간이라면 누구나 피할 수 없는 감정이다. 다만 죽음과 죽어감에 대한 준비 태도와 그 준비과정에서 얻어진 행동의 변화가 있을 뿐이다. 죽음을 삶의 일부로 받아들일 때 온전하게 성숙한 인간의 참모습을 볼 수 있다.

죽음에 첫 단계인 부정은 모든 사람이 죽음에 임박해서 느끼는 현실적 감정이다. 실제로 무의식의 세계에서 인간은 자신의 죽음을 인지할 수 없고 스스로의 불멸성을 믿고 있으며 죽음을 먼일로 여긴다. 설령 자신이 죽었다 해도 신을 믿는 사람은 내세에 천국에 보상이 있다는 것에 괴로움과 고통을 덜 수 있다. 그러나 시대의 변화에 함께 사후세계를 믿는 사람들이 줄어들고 있다. 죽음 이후의 세계를 믿지 않으며 죽음 이후의 삶을 기대할 수 없다면 죽음을 다시 한번 깊이 숙고해야만 한다. 현대인의 자살 등 생명 경시 현상이 늘어나고 사회적으로 죽음은 희망과 목적이 아닌 파괴와 폭력성으로 변질되었다. 죽음에 대한 인식의 변화가 필요하다.

4) 필연성

앞으로의 세계는 삶과 죽음의 실존의 문제에서 영혼이 부각 되는 시대로 변화될 것이다. 또한 새로운 각성을 통해 영혼의 순수성을 추구하기 위한 종교와 철학 그리고 도덕이 요구된다. 삶은 그저 죽음의 대척점이 아닌 자유의지에 의한 행위의 연속이지만 삶의 유한성과 죽음의 필연성의 실존적 문제이다. 특히 고유성과 개체성의 누구도 대신할 수 없는 유일한 존재인 것이다. 순수한 영혼을 통해 의식이 깨어있어야 하고 죽음으로부터 초월하는 길을 찾아야 한다. 삶의 저편 즉 죽음은 영혼의 존재일뿐 실체는 존재하지 않는 것이다. 삶은 자아와 영혼으로 실존하지만 죽음은 영혼의 실체를 구분할 수 없는 암흑의 세계이다.

그러므로 삶의 유한성과 죽음의 필연성을 극복하기 위해서는 자유의지와 정신과 마음의 안녕을 위해 영혼의 안식을 찾아야 한다. 영혼과 육체, 무한성과 유한성, 우연성과 필연성을 구체화하는 것이다.

존재로서의 영혼은 몸과 정신의 결합이다. 독일의 철학자 라이프니츠(Leibnitz)는 인간의 두뇌는 기계적인 움직임이 일어나는 물질적 현상이지만 생각이라는 것은 그 실체를 찾을 길이 없다고 했다. 즉 생각이나 생각의 결과물은 몸의 단순한 운동과는 전혀 다르다는 것이다. 아리스토텔레스는 정신을 육신에 대비하는 것 자체를 잘못이라는 것이다. 인간은 하나의 전체이다. 이 전체는 다양한 기능이 있다. 몸의 기능이 아니라 인간의 기능이다 몸과 마음의 연합기능인 것이다. 다만 몸의 기능은 감각적인 것 즉 오감과 생명 활동을 하는 심장과 뇌 호흡 등이며 마음은 정신과 영혼의 조합이다.

영혼은 사고와 기억, 감정과 의지 등 의식 세계로 몸의 세계와 엄연히 구분되는 세계이다. 의식은 신체는 별개로 존재하며 의식은 영혼과 같아 신체적으로는 정신이나 마음으로 작용하나가 죽으면 다시 영혼으로 돌아간다. 따라서 삶이란 존재의 현현 즉 질료와 형상의 문제로 형상은 정신과 마음에 투영된다.

정신은 신경세포의 작용으로 발생히며 정신은 무의식의 세계가 지배한다. 의학의 아버지(Father of Medicine) 히포크라테스(Hippocrates)는 인간의 뇌를 강조하여 인간이 사물에 대해 사고를 한다고 보았으며 기분의 좋고 나쁨 역시 뇌의 작용으로 인간의 마음은 뇌에 있다고 보았다. 반면 아리스토텔레스는 인간의 마음은 심장에 있다고 보았는데 다분히 철학적 개념이다. 특히 아리스토텔레스의「영혼론」은 감각, 기억 회상, 꿈 등을 언급하면서 영혼의 중요성을 강조하였다.

근대 철학의 아버지 데카르트는 생득관념의 합리론을 주장하였다. 특히 그는 선대의 사람들이 뇌와 심장의 작용 즉 인간의 몸 자체를 마음으로 보고 영혼이 떠나면 육신은 죽는다고 보았지만 영혼이 떠나도 몸의 기능은 죽지 않고 신체의 운동이 중지되었을 때 마음이 육체에서 떠난다고 보았다. 반면 경험론자들은 "타블라 라싸(tabula rasa)"라고 하여 백지상태를 강조하였다. 이후 분트의 실험심리학이 등장한다.

신체는 물질로 구성된 세포, 분자, 원자(양자)의 형태이다. 신체는 근육(筋肉) 형태로 나이가 들수록 소실되고 노쇠해지므로 운동이 필수이다. 특히 근력운동과 저항운동을 해서 근육량과 근력을 길러야 한다. 이러한 과정에 반드시 충분한 영양식이 필요하다. 이 모든 조건이 충족되면 기운(氣運)이 생기는데 정확하면 말하면 에너지로 힘의 근원이기도 하다.

사람이 몸으로 느낄 수 있는 감각, 지각, 인식, 사고, 행동으로 이어지는 과정이 모두 영혼의 작용이다. 영혼은 에너지이기 때문에 활기와 살기로 구분되며 선과 악, 본능과 자아, 의식과 무의식 등으로 작용하는데 어느 쪽의 힘이 더 강하게 작용하느냐에 따라 행동의 결과가 달라지게 되며 변화 또한 일어난다.

특히 근육의 작용 중 악한 마음과 선한 마음에 따라 근육 힘의 작용이 달라지는 현상을 이미 증명되고 있다. 생기에는 활기, 살기, 근기, 사기, 오기 등 무수히 많은 기운들이 존재한다. 이러한 기운을 남용하거나 오용하면 나쁜 결과가 생기고 좋은 방향으로 사용하면 많은 사람들에게 좋은 영향을 끼치게 된다. 영혼의 기능과 작용은 사람들에게 삶의 의미와 존재의 가치를 깨닫게 하는 순기능이 있다.

따라서 영혼은 인간의 실존에 근거하고 이를 바탕으로 영혼의 안식을 추구하며 인생의 새로운 도전과 삶에의 진정한 의지를 실현하는 깨끗하고 아주 밝은 영혼을 소유한 유기체이다.

아리스토텔레스는 영혼의 장기를 심장이라고 했지만 이탈리아 남부 지역에 위치한 고대 그리스 크로톤의 알크마이온은 뇌가 감각의 중추이며 영혼과 지능을 담당하는 곳이라고 주장했다. 현대과학 역시 심장보다는 뇌에 있다고 주장한다. 특히 프로이트의 정신분석학은 영혼의 도구가 무엇인가를 찾는 시발점이다. 특히 이드, 자아, 초자아는 인간 영혼의 세부적 이름이다. 실제로 신경생리학자인 그는 영혼의 담당 부위인 뇌의 위치를 찾기 위해 노력하였다. 물론 영혼의 위치를 찾지는 못했다. 다만 신경세포의 작용에 의한 움직임이라는 것을 알게 되었다.

프로이트 이후 에릭 리처드 캔들은 인간의 감정과 사고 행동 즉 영혼을 찾기 위해 매진하였다. 결국 학습과 기억에 의한 신경세포의 메커니즘은 인류의 보편적인 정신기능이라는 것을 알게 되었으며, 기억에 의해 이해를 하고 알고 있는 모든 것이 연결되어 있기 때문에 사고와 감정 그리고 행동은 그 정체성을 유지하며 행위의 대상에 대해서도 인간의 뇌에 저장된 정보량에 따라 좌우되는 것이다.

따라서 삶과 죽음의 경계는 신체를 통한 지각과 인식을 통한 자각으로 의식의 향연에 있다. 삶은 생명의 외향성에 따라 무언가를 갖거나 대상물을 소유해야만 존재하는 본성을 갖는다. 즉 외부를 향한 실현 경향성을 발로이다. 그러나 죽음은 존재의 상실이라 할 수 있는데 내부 세계로의 위축이며 더 이상 외부를 향할 수 없는 한계에서 신체와 정신을 상실하는 것이다. 오직 영혼만이 내면의 세계에 깊숙이 침잠하여 존재하는 것이다. 죽음의 영혼은 누군가 불러주지 않으면 세상에 현시할 수 없고 대상이 요구하면 나타나는 영원한 수동적 존재이다. 삶의 영혼은 생존이며 생존은 아픔, 슬픔 등 고통을 동반한다. 이러한 고통은 살아가기 위하여 받아들여야만 하고 고통으로부터 벗어나는 길은 오직 영혼의 순수한 마음으로 돌아갈 때 가능한 일이다. 탐욕으로부터 벗어나는 길은 삶 유한성과 죽음의 필연성을 이해하고 초연하고 초월적인 정신과 마음을 단련하여 영혼의 진정성을 익히는 것이다.

3. 영혼과 의식

영혼과 의식은 삶의 목적을 이루고자 하는 의지와 삶의 의미를 추구하는 영혼과의 관계이다. 삶의 의지와 의미 추구의 근본은 정신적 가치와 행복에 대한 염원이다. 인간의 좌뇌와 우뇌의 상호작용에서 우뇌의 전인적인 특성, 신의 존재에 대한 믿음, 우주와 일체감 등 신비적인 느낌과 공감각적 표현을 이해한다면 영혼의 진정한 의미를 깨닫게 될 것이다.

특히 의식은 계속적이고 끊임없는 연습과 훈련을 통해 길러지는 것이고 지적인 개념과는 엄연히 다르다. 행위가 습관이 되도록 반복적인 연습과 무의식적 훈련은 감성 빌딩에 매우 좋은 것이다. 연습과 훈련으로 단련된 의식은 사고의 변화와 순발력을 통해 감성과 결단력을 높인다.

따라서 영혼은 의식을 통해 표출되며 의지와 감성 그리고 사고로 구성되는 실재이다.

1) 의식 수준

의식수준은 감각수용으로부터 지각 및 인식을 통한 의지와 혈액의 기운인 성격의 형태인 선천적 의지는 그 의미와 작용이 서로 다르다. 특히 영국의 신경과학자 토머스 윌리스(Thomas Willis)가 밝혀낸 신경과 혈액의 작용은 영혼의 원천을 찾아냈다고 할 수 있다. 인간이 지각을 통해 인식에 이르는 것은 당연하지만 모든 감각의 정보가 입력되는 것은 아니고 특히 시각의 정보가 중요한데 대부분은 반감되고 공감되는 부분은 주로 혈액의 영향을 받는 의지가 더 중요하다고 볼 수 있다.

사람의 이성이 최고의 의식수준이라 할 때 마음의 작용 즉 영혼에 비하면 이성에 의한 의지도 혹은 자유의지도 의식수준이 낮고 자유롭지 못한 면이 많다. 어찌 보면 인간의 무의식적 행위가 더 중요하다고 볼 수 있다. 대부분의 행동이 의식적이라기보다는 뇌의 반사적 반응인 무의식적 행위가 대부분이다. 따라서 의식이 이성적이라기보다는 비이성적이며 시간과 공간 속에서 일어나는 수많은 일상사 및 사건과 사고는 무의식적 행동에 의한 경우가 많다.

그러므로 물질에 불과한 신경과 혈액의 작용이 중요한 역할을 한다는 것을 알 수 있으며 신경과 혈액의 작용에 의해 영혼은 살아 있다는 것을 알 수 있다. 다만 사후의 영혼은 신경과 혈액의 영향을 받지 못하기 때문에 사후 영혼은 생명을 가지고 있는 사람의 신경과 혈액을 필요로 하며 이때 사후의 영혼이 옮겨 붙는 것을 빙의(possession, 憑依)라 할 수 있다. 빙의는 타인의 영혼(또는 악귀, 원귀, 악령)이 사람을 포함하여 동물의 육체 혹은 물건의 안으로 들어가 옮겨 붙거나 들러붙어 깃드는 현상이다. 즉 어떤 강한 힘에 지배되어 자신의 생각과 행동을 마음대로 하지 못하고 비정상적인 행동을 하는 것이다. 빙의는 의식과 무의식의 또 다른 영역으로 사후세계와 결부되어 나타나기도 한다.

특히 데이비스 호킨스(David R. Hawkins)의 의식지도는 인간의 의식수준을 다양한 문제들에 대해 의식 차원에서 지수화한 것이다. 다양한 에너지장을 수치로 측정하여 신체와 정신 영혼의 관계를 설명하고 있다. 의식지도는 자가 치유와 매우 밀접한 관계가 있으며 에너지장의 방향은 중요한 의미가 있다. 에너지장이 부정적인 방향의 에너지장은 삶을 지지해주지 않기 때문에 "삶에 반하는 장(anti-life)"이라 할 수 있다. 반면에 진리의 긍정적인 방향을 향하는 장들은 삶을 지지하고 보살펴 준다. 지도 위쪽으로 올라갈수록 진리와의 합일에 가까워지며 수치가 높아질수록 에너지장의 힘도 더욱 강해진다. 에너지장의 수치는 0에서 시작하여 깨달음의 상태는 600에서 1000에 이른다. 깨달음은 이원성과 개인적인 나와의 동일시를 초월한 상태를 의미한다.

건강한 사람은 외부의 사건이나 신체에 휘둘리지 않는 자아를 발달시킨다.

또한 고차원적인 에너지장이 자연스럽게 표출되기 때문에 의식지도에서 200을 기준으로 아래로 내려가면 부정적 에너지가 위로 올라가면 긍정적 에너지가 충만한 것이다. 예를 들어 의식지도에서 500 이상의 에너지장은 사랑, 기쁨, 평화, 깨달음의 장이다. 따라서 감사와 용서를 통한 치유의 에너지가 넘치게 된다.

그러나 이와는 반대로 200 이하의 에너지장에서는 신체의 에너지장이 약하기 때문에 부정적 에너지가 작용한다. 특히 무의식적 죄책감은 부정적 에너지를 더욱 크게 만드는데 우리 신체의 자율신경계와 경혈에너지 체계의 균형을 잃게 만든다. 결국은 우리 신체의 부정적 에너지를 몰아내는 힘은 긍정적 에너지가 충만하여 강하게 거부하는 힘이 필요하다. 이와 같은 힘을 배양하는데 있어 의식 에너지장의 역할이 중요하다. 긍정적에너지를 갖고 있지 않다면 내면의 성찰이나 영혼의 정화는 오히려 위험할 수 있기 때문이다.

특히 에너지의 방향이 긍정적인가 부정적인가를 보여주며 인간의 경험방식을 파악하는데 매우 중요하다. 부정적인 방향을 향하는 것들은 통증과 고통으로 경험되며 파괴적인 에너지를 보인다. 또한 에너지장들이 감정에 영향을 미치기 때문에 500 이상의 단계에 이르면 치유의 경험을 하게된다. 통증 역시 의식의 경험이 때문에 통증도 컨트롤이 가능하다.

높은 주파수의 초의식은 참나, 존재, 깨달음의 수준으로 생명과 일치하는 것이다. 생명은 자연의식이다. 자연의 삶은 단순하며 지속적이고 자연과 조화를 이룬다. 자연에서 의식의 흐름을 통해 사고를 확장하면 양자에너지의 힘에 의해 사고와 감정의 일치를 얻을 수 있기 때문에 깊은 의식을 통해 영성을 깨닫게 되고 통증과 고통으로부터 벗어날 수 있다.

의식지도에서 보이는 의식수준의 조정은 의식과정에서의 판단을 제거하는 방법이 있다. 의식에서 일어나는 감정이나 생각을 자각하는 것이다. 자각하는 것이 곧 정제된 사고를 하도록 인도하는 것이다. 분노, 두려움, 슬픔, 증오, 죄책감 등 좋아하지 않는 감정들을 느끼면서 사고를 검토하면 자신의 변형된 사고들 즉, 자신과 남을 비난하고 삶의 난변이나 크기로만 보았던 사고들이 불만스러운 감정들과 연결되어 있다는 것을 알게 된다. 이러한 정제된 사고를 통하여 의식수준을 끌이 올리면 용기로부터 자발성, 수용, 이성, 사랑, 기쁨, 평화, 깨달음의 단계로 성장할 것이다. 사고와 느낌들에 대한 자각이 스스로를 가르치게 되도록 훈련하면 인간(human being) 즉, 인간의 진정한 의미인 '존재' 혹은 '있음'을 깨닫게 된다.

존재한다는 것은 이 순간을 느끼고 그 감정으로 살아간다는 것을 의미한다.

이러한 느낌, 감정이 바로 초월에서 순수의식까지 신체와 연결되어 있음을 아는 것이 중요하다. 또한 왜 존재하는가에 대한 물음에 답은 자신이나 다른 사람들을 판단하지 않는 것이다. 이원론적 방법인 옳고 그름, 긍정과 부정, 완전함과 불완전함, 가능과 불가능 등의 잘못된 사고의 방법을 과감하게 버리는 것이다. 이렇게 되면 존재의 참 의미를 알게 되고 시간과 환영과 공간의 정확한 위치를 알게 되어 아름다운 삶으로 연결될 것이다.

결국 존재의 상태에 도달할 때 200 이하의 에너지장에서 느끼는 수치심, 죄책감 등 부정적 에너지를 몰아내고 긍정적 에너지가 충만하면 뇌의 모든 부분이 원활하게 작용하면서 사고가 숙지 되고 신체를 통해 느낌으로 이해될 것이다. 200 이상에 해당하는 용기는 현실을 직시하고 삶에 대한 적절한 태도를 취하며 자신에 대한 진실을 말할 수 있기 때문에 긍정에너지가 넘친다. 또한 자신의 내적 확신에 따라 도전의 기쁨도 누릴 수 있다.

영혼과 의식의 관계를 깊이 있게 살펴보기 위해서는 정신분석학적 접근이 필요하다. 특히 의식과 의지 그리고 무의식과의 불가분의 관계에서 환상, 꿈 등 비현실적이고 보이지 않는 영혼에 영향을 이해하기 위해서는 더욱 필요하다. 신체와 정신, 정신과 마음, 마음과 영혼 등 일련의 서술이 일견 단순한 것 같지만 과학적이라 할 수 있다. 정신과 신체를 학문적으로 정립한 프로이트(Freud)와 파블로프(Pavlov) 등에 의해 정신신체적 접근방법 및 정신신체의학이 본격적으로 시작되었다.

프로이트는 심인성인 전환성 히스테리(Hysteria)에서 신체적 관여가 일어나며, 사지의 마비 등 항상 일차적인 원인 및 의미를 가지고 있다고 하였는데 무의식적 갈등의 상징적인 대체 표현이라고 했다. 수의적 신경-근육 또는 지각-운동 신경계에 의해 지배받는 기관들만이 관여한다고 했다. 반면 호나이(Horney), 홀리데이(Halliday), 미드(Mead) 등은 정신신체 질환의 발병에 있어서의 문화의 영향을 강조하며 어머니가 먼저 영향을 받고 아이가 모자 관계를 통해 다시 영향을 받는다고 주장하였다.

정신과 신체는 직접적으로 연관되어 있어 신체를 통해 심리적 차원과 접촉할 수 있다. 심리치료 과정에서 신체 자각의 중요성을 강조하고 이를 치료과정에 접목시킨 대표적인 기법으로는 게슈탈트 심리치료가 있다.

몸과 마음, 영혼의 통합을 지향하는 요가에서도 신체 감각과 마음 상태에 대한 주의 깊은 관찰과 자각을 강조하고 있다. 특히 정신질환은 개인의 '영혼'에 영향을 미치며 신경학적 질환과도 미묘한 차이가 있지만 대체적으로 지향성, 의식, 가치 또는 기호적 기능에서 생기는 변화와 관련이 있다. 결국 정신신체의학은 마음 이론이며 특히 모든 정신질환이 물리적인 변화에 근거한다는 것이다.

로저 펜로즈((Roger Penrose)는 물리적 개념을 통해 인간의 마음을 물질의 실체로 보고 마음은 두뇌와 결부시킨다. 즉 두뇌의 물리적 활동에서 의식이 발생한다는 것이다. 또한 의식을 수동적 의식과 능동적 의식으로 구분하고 통증을 느끼거나 멜로디를 감상할 때 수동적 의식이 필요하며, 움직임이나 운동 등 활동을 하다가 멈추겠다는 의도적 결정을 내릴 때 의지에 따른 행동은 능동적 의식 즉 자유의지가 개입하며, 미래의 활동을 계획할 때는 능동적, 수동적 의식이 모두 작용한다고 주장한다. 또한 의식의 특징은 '시간의 경과'이다. 시간은 시공간 사건의 좌표이다. 공간은 움직이지 않기 때문에 시간만 흐르게 된다.

우주의 기본구조에 의한 사실과 인간이 스스로에 대해 가지고 있는 특정한 관념을 동시에 만족할 수는 없는 것이다. 마치 입자의 이중성 즉 중첩성과 같은 맥락이다. 인간은 스스로 의식과 의지를 가진 지향적, 합리적, 사회적, 존재이다. 의식과 의지를 가지고 자유롭고 합리적인 생각을 하는 자아상과 마음, 의미를 물질 입자로 구성된 우주와 어떻게 병렬적 관계를 형성하는가의 문제이다.

이와 같은 학자들의 이론을 살펴볼 때 의식은 과학적이고 실용적인 감각 체험과 순수하고 실용적인 이지 체험, 요가 명상 등 영적 수행을 통한 영적 체험, 우주에 드러난 모든 현상과 생명현상, 물질, 에너지 등을 통한 유심 체험 등 모두 의식 에너지장이라 할 수 있다.

우리의 물질 감각으로 분명하게 지각하는 모든 것들을 있게 하는 본질적인 실재이다. 우주는 전체적으로 혹은 부분적으로 근원적 존재의 마음 안에 존재한다는 것이다. 우주가 마음의 작용이라는 원리는 정신 현상에서 볼 수 있으며 원리는 에너지와 힘, 물질의 참된 속성과 마음의 지배에 따르는 이유를 설명한다. 그러므로 우주의 모든 것이 정신적 속성을 띠고 있다는 진리를 이해한 사람은 자기완성의 길로 나아가게 된다.

의식은 사고의 범주에 있다고 볼 수 있는데 의식이 뇌의 물질적 배열에 의한 창발적 발생의 이론과 더불어 개인의 환경에 의존하며 또한 고차원적 의식은 사회성 특히 언어와 연관되어 있기 때문이다. 이것을 사회의식(social consciousness)이라 하며 개인이 속한 집단이나 사회가 공유하는 의식으로 사회에 대한 관심 또는 인식을 의미한다. 사회의 모든 구성원이 공통적으로 지지하는 사고·감정·의지 등이 있다.

의식은 환경에 적응하고 이것을 이용할 수 있는 능력으로 구체적으로 감각을 통한 지각의 주관적 판단이라 할 수 있다. 지적 능력을 활용하는 정신적 기능이며, 자신과 주위 환경을 인지하는 능력이다. 즉각적으로 기억하는 능력과 상황에 따른 즉각적 충동과 관심을 표출하는 능력이다. 또한 의식은 사람의 뇌(brain)와 연결되어 마음을 만들어 낸다. 뇌가 살아서 활동해야 마음이 존재하는 것이다.

그러므로 시간의 흐름은 미래를 예측할 수 있는 가능성을 열어준다. 이것이 바로 의식의 작용이다. 의식에 있어 느린 의식이 보통으로 생각하는 의식이지만 순간적인 의식 즉 빠른 반응을 요하는 의식은 무의식에 해당한다.

무의식(unconsciousness)은 보통 때에는 의식되지 않는 정신적 요소들이 포함되지 않는 인격의 층을 말한다. 주로 생리적 욕구의 욕동 상태, 혹은 여러 가지 심리적 욕구가 꿈, 기억상실, 의도적 망각, 실수, 인격분열 등의 형태로 표현된다. 이러한 무의식적 욕구는 인간의 행동, 감정, 판단 및 대인관계에 근본적 영향을 준다. 실제로 무의식의 영역은 사람의 뇌에서 중뇌, 소뇌, 뇌간이 담당한다.

특히 의식의 주관적 요소는 감정이라 할 수 있다. 감정은 근본적으로 긍정적 호감이거나 부정적 반감으로 나타나는 특징 중 긍정적 감정의 표출이 행복감이다. 감정은 의식 안의 상태이다. 슬픔, 두려움, 떨림, 지루함 등 바람직하지 못한 감정도 있지만 행복, 과단성, 민첩성 등은 바람직한 감정이다. 이러한 감정은 정서와 같은 것이며 의지를 인식하는 길이다.

그러므로 의지와 감정은 유사하지만 서로 다른데 의지는 실행하고자 하는 정서적 표현이라면 감정은 억제되어 있는 의지로 쉽게 표현되거나 드러나지 않은 감정이다. 즉 약화되어 있는 의지가 감정으로 의지의 본성을 통찰하면 감성의 본성을 알게 되는 것이다.

의식의 수준에서 중요한 것은 우리 신체의 신경·화학적 작용에 의해 사고나 행동에 영향을 미치는 보편적인 의식수준이 있는가 하면 경험과 체험에 의한 현상학이며 신비로운 의식이 존재하기 때문에 영혼과 의식은 과학적으로 설명할 수 없는 의식 세계가 있다.

따라서 의식의 수준은 물리적인 실제를 벗어나 자연의 근본적인 사실 즉 자연현상에 의한 이론적으로 불가능한 의식의 기본 법칙을 발견하기 위해 노력해야 하는 것이다. 의식의 기본을 익히게 되면 의식의 흐름을 알게 되고 또한 자기 인식이 확대되면 자기 몸의 기 흐름을 인지할 수 있기 때문에 의식은 존재의 근거가 된다.

데이비드 호킨스(David R. Hawkins)는 모든 병은 신체와 정신 그리고 영혼과 관련이 있다고 보고 의식지도를 주장한다. 영혼의 의도와 맥락화(contextualization)는 의학적 치료에 긍정적으로 반응할 가능성이 높다고 보았다. 고차원적인 의지를 받아들이고 물리적인 선형적 실재에서 무제한으로 비선형적인 영적 실제로 변화된다는 희망과 믿음을 강조했다.

또한 의식과 더불어 자각(awareness)을 강조한다. 자각은 의식 안에서 일어나는 일들을 알게 해주며 마음 안에서 발생하는 모든 일을 알게 해준다. 마음은 신체에서 일어나는 일들을 오감을 통해 알려준다. 결국 물리적 신체의 에너지보다 강한 의식의 에너지가 지배하게 된다.

인간이 죽음에서 새로운 탄생으로 획득되는 생명체에 대한 지식은 단순히 생물학이나 해부·생리 등 의학지식 보다 월등하게 차이가 있다. 영혼에 대한 지식이 무지하고 특히 인간의 영혼이 신체와 결합하여 개성체를 형성해 가는 과정에 대한 무지의 원인은 감각을 통한 외부 세계에 대한 인식이 부족하기 때문이다.

성장 발달에 있어 유년기는 한 개성체 성장의 근원이 된다고 볼 수 있으며 영혼은 의지의 실천이며 카르마의 통찰이라 할 수 있다. 또한 영혼은 사고, 감정, 의지의 통합을 통해 온전한 인간이 되도록 인도한다. 따라서 지혜와 이성을 자각하는 길은 영혼을 통해서만 가능한 것이다.

2) 의식 형태

인간은 의식을 가진 존재이며 자의적으로 행동할 수 있는 능력이 있다. 자기가 원하는 것을 사고와 경험 또는 기억을 통해 행동하는 자유의지가 있다. 또한 의식은 인간의 신비세계이기도 하다. 의식이 인식의 형식과 구조에 영향을 받지만 결국은 심층심리에 기반을 둔 정신작용이라 할 수 있다.

인간의 마음속에서 일어나는 모든 일은 의식을 통해 알게 된다. 감각과 지각을 통해 얻어지는 정보 역시 의식을 통해 이루어진다. 모든 경험 역시 의식에서 일어나는 것이다. 이러한 의식은 의지 표출과 의도를 형성하고 마음에 품은 결심을 실행하게 된다. 또한 인간은 도덕성이 있기 때문에 행동의 실행에는 도덕적 가치를 우선한다. 그러므로 의지는 지성의 정도에 따라 좌우되며 본능적 행위와는 구분된다. 인간의 본능적 행위는 욕구의 단계에서 가장 기본단계로 식욕, 성욕, 수면욕 등이 있다.

의식의 흐름으로부터 나오는 사고에 의해 존재하며 대뇌반구의 좌뇌와 우뇌의 역할에 따라 언어와 사고 및 비언어적 직관 등 신체와 정신의 문제를 해결하는 유일한 길이기 때문이다. 의식은 모든 존재의 근거로 인간의 모든 것이 의식 없이 이루어지는 것은 없다.

의식은 용어상으로 의식(consciousness), 의식(rituals), 혹은 명료(alert) 등 다양하게 사용되는 용어이기도 하다. 정신의학적으로 의식은 "알아 차리고 있는 상태, 즉 정신을 바싹 차리고 있는 상태와 아울러 우리의 지각, 느낌, 감각, 심상(images) 그리고 생각

등을 포함하는 끊임없이 변화하는 즉각적인 경험, 즉 마음의 내용을 의미하는 용어이다" 라고 표현하고 있다.

윌리엄 제임스(W. James)는 의식에 흐름에 주목하고 의식의 내용은 항상 시간과 더불어 유동하는 것이라고 보고 의식의 주체는 자아이고 자아가 내성에 의해 자각하는 것을 자아의식이라 했다. 자기(self)와 자아(ego)는 의미상 다르지만 의식의 주체로 보면 정신적 활동이 전개되는 시간과 공간에서 구성된 환경과 상황에서의 자신과 연결되어 있는 순간만은 깨어 있는 순수한 마음 즉 영혼이라고 볼 수 있다.

이러한 순간의 참나를 획득하는 것이 진정성이다. 칼 야스퍼스(Karl Jaspers)는 자아의식의 구분을 통해 자기가 활동하고 있다는 능동성, 현재의 순간에 자기 한 명이라는 단일성, 그전부터 동일한 인물이라는 동일성, 그리고 외부 세계와 자기를 구분하는 한계성 등으로 구분하고 그 각각의 장애를 자아의식의 장애로 보고 근원적 불안에 노출된 인간의 비합리성을 간파하여 본래적 인간존재의 양태를 전개해 나가는 실존철학으로 명명하였다.

의식의 내용으로는 감정과 목표가 중요하다. 감정은 유기체를 접근이나 회피의 태세로 움직여서 주의를 집중시키며, 목표는 욕망하는 대상의 모습을 제시하여 주의를 집중시킨다. 더욱 중요한 것은 사고의 인지과정으로 사고는 정신력에 질서가 갖추어지는 과정이며 의식 자체에서 발생한다. 기본적인 정신작용은 원인과 결과를 이해하는 것이며 추상화된 것으로부터 구체적 현실로 이어지는 뇌 기능의 연합 작용이다.

따라서 감정과 사고는 연합 작용에 의한 의식적 구조라고 할 수 있으며 깊이 있는 정신작용이 필요하다. 즉 정신의 집중이 중요하며 집중하지 못하면 의식은 혼돈에 빠지게 된다. 특히 인간의 각성 경험은 중요한 의식의 내용이지만 꿈 역시 중요한 의식 현상이다. 의식이 지엽적으로 뇌의 신경 활동에 의해 발생하고 실현된다는 것은 부인할 수 없는 주지의 사실이지만 뇌를 아무리 해부해도 근거를 찾을 수 없기 때문에 심신의 문제로 접근하면 해결된다.

의식이 인과적으로 뇌의 기능을 활용해서 신체를 움직일 수 있는가를 볼 때 뇌가 정확히 어떻게 의식 경험을 야기하는지 이런 경험이 뇌에 의해 어떻게 실현되는지가 중요한 것이다. 의식은 마음뿐만 아니라 모든 물질과 마음의 바탕이다. 물질과 마음은 의식의 가능성이며 의식이 마음과 신체 사이의 중재 역할을 할 때 신체와 마음은 하나가 된다.

의식의 특성은 개인적인 것으로 개체 혹은 자기에 의해 소유된다. 변화하지만 끊임없이 이어진다. 시간에 있어 선택적이다. 또한 의식은 지향성을 갖는다. 사물이나 사건에 관련된 것으로 어떤 면으로는 의지와 밀접하다.

특히 인간은 자기의식을 가지고 언어를 구사하는 유일한 동물이다, 이는 동시에 현재와 무관한 세계를 꿈꿀 수 있으며 그 꿈이 실현되며 물리나 생물에서 발견되는 상황과 연결이 가능하다. 즉 예측이 가능하며 이 예측이 바로 통계이다.

의식에 대한 실증적 지식은 신경생리학과 실험심리학을 통해 의식의 물질적 과정이 확립되었으며 따라서 인간의 의식은 두뇌의 작용에 의한 현상으로 정신 활동의 물질적 토대는 생리학적 활동이며 사회적 산물이라 할 수 있다.

또한 사회적 커뮤니케이션과 사회적 전달을 통해 가능한 일인데 여기서 가장 발달한 형식은 언어이다. 인간이 언어를 가진 유일한 동물이기 때문에 고차원적 의식이 가능했다는 것이다. 의식은 사고이며 사고는 언어와 상호작용한다. 사고와 언어는 인간의 두뇌 발달에 결정적인 영향을 주었으며 두뇌를 완성하는데 영향을 주는 가장 중요한 요인이다. 특히 사회가 발달하면서 인간의 사회적 활동은 사고와 언어를 더욱 발달하게 하는 추동력이 되었다.

따라서 언어가 마음을 형성하는데 중요한 역할을 하였다고 볼 수 있다. 언어가 가진 논리적인 구조는 직관적 사고에서 비롯된 통찰의 진실성을 증명하여 타인에게 전하고 설득하는 도구가 되었다.

신체는 단순히 몸뿐만 아니라 정신 구조의 특수성 때문에 의해 정신력으로도 간접적인 통제가 가능하다. 정신력은 의식과 의도 및 언어로 표상되기 때문에 긍정적인 사고나 언어는 정신 집중을 통해 의지력을 확고히 할 수도 있으며 어떤 물리적 힘을 대항해서도 반응력을 강화시키는 에너지가 있다.

또한 언어와 사고는 신념을 공고히 할 수도 있으며 감정으로부터 추론하여 선택하는 능력이나 나쁜 습관이나 태도 등 소신을 자신의 뜻대로 변화시키는 에너지를 가지고 있다. 이러한 자유의지(free will)는 언어의 고유한 힘이 있기 때문에 가능하다. 즉 의식적인 행동세회 능력과 언어능력 사이의 상호작용이 바로 자유의지라고 할 수 있으며 일명 영혼이다고 할 수 있다.

자유의지는 외부의 요소들에 의해 영향을 받지 않은 채 자신의 행동과 의사 결정을 스스로 조절하고 통제할 수 있는 능력을 말한다.

심리학자들은 인간의 자유의지의 존재 여부에 대해 자신의 행동이나 정서, 사고를 조절하고 통제하는 자기 조절과 자기 통제와 같은 형태로 자유의지가 표현되며 의지력이 상당히 중요한 에너지 자원이 될 수 있다는 것이다. 자유의지에 의한 경험은 삶의 지혜를 제공하는데 자신의 법칙과 규칙 등 계획을 통한 행위의 대부분은 자신을 구속하는 의식이다. 이러한 의식으로부터 자유로우면 존재의 평안을 찾을 수 있다. 자유의지는 진화과정을 통해 발달한 환상이라며 뇌의 작용은 인간의 의지가 영향을 끼칠 수 없는 뇌만의 고유한 실재를 지녔다고 주장한다.

신체와 시간의 관계는 살펴보면 인간의 신체는 경험에 대한 의식이다. 조상으로부터 물려받은 유전인자 역시 수많은 인류의 경험의 축적이다. 이러한 경험의 기억을 후대에 전하는 역할을 신경과 면역, 유전이 담당한다. 신경은 지각, 기억, 인식, 감정 등을 신경세포의 작용으로 보며, 면역은 림프세포와 생성된 물질 관심을 갖으며, 유전은 유전자라는 물질에 기초하여 설명하고 있다. 여기에 유전적 기질과 성격을 결정하는 핵심적 요소는 혈액에 있다.

신경이라는 것이 신체의 경험과 기억을 기록하고 가공하는 넓은 의미의 기억장치라고 볼 수 있는 반면, 면역은 세포들의 경험과 기억을 처리하는 좁은 의미의 기억 조정 장치이다. 심한 스트레스에 시달리는 사람이 면역력이 약해지고 쉽게 병에 걸리는 것도 이 두 체계가 서로 영향을 주기 때문이다. 유전 역시 신체가 끊임없이 변하는 시간과 공간 속 경험의 흐름으로 볼 수 있으며 혈액이 그 중심 역할을 한다.

한 개인이 자기를 어떠한 인간으로 지각하고 있는가는 능력, 성취 정도, 매력, 타인에 의해 인정받거나 수용되는 정도 등에 대한 주관적인 평가로 자기 상은 현실과 일치하지 않을 수도 있으며 자신이 원하는 이상 상과 다를 수도 있다. 이것은 시간과 공간이 절대적이지 않다는 것을 증명하는 것이다. 즉 개인의 처한 환경에 따라 변화하며 개인적인 사건(event)이 변수로 작용한다.

3) 사고(thinking)와 의식

사고는 의식을 바탕으로 하는 매우 고차원적인 마음의 산물이다. 사고는 존재하는 모든 것의 기초이다. 생각을 하거나 어떤 일에 판단력을 발휘하여 마음속으로 결정하는 것으로 사유(reason)라고도 한다. 어떤 대상이나 상황 등에 대해서 직접적으로 지각(perception)의 작용에 직접 의존하지 않으면서도 상호적 작용으로 이해하고 파악하며 추리도 가능한 연역 과정이기도 하다. 따라서 사고는 존재하는 모든 것 현재와 존재했던 모든 것 과거와 그리고 존재할 모든 것의 궁극적인 실재이며 지고의 지성인 창조자이다.

영혼과 의식에서 사고의 흐름에 주목해야 하는 이유는 몰입(flow)의 개념과 유사하기 때문이며 깨어 있음의 근본이기 때문이다. 삶의 목적을 이루고자 하는 의지와 삶의 의미를 추구하는 영혼의 역할이 곧 인간 존재의 근본이기 때문이다. 삶의 의지와 의미 추구의 모든 사람이 갈구하는 행복의 지름길이자 영혼의 비밀이 숨겨져 있다.

특히 의식은 계속적이고 끊임없는 연습과 훈련을 통해 길러지는 것이고 지적인 개념과는 엄연히 다르다. 행위가 습관이 되도록 반복적인 연습과 무의식적 훈련은 감성 발달에 매우 좋은 것이다. 연습과 훈련으로 단련된 의식은 사고의 변화와 순발력을 통해 감성과 결단력을 높인다.

따라서 영혼은 의식을 통해 표출되며 의지와 감성 그리고 사고로 구성되는 실재이다.

내부적으로 이미지를 표현하고 지시하는 능력이 곧 사고이다. 또한 사고의 실천은 행동의 근본 요인으로 사고에 대한 의도와 감정의 표현이 매우 중요한 것이다. 특히 내면의 영혼과 사고에 영향을 주는 대상으로부터의 정서 즉 느낌을 통해 사실을 드러내야만 한다. 지각과 인식이 사고를 불러일으키고 이때 영혼은 깊이 있게 작용하므로 사고는 결국 의식 영혼이라 할 수 있다.

특히 사고와 의식은 구분할 수 있는데 사고에는 복잡한 심상이나 의도, 추측, 논리적 추론 등 여러 단계의 정신적 활동의 혼합물이다. 가장 추상적인 수준에서 기호적인 능력에 의존하는 기술이기 때문이다. 가령 이성과 지각, 감정 등 인지과정을 통한 지성과는 엄연히 구분된다.

사고는 의식적인 배경이 없이는 추구할 수 없다. 의식에 대한 생물학적 이론은 사고에 대해 필요조건을 되지만 충분조건은 되지 못한다. 왜냐하면 사고는 자기(self)가 처한 환경에 대한 경험으로부터 지각된 것과 개념적인 것들과의 평행선상에서 이루어지며 이러한 것들은 사물들에 대한 경험에서 얻어진다. 즉 사회적, 언어적, 감정적인 것들이 상호작용하면서 혼합적으로 이루어지면서 사고와 느낌의 개별화가 이루어진다.

인간의 사고는 경험과 자아의식에 의존한다. 특히 인간은 똑같은 사건이나 대상을 똑같은 방식으로 경험하지는 않는다. 과거의 경험이나 다른 사람들의 경험과 비교하여 그 느낌이나 생각을 자신의 정서나 감정에 이입하여 느낌을 통한 경험을 한다. 이런 대상과 사건을 통해 다른 대상과 사물 및 인간의 폭넓은 가치와 경험에서 정보를 교류하며 영감을 얻고 사고하며 행동한다. 사고의 최고 범주는 창발성이며 이것은 영혼 꽃이며 순수하고 무한한 에너지이다.

(1) 신체와 정신 감응

신체와 정신의 정신 감응은 마음과 영혼이 분리되지 않고 의식의 흐름이 계속된다는 것을 강조한다. 생리·화학작용과 더불어 신체 기관의 상호작용, 뇌의 신경세포 사이를 오가는 미세한 전류의 흐름을 통해 정신과 마음의 정보체계에 의해 움직인다. 따라서 신체와 정신 그리고 마음과 영혼은 분리될 수 없다. 매 순간 의식 속에 살아 간다는 것은 신체와 정신 그리고 마음과 영혼이 하나가 될 때 가능한 일이다. 신체로부터 영혼이 분리되는 것은 최후의 순간 죽음에서만 가능한 일이다.

의식도 영혼과 마찬가지이다. 근대 철학자 데카르트 이후 현대까지 인간의 구조를 신체와 정신으로 구분하고 있지만 사실상 신체와 정신은 분리되지 않는다. 분리되는 경우는 죽음 이후 일이다. 인간은 죽는 순간부터는 신체가 아닌 시체가 되기 때문이다. 신체와 시체는 엄연히 구분되는 지극히 현실적인 현상이다. 이를 착각하면 커다란 문제가 생기기 때문에 생애에 걸쳐 신체와 정신을 구분하는 일은 지양해야만 하고 구분된 것을 다시 온전하게 가다듬어 항상 깨어 있어야 한다. 그러기 위해서는 항상 사람과 사람의 대면이 중요한 역할을 하는데 만남에서 의사소통을 하기 때문이다. 의사소통은 인간관계의 기본이며 정보와 반응이 일어나는 구조는 전달매체인 언어와 비언어의 형태로 이루어지며 그 핵심은 대화이다.

언어은 자신에게 하는 내면어와 상대방과 케뮤니케이션을 위한 대화가 있다. 내면어는 자기 경청이 쉽지만 상대방과의 대화에서 경청하기는 쉽지 않기 때문에 많은 훈련이 필요하다. 경청의 비밀은 진실성에 있는데 사실과 일치되는 상황설명과 이를 표현하는 능력이 요구된다. 훈련과 능력의 부재로 오해나 심리적 부작용이 발생하기도 하는데 인간 내면의 복잡한 심리적 구조를 이해하기 어렵기 때문이다.

인간은 왜 구조적 틀에 의한 방식으로 언어와 행동을 하는지 의문이 들지만 인간뿐만 아니라 모든 생물이 유사성을 가지고 행동하는데 이는 본능적인 현상이라 할 수 있다. 본능적인 현상은 유전자에 의한 현상으로 볼 수 있으며 유전자는 한 개체의 생물학적 차이를 결정하기도 하지만 두 개체 사이의 차이는 특정한 유전자의 차이로 추적할 수 있다.

인간은 본성과 더불어 환경에 적응해야만 생존할 수 있기 때문에 타고난 유전형질도 중요하지만 성장환경에 의해 의식적 변화를 유도하는 것이 더욱 중요하다. 의식의 변화와 흐름은 전통, 문화, 사회 등 다양성을 통해 영혼의 틀로 구조화되어 있다.

(2) 집단 영혼

인간은 성장 발달하는 유기체이기 때문에 언젠가는 노화(aging)를 거쳐 죽음에 이르게 된다. 이러한 과정은 생물학적인 면과 사회학적인 면으로 볼 수 있다. 생물학적으로 볼 때는 신체 형태의 변화를 초래하고 사회학적으로는 사회적 현상이나 일상생활의 변화에 따라 신체의 변형이 일어날 수 있다. 신체 변화의 주요 기능은 근육훈련을 통해 강화된 신체의 변화를 확인할 수 있는 반면 장기간 투옥되거나 워드프로세서 등 고정된 위치의 작업을 통한 신체활동은 신체를 약화시키기도 하기 때문에 신체의 형태, 구조, 기능을 변화시킬 수 있다.

또한 종교, 사상, 권력이나 계층과 같은 사회문화적 환경에 의해 결정된다는 아비투스(Habitus)는 습관이나 체질에 의해 굳어진 문화 형태로 개인의 취향에 따라 서로 관계를 맺으면서 독특하면서 균형 잡힌 신체의 형태와 체형을 만든다. 그러므로 사회적 위치와 아비투스의 경향은 질병의 원인이 될 수도 있기 때문에 건강의 중요한 요인이라고 할 수 있다.

부르디외(Bourdieu)는 아비투스와 관련하여 개인의 신체는 완전하게 완성되어 있지 않다고 보는데 그 이유는 사회와 얽혀 있는 한 끊임없이 사회적, 문화적, 경제적 과정의 영향을 받을 수밖에 없기 때문이라고 한다. 아비투스는 특정유형의 환경을 구성하는 조건에 의해 생산되는 것으로, 실천과 재현을 발생시키고 구조화하는 원칙으로서 지속적이고 치환이 가능한 성향이라고 본다. 특정 계급이 그들의 생존환경을 조정함으로써 영구적이면서도 변동 가능한 성향 체계인 아비투스가 만들어진다. 즉, 아비투스는 사회화 과정을 거치는 동안에 개인이 획득하는 영구적인 하나의 성향 체계이다.

결국 부르디외의 아비투스는 집단적 그룹의 깊이 뿌리박힌 연대성과 개인 영혼의 이미지에 강렬한 인상으로 공고히 굳히고 있는 것으로 칼 융의 집단무의식에 비유될 수도 있다. 이러한 집단의 연대성과 무의식적 사고의 연장을 아비투스라 할 때 이는 분명 개인의 영혼에 앞선 집단의 영혼이라 부를 수 있다.

(3) 마음챙김(mindfullness)

마음챙김은 자각의 한 방식이다. 마음챙김 자각은 수용적이며 배타적이지 않기 때문에 감각을 통한 느낌, 사고를 통한 인식이 그대로 경험되는 것이다. 마음챙김은 '바른 알아차림'의 깊은 뜻이 있으며 깨달음 즉 의식의 최고 수준이다. 불가에서는 현상계에서 세계와 우리 자신에 대한 경험을 구성하는 다섯 개의 서로 다른 구분되는 형태로 물질(色), 느낌(受), 지각(想), 정신적 증식작용(行), 의식(識)이 있다. 모든 사건은 이 다섯 가지를 통해 앎으로 이어지는 일련의 단계가 있다.

마음챙김은 경험에 의한 내용도 중요하지만 사실 더 중요한 것은 자각에 있다. 즉 깨달음이 최고의 의식 수준인 것이다. 의도한 목적이 특정한 결과로 이어지는 것으로 자각에 나타나는 모든 것을 선호 없이 공유하는 것이 마음챙김의 본질이다. 자각의 전개에 영향을 미치는 요소들과 이 요소들이 어떻게 매 순간 우리를 해방시키기도 하며 감옥에 가두는가에 관하여 집중된 방식으로 자각하는 것의 중요성을 강조한다.

마음챙김은 자각이며 감각, 생각, 느낌을 있는 그대로 경험하는 것이다. 마음챙김은 자각이며 자각은 자아를 찾는 것이다. 생각과 느낌을 그대로 수용하고 전념하는 것이다. 그러므로 마음챙김 없이는 '앎'과 더불어 정신의 개념조차 이해할 수 없는 것이다. 의도적으로 현존해야 하며 현상과 실재를 보아야 한다. 즉 의식이 살아 있어야 한다. 결국 수용전념이 없이는 마음챙김을 갖을 수 없는 것이다.

특히 전개념적(preconceptual)일 수 있기 때문에 생각 이전의 마음의 순수상태를 말하는 것일 수도 있다. 순수상태이든지 아니면 현재 느낌과 사고의 일치이든지 마음이 깨어 있어야 하는 것은 분명하며 이 두 개념 사이에 차이는 존재 하지만 자각(awareness)이라는 것은 확실하다.

또한 마음챙김은 다른 말로는 '알아차림'이라 한다. 알아차림이란 개체가 개체-환경의 장에서 일어나는 중요한 내외적 사건들을 지각하고 체험하는 것이라고 할 수 있다. 개체가 자신의 삶에서 현재 일어나고 있는 중요한 현상들을 방어하거나 피하지 않고 있는 그대로 지각하고 경험하는 것으로 자신의 단편적인 지식의 조각들을 선명한 통합체인 게슈탈트로 통찰하는 것을 뜻한다. 게슈탈트 치료에서 알아차림은 긍정적 성장과 개인적 통합을 하는 데 핵심 개념으로 현재의 순간에 포착된 놀라운 마음에너지이다. 현존할 때 과거의 문제나 오지 않은 미래를 예견할 수 있다.

알아차림을 통해서 새로운 게슈탈트를 창조해 내는 의미 형성이 일어난다.

그리고 바로 이 순간에 자신이 어떻게 반응하고 있는지 자기 주변이나 내부에서 무엇이 일어나고 있는지를 알게 된다. 그리고 환경과 타인 및 자신과 연결할 수 있는 능력에 의해 자신의 존재에 닿을 수 있게 된다. 즉 현 상황이나 환경에 따라 감각이나 욕구, 감정, 지각, 인식 등 개체의 내부나 외부에서 일어나는 현상을 자각할 수 있으며 특히 자신의 행동에 대한 행위방식까지 알 수 있으므로 사고패턴이나 행동패턴까지도 알 수 있다. 따라서 알아차림은 경험의 한 형태이며 감각운동, 정서, 감정, 인지, 사고 등 마음에너지가 상황과 환경에서 사건과 접촉하는 것이라 할 수 있다.

이러한 요소들을 포괄하여 마음챙김, 게슈탈트와 동일한 것이라고 볼 수 있는 '몰입(flow)'이 있다. 몰입은 자아 초월을 위해 필요한 수단이다. 모든 사람이 몰입을 추구하지는 않지만 고도의 몰입은 자아 초월의식을 나타낸다. 초월상태에 이르면 시간의 개념을 잊게 되고 우주의 조화를 깨닫게 된다. 구체적인 목표를 정하고 의식을 집중하면 주의력이 최고도에 달하게 된다. 이러한 단계를 추구하는 것이 종교의식과 음악 연주, 게임, 체육활동, 공연 등 몰입의 기능을 최고도로 올리게 된다.

몰입하기 위해서는 신념의 체계 수준까지 도달하도록 집중해야 한다. 몰입을 통해 스스로 초월의식을 깨달은 사람은 어떤 일을 하든지 즐기며 목표 달성에 매진하고 죽음까지도 불사하며 세상을 변화시키고 우주의 에너지를 사용할 수도 있다. 초월자가 되는 길은 험난하지만 인식 능력을 기르면 가능하다.

특히 영적 능력은 사고와 감정, 의지의 확대를 통하여 경험을 활용하는 능력을 발휘할 수 있다. 샤먼, 성직자, 종교인, 예술가 등 다양한 영역에서 영적 능력을 과시하고 있다. 이들의 공통분모는 의식에서 자연현상인 물질의 상태나 에너지 변화의 방향을 최대한 줄인다. 예를 들면 인간의 본능을 억제하고 자아를 최고도로 끌어올리며, 삶에 의미를 찾아 자연의 무한한 힘을 활용해서 많은 사람들로 하여금 접할 수 있게 한다. 자아의 틀에서 벗어나는 길은 오직 몰입에 있으며 초월자는 영혼의 평안과 안식을 취할 수 있다.

몰입 상태를 경험하는 사람은 마음 에너지가 목적의 달성에 수반하여 온전한 자기 형성을 위해 더 강하게 작용한다. 자기를 인식하는 최적 상태는 의식이 명료하며 구체적인 목표에 집중하며 자기에게 더욱 주의를 집중하여 시간과 공간의 개념을 넘어 온전한 자기를 찾게 된다.

몰입은 현재의 시간에 충실하는 것으로 현재라는 순간은 영원한 시간이다. 지나간 과거와 오지 않은 미래와는 엄연히 다르다. 또한 지금 그리고 여기(here and now)의 순간에 존재한다는 것은 인간으로서의 완벽성을 기할 수 있다. 지난 과거는 기억

속에 정지되어 있어 회상할 수 있을 뿐이고 오지 않은 미래는 기대로만 살게 되니 현실 도피가 되며 정신증을 유발할 수도 있다. 정신증은 정신병(psychosis)의 전 단계로 환각과 망상의 증상이 나타난다.

현재를 산다는 것은 자각의 의미가 있다. 자각은 깨달음의 다름 아니다. 깨달음은 시간을 초월하여 존재하는 것이다. 몰입은 현재에 집중하는 것으로 마음챙김을 말한다. 마음챙김은 시간으로부터 벗어나는 것이다. 이러한 경험은 호흡이나 명상, 신체의 감각, 자연현상의 느낌과 감동 등으로도 가능하다.

몰입은 사람들이 자신이 행복하다고 인식할 때 혹은 경험이나 환경을 면밀히 관찰할 때 느낄 수 있다. 몰입의 본질적 특징은 지금 여기에의 강렬하고 초점이 맞추어진 집중, 행위에의 몰입과 함께 자각이 사라짐, 요구되는 무엇이라도 응답할 수 있다는 자신감, 시간이 어떻게 흘러가는지 모름, 그 행동이 본질적으로 가치 있는 것으로 경험함 등이다.

(4) 자기(self)

우리는 자기를 주로 사적인 영역으로 즉 개인적 생각, 가치, 열망, 감정, 욕망의 내적인 영역으로 여긴다. 사회학적으로는 자아 형성에 문화, 도덕, 규범뿐만 아니라 다른 사람들과 사회가 미치는 영향을 주장한다. 자기는 개인, 사회, 세계가 교차하는 중심적인 기제라고 할 수 있다. 정신분석학적 측면에서의 자기보다는 자아(ego)를 강조한다. 자아는 지각, 사고, 감정 및 행동 등의 정신 기능을 관장하는 인격의 중추 기관을 의미하는 것으로 사용되고 있다.

신체상(body image) 역시 일종의 자기이다. 신체상은 신체 전반에 대해 가지고 있는 정신적인 상을 말한다. 신체의 물리 기능적 역할, 신체 지각의 특징에 대한 우리들의 태도, 즉 신체개념 모두를 포함한다. 신체상은 의식, 무의식 모두를 포함하며 자기에 대한 개념의 기본적 요소 중 하나이다.

자기의 개념이 제대로 발달하지 않으면 공감 능력이 떨어진다. 자기에 대한 개념은 개인의 성격에 따라 혹은 실제 상황이나 환경에 따라 변화하기도 하고, 대상에 따라 주관적 혹은 객관적 위치에 따라 변하기도 한다. 히긴스(Higgins)는 자기 차이 이론(self-discrepancy theory)을 통해 사람들은 다양한 종류의 자기개념을 갖고 있고 여러 유형의 자기 상태의 차이 정도에 따라 다양한 정서를 경험하게 된다고 하였다.

또한 자기를 구분할 때 이상적인 자기와 실제적인 자기가 있는데 거의 모든 사람들에게 이상적인 자기와 실제의 자기에는 상당한 차이가 있다. 이러한 자기 개념들의 차이가 클수록 여러 가지 심리적 문제들을 드러낸다.

칼 로저스(Carl Rogers)는 자기개념에서 있는 그대로의 자기개념을 강조하는데 자신의 내면에 흐르는 감정의 일부를 부정하거나 가장하지 않고 있는 그대로 의식하며 체험하는 감정을 살릴 수 있는 것을 말한다.

예를 들어 자신에게 완벽하고자 하는 욕구가 커서 이상적으로 꿈꾸는 나의 모습과 실제 나의 모습 간의 차이가 큰 사람들 우울한 경향을 보일 수 있고, 내가 생각하는 실제 내 모습과 부모나 중요한 타인이 나에게 바라는 나의 모습과의 차이가 큰 경우는 사회적 관계에 두려움을 느낄 수 있다. 또 타인에게 완벽하게 보이고자 하는 욕구가 큰 경우는 상황에 대해 미리 과도하게 염려하거나 실패 상황을 회피하기 위해 어려운 일을 기피하는 경향을 보일 수 있다.

또 다른 자기개념은 가능한 자기이다. 가능한 자기는 내가 앞으로 노력했을 때 될 수 있다고 믿는, 가능성 있는 나의 모습이다. 비록 현실적인 내 모습과 이상적인 내 모습 간 상대적으로 차이가 있다고 하더라도 이를 극복할 힘이 생길 수 있다. 자기의 지속성과 정체성이 바로 서기 위해서는 자기 패턴의 보존이 중요하다.

특히 시각화가 중요하다. 볼 수 없는 것을 일정한 형태로 상상하여 그림으로 그려보는 것이다. 인간은 사물을 보고 그 현상을 오감을 통해 지각하면서 상상하거나 과거의 경험을 회상하면서 의식적인 경험으로 뇌라는 기관 속에 저장한다. 이러한 현상은 외부 세계로부터 얻어지는 감각의 경험과 환상이나 육감과 같은 내부 세계의 경험 그리고 기쁨, 분노, 욕정, 불안, 자긍심 등 정서적 경험 등이 있다.

인간은 어떤 것이든 자유롭게 인식하는 능력을 타고났다. 신경학적으로 어디에 어떻게 얼마나 오랫동안 주의를 기울이는지가 우리의 존재를 규정한다. 이처럼 어디에 주의를 집중하는가는 자신의 현 상태를 알려주는 의시지도와 같다. 즉 반복적으로 생각하고 집중하면 자신의 존재를 결정하는 것이다.

실제로 뇌세포는 끊임없이 변화하며 우리의 생각과 경험에 의해 재구성된다. 기억하거나 주의를 기울일 때 뇌에 에너지를 집중하게 된다. 즉 뇌세포는 다양한 형태의 자극을 받으면 배열을 바꾸게 되는데 집중, 의도, 주의에 의해 사고나 의지 등 본래의 인식 수준에서 더욱 확장해야만 한다.

그러므로 자기를 이해하게 되면 자기의 삶이 먼저이고 외부의 삶은 그 다음이라는 것을 알게 된다. 우리가 의식과 무의식의 세계를 넘나들면서 가장 어려운 것은 대부분의 삶이 무의식으로 점철되어 있기 때문에 끊임없이 의식의 확장을 이루어야 하는 것이다.

조지 엘리엇(George Eliot)은 "당신이 되었을 수 있는 사람이 되는데 너무 늦은 법은 결코 없다."라고 했다. 자기의 내면세계를 찾는 것은 어렵지만 자기 훈련을 조금만 하면 쉽다. 그냥 자기를 둘러보는 것이다. 외부 세계를 잠시 잊으면 바로 자기의 세계로 들어가게 되어 있다. 눈만 한번 찔끔 깜아도 순간적이지만 내면세계로 진입하는 것이다.

이러한 과정에 익숙해지면 호흡에 집중하게 되고 '들숨'과 '날숨'을 의식하게 된다. 일정 기간이 지나면 내면세계의 신비함을 알게 되고 새로운 세계를 경험하게 될 것이다. 경험을 두려워 해서는 안된다. 경험은 죽음 직전까지 겪어야 하는 삶의 과정이기 때문이다. 내면의 세계는 영혼과 연결되어 있으며 진정한 자기 즉 순수 자기를 찾는 지름길이다. 영혼은 정신과 마음뿐만 아니라 감정까지도 포함하며 외면의 세계와 내면의 세계를 원활하게 접하게 한다.

4) 수용(acceptance)

(1) 감각(sensation)

인간은 누구나 고유감각수용기(proprioceptor)가 있다. 상황과 환경에 적응하며 외부 세계의 자극들을 수용하여 지각과 인식을 바탕으로 영혼의 재인(recognition, 再認)을 받으면서 살아간다. 외부 세계를 자기화하는데 가장 중요한 것이 감각기관으로 해석되지 않은 에너지를 표상하여 받아들이는 통로이기도 하다. 감각을 통해 외부 세계에 대한 정보를 등록하면 지각은 등록된 정보를 해석하는 것이다. 감각이 탐지한 것에 대해 의미를 붙이는 과정이다. 감각 정보는 부정확하거나 결여될 수도 있고 사람에 따라 정보를 재인할 수 없거나 충분한 경험을 갖지 못할 수도 있다.

또한 정보에 대한 기대로 인해 잘못 해석할 수도 있고 정서적 상태나 생리적 상태에 따라 비인지 양상도 지각에 영향을 줄 수 있다. 이로 인해 사고의 오류가 발생하기도 하며 사고의 함정에 빠지기도 한다. 수용에는 전념이 필수이다.

감각하면 우리는 보통 오감을 생각하는데 시각을 포함하여 편광감각이나 눈 없이 보는 것 즉 식물의 빛 감각 혹은 굴광성 등도 포함한다. 어떤 존재의 가시성 또는 불가시성에 대한 감각, 색소 형성, 발광, 투과성, 가리기(screening) 등의 수단을 통해 자신의 존재를 드러내거나 위장하는 능력과 관련된다. 전파, X선, 감마선과 같이 눈에 보이지 않는 방사선에 대한 감수성, 전자기 감각, 또는 지구 자기장을 따라 이동하는 유기체들은 자기극성을 알게 된다.

또한 무게 감각과 균형감각, 공간이나 거리에 대한 감각, 지구 자전에 대한 감각, 식욕, 배고픔, 음식을 먹으려는 충동, 통증, 정신적, 영적 고통과 울음 충동, 두려움, 부상 혹은 죽음, 공격이나 질식, 추락, 출혈, 질병 및 기타 위험에 대한 두려움, 생식에의 충동, 성, 구애, 분만, 모성, 부성, 양육 등을 포함한다.

이 모든 것들이 결국 감각 체계가 진동이라는 것을 보여준다. 진동은 우리 내부와 주위의 존재하는 에너지의 특성이라고 할 수 있다. 에너지는 율동적이어서 항상적이지 않으며 시시때때로 변화하면서 진동의 파장 형태로 나타난다.

물질적 객체를 경험하는 것은 감각을 통해서만 가능하기 때문에 칼 융이 성격을 유형화할 때 정보수집과 인식기능으로 감각(Sensation)은 현실, 실용, 경험으로 직관(Intution)은 이상, 이론, 상상이며 의사결정 즉 판단기능인 사고(Thinking)는 원리 원칙, 논리로 인간관계, 정서인 감정(Feeling) 등에서 하나를 선택하여 사용했다. 의식의 가능성이 물질적 파동으로 붕괴할 때 물리적 신체 경험은 감각적 경험인 반면 사고는 정신체인 마음의 가능성 파동이다. 또한 활력체의 움직임인 활력에너지로 파동이 붕괴하면 느낌 즉 감정의 경험을 준다. 직관은 다른 범주에 속한 의식의 가능성 경험 방법으로 초정신영역이다.

감각이 외부 세상의 인상에 대한 표상이라면 지각은 그것이 무엇인지 해석하는 방식으로 탐지한 것에 대해 의미를 붙이는 것이다. 실제로 오감에 의한 감각이 확실하지 않을 수도 있다. 또한 지각에 대한 개인의 믿음 역시 확실하지 않을 수도 있다. 오지각(misperception)은 수용기 충돌이 피질 영역으로 연결되는 구심신경에 완전하게 전달되지 않거나 피질 탐지기가 구심 충동에 충분히 활성화되지 않을 때 발생한다. 따라서 외부에서 받아들이는 감각이 의지적이며 감성적이라는 사실에 착안하여 내부 감각과 외부 감각의 완벽한 조하를 추구하는 것이 무엇보다 중요하다.

(2) 인지(cognition)

인지의 가장 단순한 개념은 보기, 듣기, 냄새 맡기, 맛보기, 만지기 등 오감을 의미하며 인간이 생존하기 위한 가장 기본적인 조건이다. 특히 감각기관 하나라도 사라지면 변화된 조건에 적응하기 위해 많은 시간이 필요하다. 인간의 인지는 대부분 무의식에 저장되어 있으며 어떤 자극이 의식 속에 도달하게 되는지는 충동, 욕구, 흥미, 기분에 따라 좌우되기도 한다.

지각세포 또는 수용체는 특정한 종류의 에너지에 의해 자극을 받고 신경 삭을 거쳐 해당하는 뇌의 중심에 도달한다. 감각의 인상에 대한 해석은 자신이 이미 겪은 기대에 의해 좌우된다. 인지는 언제나 개인적인 과정이다.

또한 인지는 "우리가 어떻게 아는가"의 문제이다. '앎'이란 인간의 행위에 있어 근본 토대이다. 인지의 개념상 인식과 이해를 구분할 수 있으며 또한 기억과도 연관된다. 따라서 주어진 환경에서 일어나는 상황을 어떻게 이해하느냐에 따라 삶의 방향과 그 수준이 달라진다.

사람들이 세상에서 일어나고 있는 일들을 얼마나 정확하게 이해하는지는 인지 체계(cogntive system)가 얼마나 효과적이냐에 달려 있다. 인지 체계는 사람이 가지고 있는 일련의 상호연관된 지식군(知識群)으로 개인이나 집단, 사건 또는 행동, 대상, 주제 등에 관한 구체적이면서 추상적 지식을 말한다. 한 개인은 한 가지 인지 체제만을 갖는 것은 아니고 복잡성과 상호연관성의 정도가 각기 다른 여러 개의 인지 체제를 갖는 것이 일반적이다. 인지 체계 가운데 상호연관성의 정도가 가장 높은 것으로 이념이 있다.

반면 관념은 상상력에 의해 각각 분리되어 따로 존재할 수 있으며 그 상상력에 의해 다시 합일되어 원하는 형태를 가질 수 있다. 상상력에 의해 원하는 형태로 합일된 관념은 모든 시간과 장소에서 어느 정도 한결같은 모습을 하고 있다. 따라서 인지 체계의 역할에 따른 인간의 이념, 관념, 신념, 표상 등의 개념의 확신이 필요하다.

인지 체계의 구성요소는 정보를 사용할 수 있게 해주는 특별한 종류의 인식 과정을 수반한다. 특히 주의, 지각, 기억, 추리, 의사 결정 및 의사소통까지 다양한 처리를 한다. 인지과정의 모델은 뇌의 형태로 제시할 수 있는데 이것이 인지 기능의 국재화이며 그 내용들이 주로 감각이나 지각, 주의, 기억, 학습 등 특정한 인지적 처리를 포함하여 특정한 뇌 영역과 관련되어 있음을 알 수 있다.

구성요소의 기능 수준은 낮은 수준으로는 감각, 지각이 있으며, 중간수준은 기억, 학습, 이해 등이 있다. 발견과 지식의 협응 체계인 높은 수준은 추리, 문제해결, 의사소통 등으로 구분할 수 있다. 인지능력 향상은 인지능력은 과제에 따라 다양하게 나타난다. 인지 체계의 다양한 양상들은 우리가 보고 학습하고 기억하고 추론하며 문제를 해결하고 다른 사람들과 의사소통을 할 수 있게 한다. 인지 체계의 기능은 얼마나 많은 경험과 지식을 가지고 있는지에 따라 달라질 것이다.

인지는 다양한 정신적 처리를 하는데 지각, 이해, 기호화, 학습, 파지, 기억, 추리, 문제해결, 의사 결정 등의 기능이 있다. 특히 인지 체계가 신체적 상태, 감정, 학습자 태도, 수행에 대한 동기, 사회적 상호작용과 같은 비인지 양상들에게 의해 영향을 받으며 비인지적 양상에서의 변화는 인지에 긍정적이거나 혹은 부정적으로 영향을 미친다. 때로는 이러한 비인지적 요소가 서로의 상호작용을 통해서 인지적 처리에 영향을 주기도 한다.

인간의 인지능력 향상은 운동과 언어와 사고에 있다. 어떤 역할을 하는가는 매우 중요하다. 운동이 치상회(dentate gyrus)라는 두뇌의 영역에서 혈류량을 증가시킨다. 또한 치상회는 기억의 형성과 연관이 깊은 해마(hippocampus)라는 두뇌 조직에 반드시 필요한 구성요소다. 운동을 하면 신체의 조직에 공급되는 혈류량이 증가하게 된다. 즉 운동이 직접 산소와 음식물을 공급하지는 않지만 운동을 하면 신체가 산소와 음식물을 더 잘 이용하게 된다. 이러한 기전은 인간이 생명을 유지하려면 물, 공기, 음식 등 세 가지가 필수 요소이다.

특히 공기의 중요성이 강조된다. 두뇌는 산소를 공급받지 못하면 5분을 넘기지 못하며 심각한 영구적 손상을 받을 수 있다. 혈액이 산소를 충분히 배달하지 못하면 신체에 유독한 전자가 너무 많이 쌓이기 때문이다. 따라서 적절한 운동은 인지 기능을 활성화시키는데 필수적인 요소이다.

인간은 섭생을 통해 생명을 유지하고 있다. 생명의 필수요소인 음식물의 경우 그 폐기물이 발생하는데 폐기물은 포도당 분자 속 원자에서 떨어져 나온 전자 더미이다. 전자들은 세포 속의 다른 분자들에 세게 부딪치면서 분자를 인간이 아는 가장 유독한 물질로 변화시킨다. 이것이 노화를 촉진시키는 활성산소(free radical)이다. 활성산소(free radical)는 '자유기(自由基)', '유리기(遊離基)'라고도 불린다. 동식물 체내 세포들의 대사 과정에서 생성되는 산소화합물로, 노화·동맥경화·암 등과 연관이 있는 것으로 알려져 있다.

우리 몸에는 활성산소를 해가 없는 물질로 바꿔주는 효소(항산화효소)도 있어 활성산소의 무제한 증가를 막아주는 역할을 한다. 또 몸속에서 자체적으로 생기는 항산화효소는 물론 외부의 식품에서도 항산화물질을 얻을 수 있다. 예컨대 비타민C(키위, 양배추 등에 다량 함유), 비타민E(아몬드, 해바라기씨 등에 다량 함유), 베타카로틴(당근, 토마토 등에 다량 함유), 셀레늄(각종 해산물에 다량 함유) 등이 이에 해당한다.

인지 체계의 구성요소 중요한 주의(attention)는 다른 자극을 차단하면서 동시에 어떤 자극에 주의를 집중할 만큼 충분하게 몰입되어 있는 상태이다. 이성이나 감성보다 의지를 중요하게 여기는 것으로 외부 환경이나 개체 내부의 여러 자극 가운데 특정한 것을 분명하게 인정하거나 반응하는 정신작용이다.

감각기관을 자극하는 다른 모든 정보를 무시한 채 집중 대상만을 완전히 인식하는 힘 즉 의식에너지의 핵심요소이다.

이상적인 자신의 이미지에 집중하면 뇌에 새로운 회로를 만드는 일이 쉬워지며 감각기관의 자극도 더 잘 통제할 수 있게 된다. 더욱 중요한 것은 각성 상태이다. 생각과 감정의 흐름에 의식을 집중하는 것이 현재를 인식하는 각성(vigilance)상태이다. 몰입되어 있는 상태에서는 다른 생각에 주의를 기울일 수 없다. 한 번에 주의를 받을 수 있는 항목의 수는 주의 폭(span of attention)이라 한다.

따라서 과제에 대한 수준의 질을 높이면 인지 기능의 향상을 도모할 수 있다. 또한 과다 각성 상태에 있거나 피곤해서 각성되기 어려운 상태라면 집중하기가 어렵다. 주의는 실제 세상 과제 수행에 포함된 거의 모든 인지과정에서 중요하다. 특히 개념적 정보들이 우연히 학습될 수 있는 것이라 하더라도 주의를 요한다. 추리, 문제해결, 의사결정에 중요한 요소로 주의를 기울일 때 심적 역량(mental capacity)에 많은 소비를 가져오는데 가용할 수 있는 주의력이 제한되어 있다. 따라서 과제에 대한 주의 수준을 증가시킴으로써 인지 수행의 질을 향상시킬 수 있다.

그러나 현대인의 삶이 바쁘고 기계화되다 보니 신경발달장애 형태인 주의력 결핍, 과잉행동이 특징인 주의력결핍 과잉행동장애(ADHD; attention deficit hyperactivity disorder)와 과잉행동은 나타나지 않고 집중이 어렵고 안되는 경우인 주의력 결핍장애(attention deficit disorder; ADD)가 늘어나는 추세이다.

(3) 기억(memory)과 파지(retention)

기억은 학습이나 보존(retention), 인식(recognition) 등의 정신과정에 근거를 둔 과거 경험을 재생시키는 능력이다. 인간에게 기억이 없다면 일상생활이 불가능할 것이다. 시간의 방향성과 정보저장은 인간 생활에 가장 중요한 요인이다. 특히 기억이 없다면 자신을 알지 못할 것이고 인성 또한 모를 것이다. 후손에게 중요한 정보를 전달할 수 없을 것이다. 그러므로 계속되는 새로운 것을 습득하는 과정이 모두 기억의 저장이다. 이것은 뇌의 변화에 영향을 주며 환경에 적응하기 위한 수단이기도 하다.

또한 인간의 신체적 기능 역시 기억의 범주에 속해 있다. 유전자 복제에서 면역, 신경의 반사작용, 뇌의 복합적 기능인 재범주화 등 다양한 것들이 모두 기억의 유형이다. 그리고 기억은 생각의 형성에 중요한 역할을 한다. 생각한다는 것은 기억한 것을 다시 바꿔서 배열하거나 결합하는 것이므로 사고는 기억에 크게 좌우된다. 옛날의 기억이나 현재의 생각을 재조합하여 새로운 독창적인 개념들을 만들어내기 때문이다. 새로운 지식을 습득 처리함으로써 새로운 생각을 조직화하여 새로운 회로를 만들 수 있는 것이다. 뇌가 우리의 모든 경험을 기억하기 때문에 학습이 가능해진다. 결국 사고 능력도 기억의 특성에 따라 결정된다.

기억은 학습과 서로 관련이 있으며 학습은 학습자 스스로 무엇이 중요한 것인지 결정을 해야 하는데 반해 기억은 무엇이 기억되어져야 하는지에 대해 분명한 지시를 제공한다. 얼마나 기억을 잘할 수 있는지는 처음에 정보를 어떻게 학습하는지에 따라 달라진다. 시간에 따른 파지도 사람들이 파지하고 있는 것을 어떻게 표현하는지에 따라 달라진다는 것이며 무엇이 표현될 것인지는 우리가 기억하려고 애쓰는 대상의 인출 성공 여부에 달려 있다. 특정 순간에 우리가 알고 있는 것에 대해 의사소통하는 능력은 나중에 그 정보를 기억하는 능력에도 영향을 줄 수 있다.

인간의 기억은 때로는 과장되고 왜곡되며 대부분 잊히기도 한다. 또한 기억이 단순한 과거의 기록이 아니라 매 순간 변화하는 현재와 다가올 미래에 대비하기 위한 "경험의 질료"라고 한다. 상황이 바뀌면 기억도 바뀔 수 있는 것이다. 그러므로 기억으로 저장하는 확실한 방법은 반복 학습하는 것이다. 그리고 재활성화가 중요하다. 특히 기억과 파지의 차이를 확실하게 알아두는 것이 중요하다. 기억은 감각에 대한 반응이나 경험 등의 결과가 앞으로 반응이나 수정된 경험의 기초로서 영향을 미치는 것으로 의식되거나 인지된 것을 저장하지만 기억하고 있는 것이 전부 재생되지는 않는다. 즉 기억하고 있는 것 중에 재생되는 것을 파지라 하며 비록 재생되지는 않을지라도 동일한 내용을 다시 학습할 경우 기억해 둔 잠재적 효과가 나타나 학습을 용이하게 하는 현상을 말하고 기억의 반대가 망각이지만 정확하게는 파지의 반대가 망각이다.

결국 기억한다는 것은 신경세포들의 연결을 얼마나 오래 유지할 수 있는가에 달린 것이다. 학습을 시작하고 처음 몇 초 동안 무언가를 기억하는 능력이 생긴다. 우리 뇌의 기억 시스템은 부호화-저장-인출-망각 단계로 이루어진다. 인간을 특징 짓는 인지적 재능인 말하기, 글쓰기 능력도 기억할 수 있기 때문에 가능하다. 기억은 인간의 영속성을 통한 문화를 형성하는 가장 중요한 인간의 능력이다.

학습하는 동안 신경세포는 효율적이고 강력한 뇌가 될 수 있도록 변한다. 특히 복잡한 환경 속에서 살아가는 인간은 단위 신경세포의 모세혈관 수가 많기 때문에 뇌로 전달되는 혈액 양도 많다. 그러므로 환경에 노출되어 경험된 내용은 전체적인 뇌의 기능을 향상시킨다.

성상세포는 영양분을 제공하고 찌꺼기를 없앰으로써 뉴런의 기능을 돕는 세포다. 결국 복잡한 환경에서 적응하는 인간은 성상세포가 더 많다는 것을 알 수 있다. 경험에 따라 뇌 용량이 증가하여 이들의 조화로운 형태가 나타날 수 있음을 보여주는 것이다. 사회집단이나 신체접촉과 같은 환경과의 직접적인 상호작용이 존재하는 것이 중요하다. 따라서 대뇌피질의 전체 구조는 학습을 위한 기회 노출과 사회적 맥락에서 학습으로 변화될 수 있다.

학습의 특징은 기억의 지속성이나 취약성에 영향을 준다. 특히 동일한 대상을 기억할 때 단어보다는 그림으로 기억할 때 더 효과적이다. 학습할 때 단어와 그림을 동시에 보여주면 더 효과적이다. 따라서 학습은 기억과정과 정보 사이의 관계를 맺어 주는 것이다. 복잡한 인지과정에 관여하는 단어, 그림 등 다른 유형의 정보를 반복해서 제시하면 특정 뇌가 활성화 된다. 이러한 활성화를 통해 새로운 사실은 장기기억으로 부호화 된다. 경험은 뇌 구조 변화에 중요한 요소이다. 경험의 기억을 통해 뇌에 기록된 것에는 학습자의 정신할동도 포함한다. 그러므로 경험이 두뇌의 구조를 변경함으로써 마음의 구조를 만드는데 역할을 담당하는 것을 알 수 있다.

학습에 의해 인간은 오늘날 문명을 이루게 되었다. 문명을 이루게 된 근원은 학습이 생물학적 면과 사회적인 면이 복합적으로 작용한다는 사실이다. 생물학적으로는 인간의 상징을 통해 의사소통을 하고 생각을 하며 현실에 적응하는 능력이다. 이런 능력으로 인간은 학습된 지식에 근거해서 행동하는 능력을 갖게 되었고 성찰성, 가변성, 정밀성, 융통성 및 현실 적합성의 특징을 갖는 언어로 발전시켰다.

기억이 어디에 저장되는지는 뇌의 기억중추가 존재하지만 장기이식의 결과로 유추해 본다면 장기이식을 받은 사람들이 생각, 감정, 꿈, 성격, 음식까지 장기기증자와 같은 성향을 보인다는 점에서 기억이 어느 특정 부위가 아닌 체세포 전체에 저장된다고 볼 수 있으며 에너지 형태로 세포에 저장되고 이미지로 기억되는 것이다. 결국 유전적 기억도 커다란 역할을 하는데 인간의 정신과 유전 관계는 매우 밀접한 것이다.

5) 상상과 심상

상상은 경험하지 못한 것을 마음속의 생각을 그림으로 나타내는 것으로 실재하지 않는 것을 의식 속에 사고를 통해 심상(image, 心象)을 떠올려 현실에서 인식하는 것이다. 어떤 사물이나 상황에서 할 수 있게 해 주고 그것을 변화시켜 나갈 수 있는 능동적인 에너지의 집합체이다.

심상은 구체적으로 특정 상황, 이미지, 아이디어, 감각 등의 영상을 머릿속에 떠올려 그리는 것을 말하며 인간의 삶 속에 가장 기본적인 정신활동의 소산물이다. 심상은 기억·상상, 또는 외적(外的) 자극에 의하여 의식에 나타난 직관적인 표상으로 직접적으로 지각되지 않은 것들에 대해서도 상상할 수 있는 기능이다. 기억이 외부 세계와의 관계를 정신 속에 요약하고 정리하는 기능으로 대단히 오래 지속되는데 그 이유는 인간이 기억을 이미지나 다른 상징적 대치물 속에 보존하기 때문이다.

심상은 의식 세계로 노출된 마음속 내용물의 외현적 모습이라 할 수 있으며 시각뿐만 아니라 어떤 양상으로도 일어날 수 있다. 따라서 심상은 인격 형성에 매우 중요하며 생각하는 능력이 상징을 형성하고 또한 경험으로부터 새로운 의미를 찾는 것은 인간 발달의 핵심 요소이다.

심상의 특징은 과거를 회상하고 미래를 예측하며 현재를 변화시킬 수 있는 능력이 있기 때문이다. 상상을 통해 문제해결이 가능하며 계속적인 반복훈련도 가능하다. 마음의 눈을 통해 심적으로 이미지를 회상하며 면밀한 관찰과 관련 대상을 확대할 수 있다.

심상은 곧 상상력이다. 상상력은 살아 있는 존재의 에너지이다. 상상과 심상은 환상과는 다르다. 환상은 특정한 기억을 의식의 전면에 부각시키거나 상상을 통해 무언가를 그려내는 것이다. 따라서 환상과 구별되는 심상은 인식을 가능케 하는 요소이며, 창조적 행동이고 현실의 내 마음이다. 의식적으로 작용하는 의지와 결부되어 있다.

심상은 마음속에 그리는 시각적인 것에 국한하지 않고 넓은 의미로는 논리철학자 찰스 퍼스(Charles Peirce)가 말하는 유추 및 추론 능력에 해당한다. 실제로 가장 중요한 이미지는 추상적 기호인 언어이며, 감각상 실재하지 않는 것들을 펼쳐 보임으로써 과거를 유지하고 아직 존재하지 않는 미래를 창조할 수 있는 능력을 가지고 있다는 것이다.

심상은 내면에서 나오는 것이 아니라 외부의 힘에 의해서 니디니는 신물로 자연 및 종교적 힘의 작용에 의해 발생되고 체험되는 현상이다. 또 다른 특징으로는 마음의 내용물이 뇌신경과 시각 신경운동의 기능이 정신물리학적으로 상호작용하여 의식 안에 어떤 형상을 나타낸 현상이란 것이다. 특히 내면세계에 억압되어 저장된 정신적 어려움, 심리적 고통 그리고 외상(trauma) 등이 마음 밖으로 표출될 때는 그 내용과 모습이 상징적이고 은유적인 성질을 띠며 현재 시점으로 나타나는 것이 특징이다.

따라서 심상은 잠재의식으로 존재하다가 현실에 이미지화 되면서 과거의 기억이 고통이나 혹은 즐거움으로 표현되는데 어린시절의 트라우마는 질병의 고통이 될 수도 있다. 정작 중요한 문제는 트라우마 기억은 유전적 기억과 언어 이전의 기억이 많다는 사실이다. 정신분석이 과거의 무의식적 트라우마를 끄집어 내어 의식으로 표출했을 때 과거의 아픈 상처를 더 아프게 할 수 있으므로 고도의 전문가 상담이 필요하다.

반면 상상은 인간 고유의 특성으로 지각된 대상이 실재하지 않더라도 지각한 것을 재생시키는 행위이다. 이미지를 만들어 머릿속에서 새롭게 조절하는 것을 말한다. 과거를 회상하는 것은 직접적이고 소박한 의미로 과거를 상상하는 것이다. 인간을 동물과 구분하는 가장 큰 이유이기도 한데 어떤 사건이나 경험의 모습을 시간과 공간의 한계를 초월하여 그릴 수 있기 때문이다. 경험하지 못한 일을 마음속으로 그리며 미루어 생각하는 것으로 현실의 지각에 없는 사물의 심상(心象)을 마음에 생각하여 그림으로 이미지화 해서 보는 것이다.

상상을 실험하는 것은 경험이다. 또한 사람은 정신력의 힘에 의해서 살아간다. 따라서 인간의 정신을 풍부하게 하고 감동시키는 상상력은 자연적 현실과 정서적 현실의 작용에 의해서 즉 자연과의 조화에서 그 에너지를 받게 된다. 곧 정신과 물질의 상호작용이다.

또한 상상은 지각과 달리 외부 세계를 대상으로 수용하는 것이 아니며 특히 직관을 통해 의식 중에 심상이 발생한다는 것이다. 이러한 기전이 생기기 위해서는 상상 이전에 지각을 통한 재인에 영향을 통해 심상의 경험이 요구되며 상상은 과거 기억의 준거다.

따라서 상상 영혼의 기전은 의식과 영혼의 중요한 단서가 되며 그 흐름은 지각, 인지, 기억, 재인, 심상, 상상의 순으로 발전하며 이것은 인간 발달의 근간이 된다. 다만 지각과 기억은 경험에 의한 수동적 재인에 불과해 일상에 도움은 되지만 학습에 의미를 심화 작용에는 부족하고 반드시 상상력이 가미되어야 사고의 폭을 넓히고 창조적 기능을 발휘할 수 있다.

따라서 상상력은 영혼과 의식의 핵심적 기능으로 심상과 상상은 의식의 표면화를 위해 필요한 영혼의 기능 중 하나라고 할 수 있다. 우리의 몸에 영혼이 깃들기 위해서는 피와 땀을 흘려야만 하는 각고의 노력이 필요하며 단순한 사고에 의해 깃드는 영혼은 존재하지 않는다.

6) 사고의 함정

삶과 죽음의 경계에서 깨어있음 혹은 마음챙김 등 뚜렷한 의식으로 신중하게 행동해도 삶의 현장에서 항상 사고의 함정에 쉽게 빠진다. 사고의 함정에 자주 빠지게 되면 실의와 허탈감에 의해 자존감이 낮아지고 오래 지속되면 열등감, 우울, 불안 등 신경증과 심하면 정신병으로 발전할 수 있다. 따라서 자신의 영혼이 신체와 정신이 하나가 되는 훈련을 통해 일상생활이 곧 영혼의 꽃이 활짝 피어나는 것처럼 마음을 가다듬어야 한다. 그래야만 판단력이 흐려지지 않고 살아갈 수 있으며 치매 예방의 지름길이다.

인간이 아무리 이성적이고 현명한 두뇌를 가졌어도 누구나 사고의 오류와 함정에 쉽게 빠지게 되어있다. 그렇다고 어리석다는 것은 아니고 뇌의 구조상 회로의 연합 작용에 오류가 발생하게 되어 있기 때문이다. 우리 두뇌는 사고와 기억의 중요한 기능이 잘 결합하면 사고의 오류나 함정에 빠지지 않을 수 있다. 가령 했던 잘못을 계속 반복한 경우는 기억회로의 문제가 있는 것이다. 잘못의 반성과 후회를 통해 뼈저리게 고통을 겪었음에도 불구하고 잘못된 행동을 계속하는 것으로부터 탈피하는 방법은 오직 깨어 있음 즉 자각뿐이다. 깨달음을 통해 진정성을 가지고 반성하고 감정 조절과 절제를 통해 사고의 오류와 함정으로부터 벗어나는 것이 중요하다.

특히 마음의 불안과 감정 조절이 어렵고 우울이나 상실감이 크면 영혼의 재활이 요구되는 시점이다. 욕망 조절이나 탐욕의 그늘에서 벗어나지 못하는 경우는 더욱 영혼의 재활이 요구된다. 약물 중독이나 알코올 중독은 영혼 재활이 필요한 정신병인 것이다.

4. 영혼과 감성

영혼과 감성이 화두가 되는 시대가 도래했다, 영혼이 정신으로 정신이 마음으로 변천하면서 학문적 틀 역시 철학, 신학, 과학, 심리학 등 마음 세계를 탐구하면서 발전해 왔다. 이성적 영역에 중점을 두고 무한한 지적 탐구에만 천착해온 것이 사실이다. 그러나 이제는 그동안 이성에만 가려져 빛을 발휘하지 못한 감성의 중요성을 인식하여야 한다. 감성을 통해 마음 그리고 뇌의 작용에 따른 변화와 신체정신적 질병의 치료를 비롯하여 대인관계, 양육방식, 변화된 가족 등 개인과 사회를 통찰하는 능력을 길러야 하는 시대이다. 오스카 와일드는 영혼 없이 감각을 치유할 수 있는 것은 없고, 감각없이 영혼을 치유할 수 없다고 하였다.

1) 감성(sensibility)

감성(感性)은 이성(理性)에 대응하는 것으로 욕구를 가리키며 이성에 의해 억제될 수 있다고 알고 있으나 사실은 시간과 공간을 관리하는 능력으로 볼 수 있으며 생각하는 힘인 사고의 원천으로 작용하는 것이다. 특히 인간 외부의 대상을 오감으로 인식하여 표상을 형성하는 인간 의지와 같은 지적 능력이다. 영혼과 감성은 사물과 대상에 대한 가장 중요한 인식 요소로 사고와 의지를 내포하고 있다.

또한 감성은 감정과는 구분되는 심리적 현상으로 감정은 강도가 높으며 생리적, 신체적 반응을 동반하는데 비해, 감성은 강도가 낮으며 겉으로 나타나는 생리적 변화가 없다. 감정은 외부의 감각 자극에 대하여 두뇌에서 단계적인 정보처리의 결과로 나타나지만 감성은 반사적이고 직관적으로 발생된다. 즉 감성은 동일한 대상에 대해서도 개인에 따라 다양하게 나타나며 시간과 환경에 따라서도 변화한다.

그러나 감정은 하나의 대상에 대하여 여러 사람이 유사한 반응을 보이는 공통성과 객관성을 갖는다. 특히 마음에 작용하여 사물의 관점, 생각, 행동에까지 영향을 끼치는 매우 직접적인 것으로 기쁨과 놀라움, 슬픔과 화남, 두려움과 공포, 혐오감 등 희로애락 이외에도 좋아함과 싫어함, 좋은 느낌, 나쁜 느낌 등을 나타내는 것이 특징이다.

감성이 감정에 비해 다른 점은 감정의 종류가 외부 자극의 종류에 따라 결정되어지는 반면 감성의 발생은 개인의 내부상태, 즉 생활 경험에 의한 기억에 의존한다는 점이다. 특히 개인의 심리상태와 연령, 성별, 교육 정도, 건강 상태와 같은 요소뿐만 아니라 의식과 생활에 영향을 미치는 가정과 사회, 나아가 전통과 관습, 종교, 환경 등과 같은 문화적 특성에 의해서도 변화된다. 많은 요인들에 의하여 다양하게 변화되는 감성은 생활환경에 영향을 받으며 생활 경험을 중심으로 기억은 대뇌의 변연계(Limbic system)와 자율신경계를 조절하는 시상(hypothalamus)과 밀접한 관계를 갖고 있다. 감정이나 행동이 불안정하고 다르게 나타나는 것은 대뇌의 좌반구와 우반구가 균형을 잃었을 경우 나타나게 되는데 좌뇌와 우뇌의 정서적 기능이 서로 다르기 때문이다.

또한 감성과 달리 감정은 경멸적 표현이나 평가의 의미를 담고 있다. 감성이 개인적 성향에 편중되어 있다면 감정은 관여(invalvement)의 경험으로 나타나는 특징이 있는데 직관적 판단의 힘을 길러주고 뇌의 역할은 우뇌가 담당하게 된다. 관여는 매우 중요한 사회적 요소이기 때문에 모든 사람들이 상황과 환경에 따라 관여하게 되어 있다. 즉 사회적 활동은 자아실현을 위한 것으로 사건이나 조건 등 사람들 사이에서 역할을 하게 되는 것이다. 그러나 이러한 역할의 상실은 인간성의 피폐와 은둔형 외톨이 등 반사회적 인격 형성을 형성하며 사회에 물의를 일으키기도 한다.

그러므로 사람들 사이에서 부딪치며 자신들의 신체적이고 개성적 모습들 속에서 표정을 드러내고 자기 발전을 도모하는 것이 중요하다. 감성과 감정은 이러한 경험을 통해 형성되고 길러지는 것이다. 감정은 감성과 달리 사람들의 경험에 대한 주체의 사고도 아니며 경험에서 우러나오는 자기 설명의 언어도 아니며 오직 자기가 관여하는 세계와의 직접적 접촉인 것이다. 인간은 매일 매일 생활 속에서 의식하든 안하든 빈번하게 감정을 표현하고 다른 이의 감정을 받아들이며 생활하고 있다. 어린 시절의 감정 경험은 감정의 관여뿐만 아니라 대인관계 또는 성격 형성에도 직접적 영향을 주고 있다. 어떠한 반복적 감정 경험이 그 사람의 성격을 형성하고 인간의 내면세계를 구축한다는 점에서 감정과 감성은 인간의 이성과 더불어 영혼의 원천이라고 할 수 있다.

또한 심리학적 측면으로 프로이트의 의식과 무의식 구조에서 인간의 성격의 한 층이며 이성이 의식의 영역이라면 감성은 무의식 영역이라 할 수 있다. 즉 그의 꿈의 해석과 의식의 구조 속에서 의식과 무의식 사이의 전의식을 주장하면서 이성으로 설명되지 않는 무의식과 본능적 영역인 충동과 욕동의 감정을 감성으로 보는 것이다. 따라서 이성과 감성은 대립되는 개념이기는 하지만 실제로는 인간의 뇌는 감성의 영역이 고피질이 대부분이고 신피질인 이성의 역할에서 많은 도움을 주고 있다.

2) 감정(emotion)

감정(感情)은 어떤 현상이나 일에 대하여 일어나는 마음이나 느끼는 기분이다. 사람의 마음에 일어나는 여러 가지 감정을 정서(情緖)라고 한다. 사람이 오감이 아닌 다른 방식으로 느끼는 것으로 기쁨(희), 노여움(노), 슬픔(애), 즐거움(락) 등이 있다.

로버트 플루치크(Robert Plutchik)의 정서의 바퀴에서는 즐거움(joy), 신뢰(trust), 두려움(fear), 놀람(suprise), 슬픔(sadness), 싫어함(disgust), 화남(anger), 바람(anticipation) 등의 주요 감정들을 분류하였다. 감정의 대칭성 스펙트럼은 인간 정서의 복잡한 감정을 보여준다.

스피노자는 감정을 능동적 감정과 수동적 감정으로 분류하고 능동적 감동을 행위로 보고 감정을 구사하며 행위로 드러낼 때 자유롭고 스스로 자기감정의 주인이 된다고 보았으며 참여적 행동을 최적의 능동적 가정으로 보았다. 수동적 감정을 열정으로 구분하여 수동적 감정을 구사할 때 좇기며 자기 자신이 깨닫지도 못하는 동기의 대상이 되는데 주로 시기심, 질투, 야심, 탐욕 등이 해당한다.

이러한 구분의 진정한 이유는 인간의 본성이 존재하기 때문이다. 본성으로부터 내부나 외부에 작용할 때는 능동적 감정이라 하고 단순히 부분적으로 내부나 외부에 일어날 때를 수동적 감정이라 한다. 감정은 인간의 신체적 활동의 능력을 증대 혹은 감소시켜 촉진 또는 저해하는 신체적 자극이나 이러한 자극에 대한 관념이라 보는 것이다. 따라서 인간의 자극의 상태가 어느 한쪽에 타당한 원인이 될 수 있는 경우 능동적 감정이고 그렇지 않을 경우가 수동적 감정이라 구분할 수 있다.

(1) 감정 해부학

미국의 시인이자 수필가인 월트 휘트먼(Walter Whitman)은 사람의 몸과 마음을 따로 나눌 수 없다고 했으며 몸을 채찍질 하는 것은 영혼을 채찍질 하는 것이라 했다. 이렇듯 몸과 영혼이 하나라는 것은 인간의 영혼이 몸에 달려 있다고 보았지만 대부분의 과학자들은 인간의 감정이 뇌에서 나온다고 나오며 몸은 물질로만 보았다.

그러나 휘트먼은 감정이 육신에서 생겨나는 사실을 알고 있었다. 감정이 덧없어 보이지만 사실은 근육과 장기들의 움직임에 바탕을 두고 있다는 것을 강조한다. 오장육부를 통해 느끼는 감정은 사고 과정의 근본 요소이고 신경과학자 안토니오 다마시오가 주장하듯이 마음과 몸에 들어 있으며 그저 뇌에만 있는 것은 아니라는 것이다. 결국 몸과 영혼은 서로 속에 녹아있는 것이며 육체가 감정의 원천이라는 사실을 통해 신체와 영혼이 하나임을 주장한다.

윌리엄 제임스는 하버드 의과대학교에 최초로 심리학 실험실을 열었다. 정신은 기계와 같이 생각의 속도나 신경의 관성을 연구할 때 그는 측정할 수 없는 감정에 대해 관심을 가졌다. 자신이 내면을 성찰하면서 인간의 감정은 뇌와 신체의 상호작용에서 생긴다면서 어느 한쪽에서만 생기지 않는다는 것이다. 제임스 랑게 가설은 1884년에 「정서는 무엇인가」라는 논문을 제임스(James)가 발표하고 1년 후 랑게(Lange)도 몸과 감정에 관한 유사한 이론을 주장했다.

신체는 외부 환경에 대하여 먼저 반응하는데, 이 느낌이 정서라는 것이다. 신체 반응은 근육 활동, 자율신경계, 내분비계에서 주로 나타나게 되어 있다. 자극이 오게 되면, 신체 반응을 일으키고 신체 반응을 인식하는 것이 정서라는 것이다. 따라서 감정은 신체 변화의 지각에서 시작되기 때문에 감정은 신체를 필요로 하는 것이다. 감정이 곧 의식이며 감정들은 그것들이 나타나는 기반이 어떤 것이든 간에 내적으로 항상 있는 그대로야 한다. 감정의 생리학적 근원에 대한 어떤 이론에서도 깊고 순수하고 가치 있는 영혼의 진정한 의미가 깃들어 있다.

인간은 신체를 최적의 상태로 유지하기 위해 수용기를 통해 외부 환경이나 상황에 즉각 반응하는데 이 모든 것이 신경세포의 활동에 의한 작용이라 할 수 있으며 이러한 과정을 의해 자신의 이미지를 구체적으로 형성하는 것이다. 그러므로 의식과 무의식을 기반으로 하는 감정은 영혼의 근간을 이루며 외부 환경으로부터 형성된 심상에 의미를 부여하고 인지하고 인식하는 기능을 한다.

신경과학자 안토니오 다마지오(Antonio Damasio)는 의식이 신체의 신호로부터 전달된 심상에 의해 형성된다며 의식이 뇌의 작용과 더불어 신체 내부의 상호 작용을 통해 발생한다는 것이다. 이러한 관점은 체화된 인지(embodied cognition)라 하여 체내 신호와 이를 기준으로 한 표상의 형성과정이 의식을 형성한다는 이론이다.

(2) 감정의 심리학

로버트 플루치크는 감정에 대해 심리진화론적 분류를 주장하며 분노, 공포, 슬픔, 혐오, 놀람, 기대, 신뢰, 기쁨이라는 8가지 기본 감정들이 있다고 생각했다. 그리고 그 8가지 감정들이 생명체가 하는 행동의 방아쇠가 된다고 주장했다. 공포라는 감정에 의해 무대에 나서면 떨린다는 것이 그 예시이다.

그의 감정에 대한 진화심리 개념은 인간의 본능을 감정과 결부하여 제시하고 있는데 생각, 기분, 행동은 인간들의 경험과 각자의 환경이 낳는 결과이며 수백만 년 전에 살던 인간들에게 일어난 일들의 결과로 보는 것이다. 즉 인간의 본성인 감정은 그 옛날 인간 조상들이 경험한 것들이 축적된 산물로 오늘날 우리가 생각하고 느끼고 행동하는 방식에 영향을 끼치는 것이다.

감정에 대한 진화심리 개념을 살펴보면 첫째, 감정의 개념은 모든 심리진화론적 단계에 적용되며 인간을 포함한 모든 동물들에게 적용된다. 둘째, 감정들은 진화의 역사가 있고 각 종들은 각각 다양한 표현 방식으로 진화시켜왔다. 셋째, 감정들은 각 생물들이 환경에 의해 주어진 중요한 생존 문제들을 다루는 것에 적응할 수 있게 해주었다. 넷째, 각각의 종들은 저마다 표현 방법이 다르지만 확인할 수 있는 확실한 일반적인 패턴 혹은 원형(prototype)의 패턴이 있다. 다섯째, 다른 감정들은 모두 혼합되거나 파생된 상태이다. 그 감정들은 주요 감정들의 조합, 혼합, 혹은 복합으로 발생한다. 여섯째, 주요 감정들은 가상적인 구성(hypothetical constructs)이거나 이상화된 상태(idealized states)

인데, 그 특성은 다양한 종류의 증거들로만 암시될 수 있다. 일곱째, 주요 감정들은 양극의 쌍들로 개념화될 수 있다. 여덟째, 모든 감정들은 다른 감정들과의 유사성의 정도가 각기 다르다. 아홉째, 각 감정들에는 각양각색의 강렬함의 정도와 각성(arousal)의 수준이 존재한다.

물론 이러한 이론은 본능적 감정의 유전학적이고 생물학적인 결정론을 완전히 배제하고 환경론적 결정론을 옹호하는 것은 아니고 다만 인간은 다른 동물들과는 달리 생물학적 원칙과 이론만으로 그 행동을 설명할 수 없는 유일한 종족이라 볼 수 있는 것이다.

인간 본성인 감정을 존재의 본질적인 것과 결부할 때 '심리적 적응'이라는 개념으로 이해하면 될 것이다. 즉 심리적 적응은 인간의 신체는 모든 것이 적응 형태로 이루어져 있다는 것을 알 수 있다. 심리적 적응은 신체적 적응과 같이 인간의 두뇌와 함께 발전해 온 것이다. 심리적 적응 형태의 덕분에 인간은 특정한 방식으로 생각하고 느끼면서 현실적인 적응 문제들을 풀 수 있으며 특별히 의식적으로 생각하지 않아도 물체를 보거나 조작할 수 있는 것과 마찬가지로 의식의 기저인 무의식에 의해 이루어지는 것이다.

따라서 인간의 본성인 감정은 환경과 함께 낳은 산물이며 이러한 관점은 유전에 의한 인간의 타고난 본성인 감정은 인간의 자라나는 환경에 의해 행동 결정요소로 동등한 위치에 있다고 볼 수 있다.

감정에 대한 현대적 개념은 19세기 과학적 심리의 선구자인 빌헬름 분트(Wilhelm Wundt)와 함께 발전했다. 그는 심리학이 철학으로부터 독립하여 독자적인 학문으로 탄생하는 데 중요한 역할을 하였다. 특히 사회적, 심리적 정서적 선호에 대한 연구에서 많은 실험을 통해 선호도, 태도, 인상 형성 및 의사 결정에 대한 구체적인 연구가 수행되었다. 연구의 결과를 기존과 새로운 판단의 변화인 인식 기억과 대조하여 연구자들이 둘 사이의 신뢰할 수 있는 구별을 입증하였다. 정서적 판단과 인지과정은 차이점이 있지만 정서와 인지가 다양한 방식으로 서로 영향을 미칠 수 있는 독립적인 시스템이 있다고 주장하였다. 즉 정서와 인지 모두 정보처리 시스템 내에서 효과적이며 독립적인 원천을 구성할 수 있다는 것이다.

특히 감정은 타인들을 통해 경험하며 이를 바탕으로 심상과 상상이 형성되고 결과를 맺기 때문에 인지 평가 과정이 감정의 발달과 표현의 핵심이다. 특히 대뇌변연계는 오래된 고피질에 해당하며 환경으로부터 영향을 받은 본능적 행동이나 감정 형성의 중추라는 것이 밝혀졌다.

사회학적 측면에서 짐멜은 영혼을 개인의 소유물로 보았다. 자기초월적인 개인에게 부여된 우위성과 개별 행위가 어떻게 차후의 감정적 경험과 자유로운 행위 선택 능력을 제약하는 비합리적 결과를 낳을 수 있는지에 대해서 관심을 가졌다. 또한 인간과 자연의 상호작용에 의한 경험을 토대로 성장과 발달을 형성한다는 사실과 경험이 부족하면 인간의 뇌는 발달하지 못하고 퇴보한다는 것이다.

감정이 영혼의 일부라는 것은 인간의 감정과 지성이 하나의 일관된 정체성을 축으로 하여 개성을 발전시키고 이러한 개인화된 감정을 방해할 수 있는 사회적 간극에서 발생하는 내적 갈등을 해소할 수 있다. 이러한 갈등이 해소되지 않으면 소원하고 고립되며 냉담해지는 소외의 감정을 통해 자신과 타인의 가치를 무시하게 된다. 결국 인격과 개성이 파괴되면서 영혼의 결여로 나타나게 된다. 이러한 심적 파편화는 강한 자극과 순간적 만족을 추구하는 일회적 삶에 천착하게 되는 것이다. 개인의 감정이 메마르고 희망과 소망이 좌절되면 영혼은 갈 곳을 잃어버리게 되고 방황하게 된다.

인간의 영혼 즉 정신과 마음은 매우 중요하면서도 해석이 어려운 문제이지만 감정이라는 본능적이고 정서적인 영역으로 폭넓게 이해하고 특히 뇌의 고피질과 신피질이 서로 연결되어 완성되어 가는 신경회로의 작용이라는 사실을 인지하는 것이 중요하다. 사람은 추론 능력이 부족해도 살아가지만 감정을 느끼지 못한다면 살아갈 수 없는 것은 바로 이성이 아닌 감정이 행동에 영향을 준다는 것이다. 의식적 경험은 뇌에서만 형성되지 않고 신체가 무엇을 경험하고 인간이 신체를 어떻게 다루는지에 따라 달라진다.

따라서 신체와 정신과 관계는 영혼을 형성하게 되며 인간의 근본적인 경험을 형성하여 감정을 구성하는 기본 요소라는 것을 알 수 있다. 이성을 주도하는 감정이 영원히 사라지지 않고 영혼으로 존재하는 이유는 인간의 오랜 세월을 통한 감정의 역사를 유지하고 있으며 감성에 비해 역사가 짧은 이성은 감정에 이끌려가기 마련인 것이다.

또한 신경과학자 데이비드 이글먼(David eagleman)은 뇌 가소성(Brain Plasticity)이 가진 의미에 한계를 느끼고 새롭게 '생후배선(Live Wired)'이라 하여 우리 뇌는 미완성인 상태로 태어나 상황과 환경에 따라 변화하며 성장 발달하는 무한한 가능성을 지니고 있다고 주장한다. 즉 대상에 따라 경험되는 모든 것이 감정과 이성에 좌우된다는 것은 바로 영혼의 작용이고 이는 정신과 마음의 통합이라 할 수 있다. 결국 감각적 상호작용과 사회적 상호작용이 균형을 이루면서 감정이라는 형태가 만들어지는 것을 알 수 있고 뇌가 곧 사람을 만든다는 사실이다.

뇌의 가장 깊은 곳은 기본 생존 본능의 자리인 파충류의 뇌 또는 도마뱀의 뇌이다. 중간 층은 선사시대 포유류에서 물려받은 변연계 혹은 감정적이 뇌이고 가장 정교한 바깥

층은 이성적인 사교력의 원천인 신피질이다. 신피질은 이성, 추상적 사고, 언어, 계획 능력, 의식적 경험의 원천이다. 특히 변연계 뇌는 전통적 감정 이론에서 공포, 분노, 슬픔, 혐오, 행복, 놀람 같은 기본 감정이 발생하는 곳이다.

감정이 이성적 사고와 정반대의 입장에서 움직이는 것을 당연시 하지만 사실은 이성적 사고에 반드시 감정이 개입된다는 사실은 바로 직관을 통해서 알 수 있다. 정확하고 분석적인 사고도 결국 감정과 결합해야만 성공적으로 발휘될 수 있다는 것을 알면 감정이 일상적인 생활에서도 중요한 역할을 한다는 것이 당연하며 뇌 역시 해당 데이터를 처리하고 신체정신적 반응을 계산하는 것이다.

따라서 감정은 마음의 기능적 상태로 뇌의 조직들을 조절하고 마음속의 계산을 컴퓨터가 병렬처리 하듯이 특정한 상태로 이끌어 간다. 감정은 느낌을 통해 감정적 경험을 하고 이렇게 구성된 데이터는 현재의 상황과 환경에 의해 개인이 느끼는 정신과 정서라는 신체의 상태라고 할 수 있다.

즉 뇌의 사고와 심장 근육의 작용은 서로 다르게 작용한다. 뇌는 단순히 지각되는 감각정보를 통해 해석하고 행동하지만 감정적인 행동은 뇌의 해석을 통한 사고를 덜 필요로 하기 때문에 어떤 계기가 되는 사건은 감정적인 반응이 줄어들고 의식적 행동으로 표출되기도 한다.

인간은 이러한 특정한 상황에 놓였을 때 마음속 계산을 통해 정신적 작용을 실현한다. 마음속 계산에 의한 정신적 작용이 곧 사회적 감정으로 표출되면서 다른 사람들과 교감하면서 인간관계 및 사회적 규범이 만들어지게 되는 것이다. 사회적 규범은 사회적 감정에 바탕을 두고 있기 때문에 사회적 감정은 도덕성의 기초가 된다. 즉 공감, 죄책감, 수치심 등 사회적 감정이 부족하면 사이코패스가 확률이 높다. 사이코패스는 반사회적 성격장애로 전전두엽 피질 일부와 편도체 이상으로 보고 있다.

이제는 감정의 조절과 절제의 기술이 필요한 시대이다. 감정 조절 능력은 인간의 고유한 능력으로 신경전달물질과 더불어 뇌의 회로가 원활하게 작용해야만 한다. 스트레스나 여러 가지 사회적 문제와 봉착하여 스스로가 해결하는 능력이 저하되면 향정신적 약물에 의존하게 되고 감정을 조정하거나 지연시키는 능력이 떨어지게 되고 만성화되어 정신적 문제를 노출하게 된다. 뇌가 이성적 사고를 하는 기관이라면 감정은 심장의 근육의 반응에 의한 감정 조절의 기관이다. 따라서 감정을 조절하면 신체의 스트레스 반응이 감소되고 신체적 위험으로부터 방지할 수 있다.

감정 조절을 위한 훈련은 인간의 끊임 없는 욕망으로부터 벗어나는 것이다. 또한 매사 감정에 이끌려 의식적 사고를 버리지 말고 적극적으로 감정을 조절하는 훈련을 해야만 한다. 감정의 반응 체계에 대한 훈련을 통해 스스로 문제를 해결하는 의지력 길러서 감정으로 인한 쓸데없는 에너지의 낭비를 줄이고 포용적인 자세로 마음을 다스려야만 한다.

삶의 경험과 어떠한 상황이나 사건 등을 의미를 두고 스스로가 선택하고자 하는 의지의 힘을 통해 감정 조절이 가능해지도록 감정지도의 개념을 확실하게 정리하는 노력이 필수적이다. 감정이 의사 결정에 크게 영향을 미친다는 것을 알게 되면 감정에 이끌리거나 의사결정 장애의 패턴에서 벗어나 감정의 자각을 통해 자유의지로 실행하는 능력이 생기게 된다.

감정은 비이성적이지만 인간의 행동은 사고나 생각에 의해 이루어진다고 생각할 수 있지만 사실은 다양한 경험과 감정적 인식의 바탕 위에 이성적 사고를 하기 때문에 이러한 행동을 제어할 수 있는 능력은 노력도 일정부분 영향을 주지만 더욱 중요한 것은 영혼의 힘을 활용하는 것이 바람직하다.

3) 정서(feeling)

정서는 감정과는 달리 여러 가지의 느낌이나 감정의 경험을 지칭하는 용어로 가장 심한 통증에서 형용할 수 없는 정도의 즐거움이나 가장 단순한 것에서부터 가장 복잡한 감각에 이르기까지 혹은 가장 정상적인 것에서부터 가장 심한 병적 감정반응에 이르기까지 다양한 감정 경험을 말한다.

이러한 정서는 인간의 모든 정신생활에 영향을 주며 의식이나 무의식적 차원에서 경험되고 표정, 몸짓, 말소리 변화와 자율신경계의 기능변화를 수반하며 내분비, 소화기, 순환기, 생식기 계통에 기능적인 영향을 끼치게 된다.

주관적 경험, 표출된 행동, 신경화학적 활동이 종합된 신체·생리적 반응을 동반한 지속적인 감정으로 생리적 각성, 표현적 행동, 그리고 사고와 감정을 포함한 의식적 경험의 혼합체다. 특히 인간의 생존을 증진시키기 위해 존재하는 것으로 인간 내부에서 진행되는 일시적인 혹은 장기적인 느낌이나 감정을 의미한다. 감정이 어떤 일에 대하여 일어나는 마음이나 기분이라면 사람의 마음에 일어나는 여러 가지 감정을 정서(情緖)라고 한다. 그러므로 정서가 만들어 내는 감정이 중요하다.

어떤 상황에서 느끼는 즐거움, 분노, 두려움, 공포 등과 같은 것은 주로 생리적인 반응으로 경험하기 때문에 인지 활동과는 엄연히 다르다. 감정표현이 자연스러운 것 같이 정서 역시 조작할 수는 없고 신체적 변화에 의해 표현되는 것이다.

또한 정서는 인간의 성격 구조에서 느끼는 영역(capacity for feeling)을 말한다. 올바르게 생각(right-thinking)하고, 올바르게 행동(right behavior)하는 것은 올바르게 느끼는 것(right-feeling)의 토대가 된다.

정서는 느낌과 같은 것으로 느낌이 전면적이고 지속적인 영향을 주기 위해서는 의식이 있어야 하며 자아 감각이 깨어나야 각 개인이 알 수 있기 때문이다. 정서가 있다는 것을 알 수 있는 것은 자아를 느낀다는 감각이 마음속에서 생성되어야 한다. 이 생성은 정서에 대한 느낌으로 유기체의 전기·화학적 신경 작용과 이미지 상태에서 일어난 변화를 표상하는 것이다. 이미지가 앎의 행위 과정에서 자아 감각에 의해 조절되어 이미지가 강화될 때 의식이 된다. 느낌이 의식이 되는 과정은 정서에 대한 느낌이 되는 표상이라 할 수 있다.

따라서 정서, 느낌, 의식은 표상하는 과정에 의해 실행되며 반드시 신체를 통해 이루어진다. 신체를 통해 느낌을 가지는 것은 생존의 조율에서 가장 중요한 가치가 있다. 정서는 그 자체로 유용하지만 느낌의 과정은 유기체에게 정서가 풀어가는 문제에 대해 알려주기 때문이다. 의식이 발생하는 메커니즘이 존재하는 것은 유기체가 자신이 정서에 아는 것이 유용했기 때문이다.

정서는 의식과 일치가 되며 그 근원은 물론 뇌의 각 영역이지만 골격과 근육, 체내 기관 등 내부 환경의 변화에 기인한다. 또한 미지의 세계를 동경하고 이를 현실 세계로 그려내려는 것은 의식 세계가 아닌 무의식의 세계이다. 무의식 세계를 운명 혹은 결정이라 하지만 사실은 영혼의 준거라고 할 수 있다. 그러므로 영혼은 인간의 타고난 능력이나 노력의 힘을 뛰어넘어 새로운 세계로 인도하는 첩경이며 비밀의 통로이기도 하다.

4. 영혼과 자아

영혼과 자아는 유기체의 기능과 더불어 한 개인 역할에 있어 가장 중요한 관계를 맺고 있는데 상황과 환경에 노출되어 생명체를 생존의 위협으로부터 유지 보존하는 중요한 임무를 맡고 있기 때문이다. 특히 한 개인의 정체성은 정신과 마음의 본바탕을 이루는 열정과 기질이라고 표현할 수 있다. 즉 자서전적 자아를 서술할 수 있는 것은 기억과 기록의 저장소 역할을 하기 때문이다.

유기체의 유전적 영향과 물리적, 사회적, 문화적 환경의 상호작용으로부터 형성되는 개성은 이러한 각 영역의 수렴과 더불어 무한한 의식의 확장에 의해 활성화된 기록은 개인의 서사이기도 하지만 미래를 예측하는 예지이기도 하다.

따라서 개인적 자아와 사회적 자아는 의식적 혹은 무의식적 축적의 비밀을 보여주는 것이며 두 부분이 서로 영향을 주며 균형을 이루기 때문이다.

1) 개인적 자아

영혼이 정신과 마음의 구조로 이루어져 있지만 인간의 본능(instinct)과 자아(ego)는 의식과 무의식의 중요한 작용으로 자아의 역할이 곧 영혼의 핵심이다. 자아는 한 개인의 정체성을 이루고 있으면서 물질로부터 생성된 의식을 어떻게 인간의 형상과 질료를 통해 온전한 사람으로 인격화하는가를 보여준다. 따라서 자아는 한 인간의 지각, 사고, 감정, 행동 등 정신과 마음 그리고 영혼을 관장하는 총체적 인격의 형태이다. 인간이 행하는 모든 것의 중심에는 의식과 무의식을 포함하여 초자아까지 작용하는 기제의 중심에 자아가 존재한다.

또한 자아는 심리적인 영역에서의 역할수행과 사회문화적이며 역사적인 관점까지 포함하기 때문에 매우 포괄적이다. 자아의 중요한 것은 각 개인의 자아가 대상에 의해 이미지를 형상화 혹은 표상할 때 원초적으로 가지고 있는 출생과 관련된 저장된 기억이 있기 때문이다. 특히 본인을 의식하는 정체성은 변화지 않기 때문에 유전 및 등 신경·정신적으로 연결되어 작용하는 것이다.

실제로 자아 정체성에 영향을 주는 것은 사회문화적 현실이라 할 수 있으며 개인의 자아와 깊은 관계가 있다. 특히 정신분석학자들은 자아에서 가장 중요한 면을 현실 관계로 보고 외부 세계와 자신과의 판단 혹은 현실감을 중요시 했다. 이러한 이유로 인해 현실 적응이 어려우면 개인의 자아는 심리적으로 파편화 되어 정신의 분열과 영혼의 파괴를 불러온다.

미국 출신의 경제학자 스콧 니어링(Scott nearing)은 산업주의를 인식하고 인간의 삶의 허망하게 만드는 원인이라 인식하고 그 폐해로부터 벗어나기 위해 버민드 주의 시골 마을에 정착하여 자연과 함께 평생을 단순한 삶을 살면서 타락한 인간성을 회복하고자 노력하였다.

이렇듯 우리의 자아는 원하는 바를 추구할 뿐 다른 어디에 존재하는 것은 아니다. 뇌의 병렬적 역할은 단지 현상을 다중적으로 보여주고 자아의 서술을 도울 뿐이다. 결국 인간의 의식은 흐름이라고 볼 수 있으며 영속적으로 느껴지는 자아는 사실상 단절된 순간들의 끊임 없는 연속이며 뇌세포의 활동은 감각과 느낌, 지각, 인지에 의한 작용이기 때문에 영혼의 실질적인 단일성은 존재하지 않고 오직 동시적으로 존재하는 의식적 총합이라 할 수 있다.

자아를 의식하는 과정은 개인의 문제이고 특히 개인 내적인 문제에서 사회적 문제로 발전해야 할 위치에서 인식의 정향은 정체성의 확립을 위해 매우 중요하며 영혼은 자아의 영속성과 비연속성과의 끊임없는 교류 속에서 형성되는 되는 것이다. 개인의 주체성이나 인격의 자기실현만이 자아를 표현하는 것이다. 즉 특정한 시간과 공간 속을 움직여 가는 한에서만 자아는 존재한다.

자아를 구성하는 내적인 면과 외적인 사회, 문화, 정치, 역사적인 것들이 서로 어울려 전문적인 개념을 만들고 이를 실천하는 생활이 자아를 규정한다. 안토니오 다마지오는 자아라는 개념을 찾기 위해서 앎의 과정에 자아 감각이 어떻게 마음에 주입되는가에 관심을 가지고 의식의 문제를 유기체와 대상이라는 두 요소의 자연스러운 상호작용으로 보았다. 즉 유기체는 그 안에서 의식이 나타나는 것을 말하며 대상은 의식과정에서 알려지는 것을 말한다. 유기체와 대상의 관계란 의식에 작용하는 지식이라 할 수 있으며 유기체는 특정 대상과 관계되는 과정에 개입하는 것이고 그 관계 속의 대상은 유기체에 변화를 일으킨다는 것이다.

의식의 작용은 유기체의 살아 있는 존재의 표현이다. 따라서 자아는 정체성과 개성을 포함하는 정교한 시스템으로 연속적이다. 생체는 생존에 필요한 기본적인 안정성을 유지하고 서로 협력하는 원초적 자아가 존재하는 것이다. 원초적 자아는 마음이며 의식으로 핵심인 동시에 무의식적 기능도 포함한다. 핵심적 의식이 의식의 필수적인 기초에 근거한다면 확장된 의식은 그 절정이다. 즉 경험에 의해 뇌는 발달하고 마음은 그 순응성에 따라 형성되는 것이다.

영혼과 자아는 물리적 기능에 의한 작용과 마음에 의한 상호작용에 따른 감응에 표상이라 할 수 있다. 영혼에 중요한 작용을 하는 핵심적 의식과 더불어 확장된 의식은 넓은 범위의 실체와 사건을 인식하는 능력인 개인의 관점, 소유, 행위 주체에 대한 감각 등을 만들어 낸다. 이러한 범위의 지식이 자아라고 할 수 있으며 개인 특유의 기질을 포함하고 있다. 또한 확장된 의식은 자아를 만드는 다중 신경 패턴을 오랜 시간 동안 마음속에 유지하고 있기 때문에 유전 및 문화의 영향을 크게 받게 된다.

핵심적 의식과 확장된 의식 그리고 자아는 서로 긴밀하게 연결되어 상호작용하는 시스템이다. 특히 자아 서사는 모든 사건과 실체를 저장하고 있으며 언제나 이 기억은 언제든지 바로 생성되는 것으로 학습에 의한 일반적인 기억과는 다른 양상을 가진다. 즉 개인의 역사를 형성하고 이를 통해 정체성을 유지하는 핵심적 의식이 바로 영혼의 존재 이유이다.

영혼의 존재를 증명하기 어려운 이유는 이러한 의식의 변화가 파동의 형태로 움직이기 때문이다. 끊임없는 자전적 자아의 반복되는 일상은 곧 확장된 의식으로 이동하며 유기체는 정형화와 동시에 일정한 방향성을 추구하게 된다. 개인의 정체성의 감각과 감정이 흔히 말하는 느낌이라는 것이 바로 영혼이며 자아이기도 하다.

따라서 영혼이 자유로운 동시에 그에 따른 책임도 주어지기 때문에 제한되기도 한다. 개인의 주관적 관점과 정체성의 표상이 타인들의 객관성에 표적이 되며 환경과 상황에 노출됨과 동시에 연출이 되기 때문이다. 영혼을 쏟아 연기를 해야만 하고 최선의 노력을 통해서 타인의 공유된 감정을 이끌어 내고 감정이입을 통해 자신을 인식시켜야 자신의 영혼 존재를 알 수 있는 것이다.

2) 사회적 자아

사회생활을 영위하는 가장 큰 이유는 자신의 자아를 실현하고자 하는 욕망과 욕구가 강하기 때문이다. 이러한 욕망이나 욕구가 좌절되면 원만한 사회생활을 하기가 어렵다. 사실 일상적으로 되풀이되는 사회생활은 권태로부터 자유롭지 않다. 특히 계속되는 경험의 반복과 일상의 무감각 속에서 신선함을 찾기란 더욱 어렵기 때문이다. 사회생활의 의미를 찾고 목표지향적으로 매진하는 일이 쉽지는 않기 때문에 온갖 스트레스를 받으면서 어렵고 혼란스러운 가운데 자아의 정체성이 흔들리며 심하면 신경증이나 정신증으로 발전하기도 한다. 이는 정체성의 혼동으로 인한 심리적 갈등의 극에 달한 상황으로 보아야 하며 많은 사람들이 겪는 일상이기도 하다.

따라서 자아의 개념을 정립하고 사회에 대해 능동적이고 적극적으로 대처해야만 타인은 물론 사회적 환경에서 생존하는 길이다. 자아의 상징성을 찾고 이를 벼려내어 자아의 정체성을 회복하고 상징성을 갖는 자신만의 언어 즉 종교적 교의나 본인이 믿고자 하는 정신 승리를 위한 유명한 글귀인 금언·격언·잠언·경구 등 아포리즘(aphorism)이 필요하다. 이미지 형상화가 가능한 모든 것을 동원하여 극복하여야만 한다.

본인이 처해 있는 시간과 공간에서의 적극적이고 능동적인 행위 의식의 준비 없이는 어떤 일도 성사되지 않으며 궁극적인 성취는 불가능하다. 그 이유는 개인적 자아에 의해 형성된 기억, 지식, 인식, 감정 등 수많은 관계 형성은 오늘 지금 여기에서 필요로 하는 자원으로 축적된 것이다. 이러한 자기 해석을 바탕으로 형성된 자아는 사회적 자아로 발전하게 되어 있다.

이 모든 과정이 일상생활의 축적으로 이루어지고 사회적 자아를 형성하여 원만한 인격으로 성장하게 하는 원동력이다. 그러나 모든 사람이 이렇게 순탄하게 발전할 수는 없다. 개인과 사회의 팽팽한 줄달리기 속에서 탄력적으로 대처하고 개인 자아와 사회적 자아의 경험과 체험의 의식적 사고가 반드시 사회적 성공을 보장하지는 않는다. 인간의 욕망과 욕구가 의식적으로 실현되는 과정이 순탄하면 문제는 발생하지 않지만 의식과 무의식적 욕망과 욕구 또는 환상의 분열된 싸움에서 이겨야만 가능한 일이다. 자아의 현실 당착과 병리적 경계에서 선택이 중요하기 때문이다.

결국 사회생활의 훈련과 단련의 시간이 개인의 자아를 원만하게 형성하고 특히 문화적 차원의 교육을 통해 개인 상호 간에 정교하게 다듬어서 정체성을 확고히 하고 개인 자아 감각을 유지하는 것이 절대적이다. 사회생활을 통한 실천적 노력은 개인 자아와 사회적 자아의 통찰을 통해 온전한 인격을 형성한다고 볼 수 있다. 자신의 라이프 스타일을 형성하는 자세가 우선되어야 하고 이것이 실천되면 자아의 현시와 병리의 경계를 허무는 무기가 될 것이다.

3) 통합적 자아

개인적 자아와 사회적 자아가 혼합되어 상호작용하면서 표출되는 지각 감응은 핵심적 자아 및 확장된 자아의 변형된 모습일 뿐이다. 결국 의식과 무의식의 작용 결과가 한 개인의 특질이면서 기질이고 사회문화적인 교육 훈련을 통해 익숙해진 활동이며 행동의 표현이다.

영혼과 자아의 문제는 확장된 의식의 절정에서 찾아볼 수가 있다. 즉 타인의 마음을 헤아려 보는 것, 고통과 괴로움을 분별할 수 있는 능력, 죽음의 불안과 두려움을 극복하기 위해 내세를 서원하는 것, 선과 악을 구분하여 소신과 양심에 따라 행동하는 것 등 생사의 문제를 넘어서서 초연하게 사고할 수 있으며 영혼의 능력에 따라 행위 할 수 있는 인간적 기능의 절정이라 할 수 있다.

원초적 자아로부터 의식의 확장으로 자아가 정향적 흐름이 이루어지는데 자아와 의식의 정향은 개인적 자아와 사회적 자아를 통해 혼합된 자아로 변화를 추구하며 타인의 마음속에 존재할 수 있는 정서와 감정의 표출로 공감이 형성된다. 특히 문화에 의한 공감은 개인의 가치와 사회적 신뢰를 형성하기 위한 토대가 된다.

따라서 오늘날 같이 자아가 갈수록 연약하고 균열과 파괴의 가속화는 미디어에 의해 자아가 용해되는 것을 자아의 통합을 통해 자아 정체성을 찾아야 한다. 비근한 예로 인터넷의 도움으로 사이버 공간에서는 오프라인에서 할 수 없는 심리적 고충과 자아의 문제를 직접 드러냄으로 더욱더 친밀한 관계 형성할 수 있다. 특히 현대인은 가상현실에서 타인에게 진정한 자아를 드러내고 현실화하고자 하는 욕구가 강하다. 현실적 자아와 이상적 자아의 실현에서 괴리를 연극적 의식을 통하거나 역할연기를 통해 인생의 무대에서 주인공으로 등장하고자 하는 마음이 곧 영혼을 실은 진정한 자아의 표현이라 할 수 있다. 잠재적 가능성의 표출과 자유의지에 의한 자아실현은 공감을 경험할 때 가능하다는 것을 알고 있다는 사실이다.

5. 영혼과 영성

영혼과 영성은 맥락은 같으나 개념은 완전히 다르다. 영혼은 몸과 정신 그리고 마음의 작용과 더불어 존재하는 에너지라고 한다면 영성은 말 그대로 영적인 현상을 말한다. 영성은 신과 인간의 관계이며 절대자의 의지를 실현하고자 하는 의도에 따라 영성을 믿고 따르는 것으로 초월적인 것이다. 영혼은 인간의 의지가 강하게 작용하고 영성은 신의 의지가 강하다는 차이가 있다. 그러므로 영혼이 개인적이라면 영성은 집단적 성격을 통해 개인의 의식을 변화시킬 수 있는 힘이 있다.

많은 사람들이 마음과 정신, 영혼과 영성, 혼과 넋 등 정신세계에 대해 혼동하고 있는 이유는 개념 정립이 쉽지 않기 때문이다. 인간은 정신 문화를 바탕으로 오늘날에 이르렀기 때문에 마음과 정신 수련을 통해 영혼의 순수성을 찾을 수 있지만 영성은 그야말로 신의 영역에 의한 신성의 표현이기 때문에 초월적이거나 특수한 상황에 따라 현시될 수 있다.

영혼은 정신이고 마음이며 사상이다. 영혼은 사상에 의해 움직이기 때문에 영혼은 사회에서 개인의 역할이 중요하다. 개인의 목적은 선과 영성을 실행하는 것이고 사회의 발전을 위해 존재한다. 인간은 영혼을 지녔기 때문에 사고와 생각을 통해 사회를 발전시키게 된다. 영성은 영혼의 소리와 다른 신의 소리를 듣는다. 내면의 소리는 두 가지가 있다. 신으로부터 듣는 음성과 양심의 소리이다. 신의 음성은 영혼의 울림과 달리 외부 세계로부터 들리는 소리이다.

따라서 음역대가 다르며 이미지로 볼 수도 있다. 이미지와 음역대는 서로 다르기 때문에 반드시 구분되어야 하고 착각해서도 안된다. 그리고 영혼의 소리는 사람과 사람 사이의 파장에 좌우되기 때문에 음역대에 비슷하면 빠르게 반응하기 때문에 그 상황에 대한 반응과 신체와 정신과 마음과 영혼의 상호작용의 움직임이 중요한 것이다. 특히 감성은 사람들 간의 감응이 빠르면서 강하게 작용한다.

1) 영적 깨달음(spiritual enlightenment)

인간은 실현성향(actualizing tendency)과 형성성향(formative tendency)의 구조로 이루어진 유기체이지만 영적인 존재이기도 하다. 실현성향은 완전한 것을 추구하는 자연스러운 에너지로 생명의 근원적인 힘이며 가능성을 추구한다. 즉 자기의지에 의한 자기실현을 추국하는 존재이다. 반면 형성성향은 우주 내에 작용하는 에너지이기 때문에 외부의 자극이 내면에 영향을 주며 이를 의식할 때 전체성 혹은 통합을 이루게 된다.

영적인 발현의 시작은 동양의 깨달음이 바탕인데 그 이유는 개오와 각성을 위주로 하는 정신과 마음의 수련에 있으며 참으로 순수한 영적 체험이라 볼 수 있다. 그러나 서양의 깨달음은 종교적 차원의 영성 체험이며 실제적 깨달음은 계몽사상의 결과라고 할 수 있다.

서양은 동적인 반면 동양은 정적인 면에서 서로 다른 영혼의 수련을 통해 영성을 추구 하지만 양쪽 모두 영혼의 안녕과 존재의 영원성을 지향한다. 깨달음은 누구나를 막론하고 희망하지만 쉬운 일이 아니며 삶과 죽음 문제 또한 일생을 통해 추국해야 할 구도의 길이기도 하다.

결국 깨달음은 앎이며 믿음과는 다르지만 자각을 통해 영혼의 자유로움을 찾는다면 즉 현존하는 이유가 분명하다면 사후세계에 대한 불안은 사라질 것이다. 희망과 소망이 자각의 준거가 된다면 믿음에 의한 신앙 등 내세에 대한 등불이며 확신이다. 그러므로 진리에 대한 끊임없는 열정과 사랑만이 깨달음의 첩경이다. 진리는 어려운 것이 아니고 지금 여기의 순간에 정신과 마음을 가다듬고 영안을 통해 영혼의 진리를 구하는 것이다.

흔히 진리는 곡해하여 완전한 형태로 존재한다고 생각함으로 인해 오히려 고통을 받는다. 사실상 진리는 역설적이지만 고통으로부터 벗어나기 위해 고통에 직면하는 것이 진리이기도 하다, 이러한 역설은 인간이 형상과 존재의 두 가지 형태로 지어져 있기 때문이다. 인간의 핵심 구조는 뇌와 심장으로 이루어져 있으며 서로 상극적 관계가 형성되며 혼란으로 인한 장애가 발생할 수 있다. 이를 막기 위한 전제는 반드시 존재의 의미를 깨달아야 한다. 존재의 근본이 순수하며 현존의 '있음' 그 자체이기 때문에 절대적 위치에 있다.

따라서 본능과 감정을 이해하여야 한다. 본능 환경의 자극에 대한 신체적 반응이지만 감정은 생각에 대한 사고처리이다. 즉 생각에 대한 몸의 반응이기 때문에 결국 조화가 중요하다.

생각과 감정의 구속에서 벗어나서 현존할 때 비로소 평화와 안정을 찾고 안녕을 누릴 수 있다. 사람이 마땅히 가야 할 길을 가는 것이고 이것이 진리이고 생명의 본질이다. 또한 생각이나 사고가 마음 에너지이기 때문에 전류가 흐르듯이 흐른다.

인간이라는 형태는 의식이라는 세계를 추구하기 위해서 존재하는 것이다. 즉 무의식과 의식이 공존해서 대부분이 무의식적 행동으로 연속되어 있기 때문이다. 따라서 고통으로부터 벗어나는 올바른 길은 뚜렷한 의식 속에서 자신을 들여다보는 의지와 능력을 갖추고 이를 수행하는 것이 진리이다. 지금 여기를 생활화하고 일상화될 때의 삶은 온 세상의 에너지가 가득 차고 넘치는 힘으로 작용할 것이다.

서양의 근대성은 의학과 과학기술의 발전에 따라 영적인 것을 거부하게 되고 신체와 정신만 강조하게 이르게 되었다. 과학혁명의 기치 아래 영성을 무시하고 계몽주의라는 사조에 의해 영성은 무시되었다. 과학적 방법은 달성할 수 있는 지식의 범위를 물질적이거나 신체의 감각기관을 통해서 관찰되고 검증될 수 있는 영역으로 제한했다. 특히 런던정경대학 교수를 지냈던 칼 포퍼(Karl Poper)는 과학의 판단 기준을 잠재적 반증 가능성으로 보았다. 토마스 쿤(Thomas S Kuhn)은 과학혁명의 구조(The Structure of Scientific Revolution)에서 패러다임(paradigm)이라는 용어를 사용했다.

현재의 패러다임은 지속 가능한 사회를 만들기 위해서 동양의 영적인 문제에 더욱 관심을 가져야 한다. 서양의 물질 에너지 정보는 원자, 시스템, 혼돈과 질서의 복잡성 등 근대성의 한계에 봉착해 있다. 따라서 정신, 혼, 영 등 초자연적이고 초인격적인 영성을 구가해야 할 것이다. 특히 정보화 사회의 인터넷, 인공지능(AI), 가상현실(VR), 현실증강(AR) 및 챗 GPT까지 등장하면서 물질문명이 최고조에 이르렀기 때문에 그 흐름은 관계와 교신 그리고 시공을 초월하는 초연결시대로 가고 있다.

우리는 3차원의 공간에 생활하고 있으나 이제는 4차원 세계도 경험하고 존재의 의미를 확인해야만 시대가 되었다. 특히 인류가 쌓아온 지혜는 무시되거나 상실되어서는 안되고 영적인 깨달음을 추구해야만 한다. 특히 개인과 사회가 이루어 놓은 업적을 역사의 한 축으로 보고 이를 더욱 고수하면서 지켜야만 한다. 변화하는 현대사회에서는 동양의 깨달음과 영적 바탕인 개오와 각성을 위해 정진해야 할 것이다. 동양의 깨달음이야말로 영적 체험의 진수이다.

살아 있는 정신과 마음의 힘에서 진정한 영혼이 작용하며 영적인 현상도 발생하게 되며 실제로 일상생활에서 영(spirit)적인 일을 겪는다. 물론 종교적 의식을 통해 영적인 경험을 확신하기도 한다. 반드시 종교를 통해서만 영적인 경험이 가능한 것은 아니다. 개인적인 문제나 내면세계의 움직임이나 실제 행동의 경험이나 체험에 따른 각성 등이 영적인 것으로 존재의 근거를 확인할 수 있다. 꿈과 같은 예지몽은 영적인 일이며 깊이 몰입에 빠져있을 때도 영적인 현상이 나타난다. 자아 초월 역시 초개인적 현상으로 영적인 것이다. 자신의 의식과 영혼의 결정적 순간에 영적 세계가 열리기 때문에 영성은 인간의 고귀하며 숭고한 순수한 세계라고 할 수 있다.

영성은 우리가 알고 있는 생명과 마음보다 우월하고 생명과 마음은 기계적인 에너지와 물질보다는 우월하다. 또한 영성 수련은 정신신체적인 질환을 치료할 수 있으며 마음과 영혼의 문제를 해결할 수 있다.

1972년 노벨상 수상자인 콜레주 드 프랑스의 분자생물학 교수 자크모노(Jacques Monod)는 현대사회의 심각한 위험을 인구폭발이나 자연 파괴, 핵무기 위협과 같은 것이 아니라 이들보다 훨씬 더 근본적이고 심각한 질환 즉 영혼의 질환에 대해 예고했다.

그는 이 질환의 근본적 원인을 관념상의 진화라고 한다. 지식의 발전은 오히려 자연선택의 기회를 줄이는 역효과를 가져오게 되는데 그 이유는 오늘날의 인간은 자기 자신에 대해서나 관계에 대해 지난 수만 년 동안 자신의 마음속 깊은 곳으로부터 간직해오고 있던 생각을 가슴 찢어지는 듯한 심경으로 재검토할 때이다.

참된 인식은 오직 사유와 실제 경험상의 체계적인 대면 외의 다른 방법으로는 얻어질 수 없다는 생각이다. 따라서 영성(spirit)이란 것은 태어나면서 주어지는 힘이며 초자연적인 현상이다. 자각만이 존재의 확신을 주며 시간의 환영으로부터 벗어나는 지름길이다.

2) 영적 능력(spiritual power)

영적 능력의 비밀은 영적인 생활이 바탕이다. 영적 생활은 영과 육의 개념이 중요하다. "영은 영이고 육은 육이다"라는 인식과 더불어 영과 혼 그리고 정신과 마음 등 우리가 분리해서 사고하는 모든 의미와 뜻을 정리하고 비이원적으로 통일되어야 가능하다. 보통 사람이 이러한 개념을 가지고 일상생활을 영위하기란 쉽지 않기 때문에 매일매일의 수련이 필요하다.

사람은 누구나 자신의 삶이 풍성하고 번창하기를 바라며 생명에 활기가 넘치는 삶을 추구한다. 이것은 본능적인 것으로 인류의 집단무의식이며 자유의지 이기도 하다. 이러한 과정 속에서 영적 능력은 발휘되고 발전하게 된다. 자신의 삶이 의미 있고 세상을 위해 필요한 존재라는 것을 깨달음 사람은 행복하다. 이러한 사람은 내적 성찰과 영적인 능력을 갖춘 사람이다.

영적 능력의 실제적 훈련은 명상이라든가 자신만의 기도방법이라든가 영적으로 성장할 수 있는 수련 방법이 필요하다. 이때 언어적 표현은 중요한 요소가 되는데 기도나 아포리아(aporia) 등 최대한 표현 가능한 글귀를 작성하여 외우듯이 하면 힘이 발생한다. 우리의 삶이 곧 언어적 표현의 연속이기 때문에 언어적 표현은 필수이다. 이와 같은 언어적 표현의 연속은 영적 능력을 위해서는 필수적인 것이며 오랜 시간 이어진 수련은 영적 능력자로 만든다.

언어는 인간에게 최대의 능력의 수단이며 지혜의 보루이다. 언어적 표현이 높으면 높을수록 지혜롭게 되며 마음의 변화가 일어나면서 영적 변화에 의해 거듭나면서 성장하게 된다. 인간은 언어에 의해서 감각기관을 통해 경험하며, 의식적이든 무의식적이든 외부의 정보를 신경반응에 의해 인식한 후에야 구체적인 행동으로 옮긴다고 할 수 있다. 인간의 경험이나 행동은 언어에 의해 유발되며, 독특한 방식으로 프로그래밍되어 있는 신경과정의 작용에 의해 나타난다. 따라서 인간의 마음과 행동은 신경 언어 프로그래밍(Neuro-Linguistic Programming, NLP)의 과정에 의해 영향을 받으며 부정적인 행동이나 마음을 변화시킨다.

또한 요가나 명상과 같은 몸의 수련과 정신적 훈련이 선행되어야 한다. 매일의 수련과 훈련은 새로운 과제를 받게 되고 그 과제를 해결함으로써 능력이 성장하고 이렇게 성장한 영적 능력은 사람을 온전하게 만들며 자신의 삶을 주체적으로 이끌어 가게 한다.

이러한 삶은 매일이 복잡한 속에서 일관성과 질서를 찾아가게 한다. 이것은 실재의 의미를 진실로 알게 하는 지름길이다. 신체의 유기적인 면을 가다듬어 전신 감각을 터득하는 훈련이 필요하며 이렇게 훈련된 의식은 무의식적인 직관의 힘을 발휘할 수 있다. 비언어적 능력과 언어적 능력의 결합은 창조적 능력을 배가시킨다.

사람의 재능이 영적 능력인지 아니면 개인 유전정보에 따른 발휘인지는 명확하게 증명할 길이 없다. 다만 생물학적인 한계에 따른 선택의 자유의지를 가지고 있을 뿐이고 다양함에 의한 독특함의 존재라고 할 수 있다. 다양성이 전체를 이루지만 부분인 독특함이 전체를 넘을 수는 없을 것이다. 인간 자신의 독특함이 자존감을 높일 수는 있어도 모든 것을 해결할 수는 없는 것이다. 특히 죽음이라든가 질병에 노출될 경우 모든 인간은 실존적 깨달음에 다다르게 된다. 그 결과는 신앙 혹은 종교적 형태로 나타난다.

영적인 능력을 높이는 방법 중에는 삶의 위기에 봉착했을 때 직면하는 것이다. 오히려 위기는 영적인 능력을 체화시키는 절호의 기회이다. 이러한 기회를 이용해서 의식의 힘을 배가시키는 것이다. 직면은 의식의 도약을 통해 영적 능력을 길러주는 과정 중 하나이다. 내적 경험으로 내재화될수록 자각의 기회는 빨리 온다. 그러나 대부분의 사람들은 현실도피와 정신적인 만족이나 육체적인 즐거움을 찾는다. 가령 음주, 약물, 오락 등 쾌락적인 방법으로 벗어나려고 노력하지만 이것은 일회성이며 잘못하면 중독(addiction)의 문제를 낳는다.

현대인은 매우 합리적 사고를 하며 살아간다고 착각을 한다. 사실은 합리적 사고는 인간의 뇌에서 일부분만 작용할 뿐이다. 마크 뷰케넌(Mark Buchanan)은 "오류는 본능이다"라고 지적하면서 인간의 오류 가능성을 강조한다. 특히 합리적 사고의 오류를 지적하며 프리스턴 대학교의 심리학자 대니얼 카너먼(Daniel Kahnemam)은 마음의 '두 시스템'을 인용하여 우리 마음의 일부만이 '합리적'이라 강조하고 대부분은 본능적으로 작용한다는 것이다. 우리는 지적 욕구의 경향이 강해 지혜의 힘을 추구하지만 많은 사람들이 개인의 지적 능력보다는 유전적 본능의 힘과 집단적인 능력 혹은 종교적 신앙의 힘을 통해 개인의 문제를 해결하고 있다.

특히 프로이트의 무의식이나 칼 융의 집단무의식은 인간의 종교성에 버금가는 학문적 가치도 있지만 개인의 지적 능력에서 집단의 우수성을 찾았다는데 의미가 있다. 따라서 우리 인간은 자신의 안과 밖에서 스스로 통제할 수 없는 어떤 힘이 존재한다는 사실을 부인할 수 없는 것이며 이것이 영적 능력이다.

3) 영적 성장(spiritual growing)

(1) 모건 스캇 펙의 영적 성장

정신과 의사이자 신학자인 모건 스캇 펙은 영적 성장의 단계를 구분하여 1단계는 "혼돈 반사회"라고 하였다. 거짓말을 하는 사람을 포함하여 인구의 20%를 차지한다고 하였다. 대체로 영성이 없으며 원칙 없이 행동하는 경향이 있다는 것이다.

2단계는 "형식적 제도적"이라고 하였다. 자신에 대한 통제를 제도에 의존하고 있기 때문이다. 감옥 역시 제도라고 생각한다. 또한 고도로 조직화된 사업체나 교회가 해당된다. 이유는 형식에 의존해서 어느 정도까지는 혼돈에서 벗어나는 느낌을 맛보았기 때문이다.

3단계는 "회의적 개인적"단계로 2단계에 있는 사람 보다 영적으로 앞서 있다. 반사회적이지 않고 사회와 깊은 연관을 맺고 있다. 헌신적이고 사랑을 베푸는 부모가 되거나 과학자가 되며 진리를 추구한다.

4단계는 "신비적 공동체"로 사물의 이면을 볼 수 있는 능력이 있다. 이면에 있는 상호 연관성을 관찰하면서 통일성과 공통성 측면에서 사물에 대해 주장할 수 있다는 것이다.

(2) 루돌프 슈타이너의 영적 성장

루돌프 슈타이너는 인지학의 창시자로 인간의 본성보다 더 고차적인 단계를 에테르체(생명력)와 아스트랄체(감정체)로 구분하였다. 즉 육체를 발달시키는 것은 에테르체(생명력), 에테르체를 발달시키는 것은 아스트랄체(감정체), 아스트랄체를 발달시키는 것은 자아(自我), 자아를 발달시키는 것을 영아(靈我)의 활동으로 보았다. 영아는 영화(靈化)한 육체인 영인(靈人)과 영화한 생명체인 생명령(生命靈)과 함께 인간의 세 가지 영적 본성으로 보고 있다. 영적인 충동에 의한 내적 용기가 필요하다. 즉 매일, 매시간, 결단 앞에 서야 한다. 인간의 사고나 의지의 방향은 믿음이나 신념과 같고 인간의 마음을 조정하여 한 시간에 수백 개의 사고와 이미지가 움직이며 마음은 몸으로 대신하기 때문에 행동으로 나타나게 된다.

또한 몸은 마음이 말하는 것을 믿는 특성이 있는데 이는 인간의 표상의 작용이 피부 말단까지 미치기 때문이다. 인간의 내부에 흐르는 사고, 감정, 행위는 외부적 영향에 의한 적응과는 또 다른 문제이다. 따라서 신체와 에테르체 그리고 아스트랄체 및 자아 조직을 이해하여야 한다. 이러한 관계에 금이 가면 의식의 장애가 일어나고 이 원인 의해 의식이 억제는 아픔으로 나타나고 이 아픔은 울적(鬱積)을 만들게 된다.

또 다른 경우는 히스테리 경우이다. 즉 내부인 아스트랄체가 외부와 급격하게 조우하면 정신의 이상 증세가 나타나게 되는데 보통 사람보다 훨씬 강렬하게 환경에 대해 민감하고 집중적으로 느끼며 파악하게 되고 자신의 내부에서도 강렬하게 반응하게 된다. 이렇게 되면 내부에서도 아픔의 표상이 만들어지고 외부를 향해 의지를 작용하는 동안에 아픔을 느끼게 된다.

의지를 나타낼수록 강렬한 의식이 의지와 함께 더욱 큰 아픔으로 나타나게 된다. 그 아픔을 참고 억누르고 몸부림치고 온갖 아픔의 행위가 나타난다. 이러한 행위가 의식화되면 불안과 공포를 불러일으키는 감정을 자극하고 감정이 격해지면 억울(抑鬱)상태가 된다. 이것 역시 존재하는 상태이기 때문에 징후와 이상 상태를 나타내는 것이다. 이러한 문제를 영혼의 관점으로 보지 못하면 정신병으로 악화되고 난치병이 된다. 따라서 울적과 억울에 의해 나타나는 정신 혹은 마음의 현상은 영적인 성장을 위한 본질이라고 보고 있다.

(3) 칼 융의 영적 성장

인간은 내면의 자기를 찾기 위해 많은 노력을 한다. 실제로 내면의 세계를 찾는 방법으로 요가 혹은 명상을 통해 깊은 내면의 자기를 찾기도 한다. 진정한 자신을 찾기 위한 방법으로 선이나 마음의 수련을 선택하기도 하고 종교적 신념을 가지고 수양을 길을 찾기도 한다. 또한 어떠한 일에 몰입하여 창조적인 것을 만들어 내기도 한다.

칼 융은 프로이트와 함께 인간의 마음에서 무의식의 중요성을 강조하였으며 집단무의식을 주장하였다. 프로이트가 꿈의 분석을 강조했다면 융은 명상을 고안하여 창조적 공상이라는 실재 속에 있는 무의식을 주장하였다.

특히 고대 인도의 차크라 상징을 토대로 개인의 실제적인 경험과 연결되는데 차크라는 자기실현으로 보았다. 개인의 차크라 상징들은 개별화 과정의 구체적인 단계들에 기억을 돕는 것이다. 개별화는 한 개인으로서 성장하여 다른 사람들과 다르게 되는 과정이다. 즉 한 개인의 특성이 발달되어 가는 차별의 과정이라 할 수 있다. 결국 무의식이 의식화됨으로써 생명의 상호 연결망과 의식영역을 확장하여 자기실현을 이루는 것이다.

의식화 및 자기실현을 이루는 추진력은 자아(ego)에서 나오는 것이 아니라 정신의 전체인 자기(self)에서 나오며 자기실현(self actualization)은 내적 전체인 자기가 지금 상황에서 나에게 원하는 것이 무엇인지와 나를 통하여 성취하고 싶은 것이 무엇인가를 아는 것을 말한다.

이러한 과정에서의 다양한 현상은 무의식과 조우, 그림자의 통찰, 투사의 철수, 아니마 혹은 아니무스와의 조우, 자기 체험 등 차크라의 체계에서 정신의 이러한 면들을 드러낸다.

아니마는 의식으로 한 번도 경험한 적이 없는 집단무의식의 인격화된 표상으로 나타나는 것으로 태곳적 인류의 정신적 삶을 의식으로 나타나는 것이며 의식과 무의식을 연결하는 내적 인격이다. 아니마는 남성에게 여성적 요소 작용하여 인격의 성숙을 도우며 꿈이나 환상을 통해 여성으로 인격화되어 나타난다. 특히 남성의 내면 인격인 영혼의 대변자로서 행동이나 사고에 다양한 영향을 미친다.

반면 아니무스는 영성의 영혼으로 내적 인격을 형성한다. 여성의 무의식에 내재된 남성적 성향으로 여성의 꿈이나 환상 속에서 남상으로 인격화되어 나타난다. 결국 아니마 아니무스는 미지의 조상들이 지닌 사고와 감정 등 삶이 경험 양식과 신과 인간에 대한 세계관이 전달되는 원형 중 하나이기도 하다.

차크라는 인간의 신체를 에테르 몸, 정서의 몸, 마음의 몸, 영혼의 몸으로 구분하였다. 사람의 물리적인 몸을 감싸고 의식 에너지가 미세하게 신체에 통해 흐르는데 이 에너지를 '쿤달리니(kundalini)'라고 한다. 쿤달리니는 척추의 가장 아래쪽에 감긴 상태로 수면을 취하고 있다. 명상에서는 이 쿤달리니를 일깨워 의식 에너지를 흐르게 하여 질병을 치유한다. 또한 척추 미골 부위의 뿌리차크라 내에 잠재 에너지로 저장되는 영적 계몽의 창조에너지이다. 적절하게 방출되면 신체의 모든 주요 차크라의 활성화와 정열을 유발할 수 있는 미세에너지이다.

인간의 본질이 다차원적 존재라는 사실과 더불어 신체는 상호작용하는 많은 에너지장 가운데 가장 밀도가 높다. 각각의 에너지장은 다차원에 걸친 빛의 몸으로 에너지실(energy threads)로 된 복잡한 네트워크를 매개로 물질적인 세포구조에 연결된다. 이 생명 에너지 통합망은 세포 성장 패턴과 의식확장에 대한 유도 효과를 통해 고차 파동의 힘이 신체에 전개되도록 한다. 유입된 미세에너지는 최초의 중계점에서 하강해서 세포기질과 통합되는 그 중계점으로서의 독자 기능을 맡은 것이 차크라인 것이다.

차크라는 특정 주파수 특성을 갖는 파동에너지만 처리한다. 더 나아가 에테르 수준, 아스트랄 수준, 고차 파동에너지 수준의 정보를 변환시켜 내분비계를 매개로 생물학적 변화를 가져온다. 내분비계는 세포의 유전자 발현에서 중추신경계 활동까지 광범위한 생리학적 변화를 조절하는 중요한 조절 체계로 뇌와 상호작용하여 기분이나 행동을 조절한다.

특히 정신신경면역학(PNI: Psycho - Neuro - Immunology)은 정신면역학(精神免疫學, Psychoimmunology)이라고도 하는데, 뇌, 내분비계, 면역계 사이에 상호작용을 통해 스트레스나 우울증, 면역력 저하 사이에 관련이 있다고 보는 것이다. 개인의 의식 또는 마음가짐이 심신이 건강에 큰 영향을 준다는 것이다. 마음이 자연치유력을 높이는 것이다. 뇌는 면역계를 포함한 모든 신체의 기능을 조절하기 때문에 뇌가 긴장해야 면역력이 증가하여 질병에 잘 걸리지 않는다고 보고 뇌 기능 조절을 통한 질병 치료를 연구하고 있다.

특히 앤드류 와일(Andrew Weil) 박사는 "생물에는 모든 치유 능력이 있다"라고 하면서 정신신경면역학은 정신이 신경을 통해 면역에 영향을 준다고 하며 '자연치유'를 강력히 주장한다.

결국 차크라는 의식 상태의 변화에도 관여해서 감정의 변화까지도 유발하는데, 차크라와 미세에너지계가 정상적으로 작동할 때 감정의 균형을 이루고 질병을 초래할 수 있는 원인을 제공한다고 볼 수 있다.

차크라는 에너지 센터이기도 하다. 신체에 분포하고 있는 차크라 점은 수없이 많지만 주요 신경총이나 내분비샘을 연결하여 중요한 기능을 하는 일곱 개의 차크라 점이 있다. 차크라는 미세체에 접속하여 다차원 세계로 연결되는데 이곳에서 받아들인 고차의 파동 에너지는 차크라에 의해 처리되고 흡수되어 신체에 변화를 가져온다.

차크라의 에너지 기능은 장기와 관련이 있는데 심장 차크라는 심장 및 순환기계와 관련이 있고 목 차크라는 기관지나 갑상샘과 관련이 있다. 각 장기계의 균형과 세포의 기능이 적정하게 유지하려면 각각의 차크라가 바르게 기능할 필요가 있다. 신체의 각 부위에 미세에너지가 공급되고 생명에너지로 발현되어 세포 분자계를 흐르고 있을 때는 신체의 생명력은 탈 없이 유지되는 것이다. 특히 영양소가 분자 수준에서 세포의 성장과 항상성을 증진하고 파동에너지는 차크라나 경락계를 통해 운반되어 에테르체의 안정성이나 통합성을 유지하는 작용을 한다.

미세에너지는 정수리 부분에 있는 왕관차크라에서 몸속으로 흘러든다. 독맥경(督脈經)의 경혈로 표현하면 백회(百會)에 해당한다. 유입된 에너지는 신체의 중심인 척수나 신경절과 밀접하게 연결되어 에너지가 필요한 각 부분으로 미세에너지를 분배한다. 미세에너지가 차크라에 도달하면 생리적 정보로 변환되고 각 차크라에 이어져 있는 내분비샘에서 호르몬의 형태를 취한 신호로 변환된다.

호르몬의 작용은 강력해서 혈류에 방출되는 양이 극미량이라도 온몸에 영향을 준다. 또한 신체의 같은 영역에서 같은 주파수로 공명하는 장기들에게도 생명 에너지를 분배한다. 차크라의 기능장애의 원인은 정신, 감정, 영적, 행동 패턴 상의 문제 등에 기인한다.

차크라의 상징 차원에서 차크라는 개별화 과정을 위하여 신체가 개인의 고유한 기억을 회상하도록 돕는 기능을 한다. 차크라는 제1차크라에서 제7차크라까지 일곱단계로 구분되어 있다. 뿌리 차크라와 천골 차크라는 생리적 성질을 갖으며 생식기계 및 비뇨기계를 이룬다. 뿌리 차크라는 쿤달리니 자리며 모든 에너지가 담겨 있지만 활성화되지 않았다. 원소의 개념은 흙이다. 분석심리적 관점에서 보면 의식세계로 아직 무의식상태는 활동하지는 않고 있으며 개별화로 가기 위한 첫 단계이자 자아가 존재한다.

천골 차크라는 물의 세계로 "세례"는 상징적 행동이다. 물에 빠짐으로써만 다시 태어날 수 있으며 "재생"을 뜻한다. 배꼽아래 위치하며 내적 측면은 감정과 성욕에 해당한다. 의식과 무의식의 보완관계가 성립하며 서로 상충하기도 한다.

소화기계를 이루는 태양 차크라는 개인적 성질을 갖으며 불의 세계로 강한 힘의 원천이 된다. 평소에는 억압되어 있다가 모든 감정들이 속박에서 벗어나 자기의 인생을 개척하는 힘을 발휘한다. 생명에 필수적인 스테로이드 호르몬과 관계 있다.

순환기계를 이루는 심장 차크라는 피와 공기에 해당하며 심장과 폐는 대기의 영역에 속한다. 내적 측면은 "사랑"에 해당하여 상처를 입기도 하는데 참지 못할 고통을 겪는 것이 아니라 겪을 수 있을 정도로만 느낀다. 프로이트가 말하는 에로스(Eros)를 느끼지만 고통이 심하면 죽음(Thanatos)도 생각할 수 있다. 자기 자신에 대한 사랑의 결여도 장애를 일으킨다. 따라서 인간의 미세에너지 중 가장 중요한 에너지이며 영성의 근원이라 할 수 있다. 이러한 영성 차원의 불균형은 에너지의 흐름을 막아 비탄, 고독, 억울함, 죄책감 등으로 괴로움을 겪을 수 있다.

호흡기계를 이루는 목 차크라는 원소는 에테르이다. 정신적 현실 세계이며 내적 측면은 대화 및 의지를 나타낸다. 또한 상징의 세계로 인간은 항상 자기 자신을 상징으로 드러낸다. 가장 강한 상징은 자신 안에 존재하는 신을 드러내는 것이다.

특히 영적 영역에 속하는 미간 차크라는 지시를 의미하며 장기계는 자율신경계(autonomic nervous system)에 해당한다. 내적 측면은 직관 및 내적 시각이 활성화되어 법이나 규율과는 상관없이 신성한 의지의 표출이며 총체적 의식의 상태이며 영적인 힘을 발휘한다. 외계의 미간 에너지가 흡수되면 직관력이 높아지고 물질을 넘어선 수준에서 주위를 관찰할 수 있는 이를 원격투시라 한다.

영적 탐구의 최고봉인 정수리 차크라는 장기는 중추신경계에 해당하며 칼 융은 경험을 넘어선『우파니샤드』의 중심 사상이자 우주의 근본원리를 가리키는 브라만(brahman)이 존재한다고 하였다. 즉 우주 최고의 존재자, 일원론의 궁극적 실재 즉 유일자로 존재하지 않으면서 존재한다는 것이다. 개인의 본체인 아트만(atman, 我)과 함께 범아일여(梵我一如) 사상의 주요 개념이며 산스크리트어로 '힘'을 의미한다.

따라서 칼 융이 주장하는 개별화와 같이 차크라 역시 완성된 단계로 수직 상승하지 않기 때문에 반복연습을 상소한다. 경험이 완전히 고착되어 정신적 일치감을 느끼는 삶을 살아가는 것이 인간의 참다운 목적이다. 인생의 본질에 관한 내적 탐구에 정신을 집중할 때와 명상이나 영적 수준의 능동적 탐구에 의해 작용한다.

특히 인도의 철학과 종교 사상의 원천이며 사람 · 신 · 우주의 이치를 주장하고 있는 우파니샤드(Upanishad)는 우주적 실체인 브라만과 인간 내면의 자아인 아트만(atman)의 궁극적 일치를 주장한다.

결국 칼 융의 주장은 종교적 영성을 벗어날 수 없음을 자아와 자기의 관계를 통해 종교적 과정으로 보고 있는 것이다. 이 과정에서 주요한 역할을 하는 것이 그림자

(shadow)의 통합이라 할 수 있다. 이렇게 자기 체계를 확고하게 정립할 때 자기 초월의 길로 나아가게 된다. 그러므로 심리치료는 의학적, 심리적, 종교적, 영적인 측면에 근거하여 해결해야만 가능한 것이다

초월은 의식 속에 무의식적, 비이성적 요소들을 포함하여 꿈과 환상에 주목하며, 이성과 논리를 사용하면서 무의식의 힘으로 그러한 의식의 과정을 조정한다. 초자연적이며 영혼적인 현상에 관심을 가지고 신비한 것을 수용한다.

또한 인간의 고통과 절망, 무감각하고 목적도 없으며 무의미한 느낌은 성격의 무의식적 기초와의 접촉 상실로 인해 초래된다고 보았다. 이러한 접촉 상실은 현대의 과학과 지식만을 추구하는 삶의 지표로 신봉하는 추세에 있다는 것이다. 현대인은 너무 한쪽에만 치우쳐 무의식을 희생시켜 버리고 의식적, 합리성만을 강조하는 존재임을 강조하고 있다고 보는 것이다.

그가 주장하는 집단무의식은 재탄생이나 선험 또는 선재에 대한 인간의 믿음을 원형이라 했으며 이는 태곳적 선조들의 정신적 삶의 의식으로 사고와 감정, 경험, 신에 대한 인식 및 의식 등이 그대로 답습되는 것이다. 따라서 집단무의식은 인간의 삶과 죽음을 초월한 원시적 자연 그대로를 이어오고 있다.

정상적인 삶이 어려운 이유는 이러한 집단무의식의 원형과 현재의 상황이나 환경이 서로 배치되어 있기 때문인데 공포, 불안, 충격 등이 갑자기 밀려오면 신경증이나 정신병으로 나타나게 된다. 의식은 개인적이고 집단무의식은 선험에 의한 의식으로 엄연히 구별되고 개인의 성격과 기질에 따라 다르게 나타날 수 있다.

영적 성장의 길은 남성성의 상징인 아니마와 여성성의 상징인 아니무스가 이미지나 동기를 통해 사고나 행동 그리고 감정 등에 영향을 미치는 원형을 이해하고 의식화하여야 한다. 남성과 여성의 내면세계인 무의식을 표현하는 것이며 의식 세계에서는 나타나지 않는다. 집단무의식에 있는 남성의 영혼은 아니마 여성의 영혼은 아니무스이다. 아니마와 아니무스는 의식과 무의식을 연결하는 내적 인격이다. 따라서 영혼은 무의식 세계와 관련이 깊어 꿈이나 환상 등 무의식의 전언을 통해 드러나게 된다.

(4) 알프레드 아들러의 영적 성장

아들러의 전체성(holism)을 통한 영장 성장은 인간이 전인적 존재라는 것을 개인심리학을 통해 주장하면서 인본주의 및 실존주의 심리학 태동에 영향을 주었다. 그는 자기중심적인 면 보다는 권력욕구와 우월욕구에 의해 조정되고 공동체감을 중시하면서 개인의 우월 목표와 공동체감이 하나로 결합하여 그 정도의 차이에 따라 특정한 성격이 형

성된다고 보았다. 특히 인간을 하나하나의 요소로 분할 할 수 없는 통합적인 존재로 인식하였다. 따라서 성격발달은 선천적인 것이 아니며 정신생활이 시작되면서 의식하는 목표에 도달하기까지 패턴 속에서 진행된다는 것이다.

이러한 패턴의 중심에 영성이 개입되고 종교적 생활양식은 삶의 목표를 추구하는 개인의 전체성이라 보았으며 영성이 개인의 실존적 문제를 다루는데 필요로 하는 인간의 조건으로 보고 있다. 즉 영성은 영혼의 영원성과 같으며 삶의 질에 있어 핵심을 이룬다. 또한 전체성이란 형태를 지칭하는 것이 아니라 철학, 태도, 마음을 말한다. 개인의 신체, 정신, 영혼이 안녕한 상태로 개인에 의해 통제되는 최적의 건강상태로 편안함을 지향하는 삶의 방식이다. 이것은 인생의 커다란 과제로 영성이며 안녕의 핵심이다.

따라서 종교는 삶이 질 향상에 대한 개인의 자각에 가장 중요한 요인이며 건강한 생활양식을 위해 필수적이다. 영성이 보편적이고 개인적이며 사적인 개념인 반면 종교는 구조화 혹은 형식화된 제도라 할 수 있다. 이러한 차이가 종교와 영성을 구별하며 종교와 개인이 성장했던 문화를 초월하고 불멸의 영혼으로 존재한다.

영성이 개인의 영혼과 인격이라면 자기 지향이라는 인생 과제는 성격과 개인적 습성이다. 그러므로 영성은 일상적인 존재이며 동시에 초월적인 성격을 띠는데 중요한 것은 본인이 어떤 방향이나 방법으로 매일, 매시간 수행 또는 노력하는가에 따라 영성에 이를 수 있다. 즉 믿음 생활과 신에 대한 숭배, 삶의 목적이나 의지, 헌신과 봉사 등 방법의 선택이 중요하고 구체적인 방법은 명상, 기도, 예배, 묵상 등 내적 참여를 필요로 한다.

영성이라는 인생의 과제는 삶의 핵심이지만 개인이나 타인에 의해 쉽게 달성되지 않기 때문에 외적 세계인 환경과 내적 세계인 자기지향적 요소들이 서로 상호작용하면서 원만하게 경험하면서 영성을 키워야 한다. 왜냐하면 인간은 누구나 행복과 질 높은 삶을 원하면서 자각하고자 하는 정신생활의 근원이 바로 영혼의 존재라는 사실이기 때문이다.

특히 현대인에게 당면한 인간성이 피폐와 환경파괴로 인한 각종 사회적 위험은 더욱 인간성을 고갈시키며 서로를 불신으로 몰고 가기 때문에 영성의 추구는 질병의 예방과 치유뿐만 아니라 건강한 생활양식을 통해 삶의 목표와 목적을 달성하고 희망과 낙관 속에서 자유를 누리며 가정과 지역사회에서 하나가 되어 온전한 사회생활을 영위하고자 하는 것이다.

인간은 나약하지만 삶의 의지와 영성을 통한 새롭고 강한 에너지를 얻게 되면 신성에 의한 일치성과 초월성을 발휘하는 영적 관계 맺음으로 인해 종교적 인간으로 다시 태어나게 된다. 이것은 인간이 불멸의 영혼을 가진 전통적인 경험에서 우러나오는 영성체의 본성이기도 하다. 이러한 영적 체험이 개인의 영혼과 더불어 개인의 타고난 성격과의 일체감을 형성하면 개인의 인격이 형성되며 동시에 독특한 능력이 개발되면서 신체적 건강은 물론 정신적인 안녕까지 조정이 가능하고 의식적 통제까지도 가능하게 된다.

개인의 신념과 행동을 변화시켜 대인관계나 사회생활을 원만하게 이끌어주며 건전한 사고방식을 통해 인격이 완성된다. 따라서 아들러의 영적 성장을 위한 가장 중요한 길은 영성을 바탕으로 한 믿음과 기도나 예배, 혹은 자기 규율이나 반성을 통한 조화 그리고 삶의 확고한 목표와 목적을 가지고 의식적 노력과 의지를 실천하는 것이다.

4) 영성에 이르는 길

영성에 이르는 길은 어렵지만 자아실현을 위해 심신을 정화하고 신성한 능력을 추구하고자 하는 것이다. 이러한 영적 수행에는 믿음, 기도, 묵상, 명상, 마음챙김, 예배, 신에 대한 지식, 삶의 의미 등 다양하지만 첩경은 '기도'라고 할 수 있는데 그 이유는 기도는 마음의 빠른 주파수에 접근하는 보이지 않는 에너지 파동이기 때문이다.

인간은 유기체이며 생명력에 의한 작용으로 죽음에 대항하기 때문에 항상 많은 에너지를 사용한다. 이때 가장 중요한 것은 현 상태에 그대로 머물지 않고 계속 움직임 속에서 생명이 유지되기 때문이다. 가장 낮은 파동에서 가장 높은 파동까지 움직일 수 있지만 보통 사람들은 중간 정도의 파동에서 일상생활을 영위하고 있는 것이다.

영혼이야말로 가장 빠른 파동을 가지고 있기 때문에 무의식과 영혼 의식은 단순한 자극이 아닌 생각과 개념에 의해 움직인다. 특히 인간은 이성적이지만 비이성적 심리적 힘에 의해 움직이는 존재라는 사실을 기억하여야 한다. 따라서 인간은 다양한 경험에 의한 이성과 감정 그리고 인식을 바탕으로 사고하는 영혼의 에너지가 반드시 필요하다.

영혼의 에너지는 프로이트의 정신분석이론을 배제하고 논할 수 없다. 인간의 본능과 무의식의 세계를 무시할 수 없는 것과 마찬가지다. 자아가 무의식에 억압되어 의식으로 표출되지 못하는 저항을 배제하고 의식으로 표출되도록 유도하는 것이 관건이다. 즉 억압으로부터의 영혼을 해방하는 것이다. 즉 이드로부터 자아를 놓아주는 방법을 찾으면 간단한 문제이다. 자아를 강화하고 초자아로부터 독립하여 자아를 자각하면 이드는 반드시 축소될 것이다. 영혼이 살아 움직이고 정신과 마음의 안위를 찾게 되면 억압은 사라진다. 왜냐하면 자아의 기능이 활발해지면 본능과 초자아와 중간자 역할을 통해 인간의 욕구를 부족하지도 충만하지도 않은 중재자의 역할을 원하게 수행하기 때문이다.

인간의 신체와 정신은 이분법적으로 나눌 수 있고 서로 유기적으로 작용한다. 즉 물질과 정신의 상호작용이다. 그러므로 이원론과 일원론 혹은 비이원론으로 구분한다. 프로이트는 일원론을 신비주의라고 일축하고 정신과 신체의 분리를 통해 정신분석학을 주장했다. 이러한 그의 학설을 결국 그를 의학자에서 심리학자로 변하도록 이끌어주는 계기가 된다. 즉 심리적 요인이 신체적 병의 형성에 예상외로 강한 영향을 미친다는 것을 주장하며 무의식이 신체와 정신의 강력한 매개물이며 오랫동안 결핍되었던 잃어버린 고리라고 주장한다.

특히 정신 현상을 신체로 바꾸는 신체화는 정신 현상에서 자연스럽게 나타나는 자율기제라고 본다. 따라서 신체의 인과관계는 심리적 인과관계와 다를 바 없는 것이다. 정신심리의 혼란이 결국 무의식의 혼란이고 인과관계가 형성되어 있는 신체의 인과관계로 자동적으로 이어지는 것이다. 결국 이원론은 한 방향으로 작용하는 벡터 즉 힘이고 이것이 행동으로 나타나서 신체조직에 대한 정신 심리를 결정하게 만든다.

정신과 신체의 유일한 근원은 프로이트가 주장하는 무의식인 "거시기"를 강조한다. 정신분석학을 창시하면서 그 토대를 인간 존재의 개념을 신의 창조물로 정신의 개념을 영혼으로 구분지었다. 이와 같이 이원론으로 바탕에 두는 이유는 일원론으로 흘러 신비주의에 빠지는 것을 염려하는 것이다. 그의 과학적 근거에 의한 의학적 판단은 정신분석학이라는 학문의 굳건한 반석을 세우는 일이기 때문이다.

반면 그로텍은 일원론을 주장한다. 그는 인간과 자연의 복잡한 관계에 근거를 두고 의학적 전통을 고수하고자 했으며 학문적 뼈대는 바로 정신신체의학이다. 즉 신체와 영혼의 분리를 강조하는 이원론적인 사고에서 신체와 영혼이 하나라는 일원론적 사고를 지탱하기 위한 틀이라고 할 수 있다. 즉 인간은 두 개의 기능을 가지고 있지 않다는 것이고 신체만의 병을 인정하지 않는 것이다.

신경과학자들의 영적 경험에 대한 뇌 기능을 조사에 따르면 신경전달물질과 뇌의 특정 영역이 관련되어 있음을 발견했으며 더욱이 실험자들은 행복감과 지각 왜곡을 유발하는 것으로 알려진 향정신성 제제를 투여하여 개인이 영적 경험을 성공적으로 유도했지만 종교성과 영성은 뇌의 전자기 자극에 의해 약화될 수 있다는 것이다.

따라서 영성이 정신병의 하위 유형일 수 있다고 추측하도록 동기를 부여했으며 정신병을 앓고 있는 사람들이 부적합한 것으로 평가하는 것과 비정상적인 감각과 지각은 개인적 영혼의 초월적 경험으로 볼 수 있다.

영혼과 영성의 구분적 개념을 정립하기 위해서는 이성의 개념을 다시 이해하여야만 가능하다. 영혼은 몸과 정신 그리고 마음의 작용과 더불어 죽음이라고 하는 육신의 분리 상황에서도 존재하는 마음에너지인 반면 영성은 영적에너지로 신과 인간의 관계이며 절대자의 의지를 실현하고자 하는 초월적인 것이다. 영혼은 정신이고 마음이며 사상이기 때문에 인간의 의지가 강하게 작용하고 영성은 신의 의지가 강하게 작용한다.

이러한 생각의 틀은 이미 플라톤의 영향으로 그의 철학은 죽음의 견습과정으로 "철학을 제대로 행하는 사람은 죽음을 연습함으로써 누구보다 죽음을 두려워 하지않는다"는 것이다. 죽는 순간 영혼이 육체를 빠져나가기 때문에 매 순간이 마지막인 것처럼 행동을 해야만 했다. 그리고 사소하고 하찮은 것들을 끊임없이 경계함으로써 언젠가는 남겨두고 떠날 개별 인격을 초월하는 대신 신과 인간을 하나의 전체로 보는 시각을 얻고자 노력하는 것이다. 특히 인간의 본질 속에 있는 비인격적이며 자연의 법칙에 구속적인 습성인 본능을 해결하는 길이기도 한 것이다.

인간의 무의식적 영역인 본능과 자아의 욕구를 억제하는 영적 영역인 초자아는 도덕이나 양심보다는 월등하게 초월적이며 신성의 영역이므로 진정한 영성에 이르는 길은 인간의 심성을 과학적으로 이해하여야 하며 특히 정신분석학 이론을 인지하고 인간과 사회와 환경을 토대로 물질, 정신, 마음, 영혼의 상호작용을 인식하는 훈련이 영성에 이르는 첩경이다. 영성이 중요한 이유는 오늘날 만연해 있는 영혼이 상실되어 정신질환으로 발전하고 있기 때문이다.

이러한 영혼이 파괴되는 현실을 목도하면서 현실에 요구되는 해결책은 심층심리학자들의 이론들이 필수적이다. 특히 정신분석학의 창시자 프로이트는 이원론적 관점에서 자기 사상을 표현했다. 이러한 이원성은 어떻게 해서 현재와 같은 인간이 되었는가 하는 대전제에서 문제의식을 갖고 과학적 접근을 통해 연구를 거듭하며 획득한 통찰에 의해 학문의 세계를 이룩하였다.

그의 학문적 목표는 현실의 혼돈으로부터 질서를 찾고자 하는 것이다. 특히 선과 악은 공통된 과정을 통해 생긴다고 보았다. 또한 그는 이성과 감성을 실재라는 현실과 결부하여 냉엄한 현실을 마주하였고 삶을 견뎌내면서 죽음을 직시하였다.

또한 아들러의 영성에 이르는 길은 인간의 한계를 초월하는 힘이나 에너지를 강조한다. 즉 인간보다 월등한 존재를 인정하는 것으로 생활에 의한 경험보다 더 직관적이며 사적인 믿음의 문제이기도 하다.

창조주 혹은 절대자 등 신적 존재를 인정하는 것이며 동시에 우주의 무한 광대함에 대한 경외이기도 하다. 전통적으로 영성은 명상, 기도, 예배, 묵상, 내성을 통해 평화를 추구해 왔다. 기도하는 자세는 종교의 본질이기도 하지만 청원, 감사, 고백, 참여가 포함되는 의식으로 기도하는 태도에 구조와 내용이 내포되어 영성으로 드러나게 되며 순간적인 자각 즉 깨달음은 생을 향한 영원한 경외심을 가지게 할 것이다.

제4장 영혼의 재활

영혼 재활(Spirit Rehabilitation)은 신체의 재활은 물론 자신의 환경에서 주어진 정신과 마음의 기능을 최대한 향상시키는 것을 목적으로 한다. 또한 신체와 정신의 자유를 찾고 자유의지의 힘으로 자신의 삶을 새롭게 재생하는 것이다. 정신장애를 포함하여 성격의 문제나 적응 및 경계선 장애 등을 심리·영적인 방법으로 기능과 역할 수행을 돕는 것으로 넓게는 영혼 치유이다.

역사적 흐름은 고대 철학에서 출발하여 중세 신학적 사상에서 계몽주의와 낭만주의 시대를 거쳐 19세기 생리심리학과 실험심리학을 통해 학문적 가치를 인정받게 되었으며 정신분석, 행동주의, 인본주의 심리학을 바탕으로 오늘날 치료 영역으로 발전하였다.

특히 20세기 들어와서 심층심리학에 반발하면서 행동 및 인본주의 심리 등으로 변천되었고 인간만이 가지고 있는 무의식을 바탕으로 심층 심리와 인본주의 심리가 발전함과 동시에 뇌의 심층부나 구조상의 결함 등을 확인하고 생화학적 관점까지 확대되면서 신체와 정신의 부조화나 영혼의 갈등을 해결하는 영혼 재활의 필요성이 대두되었다.

영혼 재활은 생물학적인 측면에서 인간을 이해하려는 관점과 인간의 내면과 외면의 상호작용에 초점을 두고 이해하려는 관점, 인간의 무의식적 욕구를 중시하는 정신분석적 관점, 의식적 수준이나 자신이 인식하고 있는 이상의 초월적 잠재력을 개발할 수 있다는 인본주의적 관점 등 다양하나. 특히 의식적 주의력은 영혼 재활에 중요한 위치를 차지하고 있다.

그러므로 영혼 재활은 인간의 내면세계에 존재하고 있는 심성적인 본질의 문제를 해결하고 자신의 본래의 성격과 선대의 유전적 기질에 따른 영혼의 문제를 전문적인 기법으로 해결하고자 하는 것이다. 실생활의 부적응과 과거 유전적으로 이어져 오는 생물·심리학적 문제까지 영혼의 안정성을 되찾게 해주는 것이다.

인간의 내적 외적 환경에 의해 억압되고 파괴된 영혼과 스트레스에서부터 불만과 증오, 억울함에 의한 억눌림 등을 무의식으로부터 끌어내어 발산시키고 표출하는 것이다. 일상적인 걱정과 번민, 고뇌, 병적 집착, 양가감정, 충동적 행동에 대한 자기 절제 등 마음 병의 원인과 영혼 재활의 과정에 대해 스스로의 통찰력을 통해 실제 체험을 겪으면서 현실에 직면할 수 있도록 도와준다.

영혼 재활은 기존의 심리치료 기법을 배제하지 않고 통찰하여 경계를 허물며 시대 변천에 따른 새로운 치료기법이다.

1. 영혼 재활의 이론

1) 영혼 재활의 목표

영혼 재활의 목표는 한 개인의 일생을 통하여 삶의 참다운 의미를 깨닫고 삶과 죽음의 연속성에서 깊이 있는 통찰을 통해 건강한 정신적 생활을 영위하는 것이다. 따라서 구체적인 자신의 환경에서 기능을 향상시키고 생활의 만족감을 극대화하는 것이 우선이다. 개인의 생활, 교육, 직업 등 다양한 영역에 걸쳐 변화를 추구할 수 있도록 지지하여 참나를 발견하고 자기를 실천하는 것이다.

2) 영혼 재활의 철학

영혼 재활의 철학은 개인의 강점을 개발하고 역기능으로부터 회복하여 건강한 영혼을 유지하며 삶의 질을 향상하는 것이다. 이러한 철학을 실현하기 위한 전제 조건은 영혼의 재활을 위해 가족들의 개입이 필수사항이다. 또한 전문가 개입을 통하여 구조화된 문제해결 방법으로 치유 효과를 극대화 할 수 있으며 특히 약물복용, 신경증, 우울증, 편집증 등 사회적 분리를 겪고 있는 사람들이 고통으로부터 벗어나도록 적극적으로 도와주는 것이다.

3) 영혼 재활의 기본원리

영혼 재활의 기본원리는 인간의 기능과 역할을 이해하기 위해 심층 심리와 초월 심리, 뇌과학, 양자의학, 사후세계 등 광범위한 영역까지 융복합적으로 폭넓게 수용하여 인간의 고유기능을 회복시키는 것으로 그들이 처한 상황에서 기능을 최대한 활용할 수 있도록 도와주는 것이다. 특히 희망을 잃지 않도록 지지하며 개인의 독립적 기능을 최대한 높이도록 유도하는 것이 가장 중요하다.

2. 심층심리치료

1) 정신분석학

영혼의 심층 심리학자는 지그문트 프로이트(Simund Freud)가 대표적이다. 그는 유기체 중에는 보편적인 물리·화학적인 힘 이외에는 어떠한 힘도 작용할 수 없다고 보는 유물론적 생리학의 영향으로 역학적 사고방식과 에너지 항존의 법칙이 적용된다는 것을 강조하였다. 특히 정신분석학은 생물학적 측면에서 정신현상이 자연과학적 인과관계를 통해 일어난다는 점을 중시하며 사람의 의지는 여러 가지 원인에 의해 규정된다는 '결정론'을 강조했다. 이러한 이론의 토대로 정신분석학을 창안하였으나 말년에 인본주의 심리학으로 돌아서게 된다.

정신분석은 인간의 정신과 마음에 관해 연구하는 학문으로 프로이트가 1895년 자신의 꿈을 분석하며 1896년에 '정신분석(Psychoanalysis)'이라는 용어를 사용하였으며 1900년에『꿈의 해석』을 발간하였다. 정신분석은 무의식에서 의식에 이르기까지 환상, 꿈, 동기, 갈등, 사고, 감정, 행동 및 이상행동이나 정서장애의 치료를 목적으로 한다.

특히 인간의 열정과 욕망을 움직이는 힘을 '리비도(libido)'라고 했으며 성욕적 쾌감의 토대가 되는 심리적 에너지를 뜻한다. 특히 심리성욕설(psycho-sexuality)에 근거하고 있으며, 심리 내적 과정으로 생성되는 행동이나 심리 활동을 설명하기 위해 구성된 이론이다. 1905년 발표한 『성욕에 관한 세 편의 해석(Drei Abhandlungen zur Sexualtheorie)』에서 리비도 개념을 처음 소개하였다. 그러나 정신분석의 진정한 의미에 대해 종교적 영혼 돌봄의 가치를 주장하며 "목양적 돌봄(pastoral work)"이라고 표현하였다.

한편 신프로이트학파 에리히 프롬은 인간의 가장 강한 욕구는 신체에 뿌리박은 욕구가 아니라 인간 존재의 특이성에 연유한 욕구라고 하였다. 인간의 모든 열정과 노력은 인간의 존재에 대한 해답을 찾기 위한 시도이며 이것은 바로 독특한 욕구의 충족방식으로 종교적인 것이라 하였다. 종교가 인간 존재의 문제에 대한 해답을 구할 수 있는 통로라고 생각하였으며 정신의학의 발전으로 영혼(soul)의 치유에서 마음(mind)

의 치료로 변천하였던 것이다. 따라서 인간의 마음은 무의식이 지배한다는 것을 강하게 주장한 프로이트의 정신분석학은 정신성적(psycho sexual) 발달에서 정신영적(psycho spiritual) 발달로 성장했다고 할 수 있다.

정신성적 발달단계는 인간의 생물학 및 심리적 발달을 기준으로 하여 유전적 요인 및 생의 초기 경험이 성격 형성에 영향을 준다는 이론으로 인간 심리의 근간이 유년 시절에 형성된다는 점에 강조하는 인격 발달의 구조적 틀이라고 할 수 있다.

한편 하인즈 베르너(Heinz Werner)가 주장한 정신영적 발달단계는 개통발생설(orthogenetic theory)로 발달의 핵심을 융합(fusion), 분화(differentiation), 통합(integration)을 통해 인격의 완성을 이루는 발달단계이다.

프로이트는 '자아는 신체에서 비롯된다(Ego is bodily ego)'고 하였다. 위니코트도 '자아의 발아가 대상과의 신체 접점에서 출발한다(psychosomatic partnership)'고 하였다. 신체와 마음은 불가분의 관계에 있다. 정신분석가 아놀드 민델(Arnold Mindell)은 명상 과정을 통해서 통증을 극대화하면 무의식에 있는 심리적 트라우마와 조우할 수 있으며, 이러한 연결점이 통증 감소의 출발점이 된다고 하였다.

인간의 욕망(desire)은 무엇을 하고자 하거나 간절히 바라는 것으로 항상 부족을 느껴 무엇을 가지거나 누리고자 하는 마음을 '바람'이라고 한다. 넓게 보면 꿈, 소망, 목표 등을 포함한다.

인간은 자연과 사회에 적응하며 살아간다. 특히 자신이 원하는 것을 충족시키기 위해 본능적으로 물질과 대상에 대한 요구(needs)를 갖는다. 본능은 동물적 감각으로 욕망과는 구별된다. 구체적으로 욕망은 단계적으로 형성되며 인간의 요구가 체험될 때 욕망은 희망이나 의욕 등으로 승화되기도 한다. 특히 욕망을 욕동과 구별하여 욕망의 시초 형태로 충족되는 수준이며 단계적으로 욕망의 자각 상태가 뚜렷해지면 희망이라 볼 수 있으나 지향의 대상과 행동의 방향이 확실하면 이것은 의욕이라 할 수 있다. 이와 같이 충동에서 의욕에 이르는 길은 자연과 사회에 대한 '욕망의 의식화'라 부른다.

반면 욕동은 사고와 감정을 유발하는 원동력으로 프로이트는 인간 행동이 내부로부터 생겨나는 동기의 힘, 즉 심리적 에너지로 보았다. 또한 정신과 신체 사이의 경계 개념으로 보았으며, 유기체의 내부에서 생겨나 마음에 도달한 자극들에 대한 표상으로 정의하였다. 동기적 힘이 특정한 표현 양식과 상관없이 작용할 수 있다고 보고 생리적 과정에서 생긴 자극들의 정신적 표상이라고 보았다. 욕동은 선천적이고 유전적으로 결정된 잠재력에 근원을 두고 있으며 욕동 그 자체는 의식적 자각을 초월한다. 즉 욕동은 생물학적으로 유발되는 충동(impulse)이다. 성, 적개심, 공복, 배변 등 본능적 욕구의 심리적 측면이다.

정신분석학에서 욕망(desire), 욕동(drive), 본능(instinct) 등으로 혼용되지만 욕구와 요구는 서로 다른 의미가 있다. 욕구는 생리적인 충동으로 무의식이 원하는 것이라면 요구는 언어를 통해 욕구를 표현하지만 언어로는 자신이 품은 욕구를 완벽히 표현할 수 없으므로 욕구와 요구의 사이에 욕망이 생겨난다. 그러므로 욕망은 결코 충족될 수 없으며 다만 욕망은 감정의 시원으로 사람이 살아가는 에너지로 보았다. 욕망은 충족이 가능한 생물적 욕구나 요구와 달리 충족될 수 없는 사회적 상상력으로 다른 대상들과 상호관계 속에서 이 대상들을 매개로 삼아 욕망의 양상이 달라진다. 즉 욕망이 보다 자각적이고 의식적일수록 인간의 활동은 목적지향적이 된다.

자크 라캉(Jacques Lacan)은 욕구, 요구, 욕망으로 세분화 하고 인간의 언어를 욕망을 통해 분석하여 독창적인 정신분석학 체계를 세웠다. 구조주의 언어학으로 재해석하여 인간의 다양한 욕망이나 무의식이 언어를 통해 구조화되어 있다고 주장했다.

따라서 정신분석 치료의 목표는 피분석자가 자신의 욕망에 대한 진실을 깨닫게 만드는데 있는데, 그것은 말로 발화될 때에만 가능하다. 타자가 있는 곳에서 그 타자에게 말할 때 욕망은 그게 무엇이든 깨달을 수 있는 것이다. 정신분석에서 중요한 것은 주체에게 욕망을 나타내도록 이름을 붙이고 발화하는 법을 가르치는 것이다.

(1) 방어기전(defense mechanism)

인간은 자신이 짊어지고 있는 무거운 짐을 내려놓고 싶어한다. 어떠한 상황이나 위기에 처해 있을 때는 더욱 그렇다. 즉 자신의 주위를 둘러싸고 있어 불안을 야기시키는 위험을 해결하고자 하는 심리가 있다. 자아는 현실적인 문제해결에 실마리를 찾음으로써 위험을 다스릴 수 있다. 현실을 부정하고 왜곡하여 인성의 발달을 방해하는 방법으로 불안을 줄이려고 한다. 특히 불안, 죄악감, 받아들일 수 없는 충동, 내적 갈등, 자아에 대한 위협으로부터 개인을 방어하기 위한 무의식적 반응이다.

자아는 불안이라는 신호를 계기로 방어기능을 동원하는데, 방어는 외부현실에 대한 적응과 내적 욕구 충족과의 갈등을 해결하고 외부현실에 적응하는 과정에서 형성되는 것이라고 보았다. 방어는 정신내부의 주관적인 안정과 외부현실에 대한 적응을 동시에 가능케하는 적응적 방어와 주관적인 안정을 얻을 수는 있지만 외부현실에 대해서는 부적응을 야기하는 부적응적 방어로 구분한다.

인간의 자아는 유기체 자체의 내재적 변화, 특히 신경계의 변화가 일어날 때 성장한다. 그렇다면 유해한 방어는 존재하는가? 방어는 유익한 자아 활동에 사용할 수 있는 에너지를 저장하고 있다. 방어가 활발하게 작용할 때는 그 방어가 자아를 지배하고 자아의 융통성과 적응성을 감소시킨다. 그러나 방어가 실패한다면 자아는 돌아갈 현실의 대상이 없기 때문에 불안에 압도당하게 되고 신경쇠약에 걸리게 된다.

중요한 방어기전의 종류에는 억압(repression), 부정(denial), 반동형성(reaction formation) 등이 있다. 억압은 고통스러운 경험과 받아들일 수 없는 충동들을 의식적으로 배제하는 기본적인 방어기전으로 자아의 안전을 위협하는 외적 존재를 거부하거나 날조함으로써 객관적 불안, 신경성 불안, 도덕적 불안을 제거한다. 즉 받아들일 수 없는 충동들을 의식계에서 배제하는 고통이나 불쾌한 생각, 기억, 감정, 충동 등이 의식에 떠오르는 것을 방해하려는 마음의 움직임이다. 특히 억압된 불유쾌한 성적 욕구, 적대적 감정, 자아를 위협하는 경험들에 일어나는 불안으로부터 자신을 보호하기 위해서 무의식적 차원에서 작용한다.

특히 억압은 관절염, 천식, 궤양 등 정신작용에 의한 신체적 장애를 일으킨다. 관절질환은 적의를 금지하기 때문에 발병을 하는데 금지가 근육조직에 퍼져서 고통스러운 긴장 상태를 이끌어 낸다. 충동성은 근육조직을 통해 밖으로 표출되어야 하는데 금지된 마음의 억압으로 인하여 긴장이 해소되지 않은 채 오래 지속되면 만성적인 관절염이 될 수밖에 없는 것이다. 천식은 억압이 호흡기까지 확산된 것으로 사람들은 우려하는 일들이 생기면 가볍고 얕은 숨을 쉰다. 이것은 호흡기 속에 충분한 산소 공급을 어렵게 하며 부분적인 질식이 일어나 숨을 헐떡이게 한다. 궤양 역시 공포로 인해 소화 작용이 충분하지 못해 발생한다.

부정(denial)은 불쾌한 현실을 지각하지 못하도록 하는 것이며 반동형성(reaction formation)은 정반대 방향의 행동이나 태도를 취함으로써 수치스러운 충동을 숨기려는 것이다. 억압된 욕망은 꿈속에서 상징적으로 충족되는 일이 흔히 있다.

뉴욕 의대 재활의학과 존 사노(John Sarno) 교수는 만성 통증과 다양한 질병은 무의식 속에 억압된 결렬한 분노가 원인이라고 주장한다. 불안은 두려움, 염려 등의 느낌으로 실제 상황의 공포와 비슷하지만 무의식적 갈등, 불안정감, 내적인 금지된 충동으로부터 발생하기 때문에 의식적으로 그 근원을 알 수는 없다. 불안(anxiety)은 인격의 발달에 중요한 역할을 하며 신경증과 정신병에도 중요한 의미를 가지고 있다.

또한 신체의 내부 기관에서 발생한 흥분이 야기시키는 고통스러운 정서적 경험이기도 하다. 이러한 흥분은 내적 자극 혹은 외적 자극으로 인해 발생하며 자율신경계의 지배를 받는다. 불안은 어떤 특별한 의식 상태이기 때문에 주관적으로 구별할 수 있는 의식 상태이고 경험할 수 없는 불안이란 존재하지 않는다.

불안의 유일한 기능은 자아에게 위험신호를 보내고 고통스럽기 때문에 불안을 제거하고자 하는 것이다. 불안의 경고를 통해 이를 잘 극복하면 건강을 유지하지만 위험을 제거하지 못하고 압도되면 신경쇠약에 걸리게 된다. 불안감이 패배감을 줄 수도 있기 때문이다.

불안의 뇌 기능 영역은 전전두엽피질과 편도체와 관련된 영역에 이어져 있는 중격해마(septo-hippocampus)활동에 근거한 경고체계이다. 이러한 불안 체계는 불안 개념을 방어행동이 시작하게 되는 신호로 보는 정신분석과 인지 행동적 개념이 일치한다.

(2) 꿈의 해석(dream interpretation)과 자유연상(free association)

프로이트의 꿈 해석 이론은 인간의 정신 현상 중에서 가장 중요한 의미를 가지고 있는데, 불안을 해소하는 방어과정으로 꿈속에 숨어 있는 욕망을 자유연상(free association)에 의해 찾아내는 일을 말한다. 이러한 꿈의 해석은 수면 중에는 잠이 깨어 있을 때의 자아 활동이 저하됨으로써 억압된 욕망이나 불안이 변형되어 의식에 떠오르는 것으로 꿈의 상징적 내용 해석에 관한 이론이다.

특히 전의식의 사고가 무방비 상태의 꿈을 꾸는 동안 사람들에게 알려지고 의식적으로 알려지지 않은 억압된 기억들이 자는 동안에 좀 더 접근하기 쉬운 것이다. 현재 당면하고 있는 문제들로 인해 의식에 도달하려는 이 기억들을 억압하기는 어렵기 때문에 무의식의 기억들은 꿈에서 상징적으로 나타나게 된다.

꿈은 우리가 자기 자신에게 보내는 전언 혹은 예언이어서 사실을 알기 위해서는 꿈을 이해하지 않으면 안된다. 꿈 해석은 유사이래 오랜기간 계속되고 있지만 과학적 근거에 의해 체계적으로 제시한 것은 프로이트가 처음이다.

꿈 해석의 중요성은 꿈이 우리 내부에 존재하면서도 깨어 있을 때는 의식되지 않는 감정과 생각을 우리에게 의식시킨다. 따라서 꿈은 무의식에 이르는 지름길이다. 또한 꿈은 인간의 창조적 행위로 보통 깨어 있을 때는 확인하기가 어렵다. 실제로 꿈 때문에 잠을 설쳐가면서도 꿈을 통해 평소 자기의 원망이 충족되는 것을 경험하게 된다.

그러나 꿈의 해석은 원망 충족일 수도 있고 단순한 불안을 표현하는 것일 수도 있다. 꿈은 자기 자신과 타인에 대한 깊은 통찰까지도 표현할 수 있다. 특히 각성시의 상태에서 사고와 감정은 우선적으로 환경을 지배하고 자신을 지킨다는 것이 강하다. 각성 시 인간은 생존 의식이 지배한다. 그러므로 현실에 종속적으로 작용할 수 밖에 없다. 생물학적으로 인간은 시간과 공간을 벗어나서는 생존할 수 없는 한계성 때문이다.

반면에 수면 중에는 현실의 법칙에 종속되지 않는다. 자신의 내부 세계만 보고 외부 세계는 볼 필요가 없다. 사고와 감정을 포함해서 수면 중의 정신활동은 각성 시의 상태와는 매우 다르다. 수면 시의 생활과 각성 시의 생활은 인간 존재의 양극으로 각성 시의 생활은 행동의 기능과 연결되어 있으나 수면은 행동으로부터 독립되어 있다. 수면은 자신이 경험한 내용과 관계가 있다.

따라서 잠에서 깨어나면 바로 행동의 영역으로 이동하고 기억은 그 속에 작용하기도 한다. 의식은 현실에 전념하는 상태로 시간과 공간의 상황에서 행동하는 정신적 활동이며 일이기도 하다. 반면 무의식은 우리와 외부 세계와의 전달이 끊어진 상태이며 행동이 아니라 자신의 경험에 의존하고 있는 정신적 경험일 뿐이다.

꿈은 비언어적이고 감정적이며 이미지로 나타나면서 질서와 시간의 경과가 결여되어 있기 때문에 직관의 작용이라 할 수 있으므로 꿈의 상기나 해석을 통해 무의식의 마음을 알 수 있도록 훈련이 필요하다. 무의식은 마음을 표현하는 것으로 행동과는 분명히 다르다. 자기의 마음을 들여다 보고 그것을 묘사, 분석할 때 언어를 사용한다. 그러나 사고나 기억 등의 영역은 언어영역과 다르기 때문에 무의식적 마음과 많이 결부되어 있다.

자유연상은 정신분석적 상담기법 중에서도 핵심적인 것으로 내담자는 자유연상을 하는 동안 보통 긴 안락의자에 눕고, 상담자는 그 옆이나 뒤에 앉아 내담자의 주의를 분산시켜 생각과 감정이 자유롭게 떠오르는 것을 방해하지 않도록 한다. 자유연상을 하는 과정에서 증상과 관련된 과거의 경험이나 기억들이 차츰 드러나게 되며 상담자는 이를 통해 내담자의 증상이 무의식적으로 어떤 의미를 지니는지를 이해하게 된다.

융(C. G. Jung)의 자유연상은 프로이트(S. Freud)의 정신기제에 대한 확정적 개념에 기반을 두고 있다. 융은 피험자들에게 단어목록에 자유연상을 요구하여 환자의 정서적 문제에 대해 통찰하도록 했는데, 1,900개의 정신의학적 훈련에서 자유연상을 실시하였다. 융은 환자가 단어연상검사를 할 때 나타나는 억압에 주목함으로써 자유연상에 대해 프로이트의 억압개념을 바탕으로 설명하였다.

자유연상의 법칙은 간단하다. 환자는 자신의 반응이 얼마나 어리석은 답인지, 얼마나 상관없는 답인지 상관없이 자신의 머릿속에 떠오르는 첫 번째 것을 말하면 된다. 어떠한 검열도 허용되지 않으며 생각과 감정을 즉각적으로 말한다. 무의식적 소망, 환상, 갈등을 해방시키고 탐색해 들어가는 기본적인 분석 도구이다.

자유연상을 통해 상담자는 내담자의 무의식에 억압되어 있는 내용을 규명해 내고 그 자료를 해석해 줌으로써 내담자 스스로 미처 의식하지 못했던 근원적 역동을 더 잘 통찰할 수 있도록 도와준다. 즉, 자유연상에서 환자는 훈련된 선택이나 검열 없이 마음에 떠오르는 것은 무엇이든 말한다. 환자는 때때로 자유연상검사를 할 때 평소보다 더 오랫동안 멈추거나 눈을 깜빡거리거나 침을 삼키는데 이는 상담자가 자신의 반응이 마음으로 갔다는 것을 감지했다는 표시다.

예를 들어, 만약 치료자가 환자에게 '엄마.' 그리고 '마녀.'라고 말을 한다면, 환자는 즉각적으로 반응하지 못할 수도 있다. 전문적 훈련을 받은 치료자는 환자가 첫 연상을 잘 보고할 수 있도록 격려해 준다. 상담자가 독특한 연상이나 연상에서 어려움을 겪는 경우에는 환자가 가지고 있는 심리적 문제에 대해 치료자와 이야기를 나눌 수 있는데, 후에 자극 단어에 대해 각각 걸리는 시간은 정신적 손상과 관련이 있다는 것이 밝혀졌다.

자유연상은 하나의 생각을 다른 생각으로 이끌 수 있다. 이는 꿈 작업에도 사용되며, 감정은 꿈의 특성과 직접적으로 연결되지는 않는다. 자유연상을 통해 꿈에 대해 기억하고, 가정하고, 통찰함으로써 자신이 인식하지 못했던 꿈의 메시지를 발견할 수 있다.

(3) 의식과 무의식

프로이트는 의식을 무의식에 비해 빙산의 일각이라 했다. 또한 무의식의 내용들을 의식으로 이끌어 내는 것을 중요하게 생각하였다. 물론 이후에는 의식과 무의식 존재는 약화되고 인성의 조직인 이드(id), 자아(ego), 초자아(superego)로 대체되었다. 인성의 역학은 인성 전체에 미치는 에너지 분포의 변화롤 통해 이루어 진다.

인간의 행동은 인성 역학이 결정한다. 초자아가 에너지를 지배하면 도덕적이 되며, 자아가 지배하면 현실적인 되고 심리적 에너지의 원천인 이드가 지배하면 충동적이 된다. 따라서 인간이 어떤 사람이 되는가는 심리적 에너지(psychic energy)가 분배된 양상에 따라 달라지게 된다.

창의성은 인간의 정신능력에 있어 가장 중요한 지적 개념 중 하나이며 인간의 특질이기도 하다. 즉 창의성의 본질은 지능적 요소와 기질적 요소의 특이한 조합이다. 의식과 무의식의 차이를 깊이 이해하고 무의식의 창의성 관계를 통해 신체와 정신 그리고 영혼의 창의적인 특이성을 개발하는데 있다. 창발적인 사람이 어떻게 가능성 있는 문제와 해답의 실마리를 찾아 내는지를 살펴보면 효율적으로 에너지와 시간을 배분하고 단계적으로 탐구하여 철저한 연구가 필요할 때와 손을 놓을 때를 정확하게 알고 있다는 것이다.

특히 인간이 창조된 사실과 진화에 따른 유전 현상과의 괴리를 논하기 전에 인류의 무의식적 삶이 본능에 의한 생존의 문제라면 그 당시에는 현재만 존재할 뿐 과거나 미래를 꿈꾸지는 않았을 것이다. 오늘날 우리의 과거와 미래는 자아 혹은 의식이 만들어 낸 관념과 경험의 인식된 상태로 볼 수밖에 없다. 뇌의 생리·화학적 영역에 속하는 대뇌피질에 존재하는 것이며 이성에 의한 본능의 체계이다.

(4) 대상관계(object relation)와 대상상실(object loss)

대상관계는 자아(ego)와 대상(object)과의 사이에 생기는 관계이다. 대상은 인간이 대부분이지만 반드시 인간을 지칭하는 것은 아니고 자아가 관계를 가지는 모든 사물들도 포함한다. 대상관계를 가지는 것은 자아 기능의 하나이며 대상과의 관계성의 양상 여하는 자아의 발달과 더불어 변화한다.

인간의 초기 발달에서는 대상과의 관계를 형성할 능력이 없기 때문에 자타 구분이 미분화 되어 있으며 자기애적 상태에 있다고 할 수 있다. 그다음 단계에 이르게 되면 어머니와의 부분적 대상관계를 형성하면서 발달과정에 의해 통합적 대상관계를 이루게 된다. 이러한 과정속에서 개체의 발달에 따라 다양한 특징을 나타내며 성숙한 대인관계를 형성한다.

그러므로 인간은 본능적 욕구로 유발된 긴장을 감소시키기 위해 동기화되는 것이 아니라 대인관계를 형성하고 유지하려는 욕구에 따라 동기화된다고 본다. 이것은 정신분석적 틀을 재구성하는 것이라고 해도 과언이 아니다. 즉 프로이트의 정신분석적 역동모델이 대상관계이론의 관계모델로 확장되었다고 볼 수 있다. 대상이라는 용어는 전통적으로 타자와의 관계를 반영할 때 사용되는 개념이므로 인간 대상을 지칭하는 것으로 이해할 수 있다.

개인이 어떻게 관계 속에서 자기 자신과 다른 사람에 대한 표상을 형성하며, 이러한 내면화된 표상이 자신과 주변 사람들에 대한 지각과 경험, 관계 양식과 문제에 어떤 영향을 미치는지를 이해하는 데 유용한 이론적 틀이 된다.

대상관계이론(Object Relation Theory)은 대인관계의 내재화 그리고 자아와 초자아의 정상 발달과 병리적 발달에 미치는 영향과 대인관계적 대상관계와 심리내적 대상관계의 상호 영향력에 초점을 둔다. 심리사회적 환경 내에서 본능적 욕구를 표현하는 전반적인 변천 과정과 심리내적 구조 간의 상호적 영향력과 대인관계 경험을 보존하는 정신구조에 관한 이론이다.

특히 자기와 대상의 구성 요소에 있어 내재화는 본질적으로 양극적 특성을 갖는다는 사실이다. 즉 자기 이미지와 대상 이미지의 각 단위는 좋거나 나쁜 정동적 맥락 안에서 확립되며 자기-대상-정동의 단위들은 마음이라는 전체 구조를 결정하는 중요한 요인이다. 인간 삶의 주관적이고 경험적인 본성에 대한 심리사회적 접근과 심리내적 구조들을 연결하는 통합적 틀이라 할 수 있다.

경계선 상태나 정신증, 정체성 문제와 관련된 퇴행성 성격 병리와 만성적인 부부 갈등과 같은 유형의 정신병리를 이해하도록 돕는다. 자아와 초자아 형성과 그 상호관계에 대한 지식이나 다양한 내재화에 대한 명료화 등으로 내재화된 대상관계는 본능과 사회체계가 만나면서 개인의 성격 발달에 결정적으로 기여한다고 할 수 있다.

영국의 정신분석학회는 제2차 세계 대전을 전후로 3개의 그룹인 프로이트(S. Freud)를 중심으로 전통적인 정신분석의 맥락을 계승하는 그룹, 클라인(M. Klein)을 중심으로 하는 그룹, 그리고 페어베언(W. R. D. Fairbairn)과 위니캇(D. W Winnicott)을 중심으로 하는 영국 중간학파(British middle school)로 분리되었다.

전통적인 정신분석학파는 욕동지향적(drive oriented)으로 내적 실재(internal reality)의 중요성을 강조하였고, 클라인학파는 생물학적으로 추동된 욕망보다는 정서적 관계의 본성과 특질에 관심을 두고 발달의 문제를 윤리적 가치와 연결시켰다. 즉 개인은 처음부터 생물학적인 욕동들에 의해서 보다는 어머니와 유아 사이의 관계들 즉 최초 상호교환에 의해 형성된다고 보았다. 중간학파는 대상 지향적(object oriented)이면서 외적 실재(external reality)를 중요하게 생각하였다.

미국의 오토 컨버그(Otto Friedmann Kernberg), 해리 스텍 설리반(Harry Stack Sullivan)은 개인을 본능적 충동의 표현이라는 측면에서보다는 상황 속에서 기능하는 존재라는 측면에서 보았다. 설리반이 보는 상황은 실제적이거나 가상적인 사람들에 의해 결정된다. 따라서 그는 모든 구체적인 대인관계적 상황 안에서 각 참여자는 그가 경험했던 과거의 대인관계를 통하여 실제적이거나 가상적인 다른 개인들과 상호작용을 한다고 했으며 자기 체계의 중심적 역동을 결정하는데 엄마-아이의 초기 관계가 결정적이라 보았다.

자기 체계의 구조를 결정하는 초기 인격화(personification)는 어머니에 의해 욕구 해소와 다정함을 제공하는 관계 안에서 발달하는 ‘자기’인 “좋은 나(good me)”, 생리적 욕구나 다정함에 대한 욕구가 좌절된 경우 경험하는 ‘자기’인 “나쁜 나(bad me)”, 극도의 좌절이나 외상에 의해 발생하는 지극히 고통스럽고 무서운 해리된 자기 경험의 측면을 나타내는 ‘자기’인 “아닌 나(not me)”로 구분하였다.

설리반학파의 심리치료는 대인관계 영역 안에서 부정적인 애곡을 해소할 필요성을 강조하며 현재의 긍정적인 대인관계의 영향 아래 자신의 성격을 발달시키고자 노력하는 환자의 자연적인 성장 경향성에 의존한다. 곧 자기가 확장되는 것과 왜곡되고 파편화된 경험, 불안, 해리를 감소시키는 것을 의미한다.

대상 상실은 의존의 대상 상실로 상대방과의 이별, 실연, 죽음, 부모나 자식과의 분리 등이 있고 인간과 사회적 환경 등 익숙했던 역할로부터 결별이나 자기 소유물의 상실과 같은 것을 말한다. 특히 이러한 상실이 중요한 것은 의료적인 측면에서의 신체적 상실, 질병으로 인한 사회적 지위의 상실, 애정과 의존의 대상 상실은 영혼의 문제를 가져올 수 있다.

이러한 영혼의 문제를 프로이트는 애도작업(mourning work) 혹은 비애작업이라 하여 대상이 현실적으로 상실되어 있음에도 불구하고 내적인 환상의 세계에서 아직도 그 대상에 대한 사모의 정이 계속되기 때문에 일어나는 고통이 애도이고 상실한 대상에 대한 사모의 정을 최종적으로 단념하고 대상에게 쏟았던 정신에너지를 해소하는 심리 과정을 말한다.

애도의 심리과정은 처음에는 상실한 것을 인정하지 않으려 하거나 대상의 좋은 면만이 회상되거나 어떻게 해서든지 다시 되돌리려고 그 대상에 일체화하거나 자신을 버린 대상을 증오하거나 책임을 추궁한다. 상실 전에 대상에 품고 있던 증오나 적의 끝에 두려움이나 죄악감을 느끼기도 하며 후회나 보상심리를 가질 수도 있다. 심하면 아무것도 할 수 없는 비탄의 상태에 이르기도 하지만 애도 대상과의 관계가 정리되어 수용할 수 있는 단계로 전환되기도 한다. 애도작업이 온전치 못하면 심신의 문제가 생길 수 있다.

보울비(Bowlby)는 애도작업을 더욱 세분화하여 객관적으로 대상상실이 일어났음에도 불구하고 심적 내부의 대상포기로 발전하지 못한 단계를 항의단계라 하였는데 상실한 대상을 되찾고자 대상상실을 부정하고 심적 내부에서 대상을 찾아내서 계속 가지고 있는 것으로 대상상실을 인정하지 않으려는 것을 말한다. 또 다른 단계는 대상상실의 현실을 인정하고 대상에 대한 체념이 생기면 대상과의 결합에 의하여 성립되었던 심리적 현상이 해체가 되고 절망과 실의, 슬픔과 불안, 무력감 등이 엄습하는데 이를 우울증의 단계라고 한다.

프로이트는 우울증의 정상적인 애도과정과 병적인 애도과정을 비교하여 양자의 대상상실과 그 반응의 차이를 언급하고 우울증의 경우에는 대상상실이 곧 자아상실이라고 했다. 그 이유는 우울증의 경우에는 대상과 자기가 대상상실 이전에 정서적으로 분화되어 있지 않았기 때문에 대상상실이 자아상실이 된다는 것이고 병리적 근원이라고 보는 것이다. 상실한 대상이 자기애적 동일시의 대상이고 애도작업의 병리성을 규정한다는 것이다.

타인들과 맺는 내적 관계의 안정성과 깊이와 사랑하는 대상을 향한 양가감정에 대한 내성 그리고 죄책감과 분리를 견디는 능력과 우울해지는 위기를 극복하는 능력과 더불어 자기개념을 통합하여 행동 패턴 사이의 조화를 이루는 것이 중요하다.

2) 분석심리(Analytical Psychology)

(1) 분석심리 개념

칼 융(Carl Jung)은 프로이트(Freud)가 주장한 심리성적발달과 인생 초기에 성격이 결정된다는 결정론에 반대하여 인간 정신에 대한 분석을 주관적 체험과 현상학을 바탕으로 체계화하여 보다 새롭고 정교화한 이론을 주장하였다.

그의 이론 중 영혼에 영향을 주는 도덕적 성격(Morality)은 두뇌의 능력 즉 지능(intelligence)과 같이 천부적으로 주어지는 것이라고 했다. 소질이 없는 사람에게 그것은 무리하게 요구하게 되면 성격의 파탄이 올 수 있다며 인간은 열등한 존재라는 했다. 모든 사람이 자기의 그림자(shadow)를 가지고 있고 인간의 의식 속에서 구체화 되는 것이 적을수록 더욱 어둡고 농도가 짙어진다는 것이다. 자아에 의해 가려진 의식은 의식하지 못하거나 의식하고 싶지 않아서 거부한다는 의미가 있다. 그림자는 어둠 혹은 암흑 같은 불안과 공포의 부정적 감정의 영역에 놓여 있는 것이다. 부정적 감정인 열등 부분도 의식화되면 교정될 수 있지만 의식으로부터 억제(repressed)되고 고립되는 경우에는 결코 교정될 수 없으며 억제나 억압은 신체의 질병으로 나타난다고 보았다.

그러므로 우리는 상당한 노력을 통해 자신을 무거운 짐으로부터 해방시킬 수 있으며 이것을 성공시키지 못하면 신경증(neurosis)이 될 수도 있다. 여기에는 반드시 강화된 세력의 그림자가 있는데, 의식적인 인격과 그림자를 공존하게 하는 방법을 찾아야 한다. 그림자는 악한 면과 선한 면이 공존하기 때문에 그림자를 인식하는 훈련을 통해 무의식을 가능한 의식 차원으로 끌어 올려 개별화(individuation)를 추구하여 온전한 인격을 형성하여야 한다. 개별화는 자기 속에서 전체화(holism)가 어떻게 이루어지는지를 이해하고 하나의 전일성을 지닌 본래의 자기가 되는 것이다.

인간의 심리적 측면이 가지고 있는 넓이와 궁극적 성격을 결정짓는다는 것은 거의 불가능하다고 보고, 인간이란 정체를 정하기 어려운 총체를 단지 상징으로만 표현할 수 있다는 것이 영혼의 의식의 차이라고 볼 수 있다.

인간의 총체는 결국 의식과 무의식의 문제로 대두되고 본능(id), 자아(ego), 양심(super ego), 자기(self) 등으로 표현되는 것이다. 이러한 문제의 실제적 근원은 동양의 정신적 가치의 산물이며 정신과 마음 그리고 영혼의 문제를 해결하기 근원적 요소라고 할 수 있다.

따라서 칼 융의 분석심리는 정신분석과 목양적 돌봄을 영혼을 치유하는 일이라고 할 수 있다. 구체적으로 정신분석이 인간 내에 존재하는 온전함(wholeness)과 욕망에 대한 영혼의 치료라고 한다면 목양적 돌봄은 개인의 이해를 넘어서 초월적 의미를 추구하는 점이 다른 것이다. 그가 주장하는 개별화(individuation)는 인격의 의식적인 면과 무의식적인 면이 통합(whole)되는 과정으로 일생동안 지속되는데 의식세계의 중심인 자아(ego)와 무의식의 깊은 세계인 자기(self) 사이의 관계를 정립하고자 했다.

(2) 집단무의식(collective unconscious)과 원형(archetype)

현대인의 대부분이 전통 신앙으로부터 자유롭지만 그 과정에서 인간 영혼의 가치와 자연과의 합일점이 상실되었다는 것은 매우 아쉬운 일이다. 비근한 예로 현대사회는 인간의 비인간화의 문제가 매우 크다. "우리 시대의 일반적인 신경증"은 과거와의 영적 결합의 상실로 인한 직접적인 결과라고 주장한다. 따라서 치료 방법은 집단무의식을 이해하고 공감하는 중요하다.

모든 인류가 공통적으로 가지고 있는 무의식 영역으로 개인적 경험과는 별개로 조상 또는 종족 전체의 경험이나 사고의 영향으로 감정, 공포 등 원시적 성향 등이 포함되어 있다. 융은 정신병에서 환각과 망상 등의 내용들이 인류의 문화적 유산인 신화(myth)와 전설 등 상징과 의식, 종교 등에서 유사성이 많은 것을 발견하고 프로이트의 무의식과 구별하였다.

집단무의식은 성격의 가장 접촉하기 어려운 가장 깊은 수준에 존재하며 한 개인의 성격의 토대가 된다. 특히 현재의 모든 행동을 지시하며 성격에 있어 가장 강력한 에너지가 잠재되어 있다. 인류나 조상들로부터 물려받은 공통된 경험과 유사한 주제와 상징성 등 보편적인 경험들은 우리 내부의 심상으로 나타나거나 표현되는데 이를 원형(archetype)이라 했다. 원형은 본능과 함께 유전적으로 갖추어지며 집단무의식을 구성하는 민족이나 문화를 포함하여 신화, 전설, 의식 등 오랜 역사 속에서 겪은 인간 조상들에 의한 상징이나 무의식적 경험을 토대로 형성된 고유의 통합적 정신적 기질이다.

따라서 개인무의식이 복합체(complex)인 것과 마찬가지로 집단무의식의 내용은 원형(archetype)으로 충만하다. 원형은 인간의 마음속에는 인류의 축적된 경험으로부터 오는 마음의 구조적 부분이 존재하는데 이를 원시심상(primordinal image), 성상(imagos), 신화적 심상(mythological images)이라고 했다. 이들은 모두 집단무의식에 저장되어 인간이 세상을 보는 견해뿐만 아니라 개인의 인격 형성 구조 여하에도 중요한 역할을 한다. 그가 주장하는 원형의 대표적인 것은 아니마(anima), 아니무스(animus), 페르소나(persona), 그림자(shadow), 자기(self) 등이 있다.

원형은 인격 형성에 절대적으로 필요한 것이다. 원형의 유형 중에 아니마(anima)는 남성의 여성상이며 아니무스(animus)는 여성의 남성상이다. 그림자(shadow)는 인격의 어둡고 바람직하지 않은 면을 가리킨다. 의식적 인격을 발달시키는 동안 인간이 좋아하는 것의 이미지를 사람들 마음속에 구체화하려고 하는 경향이 있는데도 불구하고 자신이 원하는 것과 일치하지 않고 거부된 것들이 그림자를 만든다.

남자는 자신의 아니마를 이루는 여성성을 가지고 있지만 그의 그림자는 낯선 자아처럼 행동하는 거부된 남성적 속성들을 드러내 보여준다. 분열된 인격의 경우는 그림자가 자아의 역할을 빼앗을 수도 있다. 일반적으로 그림자가 능동적이라 생각한다. 화를 내거나 정욕적인 삶을 살려고 할 때 우리 안에 있던 성향이 의인화된 것이 그림자라 생각한다. 그러나 그림자는 수동적인 형상일 수도 있으며 우리가 거들떠보지도 않는 약점이 의인화한 것일 수도 있다.

따라서 그림자 인격은 다 살아보지 못한 삶으로 볼 수도 있고 가치 있는 속성을 가지고 있음을 알 수 있다. 그림자를 단지 부정적인 것으로만 볼 것이 아니라 활력을 주는 속성을 많이 가지고 있으므로 바르게 관계를 형성한다면 삶의 에너지가 될 수도 있다.

예를 들면 인생의 노년기는 황혼기(twilight years)라 한다. 그러나 여명(gray down)으로 표현되는 이유는 무언가 새로운 에너지를 필요로 한다는 의미이기도 하다. 물론 어두운 측면에서 구체적으로 살아가라는 자유를 주는 것이 아니라 정신사회적으로 그림자를 통합하는 의미이다. 또한 분노의 경우 분노는 참을 수 없는 상황에 대한 건강한 반응이므로 그림자가 없다면 견디기 어렵고 건강을 잃을 수도 있다. 따라서 그림자는 그것을 적절하게 이용하고 적절하게 관계를 맺을 수만 있다면 인격에 큰 도움이 될 수도 있다.

그림자가 주는 또 다른 도움은 유머 감각이다. 웃음은 대부분 그림자 영역이다. 유머의 특징은 인간 내면의 열등 감정이나 두려움 등을 표현해주기 때문에 유머를 이끌어 내기 위한 수단이 필요하다. 이러한 유머감각은 많은 훈련을 필요로 한다. 그림자는 자아이상(ego ideal)과 관계가 있지만 자아와 그림자가 동일시되는 것은 막아야 한다. 우리가 그림자를 가지고 있는 피할 수 없는 이유는 원형이기 때문이다. 자기는 가장 중요한 원형 중 하나이다.

칼 융의 집단무의식은 바로 영혼의 굴레이며 인류의 보편적 자의식의 표현이다. 죽음 후의 계속된 삶에 대한 욕망은 인간이면 누구나 꿈꾸는 것이다. 융이 보는 영혼관은 영혼이 인간의 외부에서 인체에 들어와 생명의 원리로 작용하는 실체로 정신과는 구별한다.

따라서 감각과 지각, 인식을 통한 사고가 아닌 스스로의 이미지를 산출하여 그 이미지를 자율적으로 조절이 가능하다고 보기 때문에 영혼은 인간의 구조적 틀에 의한 창조된 것이 아니고 신의 영역으로 인간이 기원하며 추구하고자 하는 구도의 대상이 된다.

(3) 융의 심리학적 유형

융의 심리학적 유형은 분석심리학 모델을 바탕으로 마이어스-브릭스 유형 지표(Myers-Briggs-Type Indicator, MBTI)가 만들어졌다. 이자벨 브릭스 마이어스(Isabel B. Myers)와 캐서린 쿡 브릭스(Katharine C. Briggs)가 개발한 성격유형 선호 지표로 사람의 성격을 두 개의 태도 지표(외향-내향, 판단-인식)와 두 개의 기능 지표(감각-직관, 사고-감정)에 대한 개인의 선호도를 밝혀서 4개의 선호 문자로 구성된 개인의 성격 16가지의 유형으로 나누어 설명하는 형식이다.

특히 융의 심리학적 유형은 판단기능과 인식기능으로 구분된다. 판단기능은 사람이나 사물을 인식하는 방식으로 판단의 근거는 사고(Thinking)이며 유형은 무엇이 '옳은 것인가?' '무엇이 틀린 것인가?'에 따라 판단한다. 주로 업무 중심 타입이며 진실과 사실에 관심을 가지며 논리 분석형이며 객관적으로 사실을 판단한다. 원리와 원칙을 따지며 논평하기를 좋아한다. 감정형보다 현실적이다. 감정(Feeling)은 인간관계 중심 타입으로 '무엇이 즐거운가?' '무엇이 즐겁지 않은가?'에 따라 판단한다. 사람과의 관계에 주로 관심을 가지고 판단한다. 포괄적이며 주변 상황을 고려하여 판단한다. 의미, 영향, 도덕성을 중시하며 우호적인 협조와 공감하기를 좋아한다.

인식기능은 감각기능과 직관기능으로 구분되며 '거기에 무엇이 있는가?'로 이해하며 판단하지는 않는다. 감각(Sensing)은 외부의 사실을 지각하는 오감이나 경험에 의존하며 현실적인 타입이다. 실제의 경험을 중시하고 지금에 초점을 맞추어 일처리를 한다. 생각, 느낌, 직관과는 대조적이며 즐거움의 생활을 영위한다. 직관(Intuition)은 내면의 사실에 입각하여 직관 및 영감에 의존하며 이상주의적인 타입이다. 아이디어를 중시하고 추상적이며 미래지향적이고 개연성과 의미에 초점을 맞추어 신속하게 일처리를 한다. 비유적으로 묘사하는 경향이 있다.

융(Jung)은 감정(Feeling)이 심리적 기제로 사용되는 네 가지 기능 중 가장 중요하다고 보았다. 감정은 어떤 것이 가치 있고, 누가 가치 있는지를 평가하고 판단하는 심리적 기능이다. 감정은 자아와 주어진 내용 사이에서 일어나는 과정으로, 순간순간의 일시적 의식의 내용이나 지각과는 관계없이 독립적으로 '기분'에 의해 나타날 수 있는 과정이다.

(4) 융의 차크라

칼 융은 고대 인도의 차크라 상징을 토대로 개인의 실제적인 경험과 연결하였는데 차크라를 자기실현으로 보고 있다. 개인의 차크라 상징들은 개별화 과정의 구체적인 단계들에 기억을 돕는 것이다. 개별화는 한 개인으로서 성장하여 다른 사람들과 다르게 되는 과정이다. 즉 한 개인의 특성이 발달되어 가는 차별의 과정이라 할 수 있다. 결국 무의식이 의식화됨으로써 의식영역을 확장하여 자기실현을 이루는 것이다.

그의 차크라는 생명의 상호 연결망을 의식한 파동에너지의 개념을 이해하고 인체에 적용한 것으로 파동의학의 선구자인 것이다.

의식화 및 자기실현을 이루는 추진력은 자아(ego)에서 나오는 것이 아니라 정신의 전체인 자기(self)에서 나오며 자기실현(self actualization)은 내적 전체인 자기가 지금 상황에서 나에게 원하는 것이 무엇인지와 나를 통하여 성취하고 싶은 것이 무엇인가를 아는 것을 말한다.

이러한 과정에서의 다양한 현상은 무의식과 조우, 그림자의 통찰, 투사의 철수, 아니마 혹은 아니무스와의 조우, 자기체험 등 차크라의 체계에서 정신의 이러한 면들이 드러난다. 차크라는 인간의 신체를 에테르 몸, 정서의 몸, 마음의 몸, 영혼의 몸으로 구분하였다. 사람의 물리적인 몸을 감싸고 의식에너지가 미세하게 신체에 통해 흐르는데 잠재 에너지로 저장되는 영적 계몽의 창조에너지라 하며 '쿤달리니(kundalini)'라고 한다. 쿤달리니는 척추의 가장 아래 쪽에 감긴 상태로 수면을 취하고 있다. 명상에서는 이 쿤달리니를 일깨워 의식에너지를 흐르게 하여 질병을 치유한다. 미골부위의 뿌리차크라 내에 잠재하고 있는 에너지로 적절하게 방출되면 신체의 모든 주요 차크라의 활성화와 정열을 유발할 수 있는 미세에너지이다.

인간의 본질이 다차원적 존재라는 사실과 더불어 신체는 상호작용하는 많은 에너지장 가운데 가장 밀도가 높다. 각각의 에너지장은 다차원에 걸친 빛의 몸으로 에너지실(energy threads)로 된 복잡한 네트워크를 매개로 물질적인 세포구조에 연결된다. 이 생명 에너지 통합망은 세포성장 패턴과 인간의식 확장에 대한 유도 효과를 통해 고치 파동의 힘이 신체에 전개되도록 한다. 유입된 미세에너지는 최초의 중계점에서 하강해서 세포기질과 통합되는 그 중계점으로서의 독자 기능을 맡은 것이 차크라인 것이다.

차크라는 특정 주파수 특성을 갖는 파동에너지만 처리한다. 더 나아가 에테르 수준, 아스트랄 수준, 고차 파동에너지 수준의 정보를 변환시켜 내분비계를 매개로 생물학적 변화를 가져온다. 내분비계는 세포의 유전자 발현에서 중추신경계 활동까지 광범위한 생리학적 변화를 조절하는 중요한 조절 체계로 뇌와 상호작용하여 기분이나 행동을 조절한다.

특히 정신신경면역학(PNI: Psycho - Neuro - Immunology)은 정신면역학(精神免疫學, Psychoimmunology)이라고도 하는데, 뇌, 내분비계, 면역계 사이에 상호작용을 통해 스트레스나 우울증, 면역력 저하 사이에 관련이 있다고 보는 것이다. 개인의 의식 또는 마음가짐이 심신의 건강에 큰 영향을 준다는 것이다. 마음이 자연치유력을 높이는 것이다. 뇌는 면역계를 포함한 모든 신체의 기능을 조절하기 때문에 뇌가 건강해야 면역력이 증가하여 질병에 잘 걸리지 않는다고 보고 뇌 기능 조절을 통한 질병 치료를 연구하고 있다.

특히 앤드류 와일(Andrew Weil)박사는 "생물에는 모든 치유 능력이 있다"라고 하면서 정신신경면역학은 정신이 신경을 통해 면역에 영향을 준다고 하며 '자연치유'를 강력히 주장한다.

결국 차크라는 의식상태의 변화에도 관여해서 감정의 변화까지도 유발하는데, 차크라와 미세에너지계가 정상적으로 작동할 때 감정의 균형을 이루고 있는 것으로 볼 때 감정이 질병을 초래할 수 있는 원인을 제공한다고 볼 수 있다.

차크라는 에너지 센터라고 할 수 있다. 신체에 분포하고 있는 차크라 점은 수없이 많지만 주요 신경총이나 내분비샘을 연결하여 중요한 기능을 하는 일곱 개의 차크라 점이 있다. 차크라는 미세체에 접속하여 다차원 세계로 연결되는데 이곳에서 받아들인 고차의 파동에너지는 차크라에 의해 처리되고 흡수되어 신체에 변화를 가져온다.

또한 차크라는 장기와 관련이 있는데 심장 차크라는 심장 및 순환기계와 관련이 있고 목 차크라는 기관지나 갑상샘과 관련이 있다. 각 장기계의 균형과 세포의 기능이 적정하게 유지하려면 각각의 차크라가 바르게 기능할 필요가 있다. 신체의 각 부위에 미세에너지가 공급되어 생명에너지로 발현되어 세포분자계를 흐르고 있을 때는 신체의 생명력은 탈 없이 유지되는 것이다. 특히 영양소가 분자 수준에서 세포의 성장과 항상성을 증진하고 파동에너지는 차크라나 경락계를 통해 운반되어 에테르체의 안정성이나 통합성을 유지하는 작용을 한다.

미세에너지는 정수리 부분에 있는 왕관차크라에서 몸속으로 흘러든다. 독맥경(督脈經)의 경혈로 표현하면 백회(百會)에 해당한다. 유입된 에너지는 신체의 중심인 척수나 신경절과 밀접하게 연결되어 에너지가 필요한 각 부분으로 미세에너지를 분배한다. 미세에너지가 차크라에 도달하면 생리적 정보로 변환되고 각 차크라에 이어져 있는 내분비샘에서 호르몬의 형태를 취한 신호로 변환된다.

호르몬의 작용은 강력해서 혈류에 방출되는 양이 극미량이라도 온몸에 영향을 준다. 또한 신체의 같은 영역에서 같은 주파수로 공명하는 장기들에게도 생명 에너지를 분배한다. 차크라의 기능장애의 원인은 정신, 감정, 영적, 행동 패턴 상의 문제 등에 기인한다.

차크라는 개별화 과정을 위하여 신체가 개인의 고유한 기억을 회상하도록 돕는 기능을 한다. 차크라는 제1차크라에서 제7차크라까지 일곱단계로 구분되어 있으며 그 역할이 구분되어 있다.

첫째, 뿌리(미골)차크라는 쿤달리니 자리며 모든 에너지가 담겨 있지만 활성화되지 않았다. 원소의 개념은 흙이다. 분석심리적 관점에서 보면 의식세계로 아직 무의식상태는 활동하지는 않고 있으며 개별화로 가기 위한 첫 단계이자 자아가 존재한다. 장기는 생식기계이며 위치는 척추하부에 있다.

둘째, 천골(비장/생식샘)은 물의 세계로 "세례"는 상징적 행동이다. 물에 빠짐으로써만 다시 태어날 수 있으며 "재생"을 뜻한다. 장기는 비뇨생식기계에 해당하고 배꼽아래 위치하며 내적 측면은 감정과 성욕에 해당한다. 의식과 무의식의 보완관계가 성립하며 서로 상충하기도 한다.

셋째, 태양신경총은 불의 세계로 강한 힘의 원천이 되며 장기는 소화기계이다. 평소에는 억압되어 있다가 모든 감정들이 속박에서 벗어나며 개인의 힘이 발휘된다. 생명에 필수적인 스테로이드 호르몬과 관계있다.

넷째, 심장차크라는 피와 공기에 해당하며 심장과 폐는 대기의 영역에 속한다. 또한 장기계는 순환기계에 속하며 내적 측면은 "사랑"에 해당하여 상처를 입기도 하는데 참지 못할 고통을 겪는 것이 아니라 겪을 수 있을 정도로만 느낀다. 프로이트가 말하는 에로스(eros)를 느끼지만 고통이 심하면 죽음(Thanatos)도 생각할 수 있다.

다섯째, 목(인후)차크라는 장기계는 호흡기계로 원소는 에테르이다. 정신적 현실세계이며 내적 측면은 대화 및 의지를 나타낸다. 또한 상징의 세계로 인간은 항상 자기 자신을 상징으로 드러낸다. 가장 강한 상징은 자신 안에 존재하는 신을 드러내는 것이다.

여섯째, 미간(제3의눈)차크라는 지시를 의미하며 장기계는 자율신경계에 해당한다. 내적 측면은 직관 및 내적시각이 활성화되어 법이나 규율과는 상관없이 신성한 의지의 표출이며 총체적 의식의 상태이며 영적인 힘을 발휘한다. 외계의 미간에너지가 흡수되면 직관력이 높아지고 물질을 넘어선 수준에서 수위를 관찰할 수 있는 이를 원격투시라 한다.

일곱째, 정수리 차크라는 중추신경계에 해당하며 융은 경험을 넘어선 개인의 본체인 아트만(atman, 我)과 함께 브라만(brahman)만 존재한다고 하였다. 7차원의 세계는 찬란함의 세계로 찬란함의 중심핵에서 경이로운 섬광이 일어나고 사고가 생성되며 사고로부터 지속성과 모든 생명의 의식을 부양하고 확장되어 나간다.

칼 융이 주장하는 개별화와 똑같이 차크라 역시 완성된 단계로 수직 상승하지 않기 때문에 반복연습을 강조한다. 경험이 완전히 고착되어 정신적 일치감을 느끼는 삶을 살아가는 것이 인간의 참다운 목적이다. 인생의 본질에 관한 내적 탐구에 정신을 집중할 때와 명상이나 영적 수준의 능동적 탐구에서 작용한다. 두뇌가 완전히 활성화 되면 현존의 있음을 깨달으면서 정수리 차크라는 완성된다.

마음 전체가 깨어나고 앎 전체를 받아들이게 되며 지성과 동시에 영혼의 안정을 얻게 될 것이다. 영혼과 에고를 깨닫게 되면 지고의 경지에 이르게 되는데 인간은 의식적인 존재로 잠재력은 무한대이기 때문이다.

셸드레이크(Sheldrake)는 분자생물학자들이 형태형성을 가이드하는 후생적 형태형성장의 개념을 정리하지 못한 것을 공간과 시간 밖에 있는 비물질적 비국소적 형태형성장으로 설명할 것을 제안했다. 활력체의 역할을 물질적인 것과 구분되는 형태형상의 형상과 프로그램을 제공한다. 그것은 생명의 기능, 유지, 번식 등을 위한 고안이다.

루돌프 슈타이너(Rudolf Steiner) 형태형상을 활력체(에테르체)의 기능으로 보았으며, 인지의학이라 표방했다.

형태형성장의 개념 역시 경험적 개념인 차크라(chakra)와 동일하다. 차크라는 물질적 혹은 정신의학적 견지에서 정확하게 규명될 수 없는 인간 정신의 중심부로 정신적인 힘과 육체적인 기능이 합쳐져 상호작용을 한다. 모토야마(Motoyama)는 신체의 중요한 장기 근처에 차크라점이 있다는 것을 발견했다. 이 점들이 신체 활력 즉 에너지를 위해 만들어진 점이다. 활력청사진을 활성화시키는 것은 활력에너지의 움직임과 같은 것으로 이 움직임을 우리가 느낌으로 경험한다고 한다. 활력에너지는 차크라를 이해하게 해주는 현상이다.

건강체라는 것은 신체기능의 항상성(homeostasis)뿐만 아니라 활력체의 지도화된 청사진의 기능활력체 움직임의 항상성도 중요하다. 활력체의 움직임의 불균형은 활력에너지의 음과 양, 입자와 파동의 불균형을 의미한다. 육체적 수준에서 내분비 및 자율신경과 관련된 에너지의 중심점으로 진행과 전달을 담당하며 온몸 구석구석과 연결하고 있다. 활력체에서는 오감에 대한 느낌이 있고 활력에너지는 인간의 마음을 움직이며 의미를 처리할 수 있다. 마음과 의미의 상관관계는 자율신경계와 면역의 영향이 크다고 볼 수 있다.

3) 개인심리(Individual Psychology)

알프레드 아들러(Alfred Adler)는 정신문제의 원인을 프로이트의 결정론과는 전혀 다른 목적론적인 입장에서 찾고 있다. 특히 사람은 신체 기관 등에 의하여 열등감을 갖게 되는데 이를 보상하고자 권력에의 의지(will to power)를 발전시키게 된다는 것이다. 이러한 자기 나름의 과제를 통하여 성격이 형성되는데 이것을 생활양식(life style)이라고 하였다.

개인심리는 자연현상 속에서 자신과의 관계를 형성하여 정신의 움직임을 목표성에 두고 있다. 정신이 정체되어 있는 것이 아닌 일관된 목표를 향해 동적인 에너지를 사용하고 있다고 본다. 즉 내재된 정신에너지와 활동성이 지향하는 목표 없이는 정신생활을 영위할 수 없다고 보는 것이다.

오늘날도 인간은 마음이 신체를 지배하는지 신체가 마음을 지배하는지 혼란스러워한다. 철학자들 역시 이 문제에 대해 여러 의견을 내고 있지만 확실한 결론을 내기는 어렵다. 다만 개인심리학은 신체와 마음이 상호작용하는 것으로 이해하고 있을 뿐이다. 신체와 마음을 전체로 이해하고 신체의 움직임 즉 운동의 방향은 마음의 중심적인 원리라 보고 있기 때문이다. 운동 방향을 마음이 결정하는 기능은 생명체의 지배적인 위치를 차지하는 뇌의 기능이라 할 수 있다. 움지이지 않으면 안되는 것이 신체의 주된 역할이다. 더욱 중요한 것이 신체가 발달할 수 있는 한계에 국한해서만 마음이 신체를 조정할 수 있다. 이것은 생식세포에 이미 이상적인 목표가 설정되어 있다고 볼 수 있다.

인간이 태어나면서 죽음에 이르기까지 끊임없이 성장과 발달 그리고 쇠약해지기까지 프로그래밍 되어있기 때문에 마음과 신체는 마음에너지와 활력에너지의 결합으로 서로 협력하여 모든 잠재력을 활용한다. 불가역적으로 진행하며 앞으로 진행하는 원동력의 결과가 곧 죽음인 것이다. 물론 프로이트의 심리학에서 이것을 본능(instinct)으로 표현하여 삶의 본능(Eros)과 죽음의 본능(Thanatos)으로 대별하기도 하였다.

감정 또한 마음의 작용에 크게 작용하는 요소 중 하나이다. 목표가 설정되어 있다면 언제든지 감정은 목표달성을 위해 스스로를 적응시킨다. 다만 개인심리학에서 개개인이 자기 마음의 통일성을 확립하고 신체와 마음의 관계를 구축하는 것은 인생의 최초 4~5세로 보고 유전적 요소와 환경의 적응을 통해 인격이 형성된다고 보고 있다.

내분비계 역시 이 시기에 완성된다는 것이다. 특히 마음의 긴장은 수의조직인 근육이나 신경에도 매우 큰 영향 미친다는 것이다. 결국 하나의 감정 표현이 신체 전체에도 영향을 주기 때문에 마음·신체 관계는 상호작용하는 관계라는 것을 알 수 있다.

에른스트 크레츠머(Ernst Kretschmer)는 『체격과 성격(Physique and Character)』이라는 저서를 통해 내분비계통의 특징에 따라 인간의 체질을 분류하여 정신분열증은 비쩍 마른 세장무력형(leptosomic-asthenic type)과 관계가 있고 조울정신병은 통통하고 살이 찐 비만형(pyknic type)으로 구분하였으며 정상인 역시 분열기질형(schizothymic)과 순환기질형(cyclothymic)으로 구분하였다.

(1) 의지(Will)

의지는 인간의 가장 큰 힘이다. 부족함을 느끼는 감정인 열등감으로부터 충분함에 도달하려는 움직임이다. 그러나 의지는 매 순간 사용하면 고갈되기 때문에 반드시 에너지 형태로 저장되어야 한다. 정작 필요할 때 저장된 에너지를 긴히 사용해야 할 것이다. 인생의 행로는 먼 여정이다. 따라서 의지력으로 지탱해야 할 때 생존의 에너지로 이용되어야 한다.

또한 의지는 모든 유혹으로부터 자유롭기 위한 자기절제나 인내심의 저장소이다. 사람은 사회적 동물이기 때문에 모든 것을 자신의 마음대로 살아갈 수는 없다. 사회적 성공을 꿈꾸면서 지적능력과 인내심, 자기절제, 대인관계 등 모든 것이 자기인식과 자신의 생각을 조절해야만 가능한 것이다. 이런 감정이 바로 공동체감이다. 공동체감은 정신의 중요한 기능 중 하나이다.

현대생활의 복잡성 때문에 표면적으로는 서로 연관이 없어 보이는 일과 욕구가 사실은 내면적으로는 같다는 사실이다. 인간의 내면과 외부세계가 특히 의지가 운명과 얽혀 있고 무질서하게 돌아가도 무엇인가 새롭고 좀 더 나은 것을 성취하고자 영혼을 바쳐 변화하고자 노력한다.

의지의 힘은 어떻게 배양해야 하는가가 논점이 되는 동시에 의지력은 에너지로 환원된다. 프로이트 역시 자아는 에너지 변화를 수반하는 정신적 활동으로 보았다. 자아는 또 다른 의지의 표현이고 의지는 자기절제의 바로미터이기 때문에 의지력을 키우는 훈련은 반드시 선행되어야 한다. 의지훈련은 범위가 좁고 편협한 현재에 중점을 둔 훈련보다는 반드시 범위가 넓고 추상적이며 장기적인 미래의 목적과 목표를 둔 훈련이 자기절제 및 자기통제에 도움이 된다. 뿐만 아니라 의지력은 금욕이나 금연, 금주, 약물중독 등 정신적인 질병이나 장애를 극복하는데 필수적이다.

의식과 의지는 별개의 문제이다. 의식은 환경에 적응하고 이것을 이용할 수 있는 능력을 발휘하는 것이며, 지각의 주관적 판단이다. 또한 지적능력의 정신적 기능이며, 자신과 주위환경을 인지하는 능력이다. 즉각적으로 기억하는 능력인 동시에 상황에 따른 충동과 관심을 표출하는 능력이다.

반면 의지는 지향적 현상으로 의식의 내용으로 사고의 인지과정에서 발생하는 판단의 문제이다. 조건반사적 행동의 범위가 아닌 믿음, 희망, 바람, 두려움, 공포 등 추상적 내용들의 자각이다. 의지는 곧 믿음이며 중요한 이유는 잘못된 믿음이 신체의 질병과 증상을 일으키는 원인인데 반하여 진실은 믿고 그 믿음을 계속 유지하면 질병을 치유하는 길이 열리기 때문이다.

칼 융이 강조한 집단 무의식의 원형이 바로 인간이 생존을 위한 집단대응으로 사회적 활동을 통한 관습과 같은 것이다. 인류는 서로 협력하며 공통의 정향성을 통해 존재해 왔다고 본다. 따라서 의식에 따른 행위와 자유의지에 따른 행위는 분명히 구분되는 것이다. 불확정성은 임의적인 것으로 의지와 자유의지를 구분하는 이유가 되는 것이다. 자유의지의 중요성이 강조되는 이유가 우리의 삶의 대부분이 자유의지가 작용하기 때문이다. 의식의 구조에서 자유의지는 핵심적 작용을 한다.

심층심리에서 자아(ego)와 자기(self)를 구분하는 것이 쉽지는 않다. 정신분석학적으로 자아는 지각, 사고, 감정 및 행동 등의 정신기능을 관장하는 인격의 중추기관을 의미한다. 프로이트는 처음에는 자아를 본능적 욕동, 즉 무의식과 대립시켜 이것을 통제하는 의식과 같은 개념으로 사용하였지만 자아 기능의 일부가 무의식적이라는 것을 무의식적 욕동에 대한 환자의 자아방어의 적용 자체가 의식되고 있지 않는 사실을 알게 되면서 의식과 무의식이라는 정신의 국소론으로부터 자아(ego), 상위자아(super ego), 이드(id)라는 정신구조론으로 발전시켰다. 즉 자기의식과 무의식으로 대별하여 의식의 일부로 본 것을 본능과 자아, 상위자아로 구분하게 된 것이다.

사실상 정신분석적 자아 개념만으로는 자아를 설명하기에는 부족하다. 자아는 이해, 견해, 지식, 감정 등의 관련지어 구성되고 재형성 된다. 자아의 형성에 자기해석과 실천적 이해가 결정적으로 중요하다. 왜냐하면 프로이드는 자아가 억압된 욕망의 의해서 균열된다는 이론을 통해 자아경험이 의식적이고 이성적인 사고와 무의식적이고 환상과 기억사이에서 철저히 분열되고 갈라져 있다고 주장한다. 그러므로 자아는 고정된 실체라기보다는 능동적으로 구성되는 것이기에 개인은 자신의 정체성을 설명하는 지식을 통합하고 수정하는 능력이 있다.

자기라는 개념은 정신분석에서 의식 또는 무의식, 신체적 정신적 모든 특징적인 속성으로 이루어지는 개인이 지니는 그 자신에 대한 전체적인 개념을 말한다. 융은 개체화 과정에서 서서히 발전해 나오는 것이며 후기 성숙기에 이르기 전까지는 완전한 것이 되지 못한다고 하였다.

아들러(Adler)는 자기를 자아와 혼용하여 그 개인의 생활양식(Life style) 즉 만족감을 추구하는 양상이라고 표현하며 일생에 걸쳐 작용하는 개인의 행동과 정서적인 반응으로 보았다. 유년기의 4~5년에 기초가 만들어지고 기억이 동기를 개인에게 보존해 준다고 주장한다. 이것은 오늘날에도 변함없이 사람들의 라이프 스타일(life style)에 영향을 끼치고 있는데 어린시절 자아에 영향은 평생을 유지한다고 주장한다.

자아의 중요한 기능은 개인을 지배하는 힘이다. 의지 역시 인간의 큰 힘이며 에너지 형태로 저장되어 있다. 자아와 의지는 분명 다르지만 자유의지라고 표현하면 의미는 비슷하다. 왜냐하면 우리 인간의 집단무의식이나 집단지향성은 유전정보로 이어지고 있으며 자신의 자아는 현재 상황이나 본능적 행동에 따라 판단력이 좌우된다. 그러므로 우리는 자아를 어떤 존재로 보느냐에 따라 자신의 운명도 달라지기 때문이다. 자아는 힘의 존재 즉 에너지 형태의 장을 형성하기 때문에 이상적 자아상을 형성하기 위해서는 미래를 추구하는 자아상 확립과 초월적 자아를 추구하는 노력이 필요하다. 자아의 경계가 확장되면 초월의식을 느끼게 된다.

특히 자아의 절대화에 따른 비정상적 행동은 분노, 원망, 교만, 방탕, 태만, 폭식 질투 등이다. 반면, 인간사회가 요구하는 이상적인 자아는 신뢰, 신의, 열린 마음, 진리에 대한 믿음, 정체감, 미덕 등이다. 결국 개인을 판단하는 기준은 공동체 인간이라는 보편상이다. 자아를 초월하는 몰아는 자아의 틀 밖에서 자신을 성찰하는 유일한 시간이다. 자아는 마음과 물질 사이를 중재하는 역할을 하며 인간의 내적 세계와 외적 세계를 엮어주는 그야말로 중간 매체이며 영혼의 역할이다.

인간은 사회와 문화 속에서 자아의 틀을 형성한다고 볼 수 있다. 왜냐하면 우리 사회는 서로 다른 자아상을 만들어 내기 때문이다. 이러한 상이한 자아를 하나로 통합하는 길을 요원하다. 다만 인간의 정신 영역에서 무수한 자아 속에서 더 넓은 세상을 경험하기 위한 욕구에 따른 자아 통합은 가능하다. 무한대의 경험하고자 하는 인간의 욕망은 끝이 없기 때문이다.

따라서 자아 통합은 가능하기도 하지만 프로이트가 주장하는 자아(ego)는 무의식적 욕망의 하인이라고까지 폄하했다. 의식과 마음의 혼란 속에서 특히 자기의식이 마음이라고 믿고 있는 대다수의 사람들은 이러한 자아의 합리화를 통해 인간의 양가적 감정의 상태에서 벗어나지 못할 때 고통을 겪는다.

(2) 열등감 복합체(inferiority complex)

아들러는 열등감 복합체는 의존성과 무능감에서 오는 부족감과 불안감을 말한다. 이러한 감정은 일생을 통해 영향을 준다. 인간 심리의 근간이 초기 유아시절부터 형성되기 때문에 신체적, 정신적, 사회적 결함들에 의해 더욱 조장되는 경향이 있다. 이것은 유아기의 모든 체험, 인상, 태도들을 성인이 된 후에 심리상태와 서로 연결되기 때문이다.

그러나 이 복합체는 좋은 점도 있다. 정상적인 상태에서는 열등감에 의해 자질향상, 성취, 보상의 좋은 방향으로 이끌어 가는 수도 있다. 문제는 인격 장애를 가지고 있는 경우 경쟁으로부터 도피하거나 혹은 지나친 경쟁의식 때문에 과보상(overcompensation)의 방향으로 나아갈 수 있다.

열등감은 낮은 자존감(low self esteem)에서 비롯된 부족한 느낌과 자신의 가치를 무시하는 감정이며 좌절감을 가져온다. 열등감은 사람들에게 커다란 정신적 영향을 미치는데 특히 잠재력의 손실을 가져온다. 유아 시절부터 형성되는 열등감은 자신에 대한 불신감과 미래에 대한 불안감으로 인해 심리적 갈등을 일으킨다. 성인이 되어서도 마음속에 머무르게 되며 심하면 우울증이 발생하기도 한다.

어린 시절의 부정적인 사회적 관계의 영향은 아이가 어릴 때 경험했던 불행이나 역경은 한평생 동안 영향을 미칠 수 있을 만큼 강력하다. 아이들이 경험하는 역경은 신체적, 성적, 언어적 학대 또는 가족 간의 불화나 폭력, 부모의 이혼과 같은 가정 내의 불화의 목격 등을 포함한다.

특히 어린 시절의 역경 경험에는 부정적이며 손상적인 사회적 관계가 직간접인 원인을 제공하고 있다. 일반적으로 아이가 이 세상에 태어나서 양육을 받게 될 때 가장 첫 관계를 가지는 대상들은 부모 또는 양육인이나 보모를 비롯하여 교사, 친구, 또한 이웃이나 사회 환경 등이다. 부정적인 사회적 관계에 의해서 영향을 받을 기회와 요소 그리고 범주 등은 더욱 많은데 주로 흡연, 음주, 약물중독, 열등감, 우울증세, 불안, 공황장애, 자살충동, 정신증 및 정신병 등이 나타난다.

(3) 가상주의

아들러는 사람의 과거 보다는 미래의 중요성을 강조한다. 한 사람의 과거의 상처가 그 사람의 현재와 미래를 지배한다고 보지 않았으며 현실에 대한 개인의 주관적 생각이 미래를 변화시킨다고 보았다. 즉 사람의 행동은 자신의 미래에 대하여 어떻게 생각하느냐에 따라 달라지며 자신이 추구하는 기대와 소망에 의해 미래에 존재하지 않은 가상의 기대에 의해 개인의 현재에서 미래를 변화시키는 영혼의 에너지를 받는다고 보는 것이다.

미래의 목표를 향해 정진하면 결국 현실의 조건들이 그 목표를 위해 변형되면서 성취하고자 하는 틀을 만들어 준다고 보는 것이다. 따라서 가상주의는 실재하는 어떤 것에 의해 움직이는 것이 아니라 진리라고 믿는 신념에 의해서 행동한다는 것이다. 즉 관념적인 미래에 대한 생각이 현실에 동떨어져 있더라도 미래의 자신의 모습을 꿈꾸며 현재의 어려운 환경을 극복하는 것이 불가결하고 또한 매우 가치가 있는 행동이라고 생각하기 때문이다.

2. 인본심리치료

1) 아브라함 매슬로우(Abraham H. Maslow)

인본심리치료는 정신분석과 행동주의가 인간의 본성에 대한 제한된 견해를 취하며 인간이 좀 더 성장할 수 있다는 잠재력을 무시하고 있다고 비판적 입장을 취하면서 등장하였다. 즉 정신분석치료가 신경증과 정신병에 관심을 두기 때문에 인간성의 병들고 손상된 측면만을 다루고 있다고 보고 건강한 성격이 아닌 정서장애에 관심을 두었으며 행동주의 역시 개인이 질서 정연하고 규칙적이며 미리 정해진 유기체로만 본다는 것이다.

이에 대한 발전적인 개념으로 인간의 비관적인 측면이 아닌 긍정적 측면에서 인간의 성장 가능성과 보다 더 나아지려는 인간의 욕망을 다루게 된다.

아브라함 매슬로우는 인본주의 심리학을 창설하였으며 프로이트와 행동주의자들의 인간 본성에 대한 편향된 점들을 거부하는 측면에서 인간의 가능성에 관심을 가지고 동기의 계층 개념인 인간의 욕구 5단계를 주장하여 생리적 욕구, 안전의 욕구, 애정과 소속 욕구, 자기존중의 욕구, 자아실현의 욕구 순으로 앞 단계의 낮은 욕구가 충족된 후 다음 단계의 높은 욕구가 나타난다고 하였다.

인간 욕구의 마지막 단계인 자아실현이 곧 건강의 상태를 나타내는 것으로 보았으며 인지의 양식을 결핍(deficiency)과 존재(being) 두 가지로 구분하였다. 즉 인간의 동기 혹은 욕구를 결핍동기와 성장동기로 구분하여 결핍동기인 의식주, 안전, 사랑, 소속감은 등에 대한 욕구는 인간이 자신과 세상을 자각하고 행동할 때 이러한 충족을 최우선 목표로 삼는다. 결핍동기를 충족시키고 나면 성장동기를 추구한다. 성장동기는 자아실현을 말하는데 자아실현을 하는 사람은 자신과 세상을 존재 그 자체로 이해하고 수용하며 과거나 미래가 아닌 바로 지금 여기서 가장 통합된 상태로 존재한다. 이러한 통합은 개인의 내적인 일체뿐만 아니라 개인과 세상의 일체를 의미한다.

이러한 모든 욕구는 공통된 특성을 가지는데 무엇인가를 추구하며 결핍에 의해서 활성화되는 역동적 체계로 보는 것이다. 또한 결핍동기들은 공통적으로 인간이 현실을 제대로 인식할 수 없도록 하며 현실을 왜곡해서 다루게 한다. 실제로 음식, 안전. 애정, 자기존중감에 대한 욕구가 커질수록 우리 자신과 타인을 포함한 현실을 구성하는 각 존재들을 이러한 욕구 충족에 도움이 되는지 아니면 방해가 되는지에 근거해서 지각하고 다루게 된다.

특히 욕구가 충족되면 수용적인 방식으로 자신과 타인 그리고 세상과 상호작용할 것이고 세상을 더욱 즐겁게 살 수 있다. 즉 결핍동기가 충족되고 나면 상위동기가 작용하여 '경이로운 가능성' 이 등장하는데 이것은 인간의 잠재의식 깊은 곳에서 존재한다고 보았다. 자기실현을 하는 사람들의 특징은 현실을 더욱 효율적으로 지각하고 현실과 더욱 편안한 관계를 맺는다는 것이다.

인본심리치료의 주요 논점은 인간 본성에 대한 철학과 과학의 필수 조건으로서 정체성이라는 개념과 경험을 매우 강조한다. 이 개념이 본질, 실존 등의 개념 보다는 낫고 경험적으로 다룰 수 있다고 보는 것이다. 특히 정체성을 경험적 지식에서 출발해야 하는 이유는 현상학(phenomenology)에 기초하고 있기 때문이다.

현상학은 독일의 철학자 에드문트 후설(Edmund Husserl)에 의해 창시되었으며, 세계와 그 내부의 다양한 실재적 또는 상상적인 대상의 존재를 세계가 그러한 것으로서 우리들에게 나타내고 있는 현상 그 구조를 통하여 연구해 간다. 여러 가지의 사물이 존재한다는 것은 사물이 우리들에게 어떠한 대상으로서 나타나고 있다는 것, 즉 그러한 것으로서 의식되어 있기 때문이다. 이것을 역으로 사물을 경험한 우리들의 의식 측면에서 보면 의식이란 항상 무엇인가에 대한 의식이라는 것이다. '무엇인가에 대한 의식'이라는 의식의 방향을 후설은 '지향성'이라는 개념으로 받아들였다. 따라서 매슬로우는 인간의 발달 및 참된 자아, 자아의 존재방식에 관한 심리학을 구축하는데 부가적인 추진력을 제공할 수 있다고 본다.

2) 칼 로저스(Carl R. Rosers)

1940년대에 로저스는 인간중심 치료기법을 창시하여 명령적 지시적 요법이 아닌 비지시적 상담(non-directive counseling)을 위주로 하여 치료하는 방법이다. 생물체는 무생물과 달리 형태·기능적으로 분화되어 있으며 부분 상호 사이 및 부분과 전체 사이에 밀접한 관련이 있다. 전체로서 하나로 정비된 통일체를 이루고 있는 것을 유기체(Organism)라고 한다.

따라서 인간은 경험하는 유기체라 할 수 있으며 유기적 구성을 갖는 생물체이기도 하다. 생물체는 분할되면 통일체로 될 수 없고 존립할 수도 없기 때문에 자신을 실현화하기 위한 기본적 동기로 실현성향(actualization tendency)과 우주 안에서 전반적으로 나타나는 형성성향(formative tendency)를 가지고 있다고 보고 이 두 가지를 합쳐 이론의 기초로 삼았다.

유기체와 인간이 근본적으로 신뢰할 수 있다고 보고 로저스는 "경험은 나에게 최고의 권위다"라고 말하며 개인이 자기로서 보는 현상학(phenomenology)적 부분이 자아(ego)라고 했다. 자아는 조직화되고 일관된 게슈탈트(Gestalt)로 상황이 변함에 따라 끊임없이 형성되는 과정에 있다.

인간 유기체 안에는 에너지의 중심적인 원천으로 체계의 일부기능이 아니라 전체체계의 기능이 있다. 즉 "성취와 실현을 향한 성향"이라 볼 수 있다. 의식적으로 주의를 기울이는 것은 좀 더 완전한 인식의 발달을 가져왔다. 더 많은 인식을 하게 되면 더 많은 정보를 얻게 된다. 무조건 받아들이는 것이 아니라 자유롭게 선택하고 의식확장을 가져오게 된다.

외부의 자극뿐 아니라 자신의 내면으로부터 하는 아이디어, 꿈, 감정의 흐름, 느낌, 신체적인 반응 등을 인식할 수 있다.

이러한 인식이 커질수록 우주의 일치된 방향으로 나아가게 되며 "완전히 기능하는 사람(fully functioning person)"이 될 때 유기체 안에서 일어나고 있는 무엇이든 그것들을 온전히 경험하지 못하도록 방해하는 어떤 장벽도 없다는 것이다. 즉 전체성, 통합된 생명이라는 방향을 향해 움직이고 있는 것이다. 의식이라는 것은 더욱 크고 창조적이며 형성 지향적인 성향에 참여하고 있는 것이다.

로저스는 상담자가 내담자의 변화를 위해 가져야 할 세 가지 태도로서 일치성, 공감적 이해, 무조건적 긍정적 존중을 제시하였다. 1951년에 내담자 중심치료(Client-centered Therapy)로 변경하였다.

결국 칼 로저스는 인간이란 자신의 잠재력을 온전히 실현시키기 위해 유기체적으로 동기화된 존재라는 견해를 제시하였다는 것을 알 수 있다. 특히 인간의 행동은 합리적이며 유기체로서 달성하려는 목적을 위해 질서정연한 복잡성을 가지고 있다고 주장하며 이러한 지향적 힘을 실현 경향성(actualizing tendency)이라 하였다. 실현 경향성의 기본 지향점은 자율적 결정권의 발달과 효율성의 증대 및 건설적인 사회적 건설에 있다고 개념화하였다.

실현 경향성은 인간의 유일한 자연적인 동기적 힘이며 인간은 누구나 건설적인 성장을 지향한다는 것이다. 이러한 핵심적 에너지는 유기체의 어떤 한 부분이 아니라 전체의 기능이며 충만을 향한 경향성, 실현을 향한 경향성, 유기체의 유지와 향상을 향한 경향성이라 보는 것이다. 실현 경향성은 자신의 강점을 사용하고 본능적인 성취감을 느끼는 것이 중요하다.

3) 고든 올포트(Gorden Allport)

올포트는 성장심리를 주장하며 성격(personality)을 강조한다. 성격의 특징은 삶의 과제를 해결하려는 사람의 심리가 특정한 표현 형식으로 나타난 것이다. 또한 성격은 사회적인 것으로 환경과의 관계를 무시할 수 없다. 성격은 정신을 결정하는 태도이며 인정욕구와 공동체 의식이 맞물려 이루어지는 행동방침이며 생활방식이 외부로 표현된 형태이다.

인간의 행동과 표현은 항상 같은 방향을 지향하기 때문에 목표와 행동에 따라 사람의 성격도 형성된다. 따라서 인간은 생물학적 요인이라고 할 수 있는 각 개체 특유의 개성과 사회적 요인들의 상호작용을 통해 사람들 속에서 행동하고 기회를 통한 성장을 한다.

올포트는 프로이트의 무의식을 믿지 않았다. 그는 인간의 표면 의식인 동기에 관심을 가졌고 결국 신경증적 성격보다는 건강한 성격에 중점을 두었다. 프로이트의 본능이론과는 달리 인간 본성의 모습은 긍정적이고 희망적이고 훌륭한 것으로 보았다. 무의식에 대해 성숙하고 건강한 사람은 무의식적 힘(unconscious force)에 의해 통제되고 지배받는다고 생각하지 않았다. 건강한 사람은 무의식적 갈등에 의해서 조정되지 않으며 내부의 깊숙이 있는 어떤 힘에 의해 행동이 결정되지 않는다는 것이다. 물론 무의식적 힘은 신경증에 걸린 성인의 행동에 중요한 영향을 미친다고 보았다.

건강한 사람은 이상적이고 의식적인 상태에서 기능을 수행하며, 자기를 지배하는 일들을 잘 알고 있으며 그러한 힘들을 통제할 수 있다고 믿었다. 또한 성숙한 성격의 소유자는 어린시절의 충격과 갈등에 의해 지배를 받지 않는다. 신경증은 어린시절과 연관이 있지만 건강한 사람들은 과거로부터 속박을 받지 않는다.

결국 건강지향적이며 성숙한 사람은 현재와 미래의 예상에 의해 지배받는다고 보는 것이다. 성격이 건강한 상태를 유지하기 위해서는 지나간 것을 대신하는 계속적인 새로운 동기가 필요하다. 성인의 동기는 어린시절과 달리 기능적 자율성(functional autonomy)을 가지고 있다. 또한 의도성(intentional nature)은 전체의 성격을 통합하는 것이다. 희망, 원망, 야망, 포부, 계획 등으로 개인이 무엇을 하고자 하는 것이 그가 현재 어떻게 행동할 것인가를 밝히는데 중요한 관건이 된다고 하는 것이 그의 지론이다. 현재의 행동의 문제를 찾기 위해 과거를 지향하기 보다 의도성를 지향한다. 이점에서는 심층심리학자인 알프레드 아들러와 칼 융의 관점과 유사한 면이 있다.

의도성의 또 다른 면은 긴장감을 고조시킨다는 것이다. 이러한 긴장감을 줄여서 최소한의 긴장상태가 되도록 하는 것을 항상성(homeostasis) 동질정체라 한다. 올포트는 이러한 새로운 긴장을 초래하는 경험이나 모험을 통해서만 인간은 성장할 수 있다고 보았다.

성숙하고 건강한 사람은 에너지를 소모하기 위한 충분한 힘과 활력의 동기를 끊임없이 필요로 한다. 삶의 근원은 목표와 현실과 사회적 참여에 대한 의식에 의해서 이끌어진다. 목적을 추구하는 데는 결코 끝이 없다.

4) 프리츠 펄스(Fritz Perls)

프리츠 펄스의 게슈탈트(Gestalt) 치료 기법은 1951년 게슈탈트 치료(Gestalt Therapy)를 발표하면서 발전하였다. '게슈탈트'라는 단어는 독일어로 형태(form), 모양(shape), 체제(organization)를 뜻한다. 게슈탈트심리학의 기본전제는 "전체는 부분보다 크다"라는 것이고 완전함의 의미이다. 카렌 호나이의 정신분석 기법과 라이히의 신체이론 등 종합하여 개체와 환경을 하나의 통합체로 보는 유기체적 시각에서 탄생하였다.

인간은 명확하고 정돈되며 의미가 내포된 정보를 추구한다. 특히 명확성의 경향에 따라 분명함, 구조성, 유사성, 규칙성, 단순성 등을 통해 좋은 형태가 만들어진다. 대표적으로 원형, 정사각형, 정육면체 등은 명확한 형태로 표현된다. 게슈탈트라는 용어는 치료적인 개념으로 "개체가 지각한 자신의 행동 동기"를 의미한다. 개인의 욕구나 감정을 등 정신적인 욕동이 의미 있는 행동 동기로 조직화된 지각이다. 경험하는 것은 모양이 갖추어진 형태로 역동적인 편성이 이루어진다는 점에 초점을 두며 통찰적 기억에 적용된다.

또한 게슈탈트의 의미를 모든 유기체는 전체 혹은 완성을 지향하는 경향이 있다는 항구적이고 보편적인 인간 기능화(human functioning)의 법칙으로 사용하였다. 한 인간의 모든 측면들이 하나의 형태를 형성하는데 만약 모든 측면들이 하나의 형태를 형성하지 못할 때 성격의 전체성은 분쇄되고 개개의 측면들은 의미를 잃게 된다.

심리적 건강을 위해 유기체 내의 균형이 유지되어야만 한다. 그 균형이 깨트려지면 즉 게슈탈트 형성을 막으면 부적응의 형태가 나타나고 불균형을 경험하게 될 때는 균형을 회복하려는 동기가 유발된다.

특히 현재에 나타나 있는 개인의 욕구를 충족시키도록 함으로로써 잠재되어 있는 긍정적 욕구와 동기가 표현될 수 있도록 하는 것이 특징이다. 또한 현재의 행동에 치중하고 치료자의 개인적 참여를 요구하는 것도 특징이다. 심리적 과정에서 어떤 두 요소가 상호대립 되거나 양극화되면 부적응 행동이 유발되는 것으로 보며, 이러한 불일치 내지 불협화는 한 개인의 심리적 과정에서만 아니라 사람과 사람 사이에서도 존재하는 것으로 본다.

치료 개입은 최근의 부적응 행동을 표현하거나 설명하도록 하며 체험을 중시하며 이러한 체험이 대안적 이해와 적응적 행동을 훈련시킨다. 가능하면 생리적, 감각적 구성요소와 기억, 사고, 감정에 대한 체험을 강조한다. 과거 경험, 최근의 감정, 미래의 결의를 행동하도록 유도하며 감각, 정서, 운동 등 직접적인 연결을 통해 행동과 인격의 변화를 추구한다.

특히 체험은 뇌의 신경망을 활성화하고 감각체계는 중요 신경망을 활성화하여 과거의 기억으로 구성된 뇌 기능 회복과 자기 감수적인 경험의 요소들을 촉진시키며 운동 역시 과거 학습을 탐색하면서 운동체계와 협력하면서 행동화를 촉진시킨다.

게슈탈트 기법에 뇌 기능 역할이 중요한 이유는 특정한 체험이 긍정적 변화와 어떻게 관련되는지 보여준다. 예를 들면, 불안이 체험 상 필수적인 부분임을 재인식하는 것은 새로운 체험 발달의 한 부분으로 불안을 효과적으로 극복할 수 있게 해준다. 게슈탈트 기법의 목표는 성장, 자아실현, 자기 자신에 대한 전적인 책임이다. 치료를 받는 그 순간에 가장 중요한 경험과 행동을 다루는데 현재의 감정을 반영해주는 전체적인 형태가 만들어진다.

특히 상황과 욕구의 인식에 대한 섬세함을 얻게 되며 자기치료에 자극을 얻게 된다. 과거에 해결되지 않은 것이 있다면 대화, 역할극, 연상법 등을 통해 현재화하고 그것을 경험하게 되면 억제된 감정과 기억이 표현되고 해결되지 않은 문제가 종결된다. 본질에 접근하기 위해서는 슬픔이나 분노와 같은 부정적인 감정도 허용해야만 한다.

게슈탈트 치료의 본질은 " 자신의 실존에 대한 모든 책임은 자신이 져야 한다"것이다. 현재의 행동에 치중하고 치료자의 개인적 참여를 요구한다. 현재를 유일한 실재로서 초점을 두고 "지금 여기(here and now)"을 제외하고는 아무것도 존재하지 않는다고 보는 것이다. 현 시점에서 지금 당장을 적절하게 이해하지 못하면 인간은 과거 혹은 미래로 도피하려는 충동이 생기게 된다.

따라서 게슈탈트 치료는 인간의 의식과 사고작용의 본질이 전혀 새로운 견지에서 사태를 다시 보는 데 있다고 보고 생산적인 면을 강조하였다. 자신의 실존에 대한 책임은 본인에게 있다는 것을 자각(awareness)하는데 있는 것이다. 자각은 게슈탈트와 같은 의미다. 게슈탈트라는 말의 의미는 개체가 자신의 욕구나 감정을 하나의 의미 있는 전제로 조직화하여 지각한 것을 뜻하기 때문이다.

게슈탈트와 실존의 관계는 일맥상통한다. 형태와 실존은 그 자체이다. 현실을 자각하는 것이 중요하다. 왜냐하면 인간은 고정된 모습으로 존재하지 않으며 양자(quantum)

와 같이 움직이는 존재이다. 끊임없이 변하며 무언가가 되어가는 불확정한 존재이기도 하다. 이것은 자유롭다는 것이며 인간 역시 자유를 구가한다. 하지만 제약이 따른다. 자유에는 책임이 있듯이 자신의 행동에 반드시 책임이 따른다.

프로이트의 정신분석이 인간의 본능을 욕망으로 표현하고 충동을 억제하고 그에 따른 불안으로 신경증과 정신병으로 규정했듯이 행동에 따른 결과를 수용해야만 한다. 좋은 결과 혹은 나쁜 결과는 죄책감이나 죄의식에서부터 감정신체지도의 화(anger), 공포(fear). 혐오(disgust), 행복감(happiness), 슬픔(sadness), 놀라움(surprise), 불안(anxiety), 사랑(love), 우울증(depression), 경멸(contempt), 긍지(pride), 수치심(shame), 질투(envy)등으로 체현된다.

인간은 실존이 본질에 앞서기 때문에 현실을 있는 그대로 받아들이고 자기 이해를 통해 새로운 인생을 창조해나가야 한다. 특히 성실하고 진정성 있게 긍정적으로 노력하여야 한다. 의미를 추구하는 삶을 살아가는 것이 중요하다.

따라서 게슈탈트 치료(Gestalt treatment)는 인간 가능성 운동(Human Potential movement)의 일환으로 인간의 성장과 발달, 자유스러운 인간관계 등 생활 영역에서의 적극적 참여를 목적으로 한다.

5) 해리 스택 설리반(Harry Stack Sullivan)

설리반은 미국의 정신과 의사로 프로이트(Freud)의 정신분석 보다는 자신의 정신분열증 환자들의 치료에서 통찰을 얻었다. 인간성 존중, 대화적 관계를 중시하는 대인관계 심리치료를 개척하고 인간의 인격 또는 정신적 감정적 경험은 그 사람의 대인관계의 관점에서만 이해할 수 있다고 주장하였다. 정신장애는 대인관계 속에서만 비로소 명백하게 될 수 있는 종류의 정신장애이며 또한 인생 초기단계에서의 대인관계 경험에서 유래하는 장애이기 때문에 그 치료 또한 치료자와 환자 사이에서 전개되는 대인관계에서만 가능하다는 것이다. 치료자가 '빈스크린'으로서의 역할을 하는 것이 아니라 인간관계의 전문가이자 '참여자-관찰자' 역할을 하는 것이다.

인간의 삶에는 신체적 욕구의 만족과 사회적 및 문화적 욕구인 심리적 안정에 대한 두 가지가 있다고 하며 개인의 불안을 해결하고 안정을 확보하고자 하는 것으로부터 자기체계(self system)가 형성된다는 것이다. 결국 인격 발달은 대인관계 속에서 형성되며 중요한 역할을 하는 것은 언어로 보고 있는데 언어라는 상징체계에 의해 타인과의 의사소통이 가능하기 때문이다.

성격(personality)이 사람 안에 있는 것이 아니라, 오히려 개인 간 상호작용과 다른 사람과의 대인관계에서 계속적으로 펼쳐지는 어떤 것으로 설명하였다. 성격은 인간의 행동과 관련이 깊어 행동이 반복되면 습관이 되고 습관이 성격으로 굳어진다고 보는 것이다.

따라서 사람은 자극에만 반응하는 것이 아니라 자신의 역사 배경 안에서 그러한 자극을 해석한다고 한다. 이러한 해석 모델은 자극을 인식할 것인지 인식하지 않을 것인지를 결정한다. 그리고 경험, 자아상, 미래관에 의해 좌우된다. 자신의 능력과 자기관리가 본질적인 역할을 하며 자기 자신을 더욱 잘 조종하고 자기의 문제를 빨리 인식하게 된다.

4. 실존심리치료

1) 실존심리 개념

20세기 근본적인 물음에 실존철학이 있다. 실존주의로 잘 알려져 있는데 인간의 미완성, 불안, 근본적인 비참함 등 시대의 변화에 따라 그 존재 상황을 극복하기 위한 몸부림을 말해준다. 실존주의는 기독교적 실존주의를 표방하는 키르케고르, 야스퍼스가 있고 쇼펜하우어로부터 영향을 받은 "신은 죽었다"라고 하며 인간의 초월성 즉 무신론적 실존주의를 주장하는 초인에의 이상 니체가 있다. 니체는 영겁회귀를 주장하며 "모든 것은 가고 또 모든 것을 되돌아 온다"고 하여 영혼의 근본 사상을 피력하였다. 이외에도 실존의 전모는 죽음을 직시할 때 드러난다는 하이데거와 "실존은 본질에 앞선다"는 사르트르를 비롯한 철학자들이 철학의 한 갈래를 형성하였으며 이들이 하나로 수렴한 사고는 실존주의라는 사고체계이다.

이 말의 뜻은 본질적으로 관념론을 부정하는 실존주의 관점이 핵심이다. 사물의 실재성과 의미를 부여하는 이상적이고 내세적이고 천부적이며 추상적인 형이상학은 존재하지 않는다는 것이다. 그야말로 영혼이라는 의미는 실재하지 않는다는 관점이다. 인간이 실존적 존재라는 것은 인간이 자신의 삶에 대해서 이론적으로 묻고 탐구하는 것이 아니라 자신이 어떻게 살아갈 것인지를 고뇌하고 해결하는 존재라는 것이다.

실존주의를 영혼과 관련하여 설명하는 이유는 실존치료를 위해서다. 실존주의를 내세우고 현실에서 실제로 병들면 해결할 방도가 마땅치 않다. 그러므로 영혼을 결부시켜야 병이 들면 치료가 가능하다는 역설이다. 실존을 넘어서는 의식이라는 문제는 그 자체를 무로 보기 때문에 의미나 목적을 위해서는 많은 노력을 필요로 하기 때문이다.

인간의 끝없는 욕구에 대한 불만족, 특히 물질에 대한 욕망과 돈에 대한 탐욕이 무한대로 질주하는 가운데 만족의 참 의미를 찾게 된다. 인간의 본질은 끊임없이 무언가를 창조하고 영원한 것에 대한 동경과 의도가 필요하다는 뜻이다.

즉 하이데거의 말처럼 자신의 존재에 있어서 자신의 존재를 문제 삼는 존재라는 것이다. 이러한 무한함에 대한 끝에 유한함이 존재한다는 사실에 대한 우울함 등 실존의 문제는 인간으로 하여금 존재의 근본적인 질문이 주어진다. 실존의 끝으로 치닫게 되면 존재의 죽음을 맞게 되고 결국 사후에도 계속적인 존재의 실현 즉 영혼 불멸 등의 사유를 통해 무한함을 추구한다. 죽음이 우리 삶에서 갖고 있는 의미에 대해서 끊임없이 묻는 것이다. 그래서 철학 보다는 종교가 그 경계를 뛰어넘고 있는 것이다.

따라서 영혼은 삶과 죽음의 본질 보다는 삶과 죽음의 전 과정에 있어 부분이 아닌 부분의 합보다 큰 전체로 존재하는 것이다. 인간의 영겁회귀의 본능을 보여주는 것이다.

영혼과 신체에 있어 핵심적인 것은 정신과 마음 그리고 신체는 물질적 실존의 문제이기 때문에 엄연히 다르다. 몸이 부재하는 가운데 영혼은 추상성을 갖고 있으며 현상에 대한 진리 추구보다는 믿음의 대상이 된다. 실존심리는 몸과 마음을 동시에 작동할 수 있는 기제에서의 마음의 기술이다.

2) 실존심리 학자

실존적 영혼에 있어 마틴 하이데거는 "존재와 시간"에서 인간의 실존을 강조한다. 그러나 이러한 존재의 본래성도 중요하지만 비본래성도 중요하게 생각하고 있다. 비본래성에 빠지는 이유는 죽음이라는 전제하에 유한성을 생각하기 때문이다. 삶과 죽음이라는 피할 수 없는 운명을 가지고 태어나는 인간은 "삶과 죽음"의 굴레로부터 그 누구도 벗어날 수 없다. 이것을 유한성에 대한 비본래성이라 한다. 비본래성에 영혼의 가치가 서려있으며 사르트르의 '존재와 무'에서도 역시 인간 존재가 '자유'라고 주장한다.

따라서 영혼의 근원적 속성은 자유함이다. 자유 속에서 선택함에 대한 책임이 반드시 부가되며 존재와 영혼의 올바른 이해를 필요로 한다. 현대사회는 실존적 존재에 관심을 갖게 되는데 환경과 사회변화에 따른 삶의 유한성과 미래 불확실성에 따른 두려움과 공포가 내재되어 있기 때문에 영혼의 참된 가치와 영원회귀의 염원이 작용하고 있다고 본다.

한편 메를로 퐁티는 '몸'의 불가결한 근본성을 강조하고 있다. 정신과 마음 즉 영혼보다는 신체의 작용에 의한 실존적 개념을 강조한다. 현상학적으로 의식의 지향성을 말하는 것으로 대상은 의식에 주어지는 방식대로 존재한다. 의식이 늘 어떤 대상에 대한 의식이라는 것은, 대상은 항상 의식에 주어지는 대상으로서만 존재하는 것이지 의식 바깥의 대상일 수는 없다는 것을 뜻한다. 현상학자들이 인지적 노력이 세계와 우리의 관계를 정의한다고 보지 않으며 몸이 세계와 근본적인 관계를 정의 한다고 주장한다.

그는 또한 모든 형태의 인간 경험과 이해는 세계 속에서 우리 몸의 방향성에 근거하고 그 형태가 만들어진다고 했으며 그에게 세상에 대한 인간의 인식은 정신이 아닌 몸에서 비롯된다고 본다. 즉 데카르트 같은 이성주의자는 인식 보다 사고가 먼저라고 생각하는 반면 그는 세상에 대한 인식은 정신이 아닌 몸에서부터 시작된다고 보는 것이다. 몸이 없으면 세상을 경험할 수 없고 인식이란 정신적 행위가 아니라 몸의 관여로 이루어지는 개념은 너무나 자명하다는 것이다. 우리의 몸이 사물의 중심에 있다는 것을 깨달을 수 있는데 우리의 감각 상태를 단순히 정신적 상태가 아닌 몸의 상태로 경험하면 그때 인식은 몸의 현상이라고 보는 것이다.

체화된 지식이란 어떤 기술을 반복적으로 연습해서 만들어지는 것이다. 문서화된 것이라기보다 경험으로 만들어진 일상생활의 익숙한 활동이며 말로 세세히 설명하는 지식과는 엄연히 다르다. 체화된 지식은 경험하고 습득하는 데 시간이 많이 걸릴수는 있으나 한번 습득하고 나면 몰입 상태와 같은 행동을 통해 상상하거나 생각을 통해 얻는 행위와는 차원이 다르다. 그리고 우리의 몸은 새로운 것을 배울 준비가 항상 되어있다. 체화된 지식은 연습과 반복을 통해 연마되며 이 과정 속에 인간의 진정한 영혼이 스며 있다.

정신보다 몸이 중요하다는 것은 인식, 경험, 지식 등 신체적 특성을 가지고 있다는 메를리 퐁티의 주장과 데카르트의 이분법적 주장과의 관점이 서로 다르다는 것을 알 수 있다. 체화된 지식은 인간이 생각하지 않고 행동할 수 있는 형태의 지식이다. 신체에 각인된 지식은 의식적으로 반영하지 않아도 즉각적으로 행동으로 나타낼 수 있다. 즉 체화된 지식은 신체적 경험과 실행을 통해 오랜 기간 수련하고 익혀서 습득된 동작이나 행동으로 반사적으로 드러나기 때문이다.

결국 신체를 통한 세상이 사람들에게 실체를 드러낸다는 것은 고유수용감각을 비롯해 오감인 감각적 기관을 최대한 활용하라는 뜻이다. 의식적 혹은 무의시저 정보를 세상과 소통하고 있음을 알 수 있다. 숙련도가 높아지면 의식적 노력 없이도 경험에 의해 이해하고 각기 다른 상항에 대처하는 패턴을 통해 실행하는 능력이 생기게 된다.

몸에 익숙해지면 인식기능을 초월하여 실행을 하게 되는 것이다. 의식적 반영과 숙련된 행동 사이에 부정적인 관계가 성립된다고 볼 수 있다.

캘리포니아대 철학 교수를 역임한 휴버트 드레이퍼스는 현상학과 실존주의 철학 연구로 유명하며, 하이데거, 메를로-퐁티를 이어 인간의 숙련에 의한 몸을 통한 지능 발달을 강조하며 인공지능에 대하여 강도 높은 비판을 하였다.

파울 티릴히(Paul Tillich)의 실존철학은 비존재(Non being)의 불안에 직면하는 용기를 강조하며 실존적 불안과 신경증적 불안을 구분하였는데 실존적 불안을 부인하게 되면 신경증적 불안이 생긴다고 보았으며 그의 제자 롤로 메이를 비롯하여 롤로 메이(Rollo May)의 제자 어빈 얄롬(Irvin Yalom), 제임스 부겐탈(James Bugental) 등 실존철학을 중심으로 치료를 하였으며 최근에 커크 슈나이더(kirk Schneider)가 실존적 인간중심 치료를 시행하고 있다.

영국의 정신과 의사이자 심리학자인 로럴드 데이비드 랭(R. D Laing)은 정신병과 정신분열증의 정신상태를 실존주의 용어로 정의하며,『 The Divided Self; An Existential Study in sanity and Madness(분열된 자기: 제정신과 광기에 대한 실존주의 연구』를 통해 정신이상은 분열된 자기를 경험하는 것이고 치료를 통해 성장하는 것이라고 보았다. 그러므로 인간의 일생은 성장의 연속인 것이다.

3) 실존심리치료

인간 존재에게 주어진 죽음, 자유, 고독, 무의미와 같은 존재의 궁극적인 문제를 다루는 동시에 이를 직면함으로써 삶을 적극적으로 선택하고 의미를 발견하는 철학을 바탕으로 정신분석과 행동주의에 대항하며 인간의 주관성과 자유를 중시한다.

실존심리치료의 이론적 기초는 아브라함 매슬로가 주장하는 결핍(deficiency)과 존재(being)이 영향이 크다고 볼 수 있다. 그가 주장하는 욕구의 결핍은 생존과 직결되는 것이며 실존의 문제이다. 즉 인간의 동기는 실존의 중요한 요인이며 결핍동기인 의식주, 안전, 사랑, 소속감은 등에 대한 욕구는 인간이 자신과 세상을 자각하고 행동할 때 우선하지만 충족되면 바로 성장동기를 추구한다. 성장동기는 자아실현을 말하는데 자아실현을 하는 사람은 자신과 세상을 존재 그 자체로 이해하고 수용하며 과거나 미래가 아닌 바로 지금 여기서 가장 통합된 상태로 존재한다. 이러한 통합은 개인의 내적인 일체뿐만 아니라 개인과 세상의 일체를 의미한다.

그러나 인간은 결핍과 성장 욕구의 역동성을 현실에서 이해하기가 쉽지 않다. 왜냐하면 현실을 구성의 인지에 대한 왜곡이 많기 때문이다. 우리가 눈으로 보는 현실을 100% 완벽하게 인지하지는 못한다. 또한 환경과 상황의 대처는 시간과 장소의 순간적 일이기 때문에 이를 정지화면으로 기억하고 있는 뇌의 특성상 이를 활성화하여 재생하여 기억하는 기능의 한계가 있다.

또한 실존의 중요한 요인은 인간의 복잡한 심리적 문제이다. 심리적 문제는 개인의 삶에 가장 중요한 영향을 미치는 실존적 불안이지만 자신의 실존적 조건을 직면하지 못한 채 회피하거나 무력감을 느끼는 상태에 있기 때문에 어빈 얄롬(Irvin David Yalom)은 죽음, 자유, 소외, 무의미라는 실존적 조건을 용기 있게 직면하고 수용할 수 있다는 것을 전제한다.

롤로 메이(Rollo May)의 또 다른 제자인 제임스 부겐탈(James Bugental) 역시 실존적 인간 중심 접근으로 주관적 경험에 초점을 두고 있으며, 또한 인간은 각기 다른 개체성을 지닐 뿐만 아니라 끊임없이 변화하는 가능성을 지니고 있다고 보고 있다. 주관적 경험과 개체성의 변화 가능성을 토대로 밴 덜젠(Van Deurzen)은 육체적, 개인적, 사회적, 영성적 존재의 차원을 탐색하기도 했다.

실존적 세계인 물리적 차원의 자연 세계, 사회적 차원의 인간세계, 심리적 차원의 자기세계, 영적 차원의 초월 세계에서 모든 것이 무로 돌아가는 공허감을 극복하고 유한성을 초월할 수 있는 근거를 마련하는 것이 중요하다.

또한 실존적 조건이며 실존적 불안을 야기하는 죽음과 자유로부터의 책임, 타자와 분리된 개체로서 근본적으로 고독한 존재로 소외는 대인관계의 고립을 넘어서는 것으로 개인의 내면적 요소가 자아와 통합되지 못한 채 유리된 상태인 개인 내적인 문제로 작용한다. 그러므로 인간 실존의 중요한 특성 중 하나인 무의미를 통해 의미를 발견하는 것이 실존치료의 중심 개념이다.

실존치료의 목표는 자신의 실존적 조건에 대한 인식을 증가시킴으로써 삶을 주체적으로 선택하고 책임지는 진실한 인간이 되도록 돕는 것이다. 주관적 세계에 대한 새로운 이해를 통해 현재 생활에 만족할 수 있도록 한다. 특히 인생에 대한 관점을 개별성과 독자성에 초점을 맞추고 삶의 자세를 긍정적으로 변화시켜 궁극적 관심사와 관련된 심리적 문제에 대처할 수 있는 능력을 키우고자 했다.

특히 존재하는 것은 지각되는 것을 강조하여 오직 감각기관으로 지각되어야 인식되는 물질주의 관념과 감각인상이 강조되었다. 대표적으로 원인과 결과의 문제이다. 인간의 정신과 마음은 항상 습관에 영향을 받기 마련이다. 어떠한 일의 반복은 다음 발생할 일의 예측이 가능하며 대처할 수 있는 능력에 좌우된다. 이것이 인간의 영혼의 일부이며 마음과 정신이 느끼는 관계성이며 인간의 상상력이 물질 즉 대상에 수반되는 현상으로 습관적 행동을 만드는 요인이다.

생리학자이자 심리학자인 요하네스 뮐러(Johannes Muller)는 감각신경의 특수한 능력이 있다고 보고 감각신경은 모두 그것과 호응하는 자극에 존재한다는 것을 강조하였다. 물질이 감각기관에 미치는 작용은 감각의 성질을 결정할 수 없고 감각의 성질을 결정하는 것은 외부세계의 작용에 의한 신경의 물리화학적 변화이기 때문에 감각은 이러한 특수한 능력에 대한 감각이라고 보고 있다.

그는 구체적인 신경에너지 학설을 정교화하였으며 정신과 세계를 매개하는 것으로 신경계의 인식론적 역할을 체계화하였다. 뮐러 이후 정신과 신체의 두 문제 즉 정신과 뇌 및 신경계의 관계 그리고 정신과 세계의 관계는 밀접히 연결되었다. 신경계의 인식론적 기능에 대한 견해는 페히너(Fechner)의 정신물리학에서 정신세계 관계를 양적으로 측정하는 기술이 출현하게 되는 환경을 제공하였다.

또한 독일의 생리학자이면서 물리학자인 헬름홀츠(Helmholtz)는 특수 신경에너지 학설을 주장하여 감각은 사물과 사상에 직접 접근하지 않고 단지 실재에 대한 신호만 정신에 보낸다는 사실을 인식하였다. 외적 대상과 사상의 특성을 추론하기 위해 감각이 제공하는 정보를 유용화 하는 지각자 입장에서는 지각은 능동적이고 무의식적이고 자동적이며 논리적인 과정을 요구한다는 점을 강조하고 인지심리학의 태동을 알려주었다. 신경 자극의 전파에 관한 연구를 하여 생리광학(生理光學)과 생리음향학의 독자적인 분야를 개척하였으며 특히 열역학(熱力學) 이론의 열화학 및 전기화학에 대한 업적을 남겼다.

5. 인지심리치료

인지심리치료는 개인의 사고나 감정 행동 그리고 환경 자극에 대처 등의 관계를 수정하는데 있으며 개인의 비합리적이고 왜곡된 사고가 삶에 있어 중요한 영향을 미치기 때문에 비합리적이고 왜곡된 신념 체계를 합리적이고 현실적인 사고로 바꾸어야 할 필요가 있다.

따라서 인지치료는 개인의 왜곡된 인지를 수정하는 것으로 끝나지 않고 정보의 전달과 교육 등 협조와 공동의 목표를 정해서 개인의 부정적인 사고나 감정이 부적응적 행동을 낳는다는 것을 인식하는 것이 필요하다. 또한 인지행동치료(Cogntive Behavioral Therapy)는 인지심리학과 행동심리학의 기본원리를 조합한 것이다. 인지적 재구조와 구성주의자 이론으로 행동치료의 자극-반응 연결의 범위를 넘어서 인지적 처리과정에 의한 중재를 포함한다. 인지활동이 행동에 영향을 미치며 인지 체계의 변화에 의해 달라질 수 있다.

또한 행동치료와 인지행동적치료는 서로 다른 개념인데 행동치료는 고전적 조건 형성 모델인 특정 감각 입력에 대한 반응으로 발생하는 불안과 이와 연합된 회피를 감소시키는 상호억제, 조작적 행동수정 등을 말하며 발전과정을 통해 행동의 대부분을 얻게 되었다는 전제가 깔려 있다. 학습이론에 따르면 특정한 상황에서 긍정적 또는 부정적 강화된 행동은 그로 인해 발전하게 된다고 한다.

1) 엘리스(Ellis)의 합리적 정서치료

인간이 가지고 있는 심리장애 요인으로 어떤 신념이나 생각이 중요하며 이러한 고정된 요인들을 변화시키면 이상행동을 치료할 수 있다는 것이다. Ellis 합리적 정서치료는 ABCDE 공식으로 설명할 수 있다. 스트레스에 의해 발생하는 심리적 장애는 유발 원인 자체인 선행사건을 인지하는 것이다.

ABCDE에서 A는 선행사건 자체의 의미로 선행사건들(Antecedent events)이라 한다. B(Beliefs)는 선행사건에 대한 의미를 해석하는 인지적 과정을 뜻한다. 반면 C(Consequence)는 그 결과로 나타난 정서적 또는 행동적 상태를 의미한다.

엘리스는 B의 과정에서 비합리적 생각과 신념이 심리적 장애를 유발하는 중요한 요소라고 보고 비합리적 생각을 수정하는 것이 치료의 핵심이다. D(Disputation)는 비합리적 생각과 신념에 대해서 논박하는 과정이다. E(Efficint philosophy)는 치료 결과 더 합리적인 생각으로 대체하여 삶을 효율적으로 살아가는 철학을 갖게 하는 것이다.

비합리적 신념의 결과 심리적 장애를 유발하다고 보고 대표적으로 “나는 완벽해야 한다.” “실수를 하면 절대로 안된다” 등 이러한 신념들은 인간이 성장하면서 은연중에 갖게 되는 비합리적 신념이라고 보았다. 또한 비합리적 사고가 불안, 우울 또는 분노를 유발하지만 합리적 사고는 걱정, 슬픔, 곤란함 등을 유발한다고 가정하였다.

엘리스(Elis)는 합리정서행동치료(REBT)에서 정서에 영향을 주는 핵심을 비합리적인 신념이라고 하였으며 이러한 신념은 우리 자신과 타인 그리고 세계에 대한 우리의 요구로 작용한다고 본다. 정서적 문제를 인식하고, 정서적 건강을 얻기 위해 융통성 있는 선택, 소망, 바람 그리고 욕망에 기초한 신념을 개발해야 한다고 보고 있다.

또한 삶의 불유쾌한 사건들에 대한 정서적 반응을 건강하지 못한 부정적 정서와 건강한 부정적 정서로 나눌 수 있다고 보고 건강하지 못한 부정적 정서는 불안, 우울, 죄책감, 수치, 상처, 비난하며 화내기, 질투, 시기이며, 건강한 부정적 정서는 걱정, 슬픔, 후회, 유감, 실망, 비난하지 않고 화내기, 관계에 대한 관심, 타인의 강점을 소유하고자 하는 악의 없는 욕망이라는 것이다.

신념의 변화를 통해 건강하지 못한 부정적 정서를 건강한 부정적 정서로 바꾸는 것은 개인이 감당할 수 없다고 지각하는 것을 감당할 수 있도록 해 주며 특히 냉혹한 현실에 대해 잘 적응할 수 있도록 한다.

2) 아론 벡(Aaron T. Beck)의 인지치료

인지치료를 창시한 초기 연구에서는 우울증의 치료를 위한 정신분석학적 접근에 대한 연구를 주로 진행하였지만 정신분석학의 과학적인 정확성이 떨어진다고 보고 인지적 접근으로 초점을 옮겨나갔다. 인지치료는 우울증 환자들이 자신과 타인, 세상에 대한 부정적 인지적 도식이라 할 수 있는 반추적 사고로부터 탈피하여 건강하고 합리적인 신념들로 대체하는 것이다. 이러한 부정적 사고는 본인에 의해 잘 의식되지 않고 환경적 자극에 의해 자동적으로 촉발되는 경향이 있어서 이를 자동적 사고(autonomic thoughts)라 한다.

즉 자기 자신, 자신의 미래, 주위 환경에 대한 비관적이고 부정적인 사고내용을 가지며 이러한 사고내용은 환경 자극의 의미를 비현실적으로 왜곡한 경우가 많다. 이를 인지적 오류(cognitive error)하며 흑백논리나 이분법적 사고, 임의 추론, 경험한 전반적인 상황을 보지 못하고 특정한 부정적 사건에 집중하여 판단하는 선택적 여과, 부정적 경험을 근거 없이 모든 상황에 확대하는 경향이 있는 과잉일반화 등이 있으며 이러한 인지적 오류를 통해 환경 자극의 의미를 왜곡하게 되는 이유는 부적응적 인지 도식 또는 역기능적 신념 때문이라고 본다.

따라서 치료 방법은 부적응적인 인지를 변화하도록 도와주기 위해서는 문제를 자각하고 부정적인 사고나 역기능적 신념과 관련된 인지적 오류를 현실성, 논리성, 유용성 측면에서 논의하고 적응적인 현실적 사고와 신념으로 대체하도록 한다.

자동적이고 부정적인 사고들을 현실적이고 객관적인 사고로 전환시키는 벡의 인지치료적 접근은 이후 인지행동치료(Cognitive-Behavioral Therapy: CBT)로 발전하였으며 마틴 셀리그만(Martin Seligman)과 주디스 벡(Judith S. Beck)을 비롯한 많은 심리학자들에게 영향을 미쳤다.

인지행동치료는 고전적 조건 형성 모델인 특정 감각 입력에 대한 반응으로 발생하는 불안과 이와 연합된 회피를 감소시키는 상호억제, 조작적 행동수정 등의 발전과정을 통해 행동치료의 대부분을 얻게 되었다는 전제가 깔려 있다.

이러한 인지행동치료의 개념을 바탕으로 미국심리학회(American psychological Association:APA) 회장인 마틴 셀리그만(Martin Seligman)은 긍정심리학을 창안하였다. 무엇이 우리 삶에서 행복을 촉진하는지에 대한 관심을 가지고 정신적 문제를 찾아내어 치료하는 것에서 강점을 찾아내어 발전하는 것으로 중점을 두었다. 개인과 사회가 플로리시(flourish)한 상태 즉 번성 또는 행복의 만개라는 뜻으로 행복을 지속적으로 증진시키는 상태를 유지하는 것이다. 또한 인간의 건강과 행복과 장수에 가장 큰 영향력을 미치는 요소는 사람 간의 긍정적인 관계였다. 따라서 진정한 행복을 느끼는 것이 가장 중요한 이유이기도 하다.

하버드 성인발달연구소(Harvard Study of Adult Development) 로버트 월딩거(Robert Waldinger)는 대공황 시기부터 최장기간 75년이 넘게 724명의 남성의 인생을 추적한 결과 사회적 연결은 유익하되 고독은 해롭다는 것이다. 특히 자의적이지 않은 외로움은 행복은 물론 뇌 기능을 일찍 퇴화시키고, 중년기에 신체적으로 건강을 더 빨리 잃게 하고, 결과적으로 수명도 비교적 짧아지게 만들었다.

또한 친구의 숫자가 많아 안정적이고 공인된 관계보다 관계의 질이 중요하고 좋은 관계는 신체뿐만 아니라 뇌까지 보호해준다는 것이다. 만족스러운 관계를 맺고 있는 사람들은 노년까지 몸도 마음도 더 건강하기 때문이다. 그러므로 언제든지 의지할 수 있다는 믿음을 주는 좋은 관계는 행복은 물론 신체적 건강까지도 보장한다.

이러한 연구 결과에 의하면 긍정심리학은 가치가 부여된 주관적 경험에 관한 것이라는 점을 시사하고 있다. 과거의 웰빙(well being), 충족감(contentment), 만족(satisfaction), 미래의 희망과 낙관주의, 현재의 몰입과 행복과 같은 것을 말한다. 개인적인 수준에서 긍정적인 개인의 특질에 관한 것이라고 할 수 있다. 사랑과 일에 대한 능력, 용기, 대인관계 기술, 미적 감수성, 영성, 재능, 지혜 등이다. 그리고 집단 수준에서는 개인을 더 나은 시민이 되도록 하는 시민의식과 제도에 관한 것이다. 책임감, 돌봄과 배려, 이타주의, 예의, 중용, 인내, 직업윤리 등이다.

긍정심리학은 카렌 호나이(Karen Horney)의 진화의 도덕성 개념과 칼 로저스(Carl Rogers)의 실현 경향성을 바탕으로 하고 있다. 카렌 호나이의 삶의 질 (QoL) 증진에 대한 조망에 있어 인간의 본성이란 자유롭게 스스로를 성장시키고 타인을 사랑하며 관심을 갖는 것이다. 또한 젊은이들에게 통제 받지 않고 성장할 수 있는 기회를 주고, 발달이 저해되었을 때는 그들이 스스로 일깨우고 찾아 나갈 수 있는 모든 방법을 동원하여 돕는 것이다. 자신을 위해서건 타인을 위해서건 자기실현을 이끄는 힘을 자유롭게 하고 배양하는 것이 이상적인 것으로 보았다. 이러한 관점에서 우리 사회의 목표는 인간 본성의 '선한 측면'이 '나쁜 측면'을 넘어서도록 돕는 것이라고 볼 수 있다.

자신의 강점을 자주 사용하게 하는 것이 중요한데 강점을 사용하면 자신에 대한 주인의식과 진실한 느낌을 얻게 되며 강점을 사용하고자 하는 내재적 갈망과 느낌을 가지기 때문이다.

또한 강점의 사용은 주관적 웰빙, 유능감, 숙달감, 정신건강, 풍부한 대인관계 등의 발전을 가져오는데 정신질환을 예방하는 효과가 있으며 특히 우울증(depression) 환자에게는 훌륭한 치료법이라 할 수 있다.

3) 인지사회 학습치료

인간의 감각이 없다면 경험도 없다고 보고 감각의 특성을 통해 반복되는 학습은 연합의 형성에 따른 연합적 이론과 인지론적 지식구조의 습득을 강조하는 인지적 이론으로 구분된다. 연합주의적 접근법은 행동주의적 학습이론이며 자극-반응 이론(S-R theory)이라 한다. 즉 유기체 내부에서 일어나는 것보다 외부에서 일어나는 관찰 가능한 외현적 행동만을 대상으로 한다. 주로 학습의 대상이 동물이었으며 연합주의에서 학습이란 연합(association)의 형성이라 보는 것이다. 두 가지 사상(事象)들이 같이 일어날 때 이들 사이에 연합이 형성되고 이를 연합학습(association learning)이라 한다.

반면 인지론적 접근법은 학습에는 복합적인 정신적인 과정이 중요하다고 본다. 학습에서 중요한 것은 인지구조, 기억, 생각 등을 통해 습득하는 것으로 본다.

연합주의 학자인 파블로프(pavlov), 손다이크(Thorndike), 왓슨(Watson), 스키너(skinner) 등이 행동주의 심리학을 개척하였다. 행동주의는 인간의 개인적인 성격은 학습에 의해 형성된다고 보고 있다. 이것은 고전적인 조건형성과 조작적인 조건형성을 이용한 모든 보상과 처벌의 경험을 통해 인간의 행동이 각인된다고 보는 것이다.

러시아의 생리학자로 파블로프(I. P. Pavlov)의 고전적 조건형성은 소화기능의 생리학과 이것이 신경계에 의하여 조정받는 양상에 대한 것이었다. 개를 대상으로 실험을 하던 중 개에게 먹이를 준비하는 과정에서 일어나는 소음에 관한 반응으로 개의 위액과 타액이 분비되는 것을 관찰하였다, 이 관찰로부터 무조건반응(uncondtioned response), 조건반사(conditioned reflex), 자극 간의 감별, 반응의 소멸(extinction reflex), 동물에서의 실험적 신경증(experimental neurosis)의 생성 및 제거 등의 개념을 발전시켰다. 이후에는 인간의 신경증에 관심을 가져 뇌피질의 흥분성 기능과 억제성 기능의 불균형에 기인한다는 이론을 통해 언어 및 환경적 치료의 중요성을 강조하였다.

손다이크(E. L. Thorndike)의 도구적 조건형성은 미국의 심리학자로 하버드 대학에서 윌리엄 제임스(William James)의 지도를 받아 기능주의 영향 아래 동물의 학습에 관한 실험을 했고, 고양이 등의 「미로(迷路)」, 「문제의 상자」실험을 계속하여 동물지능에 관한 연구로 학위를 받았다.

하등동물과 인간 모두에게 학습은 시행착오의 과정이라는 입장을 주시하여 동물의 학습실험에서 연합과정(聯合過程)을 분석하고 시행착오에 의한 우연의 반응이 올바른 결과를 가져오며 만족을 주기에 따라 그 반응은 그때의 사태와 연합을 강하게 한다는 "효과의 법칙"과 반응과 사태의 반복에 의해 한층 더 연합이 강해진다는 "연습의 법칙"을 주장하여 행동연구와 학습이론에 큰 영향을 주었다.

특히 학습은 관념연합에 의한 것이며, 관념이 있고 그 후에 행동이 생긴다고 생각하였다. 그러나 그는 관념연합 이전에 어떤 충동이 있고, 그것에 따라 행동이 생겨나며, 그 후 우연적으로 성공한 행동이 정착하여 학습이 성립된다고 주장하였다.

스키너(B. F. Skinner)의 조작적 조건형성은 인간의 행동이 반응행동(response behavior)보다는 조작행동(operant behavior)에 의해 더 많이 좌우된다고 보았으며, 조작적 조건형성 및 그와 관련된 다양한 원리와 방법('스키너의 상자'로 불리는 조작적 조건화 상자)을 제시하였다. 즉, 스키너는 왓슨이 처음 설명한 행동주의 분야를 확장시켜 파블로프와 왓슨이 설명한 조건화된 반사로서의 수동적 조건형성과 손다이크(Thorndike)의 효과의 법칙에 바탕을 둔 조작적 조건형성 간의 차이를 설명하였다.

조작적 조건형성이론은 인간의 행동이 환경에 대한 자극보다는 행동의 결과에 따라 변화된다고 보고 환경을 조작하여 그러한 행동의 반응비율에 영향을 미칠 수 있도록 한 이론이다. 인간행동에 대한 스키너의 관점은 인간이 자신의 운명을 스스로 결정하는 자유로운 행위자가 아니며, 인간의 행동이 개인의 선택에 의해 지배된다는 가정도 있을 수 없다고 보았다.

인간은 자신의 행동을 스스로 창출하는 존재가 아니라 환경적 상황에서 행동목록을 습득해 온 유기체이며, 개인의 행동은 자신이 속해 있는 객관적 세계에서 겪은 과거의 경험 또는 현재의 경험으로 결정된다는 것이다. 그렇다고 스키너가 선천적이고 유전적인 요인이 행동에 영향을 준다는 사실을 전적으로 부인한 것은 아니다. 하지만 이것들은 조작으로 변형하기가 어렵기 때문에 경험적 실증이 불가능한 것을 연구할 필요는 없다고 보고 이들을 거부한다는 것이다.

또한 유전적 소질에 따른 행동이라도 이것이 행동의 예측에는 유용하지만 조작이 불가능하기 때문에 실험적 분석이나 통제에는 무가치하다고 하였다. 이에 따라 그의 학문적 관심은 인간 행동 중 조작이 가능한 행동에 한정되었다. 스키너의 이론은 행동주의 학습이론의 범위를 상당히 넓혀 주었으며, 과학적인 실험연구를 통하여 인간 행동의 발달과 관련된 구체적이고 명확하면서도 유용한 지식을 제공해 주었다.

특히 정적 강화, 강화계획, 행동 조성과 같은 일련의 뛰어난 연구는 사회생활에서 실용적인 가치와 효과성이 입증되어 다양한 분야에서 널리 활용되고 있다.

이러한 뛰어난 학문적인 업적에도 불구하고 그의 이론은 몇 가지 측면에서 비판을 받고 있다.

첫째, 인간의 행동에 대한 환경의 결정력을 지나치게 강조하여 행동에 영향을 미치는 인간의 내적·정신적 특성을 간과하였다. 즉, 인간의 발달에 영향을 주는 요인은 매우 다양하기 때문에 환경의 영향으로만 설명할 수는 없으며, 인간의 의지, 동기, 욕구, 감정, 갈등, 사고, 자발성, 창조성 등을 함께 고려해야 한다는 것이다.

둘째, 인간을 조작이 가능한 대상으로 보고 있기 때문에 인간의 자유와 존엄성을 배제할 수 있다는 것이다. 또한 동물실험의 결과를 그대로 인간에게 적용했는데 인본주의 입장에서 보면 지나치게 비인간적이라는 비판이 있다.

셋째, 인간의 모든 행동이 조작을 통해서 변화될 수 있다고 보는 것은 인간을 지나치게 단순화, 객관화, 과학화했다는 것이다. 인간의 행동은 개인차가 있고 연령에 따라 다르게 나타나며 독특성이 있기 때문에 인간의 행동을 객관화하거나 예측하기는 어렵다. 또한 이 이론은 접근법이 단순하여 복잡한 행동 특성을 설명하는 데 한계점을 가지고 있다.

이러한 비판을 받고 있지만 스키너는 지금까지도 많은 영향을 미치고 있다. 스키너의 행동분석학은 행동변화, 교육공학, 발달행동분석, 행동약리학, 특수교육의 지도 등 여러 분야에 응용되고 있다. 다른 한편으로 스키너는 오늘날 매우 중요한 사회사상가로 평가받고 있는데, 그가 이룩한 학습심리학 분야에서의 연구성과를 토대로 새로운 인간관 및 사회관을 제시했던 것에서 그 이유를 찾을 수 있다.

알버트 반두라(Albert Bandura)의 사회학습이론(social learning theory)은 반두라는 사회학습에 있어 가장 중요한 과정은 모방(imitation)이라고 보고 있다. 인간의 반응은 직접적 강화를 받지 않더라도 타인의 행동을 관찰함으로써 변화할 수 있다는 것이다.

사람은 모델을 통해 특별한 반응을 학습하여 일단 반응이 획득된 후에는 사회적 힘(social force)이 학습과정에 영향을 준다는 것이다. 이를 모델링(modeling)이라 한다.

또한 반두라는 관찰학습(observational learning)의 중요성을 강조하면서 기존의 고전적 조건형성 및 도구적 조건형성과 달리 사회적 상황(social setting)을 강조했기 때문에, 학습에 있어서 타인의 영향을 받을 수 있고, 타인에게 영향을 줄 수 있다는 견해를 제시하였다.

관찰학습에는 주의(attention), 기억(memory), 운동재생(motoric reproduction), 동기유발(motivation) 등이 있는데 이 중에서 한가지라도 빠지면 성공적 모방은 어렵다.

고전적 조건형성이론과 조작적 조건형성이론에서 기존의 행동주의자들이 사고 과정의 역할, 태도, 가치 등 중재 개념에 대한 언급을 배제한 데 반해 그는 사회학습이론은 상호적이며 중다양식적이다. 이는 개인의 행동과 환경과의 상호작용에 중요성을 두고 사람들이 자기지시적 행동 변화를 할 수 있다는 것을 전제로 한다.

그의 사회적학습이론에 따르면, 다수의 사람들 사이에서 관찰을 통해 학습이 퍼져나가는 과정은 기존 스키너의 조건화를 포함하면서도 더 나아가서 인지적인 측면에까지 걸쳐 있다. 타인의 행동에 주의(attention)를 기울여서 관찰한 후, 자신의 행동에 반영할 수 있을 때까지 그것을 유지(retention)해야 하기 때문이다.

그는 타인의 행동을 모방하기 위해서는 "나도 저렇게 할 수 있어!" 라는 자신감이 있어야 한다고 전제했으며, 여기서 새롭게 자기효능감(self-efficacy)이라는 개념을 제안했다. 즉 행동이 바뀌기 위해서는 먼저 행동을 바꿀 수 있다는 믿음이 있어야 한다. 세상에 자신이 뭘 할 수 있으리라고 생각하지 못하는 사람이 뭘 보고 배울 수는 없기 때문이다. 반두라는 이것을 외현적 행동과 분리시켜서 학습에 영향을 끼칠 수 있는 개인적인 요인으로 다루었다.

또한 자기효능감(self-efficacy)은 자신이 바라는 목적을 이루기 위해 특정 행동을 성공적으로 수행할 수 있다는 신념이다. 개인이 주관적으로 개인적 효능감에 대해 어떤 개념을 갖고 있느냐가 중요하다고 보았다. 어떤 행동을 모방할지 결정하는데 도움이 되며 자신의 능력 범위 내에 있는 활동은 시도하고 능력 범위를 벗어나는 과제나 활동은 회피하도록 한다.

4) 체화 인지치료

전통적 인지이론은 그 지식을 구성하는 감각적 입력이나 운동 반응으로 구성되기

보다 추상적이고 상징적 형태로 정신에 존재한다고 가정한다. 그러나 체화 인지치료는 이러한 추상적 형태로서뿐 아니라 우리 몸에 저장되어 있는 감각운동적이며 자기성찰적 상태와 관련이 있다고 본다. 즉 감각 자극은 단순히 인지적 자극뿐 아니라 신체적 상태도 야기한다는 것이다. 우리 뇌의 거울 세포는 타인의 인지적 혹은 몸의 상태를 인식하면 이를 통해 자신의 자아를 형성하기도 한다.

감각과 운동을 통한 느낌이 내적인 심리 현상이라기보다 체화된 것이라는 개념은 타인과 쉽게 공감하는지를 보여준다. 경험과 관련된 감정은 우리 주변 사람들이 느끼는 것과 긴밀하게 연결되어 있고 서로 공명할 때 감정은 공유된다. 이러한 공감은 몸이 먼저 반응하고 나중에 정신에 입력된다는 논리가 성립이 되고 사물을 기억하고 이해하는 방식 또한 같다.

특히 행동주의 캔퍼(Kanfer)와 쉐프트(Scheft)는 "과학과 기술이 진보함에 따라 우주의 가장 큰 미스터리이면서 동시에 가장 정복하기 힘든 자연의 힘은 다름 아닌 인간, 인간의 행동, 인간의 경험이라는 것"을 관찰했다. 그만큼 인간을 안다는 것 그리고 인간의 심리와 행동의 관계를 규명한다는 것은 어렵다는 것이다.

또한 스페리(Sperry)는 의식적 행동을 주관적 정신상태에 기초한 것으로 설명하는 '인지혁명(cogntive revolution)'이 자유의지와 결정론을 점점 더 뒤섞어 놓고 있으며 주관적 인간 가치를 세계 변화의 핵심으로 간주한다고 보았다. 프로이트의 정신분석에 대한 반대 개념으로 시작하여 정신 내적인 문제보다 행동으로 드러난 문제를 더 가치 있게 보는 것이다. 즉 인간의 내성이나 요소에 의해서 파악해 나가려는 입장에 대해 내성보다는 표면에 나타난 행동을 관찰하고 해석함으로써 심리 현상을 파악해 나가려는 입장이다.

특히 언어와 사고도 반성적 행동이나 자동적인 행동을 유발하는 원인이 될 수 있으므로 조건형성에 언어의 중요성이 강조된다. 특정한 상황에서 긍정적 또는 부정적 강화된 행동은 그로 인해 발전하게 된다고 보며 자기결정권과 독립성 그리고 온전한 자기실현이 가능하다는 생각을 바탕에 두고 있다.

그러므로 체화 인지치료는 현재의 문제를 그대로 수용하고 인간 행동의 변화를 추구한다. 즉, 감각적, 운동근육적, 신체감정적, 사고적, 인간 관계적, 가족적, 존재적, 보편적 행동 등 다차원적으로 적용하는 것이다. 감각수용과 인지행동 차원 간에는 상호작용 및 피드백, 중복 등의 관계를 적극 수용하여 문제해결의 신속성과 완벽성을 기해 영혼의 안녕을 추구한다.

6. 초월심리치료

초월심리치료(Transpersonal Phychotherapy)는 자아를 탈피하여 자기초월적인 체험을 통해 의식을 확장하는 것이다. 모든 물질과 사건들은 서로 연결(connection)되어 있으며 의미가 있다는 것이다. 신체와 정신, 마음과 영혼, 개인과 집단 또는 사회와의 연결, 과거 세대와 미래 세대와의 연결, 삶과 죽음의 연결, 더 나아가 인간과 자연 그리고 우주와의 연결도 포함한다.

1) 유진 젠들린(Eugen T. Gendlin)

유진 젠들린은 칼 로저스(Carl Rogers)의 제자이다. 그가 창안한 체험과정(expriencing)이란 로저스의 상담이론과 실존주의 사상을 발전적으로 통합시켜 구성한 개념이다. 내담자가 표현하고 언어화하려는 것과 카운슬러가 응답하고 촉진시키려고 하는 것을 상호작용하는 과정(process) 보아 이 과정을 통해서 감정과 경험이 만들어질 때 그 감정과 경험의 흐름을 말한다.

이를 포커싱(Focusing)이라 하는데 체험과정(experiencing)의 추진(carrying forward)이라고 하는 개념이다. 특히 감정의 흐름(felt sense)에 대한 의미를 파악하고 신체감각을 통한 외계와의 상호작용(interaction)에 중점을 두었다.

이렇듯 그 변화의 과정은 감정의 흐름과 상징과의 상호작용의 과정이며 이 과정이 원활하게 체험됨으로써 자기실현과 행복에 이어지게 된다는데 의미를 두고 있다. 시각적인 이미지나 언어로 표현할 수 있는 감정은 제한된 일부에 지나지 않을 만큼 우리의 마음에는 다양하고도 풍부한 감정체험이 일어나며 또한 그것이 내장되어 있다. 즉 스스로 감정의 흐름에 초점을 맞추어가면서 암묵적 의미를 상징으로 의식화하는 것이다. 이와 같은 과정이 한 번 끝날 때마다 다시 다른 국면의 의미를 찾기 위한 일련의 과정으로 이루어 진다.

젠들린은 로저스가 '경험'과 '자기개념'의 일치라고 하는 이론으로 성격의 변화를 설명하고 있는 것과는 달리 젠들린은 '체험과정의 추진' 이라고 하는 개념을 도입한 것이다.

초월이라는 개념은 욕구나 욕망을 일시적으로 버리는 것을 말한다. 인간은 욕구와 욕망을 벗어나서는 한시도 살아갈 수 없다. 욕구와 욕망은 삶의 에너지이기 때문이다. 그러나 욕구와 욕망으로부터 초연해진다면 질병을 물리치고 건강할 수 있다. 판단을 초월하고 시간의 환영을 초월한다면 자신의 자아에 충실할 수 있고 내면의 소리를 들을 수 있으며 존재의 의미를 깨달을 수 있기 때문이다.

특히 자아 초월이라는 개념은 평상적이고 일상적인 생활을 넘어서는 존재의 더 깊은 세계를 추구하는 것으로 경험과 체험의 범위를 더욱 확장하여 의식의 스펙트럼을 넓혀가는 것이다.

2) 빅터 프랭클(Vikter Frankl)

빅터 프랭클의 저서 『인간 탐구의 의미(Man's Search for Meaning)』는 "잔인한 죽음의 수용소에서 생활하면서 그는 자신의 벌거벗은 실존과 만나게 된다. 가진 모든 것을 잃고, 모든 가치가 파괴되고, 추위와 굶주림, 잔혹함, 시시각각 다가오는 몰살의 공포에 떨면서 그는 어떻게 삶이라는 것이 보존해야 할 가치가 있는 것이라고 생각할 수 있었을까?" 라는 고든 올포트(Gorden W. Allport)의 추천의 글에서 확인 할 수 있다.

신경학자이자 정신과 의사인 프랭클은 아우슈비츠(Auschwitz)와 다카우(Dachau) 포로수용소에서 오직 "진심으로 네 영혼의 힘을 다하여 너의 주를 사랑하라"라는 성결 구절에 의해 '삶의 의미'를 찾아 살아남은 사람이다. 그는 인간의 기본적인 '자유와 권리'인 인생의 대처 방법과 자신의 운명의 길을 선택하는 의지는 죽음의 문턱에서도 버릴 수 없는 가치임을 깨달았다.

실존적 의미의 궁극적인 에너지는 '영적 자유'이며 이 요소는 삶의 의미와 목적을 불어넣어 주는 삶의 원동력이다. 즉 고통과 죽음의 상황에서도 당당히 맞설 수 있는 믿음인 것이다. 그가 처한 상황(situation)이라는 개념은 환경(environment)이라는 개념 보다 한층 더 현실적이고 구체적이고 개별적인 것이다. 이러한 삶의 자세는 죽음의 터널에서 생존을 위한 사투를 벌이는 극한 상황을 극복하고자 하는 불굴의 의지인 것이다. 특히 개인을 둘러싸면서 실존에 깊은 내면적 관계가 있는 것이다. 이러한 상황은 자유로운 결단과 선택의 책임이 주어지기 때문에 인간이 적응하는 생물학적이고 객관적 외부 세계인 환경과는 확연히 다른 것이며 초월적인 에너지를 요구하는 것이다.

이러한 삶의 체험에서 의미치료(logo therapy)라는 이론체계를 형성하게 되었다. 의미치료(logo therapy)는 의미에의 의지(will to meaning)의 중요성을 강조하면서 생활 속에서 적합한 의미와 목적을 발견하고자 하는 욕구를 말한다. 현대사회에서 의미 상실의 경험과 관계가 있는 문제를 극복하는데 근본적인 동기가 되고 있다.

의미치료의 중요성은 인간이 그저 충동과 욕구를 충족시키면서 쾌락을 얻거나 서로 갈등하고 있는 이드, 자아, 초자아를 절충시키거나 혹은 사회와 환경에 적응하고 순응하는 존재로만 보지는 않는다. 따라서 인간이 의미를 추구하고 이를 성취하는 것이야말로 삶의 궁극적 목적과 목표가 될 수 있다.

실제로 누제닉 노이로제(noogenic neurosis)는 프랭클(Frankel)에 의하여 명명된 특수한 신경증의 한 유형으로 정신인성 신경증이라 한다. 병의 원인을 심리적인 것에 두지 않고 실존의 정신론적 차원에 두고 있다. 욕구와 본능의 갈등에 생기는 것이 아니라 실존적인 문제 때문에 생기는 것이다. 그 원인 중에서도 의미를 찾으려는 의지의 좌절이 가장 큰 비중을 차지하고 있다.

실존적 위기에 있는 인간이 인생의 의미와 가치의 문제 때문에 신경증이 되는 경우를 말하는데, 심리적 갈등이 아니고 정신적 실존의 문제는 단순한 적응이라든가 욕구불만의 해소로는 문제는 해결되지 않는다. 실존적인 고민은 실존적 위기이기 때문에 정신질환이 아니며 오히려 성장하고 발전해야 할 역설적 지향이다. 역설지향(Paradoxical intention)은 악순환을 극복하기 위하여 자기가 두려워하는 바로 그 일을 하도록 용기를 북돋워 주던가, 혹은 일어나기를 바라도록 고무하는 방법이다. 자기분리와 자기초월의 능력을 활용하여 불안을 객관화시킬 때 이러한 역설지향은 공포의 대상에 대한 태도의 변화를 가져온다.

그러므로 정신인성은 심인성과 구별되며 실존적 위기에 있는 인간이 인생의 의미와 가치의 문제 때문에 신경증이 발생하는 경우이다. 심리적 갈등과 완연히 다른 정신적 실존의 문제로 괴로워하고 고통을 받고 있다면 단순한 적응이라든가 욕구불만의 해소로는 문제는 해결되지 않는다.

3) 스타니슬라브 그로프(Stanislav Grof)

심리치료는 보이지 않는 차원에 대한 심층 연구를 바탕으로 한다. 인과론적 접근은 마음의 질환과 인간관계의 문제 원인을 과거에서 찾으며 그 결과가 지금의 문제임을 설명하고자 하는 것이다. 목적론적 현상학적 접근은 마음의 질환과 인간관계의 문제 원인을 과거에서 찾으려고 하지 않는다. 또한 그 사람이 무슨 이유로 고민하고 있으며 왜 계속적으로 문제를 일으키는가 그 원인을 설명하는 것은 중요하지 않다고 보며 단지 '의미'에 있다고 생각하는 것이다.

보이지 않는 차원의 인과론적 접근에서 가장 대표적인 것이 재탄생(rebirthing)의 심리학이다. 마음의 상처는 가장 근원적으로 '출생시'에 만들어지게 된다고 보고 심리적으로 '재탄생'을 통해 마음의 상처는 치유된다고 보는 것이다. 이러한 연유로 그로프는 홀로트로픽 브리딩(holotropic breathing)이라는 전체지향적이라는 의미의 향전체성적 호흡법을 개발하였다.

또한 인간의 심층 체험의 영역인 무의식을 인간 정신의 지도인 의식의 작도(cartography of the human psyche)를 통해 크게 개인의 발달사, 출생, 초개인적 수준을 포함하여 심층심리학 분야의 혼란과 다양한 학파 간의 갈등을 의미 있게 통찰하였다.

그로프는 환각제인 LSD(lysergic acid diethylamide) 복용상태와 홀로트로픽 치료(holotropic therapy) 상태의 의식상태를 관찰하여 이 개념을 제안하였다. 일명 그로프식 호흡법(Grof breathing)으로 통합적 호흡법(integral breathing)인 과호흡(hyperventilation), 기억, 감정을 환기시키는 음악, 신체활동(bodywork) 등을 결합한 치료기법이다. 레세르그산 디에틸아미드(LSD)는 1938년 알베르트 호프만(Albert Hofmann)에 의해 최초로 합성된 향정신성 물질로 1950년대 시작된 뇌과학 혁명에 버금가는 사건으로 신경전달물질(neurotransmitter)의 역할을 발견한 것과 견줄 수 있다. 이후 우울증, 불안장애, 외상, 중독 같은 정신질환을 치료할 수 있는 가능성을 실험하는 계기가 되었다.

연구 결과에 따르면, 의식의 상태는 프로이트(Freud)식 단계에서 랭크(Rank)-빌헬름 라이히(Wilhelm Reich)-실존주의적 단계로, 또 융(Jung)식 단계로 옮겨 간다는 사실을 발견하였다. 그로프가 정의한 각 단계의 명칭은 단계마다 그에 상응하는 기존 심리학의 개념적 체계들을 반영하고 있는데 그는 각각의 체계는 치료 기간에 관찰된 현상을 설명하는 가장 유용한 틀이 된다고 보았다. 그리고 이 연구 결과에 따라 인간의 심층 영역을 크게 네 가지로 구분할 수 있다.

첫째, 감각적 장벽영역(sensory barrier realm)은 LSD에 대한 가장 피상적 수준의 반응으로서 모든 감각적 영역을 포함하는 심미적 체험들로 구성되며 신체적 이완이 시작되는 초기단계에 일어난다. 그러나 그로프는 이러한 효과에 정신역동적 중요성은 거의 없으며 그것은 LSD의 단순한 생리적 효과일 뿐임을 지적하며 외형상의 현란한 황홀감에 빠져 버리는 것을 경계하였다. 이 같은 현상은 인간이 자신의 내면을 향해서 깊숙이 들어가는 자기 탐구나 이해의 활동을 감각이 저지하기 때문에 생기는 것으로 무의식적 정신에 이르는 여정이 시작하기 전에 통과하지 않으면 안 될 감각적 장벽이다.

둘째, 전기적 영역(biographical realm)에서는 자신의 과거, 특히 유아기의 불만, 고통, 마음의 상처, 장애물, 갈등이나 억압된 기억, 심리적 앙금과 같은 것이 무의식으로부터 떠오른다. 이 영역은 프로이트의 개인적 무의식과 많은 부분 일치한다.

셋째, 출산 전후의 체험영역(perinatal realm)에서는 탄생에 수반했던 심리 체험의 영역이 자리 잡고 있다. 출생 전후의 체험영역이 중요하다는 것을 발견한 점은 그로프의 가장 큰 연구업적 중 하나로 태교의 이론을 간접적으로 뒷받침해 주는 것이다. 즉, 자궁-

산도-탄생의 과정 등 출생 전후의 체험에 수반했던 기억들이 한 인간의 인격형성에 결정적인 기초적 원형이 된다는 가설이다.

그로프의 임상적 자료에 따르면, 각종 심리적, 심신증적 문제를 가지고 있었던 피험자의 대부분은 자신의 탄생과정을 철저하게 재경험함으로써 극적인 치유 효과를 보여 주었다고 한다. 이러한 견해는 정신분석의 흐름에서 이단으로 여겨졌던 오토 랭크(Otto Rank)의 '출생 외상(trauma of birth)' 이론에 바탕을 두고 있다. 그는 의지심리학을 주장하면서 의지를 두려워하는 인간 정신의 역사에 대해 방대한 고찰을 시도했다. 존재론적 불안에 대해 탁월한 이론을 펼쳤으며 의지는 창조자라고 하면서 인간의 의지인 개성적인 요구나 자기주장은 실제 인생을 살아가는 힘이 된다고 보고 우주적 원초적인 힘(energy)이라고 불렀다.

넷째, 초개인적 영역(transpersonal realm)은 더욱 심층으로 들어가서 상식이나 과학으로 상상할 수 없는 체험을 하게 되는 영역이다. 인간에게는 시공의 한계와 개인성을 초월한 체험을 할 수 있는 무한한 가능성이 있다는 것이다.

이러한 의식의 작도에서 설명하고 있는 홀로트로픽 상태는 인간의 본질과 관련된 괄목할 만한 역설을 드러내고 있다고 볼 수 있다. 그것은 인간의 개별 정신이 필연적으로 전체 우주와 존재의 전체성에 일치한다는 사실을 반영한다.

전통적으로 훈련받은 과학자나 우리의 상식에는 부조리하고 불확실한 것으로 보일 수 있지만 그로프는 그것이 상대적으로 쉽고 다양한 과학적 학문 분야에서의 새로운 혁신적인 발달과 통합될 수 있다고 보았다. 즉 '통합된 전체를 향해서 나아가는 의식(consciousness aiming toward wholeness)'이라고 설명하고 있다.

그로프는 경험의 본질을 욕망과 욕망의 대상이 주체와 객체로 분리되어 있음을 주장하면서 더욱 중요한 경험의 본질은 욕망을 내려놓고 초개인적인 영역으로 의식을 확장하기를 강조한다. 욕망을 내려놓으면 매 순간 안전함과 전체성을 경험하고 경외심과 신성함을 느낄 수 있으며, 사람들과의 관계 자체도 신성함의 표현에 의해 살아 있음의 기쁨을 경험할 수 있는 것이다.

부단히 변화하는 세상 가운데 바쁘게 살아가다 보면 시작과 끝이 있고 또한 제한되어 있는 시공간 속에서 갈망과 욕망을 내려놓기가 쉽지는 않다. 그러나 이러한 사고의 틀에서 벗어나면 자연스러운 기쁨을 누리는 가운데 타인과 조화를 이루게 되고 갈망 혹은 욕망으로부터 초월할 수 있다.

결국 경험의 본질을 결정짓는 것이 삶의 사건들이 아니라 사건들을 바라보는 인식의 틀이라는 것을 알려준다. 누구나 사는 방식이 있다. 그 방식이 수치감, 죄책감, 두려움, 공포, 불안, 좌절 등의 원칙으로 고착되면 기능장애를 일으키게 되고 이러한 증상은 패턴화되고 고질화될 것이다.

4) 아롤드 민델(Arnold Mindell)과 캔 윌버(Can wilber)

과정지향심리의 창시자 아놀드 민델은 인간이 일상적 실재(cosensus reality)와 비일상적 실재(non cosensus reality)를 통합하는 능력이 있다고 주장한다. 즉 현실에만 급급하면 원초적 본능의 감각을 상실하면서 정신신체적으로 이상이 발생하며 결국 고통속에서 살아가게 된다는 것이다. 초월심리의 대가 캔 윌버 역시 통합형 인간의 새로운 정신혁명을 주장하고 있다.

이러한 통합적인 접근은 자아와 자신의 개념을 정확하게 인지하고 자신이 어떠한 단계에 봉착해 있는지 혹은 현재의 상황과 문제해결에 대한 대처방안 무엇인지를 자동적으로 알아차리고 삶의 만족을 추구한다.

특히 캔 윌버는 통합지도를 강조하면서 인간 성장에 필요한 시스템을 다섯 가지 중요한 인자를 이용해서 지도를 만든것이다. 즉 사상한도 혹은 4분면(quadrants)은 개인의 내면과 외면 집단의 내면과 외면을 일컫는 것이다. 좀 더 자세하게 살펴보면 개인의 내면은 '나', 개인의 외면은 '그것', 집단의 내면은 '우리', 집단의 외면은 '그것들'로 객관화하여 표현하고 있다. 이외에도 수준(levels), 라인(lines), 상태(states), 타입(types) 등의 요인으로 구성되어 있다. 이러한 인간의 의식적 구조는 이론이 아닌 경험과 의식의 싱호 작용에 의한 자아 초월과 직결되며 영혼의 진정성이라 할 수 있다.

아울러 아놀드 민델 역시 CR과 NCR이 바로 통합되는 과정을 양자마음(Quantum Mind)이라 하였는데 결국 영혼의 진정성을 표현하는 것이다.

이러한 최신의 심리치료 흐름은 개인의 행동보다는 환경과 상황에 과정에서 단편화된 현상의 지엽적인 것을 탈피하여 패턴의 중요성을 강조하는 것이다. 즉 안목과 통찰, 통섭, 등 자아 초월적이며 영혼의 초자연적 에너지를 활용하는 것이다.

7. 뇌 - 행동심리치료

뇌와 행동 간 관련성에 관한 내용은 심리치료 분야에 커다란 변화를 가져왔다. 뇌와 행동의 개념은 뇌기능과 행동, 정서, 인지 등의 문제에 중요한 역할을 한다. 과거 전통심리치료와는 별개로 발전할 수 있는 분야이다. 물론 뇌과학이라는 분야가 융합학문으로 발전하고는 있지만 사실상 심리치료에는 한계가 있기 때문이다. 따라서 신경심리학적 접근은 뇌의 서로 다른 부분이 인지, 정서, 행동 요소와 관련된 각기 다른 역할을 하기 때문이다.

뇌의 특정 부분이 특정 행동을 유도한다는 것은 그 기능의 이해와 치료에 도움이 되고 있다. 실제로 어떤 행동의 원인이 뇌의 부위에 따라 언어, 시공간, 기억, 청각, 시각, 사고, 감정, 정서 등 부위의 영역의 손상에 따른 행동의 변화를 초래할 수 있다.

이러한 일련의 변화를 초래하는 이유는 뇌의 기능의 부전이라 할 수 있는데 뇌의 정보처리 기능의 부재라고 볼 수 있다. 뇌의 정보처리 기능은 컴퓨터의 기능과 다를 바 없다. 즉 컴퓨팅(computing)과 같다. 뇌의 사건과 경험의 처리는 입력-처리-출력(input-process- output)의 속성을 가지고 있으며 뇌의 다양한 부분이 정보를 받아 분석해서 반응하게 된다.

입력을 통해 정보가 들어오면 감각기관을 통해 지각하는데 개별 뉴런(neuron)으로부터 온 신호는 서로 결합하여 복잡한 재인과 이해의 기초가 되는 패턴을 만들어 내게 된다. 감각과 지각의 차이는 자극이 주어질 때 신경세포를 자극하여 신경 처리하는 에너지이자 수용체(receptor)인 감각(sensation)과 중추신경에서 작용하는 지각(perception)과의 차이라 생각하면 된다. 에너지가 뇌에 전달되고 뇌 안에서 처리되는 과정에서 지각이 발생하고 지각에 따른 표상(representation)은 뇌의 경험이다.

따라서 뇌에 표상된 지각은 입력-처리-출력 기능에 따라 인간의 뇌에서 창조되는 것이다. 인간의 뇌의 발달은 대뇌피질의 발달에 기인한다. 특히 전두엽의 발달은 의식과 사고의 영향으로 본능적이고 충동적인 행동의 억압을 통해 선량한 행동을 할 것을 명령하고 통제한다. 물론 악한 행동을 자처하는 사람도 있기는 하지만 대부분의 사람들은 선량한 사람들이다.

이와 같이 인간의 뇌로부터 명령은 선택의 여지가 없는 것이다. 선택의 여지가 없다는 것은 곧 인간은 진정한 자유가 없다는 것일 수도 있다. 자유의지가 없다는 것은 구속을 말하며 구속은 스스로의 의지나 목적을 가진 행동을 할 수 없으며 의식적 혹은 무의식적으로 인간의 행동을 통제하게 된다.

따라서 의식과 본능의 관계는 인간의 가장 어려운 문제라고 볼 수 있으며 고대로부터 오늘날까지 풀 수 없는 정신세계로 영혼과 가장 밀접한 관계가 있으며 뇌과학의 발달로 해결될 날이 올 것이다.

1) 신경망(neural network)

신경망이란 뇌 신경세포가 서로 복잡하게 얽혀 상호작용하는 체계이다. 뇌(brain)는 신경망(neural network)을 통해 신체와 정신 그리고 마음과 영혼 모두를 다스리고 행동으로 드러낸다. 즉 인간의 마음과 태도를 변화시키기도 하지만 신체의 질병이나 질환을 가져오기도 한다. 이러한 부정적인 감정과 에너지로부터 벗어나기 위해서는 잘못된 인식, 습관, 생각의 오류 등으로부터 깨어나야 한다. 특히 인간의 의식과 본능의 관계인 개인의 문제와 사람들 간의 연결과 관계를 잘해야 생존하고 삶을 영위하는 생명 활동의 근거 기반을 이해해야 한다.

의식적인 본능적 행위는 전체성 혹은 합리성에 근거하지만 의식되지 않은 본능은 지향적 성격이 없기 때문에 무모하며 파괴적일 수 있다. 그러므로 의식과 본능의 관계 개선은 인간의 행동에 중요한 역할을 한다. 실제로 인간의 뇌에서 의식 및 사고 영역은 본능의 영역보다 확대되어 있다. 또한 뇌의 좌우 분리에 따른 역할의 다양성을 이해해야만 한다. 좌뇌의 경우 언어 영역을 담당한다면 우뇌는 직관 및 공간영역을 담당한다. 또한 신경전달물질(neurotransmitter)의 역할도 중요하다.

신경망은 인간이 뇌를 통해 문제를 처리하는 방법과 비슷한 방법으로 문제를 해결하기 위해 컴퓨터와 같은 구조로 형성되어 있다. 인간의 뇌는 1000억 개에 달하는 뉴런(neuron)이 온몸의 기관들과 뇌를 서로 연결되어 일을 처리하며 주어진 환경에 대한 뛰어난 학습능력을 가지고 있다. 따라서 뉴런은 생명 활동에 필요한 전기적 및 화학적 신호들을 전달하는 중요한 역할을 한다. 뉴런과 뉴런이 연접하여 신호를 주고받는 곳을 시냅스라고 하는데 축삭의 끝부분과 다른 신경세포의 가지돌기가 맞닿아 있는 곳으로 신경전달물질에 의해 정보를 전달한다.

또한 뉴런은 다양한 형태의 자극을 받으면 배열을 바꾼다. 의도, 집중, 주의가 신경의 변화를 일으키는 것이다. 이처럼 뇌에 활기를 불어 넣어주고 에너지를 집중시키며 뇌를 깨어 있게 한다. 뉴런 간의 정보처리나 전달 방법은 같지만 신경망은 개인의 행동에 따라 다르게 구성되며 이에 따라 개성이 생겨나게 된다. 뇌신경망의 변화는 감정의 치유도 가능하다. 각 부위에서 생각을 저장하고 전기화하는 각기 다른 잠재력을 가지고 있다. 어떤 부위는 더 높은 주파수의 생각들을 저장하고 증폭하는 능력이 있으며 어떤 부위는 낮은 주파수의 생각들을 저장한다.

뉴런의 종류는 위치와 모양, 전기화학 신호의 방향, 신경돌기와 수와 길이, 뻗어 있는 모양에 따라 무극뉴런(apoula neuron), 단극뉴런(unipolar neuron), 다극뉴런(multipoular neuron)으로 나눈다.

2) 신경전달물질(neurotransmitter)

뉴런에 전달된 신경 충동은 축색돌기를 지나 시냅스가 시작되는 시냅스 전 말단에 이르게 된다. 시냅스 전 말단에는 신경전달물질을 담고 있는 매우 작은 시냅스 소포(vesicle)가 존재한다. 시냅스 소포에서 나온 신경전달물질은 시냅스를 지나 다른 신경세포 또는 우리 몸의 다른 부위에 중요한 정보를 전달한다.

뇌의 이러한 화학물질을 통해 우리가 생각한 것과 똑같이 몸이 느끼도록 전달한다. 특히 행복감이나 긍정적인 생각은 뇌에 기쁨과 흥분을 유발하는 화학물질을 분비하게 만든다. 뉴런들이 시냅스에 직접 연결되어 있는 것은 아니고 그 사이에 미세한 틈새가 있다. 적은 분량이 소낭에 저장되어 있다가 필요하면 시냅스들 틈새로 투여된다.

신경전달물질에는 아세틸콜린(acetylcholine), 세로토닌(serotonin), 도파민(dopamine), 멜라토닌(melatonin), 엔도르핀(endorphin), 아미노산인 글리신(glycine), 글루탐산(glutamate), 아미노산 유도체인 아민(amine)인데, 아미노산 티로신(tyrosine)은 도파민(dopamine), 에피네프린(epinephrine)과 같은 카테콜아민(catecholamine)류를 만들어내고, 글루탐산의 탈카복시화(decarboxylation) 반응은 억제성 신경전달물질인 가바(Gamma-Aminobutyric Acid, GABA)를 만들어낸다. 특히 세로토닌(serotonin)은 아미노산 트립토판(tryptophan)으로부터 만들어지는데, 아미노산 히스티딘(histidine)의 탈카복시화 반응은 히스타민(histamine)을 만들어낸다. 글루타민산염은 흥분성 신경전달물질이다.

옥시토신(Oxytocin)은 긍정적 에너지와 관계가 있다. 사람의 본성은 다른 사람과 관계 즉 사회성을 통해 행복감을 느낄 수 있다. 사람과의 연결과 관계를 가능하도록 이어주는 역할을 하기 때문에 '친사회적 호르몬(Pro-Social Hormone)'이라 부른다. 서로 좋아하거나 사랑하는 친밀한 관계는 행복지수가 가장 높다. 이러한 본성이 나타나는 것은 사람들 간에 긍정적 연결 활동이 이루어질 때 옥시토신 호르몬 분비되기 때문이다.

또한 옥시토신은 긍정성의 신경 물질들과 연합하여 사람의 뇌와 행동에 관여하면서 사람 간의 연결과 관계에 더욱 강력한 영향을 미치게 된다. 첫번째 신경전달물질은 바로 가바(Gamma-Aminobutyric Acid, GABA)이다. 가바는 자연계에 분포하는 비단백질 아미노산의 일종으로 흥분을 억제시키는 진정제 역할을 하는 신경전달물질이다. 중추신경계의 총 신경전달물질 중 약 30%를 차지하며, 다른 신경전달물질에 비해 약 200~1,000배나 높은 농도를 자랑한다. 몸속의 가바는 뇌의 혈류를 개선하여 뇌의 산소공급을 증가시키기 때문에 가바는 뇌의 대사 향상 및 의욕 저하 등의 치료용 의약품으로 사용되며, 불안증을 억제시키는 효과가 있어, 소위 '두뇌 식품(Brain Food)'이라고 불린다.

두번째 신경전달물질은 세로토닌(serotonin)이다. 세로토닌은 감정, 수면 등의 조절에 관여한다. 기분을 평화롭고 안정되게 해주는 소위 긍정적인 정서적 신경물질이기 때문에 우울증 치료에 효과가 있다. 이러한 세로토닌은 옥시토신을 통해 분비되며, 행복감을 느끼게 해준다. 옥시토신은 사랑과 친절, 감사, 나눔 등의 이타적 행동을 통해 분비되므로 사회적 윤활유 역할을 한다고 볼 수 있다. 이 두 개의 호르몬은 함께 협동함으로써 행복과 사랑뿐만 아니라 양질의 수면을 통해 뇌 피로에 회복과 편안함을 가져다준다.

세번째 신경전달물질은 옥시토신과 연합하는 도파민(dopamine)이다. 소위, 쾌감, 쾌락의 신경전달물질이다. 우리가 어떤 기대감에 차 즐거울 때 신명이 나고 흥이 나며 재미를 느끼게 되거나 혹은 집착 내지는 중독까지 되게 하는 뇌의 주된 흥분 물질은 바로 도파민 때문이다.

사람의 정서나 기분은 세로토닌이나 도파민 같은 신경전달물질에 의해 결정되며 하루에도 수 십번 느껴지는 흥분이나 우울, 피로, 짜증 같은 다양한 기분은 모두 신경전달물질의 작용 때문이다.

3) 신경가소성(neuroplasticity)

뇌의 타고난 능력인 신경가소성은 인간의 뇌를 변화시킬 수 있는 가장 중요한 단서이다. 인간에게 환경은 삶에서 중요한 요소이다. 이러한 환경으로부터 벗어나서 존재하기란 불가능하다. 특히 사고방식, 아들러가 강조하는 라이프 스타일, 언어, 행동, 습관 이 모든 것은 하루아침에 형성되지도 않지만 하루아침에 변화하지도 않는다. 반복된 경험으로 뇌에 형성되는 것이기 때문에 의도하지 않아도 무의식적으로 지속되는 특징이 있다.

신경가소성의 존재를 믿고 실행할 의지를 가지고 있다면 경험이나 체험으로 형성된 것이든, 유전적인 것이든, 반복적이고 습관적으로 굳어진 건강하지 못한 행동을 그만둘 수도 있다. 즉 마음을 바꾸거나 세상을 보는 관점을 바꿈으로써 신경을 변화시킬 수 있다. 뇌가 습관적인 연결에서 벗어나 새로운 형태로 뉴런을 자극하고 자의적으로 연결하는 노력만이 사고와 행동, 느낌, 인식 등을 변화시킬 수 있다.

인간은 환경의 변화에 도전을 받으면 그 환경에 적응하기 위해 행동을 수정하게 된다.

예를 들면 군대, 교육, 병원, 교도소 등 통제나 규율을 강조하는 장소에 들어가게 되면 인간은 즉각적으로 행동의 변화를 일으키게 된다. 인간이 환경의 변화를 추구한다는 것은 인간의 의지가 환경보다는 더 위대하다는 것을 단적으로 보여주는 것이다.

결국 인간의 환경 변화에 대한 의지는 결국 신경가소성을 통해 신경의 연결을 재배열하여 자신이 원하는 행동이나 태도를 만드는데 있으며 신경을 통해 전달되는 에너지는 인간에 있어 가장 강력한 뇌 에너지(brain energy)인 것이다. 뇌의 가소성을 통하여 경험, 생각, 학습 등 모든 것에 반응하여 변한다는 사실은 우리가 뇌를 선택적으로 변화시킬 수 있다는 것을 방증하는 것이다.

특히 주위 환경으로부터 기억과 학습을 통해 혹은 생리적 신진대사를 통해 에너지를 배양할 수 있는 능력보다 더욱 중요한 것은 세상과 상호작용하며 뇌의 회로를 끊임없이 바꾸어 가며 과제의 해결이나 기회의 포착 등 다양한 사회구조 속에서 스스로를 형성해 나간다. 그러므로 뇌의 가소성은 무한대라고 할 수 있다.

4) 뇌하수체(pituitary gland)의 역할

뇌하수체는 감정의 느낌을 통해 호르몬을 분비한다. 존재에 대한 순수함이나 기쁨 혹은 행복감은 뇌하수체를 활성화한다. 마음이 열리고 사고의 주파수가 작용하면서 뇌의 모든 부분과 신체를 하나로 연결시켜 준다. 특히 마음과 뇌의 관계에서 결국 마음이 우선한다. 마음 에너지는 치유에너지이기 때문에 충만하기만 하면 우리 신체의 파괴적인 에너지를 누르고 질병의 원인인 무질서나 혼란, 부정적인 정서 등 만병의 근원인 스트레스를 극복할 수 있는 능력을 가지게 된다.

따라서 호르몬을 신체의 전역에 나르는 혈액도 중요하며 거의 모든 조직에 영향을 미치는 많은 종류의 호르몬을 분비하는 뇌하수체는 뇌행동심리치료의 핵심적인 역할을 하는 뇌의 기관이라고 할 수 있다. 왜냐하면 인간은 유전체이기 때문에 혈액 즉 핏줄의 영향을 받아 개인의 성격을 이루며 내분비선이 호르몬을 생성하여 혈액으로 분비하여 행동하는 유기체이기 때문이다.

인간의 본성이 핵심 특성이기도 하며 그 속성을 유기체로서의 기능을 다함과 동시에 성장과 발전을 추구하는 인격체이기도 한 것이다. 양심과 도덕의 경이로운 가능성을 추구하기 위한 초월적인 능력은 호르몬의 역할을 통해 새로운 에너지를 얻고 영혼의 고결함과 신성의 영역까지 추구하는 실존적 존재이다.

오늘날 현대사회의 복잡함과 끊임없는 도전을 통한 성공과 실패의 스트레스 속에 현대인은 지쳐있다. 특히 불안과 억압, 파괴성, 가학 잔인성, 악의 등으로 신경증과 정신병이 늘어나는 추세이며 이를 위한 대처방안은 매우 부족하다. 따라서 신체의 본래의 기능을 복원해주는 것이 중요한데 이를 위한 가장 중요한 것은 무엇보다 건강교육이 필수이며 내적 본성과 신체의 기능의 최적화는 일상을 활기차고 행복하게 하여 뇌하수체 호르몬의 기능을 더욱 활성화하여 치유에너지인 마음에너지가 넘쳐나 신체의 파괴적인 에너지를 누르고 부정적인 감정, 정서 등 스트레스를 극복할 수 있게 될 것이다.

5) 좌뇌와 우뇌의 역할

인간의 좌뇌와 우뇌는 인간의 정신생활의 핵심적인 역할을 한다. 좌뇌는 언어 및 사고 영역을 담당하고 우뇌는 심상 및 직감적인 영역을 담당하기 때문이다. 사실상 창조적인 일을 하는 것이 우뇌이며 이것을 사고 및 언어로 표현해야만 자료가 되고 기록하게 된다. 따라서 좌뇌와 우뇌의 협조적인 상호작용이야말로 이상적인 인간의 정신작용이라 할 수 있다.

우뇌의 직관적 심상은 기억에는 오래 남지만 이것을 효율적으로 활용하는 영역은 좌뇌에 있으며 논리적으로 기록하는 일은 가치가 크다. 특히 건강의 문제는 환경과 실생활 및 심신의 관리가 중요하므로 좌뇌와 우뇌의 역할을 반드시 알아야 한다. 좌뇌와 우뇌는 생리적으로는 차이가 없지만 좌뇌식 교육에 영향을 받으며 뇌의 가소성에 의해 일정한 뇌 훈련을 통해 얼마든지 변화를 추구할 수 있다. 반면 우뇌는 직관과 관련이 있으며 직관력은 누구나 뛰어난 것이 아니라 선천적 우뇌 기능이 우수하거나 뇌 훈련을 많이 받은 사람이 창조적인 사고가 가능하다.

비언어적인 우뇌의 역할을 강조하기 위해서 자기장이 적용되는데 이것이 직관의 힘이다. 마음속에서 심상으로 나타나는 것을 언어적으로 표현하기 힘들 때 바로 직관력이 작용하며 예술이나 과학에 유용하다.

6) 사회적 뇌(Social Brain)

인간은 사회적 뇌를 가진 사회적 존재이다. 사회적 관계가 뇌에 영향을 미치고, 다시 뇌가 사회적 관계에 영향을 미치는 상호작용은 누군가 또는 무엇과 연결하고 관계를 형성하는 본능적인 프로그램이다.

또한 인간의 사회적 활동은 건강, 질병, 수명 그리고 삶의 질과 관계가 깊다. 특히 사회적 지지는 건강과 행복의 필수적인 생활양식이다. 고독이나 외로움 등 사회적 고립 상태에 노출되면 노화 및 질병과 사망 위험이 증가한다. 외로움, 고립, 학대 등 사람 간의 사회적 생활 습관 및 환경은 노화와 질병, 장애, 조기 사망 등을 초래하고 있다.

건강한 사회적 관계 및 상호작용, 친밀한 관계 유지가 어렵게 되면 심장 마비, 동맥경화증, 고혈압과 같은 심혈관 질환, 암, 암 회복의 지연, 더딘 상처 치유 등 증세가 나타나고 이는 관계 연결의 질이 낮을 때 나타난다. 관계를 맺으면서 끊임없이 개선하고 타인을 배려하는 모습을 보임으로써 몸과 마음이 건강한 관계를 맺을 수 있다.

건강하고 잘 기능하는 개인이라도 사회적 고립이 깊어지면 시간이 지나면서 심리·신체적 붕괴, 심지어는 사망까지 초래한다. 이외에도 염증 발생과 면역 기능의 손상이 발생 될 수도 있기 때문에 사회적 고립은 고통 그 자체라고 말할 수 있다. 인간의 뇌가 사회적 뇌로 변화 형성되기 위한 조건은 두뇌 속에서 은밀하게 숨어서 세세한 배열 패턴을 형성하는 내면세계이며 존재하는 것 자체가 영혼의 진정한 의미라고 볼 수 있다.

8. 영혼의 안정

인간은 환경에 적응하기 위해 환경에 반응하고 변화시킨다는 점에서 지식이나 이론은 모두 환경에 적응하기 위한 도구라 할 수 있다. 특히 신체의 동작을 통한 경험을 강조하여 몸과 마음의 통일성을 확립하고 지식의 탐구의 과정을 통해 문제를 해결하고 인간의 삶을 개선하고자 하는 것이 영혼의 안정을 위해 필수적이다.

이러한 영혼의 안정을 위한 비슷한 방법으로는 빌헬름 라이히(Wilhelm Reich)의 라이히 기법과 알렉산더 로웬(Alexander Lowen) 기법(Technique), 프레드릭 마티아스 알렉산더(Frederic Matthias Alexander)의 알렉산더 기법(Alexander Technique) 물리학 박사인 모세 펠덴그라이스 (Moshe Feldenkrais)의 모세 펠덴크라이스(Moshe Feldenkrais) 기법 Technique인 ATM(Awareness Through Movement), 마음챙김의 기법인 수용전념 등 다양하다.

오늘날 물질문명의 극에 달한 시대에 꼭 필요한 밝고 맑은 영혼이 요구된다. 그러므로 영혼의 구제적 실전을 위해 인류 역사적인 경험 가치를 삶의 방식으로 인정하는 자세가 필요하다.

1) 라이히(Reich) 기법(Technique)

빌헬름 라이히(Wilhelm Reich)는 개인의 중요한 면을 자세(posture), 호흡(breathing), 행동(behavior) 등으로 보았다. 특히 성격 구조에 초점을 두고 성인지 능력은 건강한 사람의 필수적인 조건으로 성의 억압은 신경증의 원인으로 보았으며 "금속은 에너지를 반사하는 반면 유기체는 에너지를 흡수한다"라고 하였다.

신체에는 억제된 감정과 경험이 있으며 이는 상처(Trauma)로부터 자신을 보호한다. 신체와 정신이 매우 긴밀하게 연결되어 있지만 치료 과정에서는 신체를 우선하여 긴장이나 행동의 실수는 내면 에너지 흐름을 저해하여 중단할 수 있는 저지현상이라고 보았다. 즉 에너지 흐름은 인간의 감정과 생각에 결정적인 영향을 미치며 특히 호흡과 근육운동은 신체를 집중적으로 느끼게 한다.

오르곤 에너지란 근육긴장 속에 저장된 억압된 정서를 호흡 기법과 함께하는 근육압박기법으로, 자극하고 해소시켜 생물학적 에너지의 막힘인 뭉친 근육을 풀고, 에너지의 흐름을 얻게 하는 신체심리치료(body psychotherapy) 기법이다

신체심리학은 라이히(Reich)가 페렌치(Ferenczi)의 신체외상치료(somatic trauma therapy)를 체계화한 것이다. 페렌치는 프로이트(Freud)의 추종자로서, 임상적 주제로서의 신체개념을 표면화하여 신체외상치료를 개발하였고, 라이히는 이를 더욱 체계화하였다. 라이히는 심리학적 사고에 신체개념의 중요성을 복원시켰을 뿐만 아니라, 인간의 신체를 우주의 영적 과정과 이미지를 반영하는 체계로 간주하였다.

"오르곤 에너지(orgone therapy) 는 바닷가에 뜨거운 모래에서 발생한 바이온이 다른 바이온 형체보다 더 먼거리에서 훨씬 더 효과적으로 세균을 죽였다"라고 하면서 이러한 현상을 바탕으로 오르곤 에너지라 명명했다. 결국 '오르곤 축적기'라는 기구까지 만들게 되었다. 라이히의 오르곤 에너지를 발견한 경로는 "빛에 대한 주관적 인상"이라 볼 수 있다.

대부분의 사람들이 태양에너지를 받고 살아 가지만 그 에너지의 효율성에 대해서는 무관심하다. 마치 공기와 같은 존재로 보는 것이다. 그러나 뉴턴이 빛을 분석하였듯이 라이히 역시 과학자의 시각으로 보았던 것이다. 근육 긴장 속에 저장된 억압된 정서를 호흡 기법과 함께하는 근육 압박기법으로 자극하고 해소시켜 생물학적 에너지의 막힘인 뭉친 근육을 풀고 에너지의 흐름을 얻게 하는 신체심리치료이다. 7개의 신체 부분인 눈, 입, 경추, 목, 흉곽, 복부, 골반과 관련하여 원시적 수준의 정서들을 이끌어 내어 해소하는 치료를 하였다.

생물학과 물리학 그리고 의학에서 라이히에 대한 패러다임의 변화에 대한 논의가 시작될 것이다. 이러한 의학적 개념의 변화는 라이히가 암 연구에 바이온을 적용하여 '병에 대한 저항'의 문제로 초점을 옮기고 면역은 유기체의 자연적인 반응으로 보았다는데 있다.

또한 그는 정신의학적 차원에서 암 심신증(cancer biopathy)이나 종양 뒤에 숨겨진 병을 임상적으로 일반화하여 암 환자들이 성격적으로 매우 온화한 감정과 체념을 보여주었지만, 심혈관 심신증은 감정적으로 불안하고 초조하며 쉽게 폭발하는 경향이 있었다는 것이다.

두 종류의 환자들 모두 성적으로 정체 상태였지만 심혈관 심신증 환자들은 성적 흥분이 생물, 생리, 심리학적으로 살아남아 있었다고 보았으나 암 환자는 고질적인 감정상의 평온함은 반드시 세포와 혈장 내 에너지의 고갈과 상응한다고 주장하였다. 자연에너지의 힘이 유기체에 핵심에 작용한다는 것을 증명한 것이다.

신체심리치료에서는 "나는 하나의 신체를 가지고 있다(I have a body)"가 아니라 "나는 하나의 신체다(I am a body)"라는 개념을 중요시하면서, 신체에 대한 긍정적인 태도로 신체를 경청하고 욕구와 필요를 존중하였다. 인간의 신체개념을 심리적 과정으로, 또한 생명에 기본적인 우주 에너지 흐름의 장(field)으로 확대하여 인간을 총체적으로 이해하고자 하였다.

일부에서는 그의 신체 사상과 신체적 개입 방법을 직접적으로 적용하였고, 특히 이것은 1960~1970년대 개인의 초기외상(primal trauma)의 신체치료에 적용되었다. 이와 같이 직·간접적으로 라이히의 신체심리학의 영향을 받은 신체중심치료는 다음과 같다. 알렉산더 로웬(Alexander Rowen)의 생체에너지기법(bioenergetics), 펠덴크라이스(Feldenkrais)의 동작을 통한 자각기법, 롤프(Rolf)의 구조적 통합기법인 롤핑(rolfing)기법, 셀버(Selver)의 감각자각기법, 스톤(Stone)의 양극치료(polarity therapy) 등이다. 이들은 처음에는 순수한 전통적 신체 작업의 분야에서 시작했지만, 라이히의 신체심리학의 영향을 받아 심리치료모델로 편입되었다.

특히 모세 펠덴크라이스(Dr. Moshe Feldenkrais)는 의학, 해부학, 치료 운동, 신체역학, 기계 및 전기공학 등 다양한 분야를 공부하고 동작을 통해 의식의 범위를 넓히는 심신학을 연구한 결과 정신과 육체의 상관성을 "동작을 통한 자각(awareness through movement)의 관점에서 스스로를 치료하는 신체조절요법을 체계화했다. 이것을 '펠덴크라이스 요법(Feldenkrais therapy)'이라 한다.

펠덴크라이스는 오랫동안 익숙해진 자신의 나쁜 버릇들과 습관들이 육체적·정신적 문제를 야기시킨다고 보았으며 이미지 트레이닝을 통해 치료하고자 했다. 동작에 있어서 잘못된 습관의 패턴을 스스로 인식하고 마음으로부터 이를 버린다는데 있다. 평범한 일상에서 사용하는 신체의 움직임에다 자신의 의식을 집중하기 때문에 동작을 통한 명상과도 같은 것이다.

이론적 가정은 라이히의 근육무장 이론과 같은데 과거에 습득된 개인의 정서와 신념이 특정한 신체 부위에 특정한 패턴의 긴장으로 축적되어 자세, 태도, 제스처, 동작 및 성격으로 일반화되어 있다. 이러한 것을 통해 그 개인 전체 삶의 경험을 알아낼 수 있다고 믿었다.

비일상적이고 친숙하지 않은 1천여 가지의 수많은 동작을 고안하여 피교육자에게 매우 이완되고 느린 동작을 되풀이하도록 연습시켰다. 그중 한 가지 예를 들면, 걷는 동작에서 오른쪽 골반뼈를 어깨 쪽으로 가까이 들어 올리면서 천천히 이완된 상태로 앞쪽으로 이동시키면, 오른쪽 다리가 들리고 이번에는 골반뼈를 아래로 내리면서 발을 바닥에 댄다. 그다음 왼쪽 골반뼈를 오른쪽 골반뼈가 했던 것처럼 하면서 되풀이하는 골반 걷기를 연습한다.

이렇게 자신의 자발적 근육을 익숙한 패턴이 될 때까지 반복하면, 내담자가 과거에 친숙했던 유형의 정서적 반응을 되풀이하면서 조건화되었던 근육패턴 대신 새로운 이완된 움직임을 습득할 수 있고, 근육과 성격을 억압하고 있던 무장이 풀린다. 동작을 통한 자각을 사용하는 이유는 빠른 동작 및 긴장된 동작, 그리고 동작 자체가 가지는 무의식적 특성에 대한 알아차림을 촉진하기 위해서다. 이 방법은 알렉산더의 기법 및 목표와 같이 개인의 자발성과 좋은 기분을 이용해서 자유로움, 가벼움, 균형의 감정 등을 얻는데 효과가 있다. 또한 비일상적이고 친숙하지 않은 수많은 동작을 연습함으로써 습관적 행동패턴을 변화시키는 데 도움을 준다.

동작을 통한 자각은 단순성에 있으며 수많은 일반적인 신체적 움직임의 제한에 적용할 수 있다는 점에 있다. 특히 구르기(Roll over) 동작은 일상적인 동작군을 주로 형성하는 발달 동작을 나타내는 중요한 동작의 예이다. 발달 동작의 단계를 어느 하나라도 빼먹거나 생략하는 것이 신체 구조상의 어려움이나 동작상의 어려움이 소인이 되는 논점이다. 구르기 동작을 사용하면 표면상의 어려움이나 특수한 상해를 초래할 수 있는 기초적인 기능장애에 패턴을 발견하는데 아주 유용하다.

구체적으로 동작을 통한 자각(ATM)을 근막경선으로 분석하면 구르기에 필요한 나선형 근막경선의 움직임과 관계된다. 똑바로 누워서 무릎을 왼쪽으로 움직이기 시작할 때 좌측 후면 근막기능선에 의해 동작이 시작되고 우측 후면근막 기능선은 점점 근처에서 현(string)처럼 신체를 끌어당기기 시작할 때까지 신장된다.

오른쪽 골반을 오른쪽으로 움직이며 왼쪽 흉곽이 당겨지는 동작도 우측 나선형 근막경선과 좌측 전면 근막기능선에 의해 일어나지만 주된 장력의 발생은 후면 근막기능선을 통해서 일어난다. 좌측 전면 근막기능선은 장력이 옆구리 쪽에서 복부로 이어지도록 만들고 우측 후면 근막기능선은 장력이 옆구리에서 등으로 발생하도록 만들면서 - 두 개의 나선형 근막경선과 모두 조화를 이룬 상태에서 - 동작을 완성한다.

2) 알렉산더 로웬(Alexander Lowen) 기법(Technique)

빌헬름 라이히(Wilhelm Reich)의 이론을 발전시킨 로웬의 생체에너지 기법으로, 수직적 접지하기(vertical grounding) 및 걷기, 근육 늘이기, 호흡 등을 강조하여 에너지 수준을 향상시키는 방법이다.

로웬은 목뒤, 가슴 윗부분, 어깨에 심한 통증을 느끼며 살아왔는데, 라이히에게 치료받은 이후 그의 제자가 되었고, 이를 계기로 생체에너지 이론을 정립하게 되었다. 그는 중추신경계에 따른 자아(ego)의 현실 숙달과 의식적 의지를 중시하는 자아심리학의 전통을 강조하였다. 생체에너지 기법은 마음의 응어리가 근육의 응어리와 호흡의 정체로 나타난다고 보고, '성격'이란 '에너지' 및 '응어리(정체)'와 삼위일체를 이루고 있는 것이라고 설명하였다.

이 기법을 치료에 적용할 때는 말의 교환을 주로 하는 전통적인 치료법과는 대조적으로 몸을 조정하는 방법을 취한다. 예를 들어 라이히의 비물질적인 생명력인 오르곤(Orgone) 치료에서 내담자의 몸을 마룻바닥에 눕혀서 수평적 접지하기(horizontal grounding)를 통해 중력에 신체를 맡기고 무의식으로 퇴행시키는 대신에 로웬은 내담자가 일어서서 발바닥을 직립/접지하는 능력을 주창하면서 걷고 움직여서 세상으로 나아가는 연습을 강조하였다.

알렉산더 로웬(Alexander Lowen)에 따르면 생체에너지는 신체와 신체에너지 과정(energetic process)이라는 차원에서 인격을 이해해야 한다는 것이다. 즉 생체에너지 내에서는 신체는 에너지로 보는 것이다. 이러한 에너지는 근육운동으로 발산되며 지세와 근육의 문제를 통해 성격이 나타난다고 보았다. 신체 발달은 욕구와도 긴밀한 관계를 가지고 있는데 욕구가 충족되지 못하면 신체는 근육 긴장 등을 통해 스트레스 반응을 보이며 스트레스가 누적되면 만성적인 긴장 상태가 지속되면서 성격의 변화를 초래한다. 특히 어린시절의 갈등과 꿈이 성격에 결정적인 영향을 준다고 하였다.

어린시절의 발달은 자궁에서의 행복한 존재, 출생 이후 많은 욕구를 갖는 상태,

어린 자아의 독립성 시도, 엄마에게로의 복귀와 안락함에 대한 추구, 새로운 저항과 부모로부터의 독립, 성적인 깨달음과 오이디푸스적 갈등 상황의 발생 등이다. 이러한 복잡한 발전 단계를 거치면서 스트레스를 경험하게 되며 성격에 각인된다.

로웬은 성격유형을 다섯 가지로 나누었다. 정신분열적 성격은 친근함을 기피하는 대신 고립을 선호한다. 구두적 성격은 친근함을 추구하며 어린이 같은 성향을 보인다. 자신이 완전한 통제력을 통해 친근한 관계를 가질 경우에만 친근한 관계를 허용하는 사람은 정신병적 성격을 가지고 있는 것이다. 마조히즘 성격은 자신이 완전히 복종할 수 있는 관계를 추구한다. 경직된 성격은 조심스럽게 관계를 추구하며 신체적인 관계를 통해 구속되는 것을 싫어한다.

이러한 성격의 문제는 신체적인 긴장상태를 해결해야 하는데 가장 중요한 것은 신체에너지가 흐를 수 있도록 마사지, 지압, 등 도수치료가 필요하다. 특히 자의식 강화를 위해 호흡운동이 필요하다. 이러한 치료기법 등의 경험은 결국 욕구와 관련된 저항 간의 긴장을 해소하는 것이다. 가장 흔한 10가지 부정적인 감정은 화, 슬픔, 질투, 증오, 슬픔, 격리, 굴욕, 무가치함, 불안, 충돌이다.

정서적 통증은 신체가 부정적인 감정에 어떻게 반응하는지 보여준다. 특히 매일 행복에서 슬픔 또는 극도의 기쁨과 우울증에 이르기까지 다양한 감정을 경험하면서 우리 신체는 생각하고, 느끼고, 행동하는 방식에 대해 반응한다.

3) 알렉산더 기법(Alexander Technique)

프레드릭 마티아스 알렉산더(Frederic Matthias Alexander)는 자신의 후두염으로 고통을 받으면서 목 근육의 과도한 긴장이 전신으로 영향을 미친다는 것을 알게 되었다. 그는 목 근육 긴장 패턴이 머리를 후하방으로 돌아가게 만들었고 이것이 척추에 영향을 미쳐 전반적인 바디 정렬을 방해한다는 사실을 알게 된 것이다. 목의 긴장이 해소되자 목은 더 이상 척추를 누르지 않게 되고 척추는 압박에서 자유로워지자 저절로 신장되었다. 따라서 동작을 개시할 때 생각하는 방식을 바꿈으로써 자신의 자연스런 이완 능력을 회복하였다.

알렉산더는 전신의 프로세스가 하나의 통합적이고 역동적인 전체로서 더욱 효율적으로 작동한다는 점을 착안하여 핸즈온(hands on)교육법을 개발하였다. 이 기법은 손과 말을 사용하여 앉기, 서기, 걷기 등 어떤 동작도 더 쉽게 수행하도록 도우며, 자각능력을 향상시키고 균형력 및 지구력을 높여 운동을 수월하게 해주며 근육긴장을 감소시킨다고 주장한다. 또한 사고의 명확성을 증진시키고 자기 제한적 사고로부터 탈피할 수 있는 능력을 길러준다.

4) 모세 펠덴크라이스 (Moshe Feldenkrais) 기법 Technique)

- ATM(Awareness Through Movement)

물리학 박사인 모세 펠덴크라이스 (Moshe Feldenkrais)는 세계적으로 잘 알려진 신체 인지 시스템이자 감각인지를 높혀서 건강을 증진시키는 운동법인 펠덴크라이스 메소드(Feldenkrais Method)를 개발하였다.

인간은 자기 이미지(self-image)에 따라 자기 컨트롤이 가능하며 유전 및 교육의 영향에 따라 행동하고 조건화된다. 특히 언어, 사고 행동은 자기 이미지에 크게 영향을 받으며 행동의 변화를 유도하는 중요한 관건이 된다. 동기, 의지, 신념 등을 포함해 신체의 변화까지 이루어져야 행동의 변화가 가능하다. 즉 행동이 습관이 되고 습관이 성격을 형성한다.

특히 머리 움직임, 호흡, 견갑대 등 인체의 감각, 느낌, 사고의 힘을 통해 감정의 변화를 유도하여 인지와 의식의 변화가 일어나면 기존의 습관화된 패턴을 쉽게 바꿀 수 있다. 마음의 변화까지 동반하면 영혼의 안정을 얻을 수 있다.

5) 수용전념(acceptance commitment)

모든 사람은 생존하는 동안 육체적 통증을 느끼며 정신적 괴로움(suffering)을 겪는다. 보통은 고통이라고 하며 심리적 요인이 관여한다. 통증의 원인이 신체적인 것이지만 심리적 과정과 같이 연결되어 있다. 따라서 겉으로 드러나는 모습이 행복해 보여도 내면에는 슬픔을 간직할 수 있다. 가령 죽음에 대한 생각이나 사랑하는 사람이나 가족 등과 언젠가는 이별해야 한다면 슬퍼질 것이다. 이러한 양면성을 가진 우리의 감정이나 생각은 삶과 죽음의 연속선상에서 일어나는 다반사이다.

또한 데이비드 호킨스의 의식의 지도에서 나타나듯이 고도의 사랑의 감정과 기쁨. 평화, 존재의 깨달음은 의식 수준이 매우 높은 반면 수치심, 죄책감, 증오, 슬픔 등은 의식 수준이 매우 낮다.

인간은 의식적 존재이기 때문에 언어와 사고에 의해 행동하게 된다. 물론 모든 동물이 자극과 반응에 의해 움직이지만 인간만이 유독 언어적 동물이기 때문에 기억의 축적에 따른 상징과 유추가 가능하다. 이러한 발전이 오늘날 문화를 이루고 있다. 어쩌면 태초부터 겪어오던 신체와 정신의 문제가 오랜 세월 인간의 끊임 노력에 결실이 문화로 점철되는 것이라 볼 수 있다.

특히 유전인자에 의한 정보는 인간이 존재하는 한 계속 전해지리라고 믿는다. 인류가 전하는 감정과 사고 그리고 행동을 통한 느낌은 세대를 아우르는 공유된 직관이며 인간만이 가지고 있는 특성이라 할 수 있다. 세대를 이어가는 계속된 새로운 정보를 통해 경험과 학습에 의해 우리의 뇌는 발전하면서 새로운 패턴을 형성하여 영혼이라는 정신적 가치는 더 높아질 것이다.

오늘날 첨단과학 시대에 살면서 왜 우리는 고통의 문제를 아직까지 해결하지 못하는가 의문이 들 수 있다. 우주 왕복선을 따고 달나라까지 정복하는 시대에 인간의 고통은 오히려 가중되고 있다. 또한 종교와 과학은 통합을 이루지 못하고 각각의 길을 유유히 가는가. 사람들의 고통을 해결하는 방법은 그 고통을 직면하고 그 느낌 본질을 파악하여 정확하게 판단하는 능력을 기르며 오직 신체와 정신 마음과 영혼이 하나가 되는 일체감을 통해 진정한 정체성을 찾는데 있다.

9. 온전한 영혼

온전한 영혼이란 인간의 신체와 정신 그리고 영혼이 합일된 상태로 진정성과 정체성을 찾아 육신이 병들지 않은 깨끗한 마음으로 삶을 영위하고 평안한 죽음에 이르러서는 전통과 의식을 후대에 전하는 것이다.

1) 열정과 기질

인간이 경험하는 현실만이 불안정을 해결하는 과학적이며 유일한 길이다. 특히 과학기술의 발전으로 기계화되어가는 인간의 피폐, 인성의 상실 즉 영혼의 부재를 어떻게 다시 찾아야 하는가이다. 인성과 본성을 찾는 것은 영혼의 창의성과 예술성에 있는데 실제적 경험과 체험을 통해 인지된 것을 체화하는 것이다. 마음으로 형성된 것을 몸으로 표현하는 것이 결국 물질에서 의식이 사고로 이어지는 현상을 설명하는 유일한 길이다.

현실의 다중성을 인식하고 신경과 의식의 상호작용이 인간의 진정한 마음이고 영혼이라는 것을 깨닫는 것이다. 영혼의 현시는 열정과 기질로 드러나며 인간은 무엇인가 좀 더 나은 것을 추구하며 영혼의 자유를 구가하는 변화의 존재이다. 삶의 특수한 여건에 온전히 적응하고 경험이 주는 객관성에 감응하여 주관적 확신을 갖는 것이 온전한 영혼이라 할 수 있다. 영혼은 열정과 기질의 순응성이다. 진정한 영혼은 마음의 자유와 변화 능력을 의식하고 온전한 영혼의 힘을 최대한 발휘하여 개체를 완성하는 것이다. 이러한 과정과 전개는 유기체 즉 생명력의 목표이기도 하다.

2) 통찰과 포용

온전한 영혼은 인간의 유기체로서의 역할이다. 우리의 감각에 의한 관찰과 지각에 의한 통찰은 온전한 인격체로 성장하며 행동 또한 포용적이다. 사람이 환경이나 상황으로부터 인지하는 다양한 구성요소들이 각 순간마다 통합된 정보가 복합적으로 작용하면서 통찰할 수 있는 능력으로 나타난다. 이러한 동시다발적이며 복합된 정보의 처리능력은 온전한 영혼의 힘에 의한 각성과 정서의 작용이며 의식의 발로이다. 통찰과 포용의 자세를 갖지 않으면 악에 물들게 되며 결국은 영혼의 파괴에 이르게 되어 영혼 재활의 끊임 없는 노력이 요구된다.

3) 종교와 과학 융합

철학 종교로부터 파생되어 16세기 등장한 과학은 오늘날 첨단과학으로 무장하게 되었다. 과학기술의 발달에 의해 삶은 풍족해졌지만 이에 비해 영혼의 파괴는 날로 심해지고 있다. 이를 해결하기 위해서는 종교와 철학 그리고 과학이 융합되어야 하는데 사회과학의 역할이 중요하다.

특히 영혼의 본질에 대한 의식이 선행되어 질서와 이성을 유지하여 인간의 고유한 역할과 독립성을 찾는 것이 필요하다. 즉 존재의 무질서로부터 자발성과 자율적인 조직화를 이루는 것이다. 자연의 속성이 일정한 법칙을 따르듯이 인간도 종교와 과학의 융합을 통해 보편적 특수성을 갖도록 노력하는 것이다.

왜냐하면 과학의 측정이나 관측, 또는 실험과 실증적 연구의 객관적 독립성과 종교의 주관적 교리는 대척점이 아니라 인간이 능동적인 참여를 통해서만 가능하기 때문이다. 과학적 전제는 인식하는 주체와 인식되는 객체 사이에 분리점이 있지만 도덕과 양심의 문제를 다루는 종교의 전제는 인식의 주체와 객체의 분리가 존재하지 않기 때문에 영혼의 위치는 더욱 확고해진다.

영혼의 역사적 접근을 통해 알 수 있듯이 종교는 중세 이후 과학의 등장에 커다란 영향을 받았으며 근대를 거쳐 현대에 이르기까지 수많은 세월 동안 변천해왔다. 그러므로 중세 이전의 세계관을 상기하면서 현대과학의 가치를 융합하는 접점을 통해 온전하고 새로운 세계관을 정립하는 중심에 영혼이 존재하고 있음을 부각시켜야 한다. 종교와 과학이 서로 융합하여 종교의 지혜와 과학의 지식이 하나로 될 때 진리를 찾고 영혼의 안식을 찾게 된다.

4) 지식의 통합

지식의 통합은 학제 간 융합의 힘을 믿고 더욱 박차를 가하는 데 있다. 지식의 궁극적 융합은 영혼의 안녕과 사회의 질서 기본이 될 것이다. 진정한 지식의 통합은 비판적 사고의 틀이 형성되어야 하며 개인의 정서적이며 감정적인 두뇌 회로의 끊임 없는 반복과 차이 형성 통해 이루어진다.

내재된 지식과 외부로부터의 인식된 지식은 지각, 사고, 의지, 감정, 정서, 느낌 등 주관과 객관의 특수화된 행동의 발현을 위한 진정한 의미의 지식 통합이 요구된다. 이러한 내적인 인식에 의한 지식의 통합은 진정한 기쁨으로 다가와 영혼의 안위를 준다.

또한 지식의 통합은 이론과 실천의 결합에 의한 현실 세계를 인식할 수 있는 유일한 길이며 영혼의 안정과 인간 존재의 본성을 찾는 것이다. 내면 세계와 외부 세계를 조합하여 통찰하는 것만이 현대인이 갈구하는 영혼의 안녕이며 능동적인 주체와 객체의 조합은 영혼의 질서와 이성을 온전하게 형성하는 지름길이다.

5) 지혜의 길

끊임없는 탐욕에 의한 영혼의 파괴는 개인의 피폐뿐만 아니라 가족과 사회를 불안과 두려움에 떨게 한다. 심하면 최악의 상황까지 이르게 되어 회복이 불가능한 단계에 이를 수 있다. 그러므로 이를 극복하기 위해서는 영혼의 속성과 영적 성장의 길을 지혜롭게 헤쳐 나가는 용단이 필요하다. 오직 자신의 영혼에 뿌리를 둔 확고한 신념과 용기를 잃지 않고 행동을 실천하는 것이다. 존재의 확실성 즉 실존에 근거한 현시된 영혼의 발로가 진정한 인간의 삶을 영위하는 것이다

10. 영혼 파괴

영혼은 선을 추구하고 악을 멀리한다. 선을 추구하는 근본 목적이 영혼의 창조성이다. 반면 악을 행함은 영혼을 파괴하는 행위로 선과 악은 항상 대립 관계에 있다. 악은 인간

이 해결하기에 가장 어려운 문제로 그 실체를 파악하기도 쉽지 않다. 또한 인간이 환경과 자연재해 등 온갖 고난과 고뇌로부터 자유로워지는 순간까지 투쟁과 몸부림은 영혼의 진정한 의미를 되새기는 피나는 노력이다. 물질과 정신의 혼돈 속에서 현대인의 영혼의 파괴는 더욱 가속화되고 있는데 특히 삶의 본능과 대비되는 죽음의 본능인 파괴 본능이 작용하고 있기 때문이다.

첨단 과학기술의 시대에 바쁘게 살아가는 현대인은 영혼의 진정한 의미를 찾기 위해 고뇌하기보다는 물질세계에 더욱 치우치고 있으며 정신보다는 육체에 더욱 매력을 느끼게 되었다.

영혼 자체는 지식과 지혜를 사랑하는 속성에 따라 이성적이지만 삶에 지친 현대인은 감성과 이성의 조화를 이루지 못해 영혼의 파괴를 자초하고 영혼의 타락과 동시에 가족과 타인에게 직접적인 영향을 미치게 된다. 선과 대척점에 있는 악은 인간의 영혼을 고통 속에서 일생 보내게 하며 그 비통함 때문에 주변 사람들까지도 불행하게 만든다. 따라서 어떻게 하면 이러한 영혼의 파괴로부터 벗어나 자유를 구가할 수 있는가? 해답은 영혼의 파괴의 원인을 파악하는 것이다. 신체의 고통은 그 해악과 괴로움 때문에 겉으로 바로 드러내지만 내면세계의 깊숙한 영혼은 자신의 감정과 정서 혹은 욕망 등 마음의 해악으로부터 벗어나기 힘들기 때문에 파괴됨과 동시에 정신증과 정신병의 원천이 된다.

구체적으로 영혼을 파괴하는 악의 현실을 살펴보면 공포, 두려움, 분노, 불안, 시기심, 거짓말, 갈등, 공격성 등 다양하다. 특히 칼 융은 악과 그림자를 표현하면서 그림자 속에는 악한 면이 있다고 보고 있다. 실제로 의식을 연구한 데이비스 호킨스는『의식혁명』에서 의식 수준이 높은 영역은 제일 높은 깨달음에서, 평화, 기쁨, 사랑, 이성, 수용, 자발성, 중립, 용기까지를 임계점으로 구분하고 다음으로 자부심, 분노, 욕망, 두려움, 슬픔, 무감정, 증오, 죄책감, 수치심 등으로 측정 수준을 수치로 계산하였다.

그러나 중요한 사실은 선과 악이 구분된 상태로 영구적으로 지속하지는 않는다는 사실이다. 언제든지 악한 면에서 선한 면으로 상승할 수 있다는 것이다. 낮은 상태에서 높은 상태로 상승하는 원인은 예를 들면 분노는 그 자체가 파괴적인 악한 감정이고 낮은 의식 상태이지만 생활 여건이나 주변 환경의 영향에 따라 수시로 변화할 수 있다.

특히 사람은 부정적 영향에서 긍정적 영향으로 진입하면 에고에서 벗어나 생기와 용기가 생기고 자신감을 얻으면 타인과 주변을 의식하게 되고 동기부여가 활성화 될수록 타인의 행복과 영적인 영역까지 확대될 수 있다. 실제로 인간의 행위 대부분이 생리적, 정서적, 영적 요인에 기초를 두기 때문에 신체적 치료도 중요하지만 심리·영적 치료도 필요하다.

신체가 자연환경과 실제상황에 실존하기 때문에 현실에 적응하는 몸과 마음이 하나이며 또한 개인과 사회도 하나로 작용한다. 그러나 환경과 상황에 적응하지 못하면 사회로부터 소외되며 세상을 부정하게 된다. 이때 자신의 신체와 정신, 마음과 영혼의 문제가 발생하는데 아픔과 슬픔에 의한 자아의 파괴가 시작된다. 몸과 마음이 심하게 아프면 그때 비로소 신체는 타인과 나눌 수 없는 오직 자신의 것임을 자각하게 되며 영혼은 움직이기 시작한다.

또한 인간은 영적인 존재이기 때문에 신체적 요건도 필요로 하지만 더욱 중요한 것은 영적인 요인이다. 물론 인간은 신체적 문제로 매시간 환경이나 상황에 영향을 받기 때문에 영적인 문제를 잠시 무시할 수 있으나 근본적인 문제해결은 안된다. 오직 내면의 확고한 앎과 지식을 통해 자신을 깨닫고 홀로 존재하는 것의 의미 즉 영혼이야말로 진정한 내면세계의 여정이란 것을 알아야 한다.

모든 것을 부정하고 혹은 파괴해도 좋다는 부정적 생각은 영혼의 일탈자이자 죽음의 본능과 파괴 본능의 표출이라 볼 수 있다. 심하면 정신질환으로 나타나며 개인의 영혼이 파괴되는 위험한 상황이며 뇌 기능의 이상이 나타나는 것이다. 뇌의 기질적 병변도 있지만 신경적인 것과 정신적인 것의 차이는 의식이나 가치 등 지향성과 관련되며 영혼을 표적으로 볼 때 정신질환이 물리적인 변화에 근거하기도 하지만 내적 갈등에 의해 발생하는 경우도 많기 때문에 심리치료로 극복하는 것이 필요하다.

이외에도 경계성 장애라 하여 정상과 신경증 사이, 신경증과 정신병 사이, 정상지능과 정신지연과의 사이에 위치하는 일단의 정신상태에 적용하며 우울증성 경향, 분열성 경향, 편집성 경향, 반사회성 경향 및 혼합성 경향이 있다.

1) 악과 그림자

'악'은 '선'의 반대 개념으로 사람의 영혼을 파멸시키거나 질병과 범죄를 통해 삶이 피폐해지도록 위협하기도 한다. 또한 고통과 번민을 가져와 서서히 심신의 허약상태를 만들며 심하면 우울증으로 사망에 이르기도 한다. '그림자'는 악이 투사된 상태로 적대감의 어두운 측면을 자신이 품고 있는 것이다.

'악'이라는 표현은 쉽게 말해 올바르지 않거나 선하지 않고 양심을 좇지 않고 도덕을 어기며 화가 나거나 분노하여 온 힘을 다하여 모질게 마구 쓰는 기운을 말한다. '그림자'

역시 악의 뒤쪽에 나타나는 검은 그늘과 같은 것으로 행동으로 드러내지 않고 감추고 있지만 얼굴에 나타나는 수심, 근심, 걱정 등 표정으로 드러나게 마련이다.

칼 융에 의하면 그림자는 인격의 어두운 면이지만 악한 면과 더불어 긍정적인 면도 있어 그림자를 인식하면 겸손과 유머 감각도 생기고 다른 사람에 대한 판단도 덜하게 된다고 한다. 또한 그림자를 통해 개인의 인격 발달에 발판이 될 수도 있다.

이와 같은 악과 그림자에 의해 드러나는 적대 감정은 두려움, 공포, 분노, 슬픔 등의 신체적 특징으로 나타나게 되기도 하는데 정신과 별개로 몸으로 드러나는 경우가 많다.

예를 들면 긴장하면 손에 땀이 나거나 심하면 온몸이 흥분되거나 땀이 나게 된다. 혹은 두려움과 공포에 노출되면 소름이 돋는 것이 바로 감정의 표현이다. 즉 중추신경과 다른 자율신경의 작용이라는 것을 알 수 있으며 인간의 활동에 있어 보거나 듣거나 인지하는 환경에 대해 몸의 반응이 없다면 인간의 감정은 메마르게 되어 오히려 심리적 혹은 정신적인 장애에 노출될 수 있다.

따라서 신체의 중요성이 강조되는 이유는 정신을 강화시키고 조절할 수 있는 수용의 도구가 바로 몸이기 때문이다. 결국 신체가 정신을 구성하게 되는 것은 신체가 생각하고 느끼는 데 많은 영향을 준다는 사실이다. 신체는 사람이 어떻게 느끼는지에 대해 뇌에 신호를 보낸다는 사실에서 느낌 그 자체가 스스로의 감정을 어느정도 표현했는지를 안다는 것이다. 감정의 외적 신호를 통한 표현은 감정을 더욱 강하게 하며 억압하여 신호를 보내면 감정을 약화시킬 수 있다. 분노가 심하여 몸으로 드러날 때 이것을 이기지 못하면 더욱 분노는 강화되고 거친 몸짓으로 드러나면서 사태가 악화되는 경향이 있다. 두려움과 공포도 마찬가지이며 감정조절 장애가 생길 수도 있다.

감정조절 장애는 약한 자극에도 지나친 감정표출을 하는 것으로 사소한 일로 감상적이 되거나 눈물이 흔해지는 등 감정의 지나친 표출을 억제할 수가 없다. 뇌동맥경화증이나 치매 등에서 흔하다.

또한 분노의 해결을 위해서는 그 원인을 찾고 적절한 표현을 통해 해결하여야 한다. 감정뿐만 아니라 그 기저에 존재하는 사건이나 대상 혹은 비합리적 신념이나 인지 체계에 대해 대처 방안을 찾아야 한다. 분노의 감정을 느낄 때 심호흡을 하거나 목소리가 높아질 때 감정을 자제하는 훈련이 필요하다. 그래도 감정이나 분노 조절이 어려워 사고나 행동의 장애를 유발한다면 이를 대처하기 위한 수단으로 인지치료나 마음챙기기 수련 등이 요구된다.

2) 정신병(psychosis)과 신경증(neurosis)

(1) 정신병

정신병은 현실평가의 심한 장애를 특징으로 하는 기질성 또는 기능성인 심한 정신장애를 말한다. 자신의 지각과 사고의 정확성을 잘못 평가하고 반대되는 증거가 있음에도 불구하고 외부 현실을 잘못 추측한다. 주로 망상, 환각, 지리멸렬한 언어, 지남력 장애, 착란 등이 있다. 이들은 자신의 증세를 알지 못하며 일상생활이 불가능하다. 즉 시간과 공간에 대한 방향 감각을 잃고 사는 것이다.

따라서 정신병은 범주화, 기억, 재입력, 통합의 장애라고 할 수 있으며 인격의 극단적인 분열에 의해 발생한다.

정신병은 역사가 오래되지만 1880년대 뇌가 인체의 운동 및 사고의 중심이라는 사실이 밝혀지면서 현대적 시각으로 조명되기 시작하였다. 그러나 아직도 정신병의 원인을 정확하게 설명하기는 어렵다. 그 이유는 정신분석자들은 마음과 정신이 뇌에 있으면서도 인간의 성격이나 행동은 뇌의 기능이라기 보다는 환경이나 인생의 경험에 의해 더 많이 좌우된다고 보기 때문이다. 마음과 정신은 매우 복잡하여 뇌의 해부나 화학적 작용으로는 결코 이해할 수 없다는 것이다. 정신병을 이해하는 길은 마음과 정신을 있는 그 자체로 이해하는 꿈의 해석이나 심리분석을 통해 근저에 깔린 무의식을 탐구하는 것인데 인간의 깨어 있는 생활을 지배하는 것이 무의식의 세계라고 주장한다. 특히 무의식의 세계는 인간의 마음과 정신뿐만 아니라 육체에까지 영향을 미친다고 확신한다.

반면 또 다른 신경과학자들은 정신병은 마음과 정신의 작용이 신경화학적 수준에서 뇌 속에서 일어나고 있는 현상이 밖으로 투영된 것이라고 주장하며 생물학적 뇌의 질환으로 보고 있으며 뇌를 치료하면 마음과 정신이 치료된다고 보는 입장이다. 오늘날은 효과적인 정신의약품이 개발되면서 정신병의 경과 과정에 많은 영향을 준다는 점에서 정신병이 뇌의 생화학적 기능장애에 기초하고 있다는 사실이 증명되었으며 정신병의 생물학적 견해를 신봉하는 정신의학자들이 늘어났으며 조울증에 탁월한 약효를 지닌 리튬 등의 다양한 의약품은 조증 병세를 낮춰주고 동시에 심한 우울증에 빠지지 않도록 보호해주었다. 정신분열증이나 조울증 같은 정신병은 물론이고 강박증 등 불안증, 갈등, 억압 등의 감정 체험이 원인이 되어 일어나는 신체적 병증에도 의약품이 사용되고 있다.

항정신성 약물은 정신병을 용이하게 치료하게 하였으며 특히 약물의 기전을 연구함으로써 정신병의 원인을 밝히는데도 공헌하였다. 향정신성 약물의 종류는 신경이완제, 항조증 약물, 항우울제, 항불안 약물, 수면제, 정신자극제 등이 있으며 치료제는 아니지만 정신에 큰 영향을 미치는 환각제와 인지기능, 기억기능을 개선하는 누제닉 약물 또는 치매치료제가 있다.

향정신성 약물은 특정한 신경전달물질을 강화 또는 억제하면서 치료 효과 및 부작용도 발생한다. 이 과정을 연구함으로써 정신병의 원인도 추정할 수 있는데 대표적인 경우가 바로 정신분열증이다.

(2) 정신분열증

정신분열증은 심리적 기능의 손상 정도가 매우 심한 심리적 장애로 분열된 인격들이 매우 과장된 형식으로 나타나 의식과 연합하지 못하는 것이다. 특히 죽음에서 극명하게 나타나는 인간의 유한성을 부정하려는 절망적인 시도이다. 이러한 인격에서는 본인이 겪게 되는 죽음으로부터 필연성에 굴복하는 것이며 한계를 뚜렷하게 긋는 사고와 행동으로 일관한다는 것이다. 그러므로 현저하게 결핍되어 있는 가능성과 무한성을 통해 필연성과 유한성을 극복하는 길이 필요하다. 정신과 마음으로 형성된 영혼이 육체의 욕망을 조절 혹은 조율하고 책임을 다하면서 반성의 시간을 갖는다면 얼마든지 육체의 욕망에서 벗어날 수 있다.

대부분의 사람들이 육체의 욕망으로부터 자유롭지 못한 이유는 나약한 정신과 마음이 작동할 때 이를 정확하게 구분하지 못한다는 것이다. 정신과 마음을 정확하게 알게 되면 영혼의 진정한 가치를 알게 되고 쉽게 조절할 수 있는 에너지를 얻게 된다. 모든 고통과 두려움 특히 죽음의 공포에서도 벗어날 수 있다.

사실상 정신분열증은 뇌가 외부 세계로부터 정보를 종합하지 못하는 경우이다. 즉 감각기능을 관장하는 뇌의 부위는 주위로부터 자극을 작은 조각들로 나누어 관리하고 정신에 이들을 전할 때는 온전한 형태로 만들어 보내면 우리의 마음은 그 중에서 자신이 가장 원하는 것을 선택하여 필요한 조치를 취하게 되는 것이다. 따라서 인간의 사고능력의 관장이 전두엽의 대뇌피질에서 있다면 정신분열증은 전전두엽의 흐트러진 생각이라 볼 수 있다.

정신분열증의 주요 증상은 환각이라고 할 수 있는데 청각적 환각은 환청이라고도 한다. 또한 인지적 손상으로 주의집중이 어렵고 인지적 단편화 현상이 자주 나타나는데 이는 새로운 말을 만들어 내거나 여러 단어를 혼합해서 의미 없는 단어를 만들어 내는 것으로 나타나기도 한다. 이외에도 허황된 믿음과 현실 왜곡이 심하다.

망상형 정신분열증은 주변의 아무런 문제가 없는 일들을 자기와 연관 지어 생각하기 때문에 생기는 것으로 자기가 적들로부터 쫓긴다고 느끼면서 망상(delusion) 속의 일들과 연결시키게 된다. 특히 망상과 더불어 환청과 환각까지 나타나는데 목소리들이 따라다니면서 자신을 비웃거나 명령을 내려 괴롭힌다고 한다.

특히 과대망상은 자신의 지위나 재산, 능력 등을 과장하고 그것을 사실로 믿는 신념의 일종으로 위대한 인물로 포장하거나 특별한 능력을 가졌다고 여기는 증상이다. 보통 인간을 넘어서는 초능력이나 신으로부터의 영적인 힘을 지니게 되어 무슨 일이든지 할 수 있다고 과대 포장하여 사람들로 하여금 믿게 만드는 것이다. 과대 망상에 빠져 있는 사람들 대다수가 성장 과정의 심한 열등감이나 사업의 실패나 인생의 패배감 또는 미래에 대한 극심한 불안감 등에 의해서 생기는 경우가 많다. 반면 피해망상은 남들이 온통 자기를 모함하고 해친다고 생각하는 것이다.

경계성 정신분열증은 현실과의 접촉은 유지하고 있으나 언제라도 정신분열증으로 될 가능성을 가지고 있는 사람들에게 적용되는 용어이다. 특히 좌절에 직면하면 정신분열적 반응을 나타내는 경우가 많다.

향정신성약물 또는 신경이완제는 정신분열증을 치료하는 약물로 인지작용의 변화를 초래하지 않은 채 환각, 망상, 괴이한 행동, 와해된 사고, 초조 등 정신병적 증상을 진정시키는 작용을 하지만 특별히 자율신경계 부작용에 주의해야 한다.

또한 정신분열증은 우뇌 혹은 좌뇌를 연결하는 메커니즘이 파탄을 일으켜 정상의 의식에 꿈과 같은 심상을 보여준다, 우뇌에서 일어났던 꿈을 상기하여 이야기하려면 심상을 우뇌에서 좌뇌로 이송시키는 작업이 필요하다. 무의식의 마음을 이해하려면 꿈의 분석이 필요한데 억압에 의해 눌려 있는 마음을 찾기 위해서는 꿈의 상기를 훈련하여 우뇌와 좌뇌의 정보 교환이 원활히 이루어지도록 하는 것이다. 비언어적 마음인 우뇌의 작용을 이해한다면 무의식을 알게 되는 것이다.

(3) 조울증

조울증은 유전적 혹은 심리적 원인으로 발생할 수 있으며 정신보다는 기분에 관련된 것으로 우울한 기분 상태와 그 반대인 과도한 기쁨이나 지나친 의욕 등으로 병적인 자아도취에 빠져 있는 것이다. 특히 조증은 자신과 주위 사람들을 위험에 빠트릴 수 있는데 자신을 너무 과신하여 모험적인 사업에 투자하거나 돈을 헛된 곳에 낭비할 수 있다.

반대로 울증은 낙관적인 전망을 믿지 않으므로 회의와 비관으로 빠지게 되는 것이다. 또한 울증은 슬퍼할 이유가 내적 혹은 외적으로 없는데도 육체적 조건으로 생길 수 있는 것이다. 울증의 커다란 문제는 의기소침하고 자신이 없어 주위 사람들에게 짐이 된다고 자책하거나 스스로 살 가치가 없다고 생각하는 것이 심각한 문제이다.

그러므로 조울증은 반드시 치유된다는 확신과 스스로를 다독일 수 있는 수 있는 인내심이 요구되며 자신이 존재의 의미를 찾는 것이 필요하다. 항조증약물은 조증에 치료 효과가 있으며 대표적으로 리튬(Lithium)이 사용된다. 다만 신장, 갑상선, 심장 등에 부작용이 발생한다.

(4) 우울증

우울은 슬픔, 절망, 의기소침, 외로움, 무료함, 공허함 등의 기분을 말한다. 특히 우울감의 일차 정서는 슬픔에서 온다. 이러한 우울 기분은 정상 상태에서도 간혹 일어나며 뇌의 생리적 문제에서 비롯되는데 노어에피네프린, 세로토닌, 옥시토신 같은 주요 신경전달물질의 부족으로 발생하며 여러 가지 정신장애나 신체장애에서 일어나는 증상이다. 생각이 느려지고 신체활동이 감소되며 죄책감이나 절망감에 사로잡혀 극심한 피로, 음식섭취장애, 수면장애 등이 나타나며 심하면 자살로 이어지기도 한다. 또한 우울증을 일으키는 성향은 강한 유전적, 생화학적 요인을 포함하여 가족성 및 알코올 중독에 영향을 받기도 한다.

정신 내적 갈등이 있거나 현실 평가능력이 있는 경우는 신경증적 우울증인 반면 인격기능이나 현실 평가능력을 상실하는 경우를 정신병적 우울증이라 하며 망상과 환각 등 정신병 증세가 나타나기도 한다. 이러한 신경정신병적 우울증 보다는 삶이 허무하거나 염세적인 사고에서 비롯되는 무정신성 상태에서 발생하는 우울증이 문제이다. 즉 삶의 유한성과 죽음의 필연성을 해결하지 못하고 허망하게 끝날 것이라는 생각에 벗어나지 못하면 우울증에 걸리게 된다. 자신의 삶이 절망에 이르게 되면 자살까지도 시도한다. 자살까지 시도하는 의지의 상실은 고립감과 더불어 스트레스 등 심각한 심리적 고충에서 벗어나지 못해 자살로 이어진다.

이와 같이 절망과 희망을 상실한 사람은 삶의 가능성과 죽음으로부터의 무한성을 실현하기 위한 노력이 급선무이다. 즉 영혼의 존재를 확고하게 믿으면서 자부심을 갖고 육신의 유한성에 대처하기 위해 영혼을 인식하고 존재의 가치를 높이는 노력이 필요하다. 그러나 단순히 육체적인 욕망과 감각적인 충동을 무가치한 것으로 오인할 수 있으므로 반드시 지각지능이라는 차원 높은 인식이 우선해야 하며 영혼만이 순수하고 선한 것이라고 집착해서는 안된다.

이러한 이원론적 삶은 결국에는 정신분열증을 발생케 하는 원인이 되기 때문이다. 영혼과 육체가 분열되어 영혼이 자신을 감시하고 책망하면서 죄책감에 시달리게 된다. 결국 자신의 인격의 주인이 아닌 노예로 살게 되고 병적으로 발전하게 된다.

따라서 우울증의 회복은 영혼의 안정과 안위에 있기 때문에 영적에너지가 충만한 사람들과 모이거나 스스로 치유의 힘을 믿고 심리적 변화의 길을 모색하여야 한다. 특히 감정건강의 측면에서는 우울증이 단일 장애가 아니라 서로 다른 하위 감정으로 이루어진 증상이며 다양한 치료에 반응하고 여러 신경적 특징을 가진다는 사실이다. 또한 우울증은 신경전달물질 세로토닌의 문제라기 보다는 새로운 뉴런의 활동 즉 뇌의 가소성의 부족으로 보고 마음과 정신이 곧 영혼이라는 마음의 정서가 자리 잡고 새로운 출발의 에너지로 작용하도록 노력하여야 한다.

(5) 편집증

서서히 발전하는 편집상태로 편집성 정신분열증 같이 괴이하거나 질서 없는 것도 아닌 중간 정도의 일시적 피해망상 또는 과대망상이 나타나는 정신병의 일종이다. 대상에게 적의가 숨어 있다고 판단하여 끊임없이 자기중심적으로 해석하는 증상이다. 망상장애(delusional disorder)로 불리기도 하는데 망상은 그릇된 신념으로 교육적 배경과 문화적 배경을 가지고 있는 사람들로부터 도저히 현실성이 없는 것이라는 판정을 받을 뿐만 아니라 이성적이거나 과학적인 반증 제시에도 불구하고 시정할 수 없는 확고부동한 그릇된 신념을 가지고 있다.

일명 편집광이라고도 하며 사람들과 환경을 불신하고 의심할 뿐만 아니라 타인들이 자신을 박해하거나 악의를 가지고 음모를 꾸미고 있다고 생각한다. 특히 자신의 생각과 행동에 책임을 지지 않고 타인들이나 외부 요인에 그 책임을 전가하고 비난하는 것이다. 또 하나의 특징은 인식이나 사고기능이 직접적인 동기가 되는 것은 아니고 정서적 요소가 그 동기가 된다는 것이다.

따라서 이러한 강한 정서적 동기를 가지고 있기 때문에 그들의 이성에 호소할 어떠한 방법으로도 그들의 그릇된 생각을 시정할 수 없으며 자신들 개인의 문제와 욕구에 의해 크게 영향을 받는다고 볼 수 있다.

(6) 신경증

신경증은 현실을 인식할 능력을 잃어버리진 않았지만 기능과 기능의 충족이 손상될 정도로 행동과 정서가 변질된 것을 말하며 뇌의 장애에 기인하기보다는 심리적 요인들 즉, 의식적이면서 동시에 무의식적 기호의 사용에서 유래 되는 기능적인 장애로 심리적인 발달장애에 가까운 것이다.

신경증은 심한 인격 장애는 없으며 신경증의 증세는 긴장과 불안이 주로 나타난다. 대체로 정신의 해리와 갈등으로 야기되며 콤플렉스에서 비롯된 퇴행과 정신착란 증세 등이 포함된다. 특히 사고와 감정 사이에 기능적으로 분열이 있는 경우 가벼운 해리가 신경증으로 나타날 수 있다. 또한 내외적 환경에 적응하지 못하거나 자기 조절에 실패한 경우 과거의 어린시절로 돌아가는 퇴행이 일어날 수 있으며 무의식은 이러한 퇴행을 보상하여 정신의 균형을 이루어 안정을 이루기도 한다.

불안이나 공포 또는 강박적 사고나 행동, 신체적 반응 및 내적 갈등 등 감정적 증상들이 특징적으로 나타나는 기능성 정신장애이다.

따라서 신경증은 현재의 적응 능력의 문제이기 때문에 개인의 욕망과 집단의 이상이 조화를 이루는 자연스러운 삶의 방식을 추구하며 상황 판단력이나 대인관계 능력을 합리적인 이성으로 대처하는 노력이 필요하다. 특히 의지의 강화는 개인의 성취도와 더불어 사회적응도를 높이는데 필수적 요소이다.

신경증을 치료하는 기법으로 카렌 호나이(Karen Horney)의 자기분석(Self Analysis)이 중요하다. 그는 베를린 정신분석연구소에서 미국으로 망명한 학자로 프로이트 등의 정신분석학자들이 본능이론 또는 생물학적 이론에 치우치는 데 비판적 태도를 취하고 신경증의 원인으로 대인관계에서 생기는 갈등이나 개인 속성의 특징인 퍼스낼리티(personality) 형성에서의 문화적 요인을 중시하였다. 따라서 신경증적 경향(neurotic trend)를 깨닫고 이해함으로써 그러한 태도를 변화시키는 것이 심리적 이상을 극복하는 근본적 방법으로 생각했다. 또한 이러한 작업을 위해서는 인격 전체에 대한 철저한 자기분석이 필수라고 주장했다.

한 사람의 일생을 통해 볼 때 일상생활은 그 자체가 인격발달의 가장 중요한 요인이다. 아들러가 life style 즉 개인과 집단 특유의 사는 방식인 생활 양식과 같은 개념이다. 특히 신체 기관의 질병, 고독, 고립 등은 인생을 살아가면서 겪게 되는 어려움 중의 하나이다. 그러나 우정, 사람들과의 접촉, 집단을 형성하고 상호협조하는 일 등 생활 자체는 삶의 활력소이다. 이러한 여러 요인들은 개인 능력을 최대한 개발하는데 도움을 준다. 사실상 생활에서 오는 이러한 도움들이 불리한 조건을 수반하기도 하는데 유용한 요인이라고 하더라도 사람들이 꼭 필요로 할 때 항상 오는 것이 아니기 때문이다.

자기분석은 인간의 심리적 문제를 진지하게 제기하고 거기에 따르는 곤란한 문제에 대해 적절한 설명을 하는데 있다. 이러한 설명은 자아실현의 기회를 가져다 준다. 자아실현은 유용하게 활용하지 못하도록 억제당하고 있는 어떤 특수한 재능의 개발을 의미하는 것은 아니며 한 인간이 지닌 모든 잠재력을 개발하여 강하고 온전한 인간이 되며 모든 강박관념에서 벗어나서 자유로워지는 것이다.

정신질환의 원인이 되는 불화, 오해, 증오, 불안, 가슴 아픈 상처, 취약점 등을 정화(catarsis)할 수 있다. 정화는 무의식적으로 억압받고 있는 감정, 갈등, 욕구 등의 수용적, 공감적인 환경에서 자유롭게 표출되는 것으로 심적 긴장을 완화하는 방법이다. 심적 외상에 이르게 한 체험의 충격이나 공포를 완화시키는 역할을 한다.

신경증 성향으로 볼 때 개인의 자아는 이상화된 자아(idealized self)와 현실 자아로 나뉘어 있다. 신경증 성향의 개인들은 자신이 이상적 자아에 부응하며 살지 않는다고 느낀다. 이들은 자신이 그렇게 되어야 한다고 생각하는 이상화된 자아에 비교했을 때, 실제로 자신은 어딘가 결함이 있다고 생각한다.

현실 자아는 '경멸스러운 자아(despised self)'로 퇴보한다. 신경증 성향의 개인은 이것이 바로 진정한 자아(true self)라고 설정한다. 그러므로 시계추처럼 잘못된 완벽함과 자기혐오(self-hate) 사이를 오고 간다. 호나이는 이러한 현상을 '당위의 폭정(tyranny of the shoulds)'이라 하며 잠재력을 추구하려고 하는지 혹은 영광을 추구하는지 분명치 않다고 하였다. 그리고 잠재력을 발휘하려는 노력이 현실보다 이상을 추구하고자 할 때 '영광의 추구(search for glory)'이라고 지칭하였다.

호나이는 치료를 통해서든 혹은 심각성이 덜한 경우에는 살면서 배우게 되는 교훈들(life lessons)을 통해서든 신경증 사이클에서 벗어나지 못한다면 이러한 뿌리 깊은 정신적 특성 때문에 개인의 잠재력이 실현되는 것을 영원히 차단할 것이라고 하였다.

(7) 강박 신경증

강박사고(obsession) 혹은 강박관념은 원치 않는 데도 계속 떠올라 괴로움을 주는 생각과 심상 또는 사고와 행동을 말한다. 우리를 포위하고 짜증으로 죽을 지경까지 몰고가며 머릿속을 맴도는 그 생각들은 항상 괴로움과 불안을 초래한다. 마음만 먹으면 얼마든지 통제 가능한 것도 아니고 잠시 사라진 듯 보여도 다시 나타난다. 다른 말로는 브레인 락(brain lock)이라 하며 뇌의 핵심 구조가 잠겨서 가짜라는 것을 알아채기 쉽지 않은 잘못된 메시지를 뇌가 보내는 상황을 말한다. 한편 어떤 사물을 보고 그 생각이 사라지지 않은 것은 강박사고가 아니고 반추(rumination)라고 하며 지극히 정상적이며 즐겁기도 한 것이다.

구체적으로 먼지 및 오염에 대한 강박적 생각으로 끔찍한 병에 걸릴 거라는 근거 없는 두려움과 질서 또는 대칭에 대한 강박적 생각으로 물건을 칼같이 정렬해야만 직성이 풀리는 경우와 비축이나 저장에 관한 강박적 생각으로 쓸모없는 쓰레기를 쌓아두거나 버리지 못하는 두려움, 반복적인 의식으로 질문, 단어나 구절을 읽고 또 읽거나 쓰고 또 씀, 종교와 관련된 과도한 강박적 생각으로 도덕성과 옳고 그름에 관한 과도한 걱정, 공격적인 내용과 관련된 강박적 생각으로 누군가를 칼로 찌르거나 총으로 쏘는 등 폭력적인 생각을 실행에 옮길지 모른다는 두려움, 미신과 관련된 두려움 등이 있다.

강박행동(compulsion)은 강박 신경증이 있는 사람이 강박사고가 불러일으키는 두려움과 불안을 몰아내고자 헛되이 수행하는 의식적 행동을 말한다. 강박사고와 강박행동의 특징은 극도 의심과 비현실적인 공포, 부당한 걱정, 자신감 결핍, 원치 않는 생각과 행동을 반복하는 경향이 있다. 합리적 근거도 없이 어떤 행동을 계속하게 되는데 예를 들면 물건의 수를 계속 세거나, 물건을 계속 만지거나, 손을 반복해서 씻는 것 등이다. 특히 강박적으로 물건을 제자리에 적확히 두려는 행동으로 제대로 딱 맞을 때까지 어떤 일을 계속 해야하는 강박이 있으며 강박적으로 저장하거나 수집하는 행동으로 쓸데없는 물건을 쌓아두는 행동을 한다.

또한 자기관찰에 지나치게 집중하면 집착하게 되고 강박신경증세를 보일 수도 있다. 이런 것들을 계속하지 못하면 불안정해지는 반면 그것을 하고 나면 그 행동에 대한 합리화나 정당화를 강요당하는 것처럼 느낀다.

강박 신경증의 원인은 억압된 욕망과 충동에 대한 일종의 반동형성이나 극도의 죄의식 때문에 발생한다. 또한 생활 자체가 위협적이고 위험하다고 느낄 때 혹은 마음속에 어떤 사고와 공포에 대한 방어적인 반응으로 나타나게 되는데 과거의 외상 체험이 원인일 수 있다.

자신이 생각하기에도 비합리적인 행동을 계속적으로 하지 않고는 견딜 수 없을 정도로 지속적이며 통제할 수 없을 정도의 강력한 충동을 말한다. 대표적인 경우가 하루에 수십 번씩 손을 씻는 경우가 해당된다. 이러한 행위는 불안을 막아주거나 용납될 수 없는 충동을 회피케 해주거나 또는 죄악감을 해소시켜 주는 것과 같이 무의식적 목적을 도와주는 역할을 한다.

또 다른 의미의 강박증은 개인의 의지에 저항하면서 지속적으로 의식 속으로 침입하는 생각, 심상, 또는 충동을 말한다. 불합리한 속성 때문에 심하면 사회생활을 할 수 없을 정도로 개인의 의식과 행동을 지배한다. 예를 들면 오염에 대한 두려움 같은 강박적 공포나 타인을 해치거나 또는 죽이는 생각과 같은 강박적 충동 그리고 강박적 공상 등이 있다.

한편 뚜렛 증후군(Tourette Syndrome)은 불수의적 움직임과 소리를 반복적으로 보이는 신경 질환으로 눈 깜박임, 눈동자 굴리기, 얼굴 및 코의 씰룩임, 어깨 들썩거림, 고개 갑자기 젖히기 등의 운동 틱과 기침 소리, 코를 킁킁거리는 소리, 동물의 울음소리,

폭발적으로 쏟아내는 욕설 등의 음성 틱이 1년 이상 나타나는 것을 의미한다.

원인은 면역력 저하로 인한 뇌량 발달 지연과 유전적인 영향이 크며 스트레스나 감염과 같은 환경적 요인, 뇌의 구조 및 기능 이상, 뇌의 생화학적 이상, 호르몬, 출산 과정에서의 뇌 손상, 세균 감염과 관련된 면역 반응 이상 등관 연관이 깊다.

강박증의 뇌와 불가분의 관계는 바로 느낌과 감각을 생성하는 기능에 있다. 그러므로 주의 깊은 알아차림이 중요한 이유는 뇌가 거짓되고 현혹되기 쉬운 메시지를 보내도 관찰력과 통찰력을 발휘해서 행동을 수정할 수 있는 능력이 있기 때문이다.

삶을 개선하고 정신 및 신체 활동에 주의를 집중하는 훈련을 통해 강박증에 대한 반응을 즉각적으로 제어할 수 있어야 한다. 행동을 바꾸는 것이 뇌를 바꾸게 되고 삶을 개선하고자 하는 노력을 통해 행동을 조절하면 뇌가 보내는 불편한 신호는 점점 줄어들게 되고 반응을 관리하고 제어할 수 있는 것이다.

(8) 불안과 두려움(공포)

사람의 마음속에는 항상 불안이 어느 정도는 차지하고 있으며 누구를 막론하고 찾아온다. 또한 불안은 스스로를 통제할 수 없을 때 생기는 감정이다. 즉 불안감이 작용하여 불안한 상황에 놓이게 되면 생각이 비관적으로 편향된다는 것이다. 불안한 뇌는 모호한 정보를 처리할 때 여러 해석들 중에서 비관적인 해석을 선택하는 경향이 있다.

특히 인간은 자아를 통해 자기를 인식하면서 삶을 영위하게 되는데 자신이 과거와 미래의 가능성에 대한 영혼의 작용에 지배를 받으면서 현실에 충실하고자 하는 의지를 표출하지만 현실의 반응은 쉽지만은 않다.

따라서 자신의 고독과 소외 혹은 사회로부터의 단절, 혹은 무력함 내지는 무기력은 실존으로부터 분리되면서 불안을 자초하게 된다. 분리되어 있다는 경험은 수치심과 죄책감 등 스스로를 나약하게 만들며 불만과 불평으로 이어지면서 불안의 원천을 형성하게 되는 것이다.

인간의 뇌는 불안과 위협을 감지하면 과민반응을 하고 불확실성을 만나면 심각한 결과를 예상한다. 징벌적 상황에서는 안전하고 편안한 상황에서보다 모호한 데이터를 더 위협적이고 덜 바람직하다고 생각하는 편이 현명한 판단이기 때문이다. 일상적인 삶의 무의함과 무가치함이 불시에 나타나게 되면 허무감을 느끼게 되고 불안을 누구나 느낄 수밖에 없다. 또한 생리적으로 특정 신경회로와 편도체와 같은 부위에 가해지는 과도한 자극으로 인해 발생한다.

불안과 두려움의 차이는 간단하다. 불안은 위협적인 생각을 할 때 나타나는 것으로 거의 90%는 현실로 나타나지 않는 심리적 반응이고 두려움은 직접적인 위협에 노출되었을 때 나타나는 신체적 반응이며 위험으로부터 자신을 보호하고자 하는 본능적 표출이다. 두려움 때문에 정신적 에너지를 소모할 뿐만 아니라 진정한 용기를 발휘할 기회를 잃게 되는 것이다.

반면 공포는 위협, 또는 위험을 인지하였을 때 일어나는 강력한 감정이다. 불쾌한 긴장, 도피하고 싶은 강한 충동 및 심박동의 항진과 근육의 긴장, 도주나 투쟁을 위한 전반적인 생체의 각성과 생리적인 반응이 나타난다.

두려움은 만성적인 불안과 공포를 자아내는 마음의 상태이기 때문에 몸과 마음을 긴장시키고 인간의 의지를 나약하게 만든다. 따라서 심신의 위축에서 벗어나는 길은 무력해진 마음에너지를 충전하는 방법을 터득하는 것이 바람직하다. 두려움과 직면하는 용기와 감정 조절 그리고 신체의 반응에 대한 마음의 통제력을 강화하는 수련이 요구된다.

실제로 불안을 느끼게 되면 신경전달물질인 도파민과 세로토닌의 수치가 낮아진다. 그러므로 감정은 불안과 두려움 공포 등에 직접적인 영향을 미치며 특히 감정이 이성적 사고와의 괴리가 아니라 오히려 이성적 사고의 도구라고 볼 수 있다.

감정이 이성과의 융화를 이루지 못하고 이성적 사고의 도구가 되어버리면 그야말로 알코올이나 약물 혹은 성적 탐닉 등 도취적인 상태를 추구하여 일시적 안정을 추구하게 되며 결국 중독 현상을 낳게 된다. 그러므로 불안이나 두려워하는 마음을 컨트롤 하는 기제는 불안과 두려움을 잊는 것이며 어떠한 위기나 위험으로부터 벗어나거나 그 상황으로부터 아무렇지도 않게 딛고 일어서는 마음의 자세가 중요하다. 불안과 두려움에 사로잡힐 것이 아니라 이러한 위기를 오히려 기회로 삼는 마음의 선택의 필요하다.

병적인 증상인 신경증적 불안은 무의식적 갈등으로부터 일어나며 부적응적 성질을 가지고 있는 것을 말한다. 일상생활의 소외나 분리로부터의 부적응은 불안과 두려움뿐 아니라 감정과 행동에 좋지 않은 영향을 주는 것으로 불안신경증에서 나타난다.

불안신경증으로부터 해방되는 길은 간단하다. 일상생활의 틀을 갖추는 것이다. 즉 자신의 라이프 스타일을 꾸미면 되는 것이다. 일상적인 일과 즐거움을 찾으면 그만이다. 일상은 가로와 세로로 짜여진 그물망과 같아서 빠져나올 수는 없다. 다만 그물에 걸린 고기는 죽을 수밖에 없지만 인간은 잘 짜여진 일상의 그물망 속에서 절망으로부터 희망을 찾고 불안과 두려움으로부터 용기와 인내를 감내하고 자신의 의지로 자아를 실현하는 것이 중요하다.

이러한 의지로도 극복이 어려우면 결국 불안신경증은 신경쇠약에서 불안을 주 증상으로 하는 정신신경증으로 진단받게 된다. 재앙이 닥칠 것 같은 두려움, 우유부단, 불면증,

식욕부진, 심계항진, 초조증, 근육통, 피로, 운동 긴장, 참을성이 없고 자극에 민감하며 주의집중의 어려움 등 증세가 있다. 불안신경증을 치료하기 위해서는 정신치료와 행동치료를 병행하는 것이 좋으며 약물치료에는 불안을 억제하는 항불안제로 벤조디아제핀(benzodiazepine)이 사용된다.

벤조디아제핀은 항불안약물로서 진정작용과 근이완작용의 효과가 있어 알코올 중독, 간질 발작, 정신신경증치료에 사용되지만 부작용으로 졸음, 현기증, 집중력 감소, 메스꺼움, 식욕 변화, 시야가 흐려짐, 당황, 도취, 이인증과 악몽 등이 나타날 수 있다.

(9) 죄책감

자기 가치감은 정신건강에 있어 중요한 감정 요소이다. 자존심의 상실과 자기 무가치감은 우울증을 유발하기도 한다. 또한 자신이 무가치한 존재라는 생각과 함께 일어나는 감정이 바로 죄책감이다. 자신이 저지른 잘못된 행동이나 행위에 대한 책임을 느끼는 마음을 인정하고 결과에 초연해야 한다. 그래야만 다음의 똑같은 상황에 처했을 때 이를 극복할 수 있다. 기억을 통해 자기를 괴롭히는 잘못된 행위나 행동을 진심으로 반성하고 다시는 반복하지 않겠다는 다짐이 필요하다.

특히 죄책감을 통해 강박적 행동이 나타날 수 있다. 강박적 행위가 아무 의미 없는 것 같지만 무의식적 속의 죄책감에 대한 불안을 방어하는 행동이다. 이를 전치(displacement)라 하는데 전치는 자신의 도덕적 타락에 무의식적 죄책감에 빠진 사람이 더러움 타는 것을 두려워 해서 강박적으로 손을 씻는 것이다. 즉 도덕적 불결에 대한 죄책감이 물리적 불결로 전치되어 도덕적 청결을 회복하는 과정인 것이다. 또한 대환(restitution)은 무의식의 죄책감을 씻기 위해 어려운 일을 스스로 찾거나 사서 고생을 해야 직성이 풀리는 행동을 한다.

3) 성격장애

인간은 태어나면서 자신만의 성격을 타고난다. 성격은 오랫동안 지속되는 행동 경향이나 특질을 말하는 것이다. 이러한 성격이 고착되어 개인이나 사회생활에 문제가 있으면 성격장애라 한다, 성격장애는 개인의 성격적 특성을 극대화하여 표현한 것이다. 즉 지속적인 인격 양상으로 반사회적 경향이나 편집성 경향 같은 특수한 형태의 부적응적 행동과 감정의 불안정성, 강박성 도박, 성 편력, 알코올이나 약물중독을 말한다.

성격장애는 신경증 반응성 정신장애 및 정신병의 원인으로 범죄, 약물남용 및 성 도착

증과 같은 행동이 나타난다.

미국정신의학협회에서 발간하는 『정신장애진단 및 통계편람』 DSM-5에서는 어떤 개인의 심리와 행동이 사회의 기대치에 크게 벗어나고 장기간 변함없이 유지되며 인간관계에 고통과 지장을 초래하는 경우로 행동이 비정상적으로 본인과 주위 사람에게 고통을 초래하는 것이라고 하였다.

정서적 부적응은 성장 발달상의 이상에서 오는 것으로 극도의 불안이나 실망을 나타내지 않는 것이 특색인데 이것은 내적 갈등을 행동화하여 밖으로 표출하면서 그런 감정을 피할 수 있기 때문이다.

(1) 반사회성 인격장애

반사회성 인격장애는 타인의 생각에 대한 인식이 손상된 상태로 사회에 악영향을 미칠 수 있기 때문에 성격장애 중 가장 중요한 장애이다. 즉 다른 사람의 권리나 감정에 대해서는 전혀 공감 능력이 없고 흔히 범죄 행동을 저지르게 되는데 뇌 영역의 여러 부분에 이상이 있기 때문이다. 이들은 충동성이 강하고 조심성이 없으며 타인에 대한 배려가 없다. 특히 반복적으로 사회규범과 갈등을 일으키거나 범법을 하는 경우가 많다. 대인관계에 신의가 없고 자기의 충동과 욕망이 일어나면 이를 통제하지 못하고 즉각적인 행동을 보이는데 잘못을 저지르고 전혀 죄책감이나 불안감이 없는 것이 특징이다.

반사회성 인격장애는 전두엽 활동이 저조하며 세로토닌은 충동적이고 공격적인 행동과 관련이 있으며 뇌의 섬엽(insula)은 자아와 관련 영역으로 타인에 대한 사고에서도 중요한 역할을 한다.

또한 어린 시절의 부모로부터의 학대나 부모로부터의 외면 등 부모와의 정서적 유대가 없는 경우 초자아가 발달하지 못하여 발생한다고 보고 있다. 어린 시절의 행동적 입장에서 보면 거짓말 하기, 훔치기, 공격행동과 같은 반사회적 행동을 하는 아이를 벌주지 않거나 감싸주는 부모 밑에서 자라면서 형성된다고 보고 있다.

(2) 경계성 성격장애

경계성 성격장애는 성격장애 중 가장 흔한 형태이며 대개는 깊은 갈등을 겪는 사람이다. 특히 가까운 사람에 대한 상반된 감정이 머릿속에서 끊임없이 싸움을 벌이고 있는 경우가 많다. 상대를 너무 이상화하여 바라보기 때문인데 실제보다 훨씬 아름답고 훌륭하고 성공한 사람으로 보는 것이다. 이렇게 높게 이상화 하면 결국 기대치에 못 미쳐 실망하게 되면서 그 상대는 하루아침에 추락하게 되는 것이다. 사랑스럽고 고맙게 느껴지던 사람이 증오스럽고 상대조차 하기 싫어지는 것이다.

경계성 성격장애의 장애의 원인은 어린 시절 정서적 욕구가 얼마나 충족됐는지에 달려 있다. 충격적인 경험에 따른 감정을 다 처리하지 못하게 되면 아이의 정서 발달은 지장을 받게 된다. 증세는 우울증, 자살 충동을 비롯하여 정서불안, 격한 감정, 자기파괴 성향, 버림받는 것에 대한 두려움 등 전반적으로 인간관계의 어려움을 겪는다. 불안정한 인간관계, 불안정한 행동, 불안정한 감정 및 자기 상 등이 나타나며 대체로 여성에게 많다.

다음의 열거한 사항 중 5개 이상이 충족되면 문제가 있는 것이다. 첫째, 낭비벽, 난잡한 성행동, 도박, 물질 사용, 절도, 난폭운전, 폭식, 자해행위 등 자기 파괴적인 행동이 2개 이상 나타난다. 둘째, 심한 태도의 변화, 이상화, 과소평가, 교묘한 타인 조정 등 불안정하고 감정적인 인간관계의 양상이 나타난다. 셋째, 부적당하며 동시에 격심한 분노발작, 분노의 억제 불능 등으로 자주 성질을 부리고 늘 화가 나 있으며 몸싸움이 잦다. 넷째, 정체성의 장애로 자기 상, 성적 주체성, 장기적 목표 및 직업 선택, 친구 관계, 가치관 및 성실성 등과 같은 자기 주체성과 관계되는 문제에 대한 자신감이 결여 되어 있어 자의식이 지나치게 요동친다. 다섯째, 정상적인 기분에서 우울증, 초조감, 불안감 등으로 심한 변화와 같은 감정의 불안정성 등 지나친 정서불안이 있다. 여섯째, 고독을 피하기 위해서 비정상적인 노력을 한다거나 고독할 때 우울증이 나타나는 등 공허감 혹은 내성의 결함이 있다. 일곱째, 연극적인 자살 행위나 자상, 되풀이 되는 사고나 싸움질 등 반복적인 자해행위가 나타난다. 여덟째, 만성적인 공허감 및 권태감이 있거나 일시적인 스트레스성 편집증이 있다.

(3) 약물중독

약물은 일명 사이키델릭(psychedelic)이라 하여 환각제를 복용하여 환각 상태에 있는 것으로 즉각적인 초월상태를 느낄 수는 있지만 변성된 심리상태가 오래가지 못하며 계속 사용하여 중독에 이르면 영혼의 파괴를 가져온다. 중독은 특수한 물질을 사용했을 때 나타나는 기질성 정신장애이다.

증상으로는 판단력 장애, 호전성, 업무능력 저하, 무책임성 등 부적응 행동, 주의력 장애, 지각장애, 감정조절장애 등이 나타난다. 또한 중독은 오랜 명상이나 요가를 수련한 사람들이 느끼는 변성상태의 초월감이나 장기간 수련에 의한 몰입 혹은 득도의 경지에 느낄 수 있는 경험과는 완전히 다른 것이다. 특히 마약은 혼돈 또는 무감각으로 나타나는 마취상태를 일으키는 아편알칼로이드로부터 추출된 물질이다. 주로 중추신경계를 억압하는 작용을 하는데 알코올 같은 것도 마취효과를 나타낸다.

약물중독에 의한 신경학적 합병증은 신경계를 침범하고 다양하게 발현되며 또한 약물을 중단하면 가역적으로 호전된다. 바비튜레이드나 아편양 제재는 약물을 만성적으로 남용하게 되는 원인이며 항경련제나 스테로이제는 약물치료의 부작용을 낳으며 항우울제는 약물의 의도적 과용으로 만든다. 약물중독에 의한 증세는 항우울제 및 진통제에 의한 발작, 신경안정제에 의한 착란, 섬망, 혼수 등의 정신상태를 보인다.

특히 용매 남용은 도시 청소년들에게서 증가하고 있는 중요한 문제로 주로 황홀감을 느끼고자 하는 것이다. 흔히 사용하는 용매 물질은 접착제이며 증상으로는 황홀감, 발음이상, 운동실조, 복시, 선망 및 환각, 발작 등이 나타나며 만성 중독시는 행동의 장애 등이 나타난다.

청소년들은 감정적인 뇌 영향으로 새로운 자극이나 쾌감에 대한 욕구는 강하지만 개인 및 사회적 책임을 판단하고 조절하는 기능이 약하다고 볼 수 있다. 특히 청소년들은 스트레스를 적절하게 해소할 수 있는 취미나 사교활동이 부족하고 다양한 사회적 압박으로부터 불안과 두려움을 경험하다 보니 자연스럽게 심리적 안정을 찾기 위해 약물에 노출되는 경향이 있다. 특히 마약사범이 많은 20대 마약사범들은 불안 회피 및 자극 추구 성향 보이는 동시에 자기중심성이 낮은 특징이다.

마약의 위험성은 연령과 상관없이 중독과 더불어 심각한 뇌 손상을 초래할 수 있으며 운동기능 저하와 금단 증상으로 인해 일상생활 자체가 어려워지게 된다. 호기심이나 향락을 목적으로 약물을 남용하게 되면 일상으로 복귀하는 것이 어려울 뿐만 아니라 본인 인생과 가족들에게도 평생 악영향을 미친다는 점을 인지하여야 한다.

또한 마약을 상습적으로 하게 되면 직접적 및 이차적 영향에 따른 신경학적 이상이 나타날 수 있다. 통증을 완화하는 코카인 혹은 크랙은 각성 혹은 황홀감을 위해 복용하는데 원래는 식물로 씹거나 차처럼 끓이면 적당한 자극을 준다. 정제 농축 과정을 거쳐 효과가 강력해지고 활성 성분이 혈류에 빨리 흡수된다. 따라서 과다복용하면 혈압상승, 체온상승, 호흡저하, 심부정맥 등 심하면 사망에 이른다. 진정제의 하나인 헤로인(heroine)은 통증 환화의 목적으로 사용하며 동공축소, 안면홍조 등이 나타난다. 우울이나 식욕부진에 사용하는 메트암페타민은 각성, 황홀감, 혈압상승을 가져온다. 이들 향락 물질을 남용하게 되면 뇌 또는 척수 경색, 뇌출혈의 발생빈도가 증가한다.

위콘신대학교 건강한 마음센터(Center for Healthy Minds)에 따르면 실제로 중독은 우리 뇌의 중격핵의 회백질 부피가 줄어든다고 한다. 이 부위의 부피가 줄어들면 자아의식을 만들기 위해 조정되는 신경 모듈들 간의 연결성이 약해지는데 중격핵이 우리 삶에서 기분 좋은 감정을 느끼게 해주는 원천인 뇌의 보상 회로에 큰 역할을 하기도 하지만 동시에 정서적 집착과 중독을 일으키는 핵심 영역이라는 것이다.

또한 편도체 역시 집착과 관련이 있어 뇌 감정회로의 역할을 한다. 따라서 장기간에 걸친 명상은 뇌의 감정 조절 능력을 향상시키고 스트레스를 긍정 에너지로 바꾸어 주고 면역을 강화시킨다.

약물에 대한 집착을 놓아 버리면 자신의 경험과 타인에 대한 배려를 익히게 되고 마음과 정신이 열린 상태가 자신과 타인의 문제에 더 쉽게 접근할 수 있게 된다. 위대한 영혼들은 고난에 관여해도 무너지지 않고 그것을 처리할 수 있는 능력을 체화하도록 훈련된 것이다. 약물에 의지하는 습관을 버리면 자유로워지고 연민 행동과 함께 도덕적 중심축을 만들어낼 수 있다.

또한 인지신경과학에 따르면 기저핵(basal ganglia)이 전전두피질을 대신할 수 있다는데 중점을 두고 인간이 처음에 새로운 기술을 배우는데 강도 높은 훈련이 필요하지만 계속 훈련하면 보다 점점 쉬워지는 습관으로 굳어지는 신경변화(habit mastery)가 나타난다. 이렇게 노력이 필요 없는 상태로 자연스럽게 전환되면 자아 역시 변화한다. 집착이 줄어든다는 것은 자기중심적인 생각과 감정을 내려놓고 아집에서 벗어나 주의를 각성하는 것이다. 무엇에 집착하거나 고착되지 않으면 긍정적인 삶과 기쁨을 누릴 수 있다.

(4) 알코올 중독

알코올 중독은 과음에 기인하는 기질성 정신장애로 판단력 장애, 호전성, 사회적 적응 및 직업적 업무수행 기능의 결함, 주의력 저하, 무책임성 등과 같은 부적응적 행동으로 나타난다. 특히 정서적 충동의 문제는 즐거움과 쾌락의 추구에서 발생하는 탐욕과 관련이 있다. 즉 갈망과 중독에 빠지는 마음의 혼란은 집착에 의해 더욱 불안감을 느끼고 그 불안감을 해소하기 위한 방편으로 삼는다. 강박적 영향도 있어 술과 관련과 일을 생각하거나 과거의 기억이 떠오르면 자제하지 못하는 습성이 있다. 이외에도 기억상실증, 의심증에서 심하면 편집증에 이르기까지 행동의 변화가 생긴다.

따라서 중독에서 벗어나는 것이 얼마나 자유를 주는지를 깨닫는 것이 우선되어야 한다. 편안함과 마음의 여유는 갈망이나 유혹 등 욕망이 아닌 절제와 자기통제의 훈련을 통해 길러진다는 사실을 익혀야 한다. 인내심을 가지고 몸과 마음의 작용과 정신과 마음의 근본이 영혼임을 이해할 때만 가능한 일이다.

한편 알코올 중독증(alcoholism)은 술에 대한 만성적인 의존을 말하며 정신장애가 일어나거나 사회 및 경제 활동에 지장이 있을 정도로 강박적으로 술을 마시는 경우이다. 특히 탐닉적으로 술을 마시거나 술의 양을 점차 늘려서 마시는 것, 몰래 혼자서 마시거나 아침에 마시는 것 등이다. 특히 약물에 대한 의존을 일으키는 원인이 무엇인지를 규명해야만 하는데 알코올 자체가 가지고 있는 탐닉 작용에 관한 것뿐만 아니라 마시는 사람의 성격적인 특징과 지역사회 및 문화적 구조까지 참고하여야 한다.

왜냐하면 알코올 대한 정신적 의존이 발전하고 음주 상황에 몰두하게 되면 내성이 작용하여 신체적 의존이 진행되고 예전 같은 명료한 의식 상태로 돌아가기가 어렵다. 이러한 상황이 계속되면 일상생활에 영향을 주게 되고 술에 대한 갈망이 심해지면서 알코올 중독으로 진행된다.

결국 알코올 중독은 생물학적 유전 요인과 사회문화적 후천 요인이 복합적으로 작용하는 정신질환으로 개인의 생활습관이나 내면세계의 붕괴로 일탈행위를 일삼거나 폭력성에 물들면 영혼의 파괴로 이어지게 된다. 이와 같은 독특한 심리적 현상을 이해하여야 예방과 치료가 가능하다. 알코올 중독 예방 및 치료 프로그램을 진행하기 위해서는 정신건강의학과 진단이 필수이며 각종 사회적 기관이나 복지시설에서 복합적인 요인을 고려해서 개인 맞춤형으로 이루어지고 있다.

4) 자살(suicide)

자살은 자신의 목숨을 빼앗는 행위로 살인의 일종이라 할 수 있다. 정서장애로 행위의 주체가 어떤 생각을 가지고 있느냐가 중요하다. 즉 자기결정권의 범위에 있기 때문에 범죄행위로 보지 않을 뿐이지 사회규범상 일탈행위라 할 수 있다. 다만 세상을 비관적으로 보는 염세주의 혹은 모든 가치와 의미를 잃어버린 허무주의가 아니면 질병으로 인한 우울증 같은 상황에서 비관하여 자살을 기도하기 때문에 범죄행위에서 제외되는 것이다.

특히 관심을 보이기 위해서 자살하겠다고 위협하는 정도에서부터 실제 자살 행위에 이르기까지 다양하다. 부당한 대우에 대한 자살, 실직이나 가난으로 인한 자살, 청소년의 성적 비관에 의한 자살, 동반자살, 집단 자살 등 방법이나 수단도 다양하며 사회적 물의를 일으키는 종교적 자살도 있다. 최근에는 사망률 상위에 들기도 한다.

자살 원인은 경제적 어려움이 자살 충동의 중요한 요인으로 작용하고 있으며 가정불화로 인한 심리 정서적 불안 등이 많다. 또 다른 원인 중에 우울증이나 생에 대한 불안과 생의 의미를 상실하거나 비관하는 경우와 개인의 영적 요인과 철학이 작용하는 경향이 있다. 또한 동정과 관심을 얻기 위하여 자살하겠다고 위협하는 사람들은 자신의 주위 환경이나 생활에 만족하지 못하고 거부감과 무가치함을 느끼고 있다는 징조로서 가족, 친척, 친지를 놀라게 하는 경향이 있다.

현대인의 자살은 중요한 사망 원인 중 하나이며 특히 한국의 노인자살률은 OECD국가 중 1위이다. 10대 청소년의 자살과 20대에서 30대 자살도 계속 늘고 있어 사회적 문제가 되고 있다. 우울증이 심한 경우 항우울제로 치료하고 증상이 경감되면 일시적으로 자살 충동을 저지할 수 있다. 자살은 예방이 중요하며 정서장애인 경우 점진적 통찰이 필요하며 성격의 개조와 사회적응 훈련을 통해 인격 형성이 필요하다.

사회학자 뒤르켐은『자살론』을 통해 개인과 사회 관계에 대해 설명하면서 인간은 자유의지를 가진 개별적인 존재이지만 그들의 행위는 종종 사회적으로 유형화되고 구조화되어 있다고 강조하면서 개인적인 행위로 보이는 자살이 사회에 의해 영향을 받고 있음을 강조한다. 사회적 요인들이 자살 행동에 근본적인 영향을 끼쳤다는 것을 '아노미 현상'으로 설명한다.

특히 자살률이 높아지는 시기가 경제적 변화나 불안정한 시기에 높아진다는 것이다. 그는 자살의 유형을 이기적 자살, 아노미적 자살, 이타적 자살로 구분하고 이기적 자살은 사회의 통합 정도가 낮거나 개인이 속한 집단의 결속이 약할 때 발생하고 아노미적 자살은 사회규제가 부족할 때 나타나며 이타적 자살은 개인이 과도하게 사회에 통합되어 사회적 결속이 너무 강하고 사회의 가치가 개인의 가치보다 클 때 일어난다고 주장했다.

12. 영혼의 치유

영혼의 치유의 비결은 바로 공감이다. 모든 사람들이 같이 생각하고 같이 행동하면 이 세상에서 못할 일이 없으며 기쁨이 넘치고 에너지가 무한대로 상승한다. 반대로 홀로 고립되면 영혼은 파괴되며 좌절과 공포, 두려움으로 변화하여 생명을 앗아간다. 실제로 우리 사회에서 고독사는 사회 문제이며 이러한 문제의 해결은 사랑과 연민이며 자기 자신에 대한 인식은 강한 통찰 능력으로 작용한다.

영혼 치유의 핵심은 뇌의 활동에 의해 영향을 받는다. 뇌세포들의 타이밍이 그것이다. 뉴런의 전기 펄스는 아주 짧은 순간에 전달되기 때문에 이 짧은 펄스의 타이밍은 신경돌기 사이의 전광석화 같은 순간에 정보를 서로 전달한다. 타이밍의 일치는 유대를 강화하고 익숙한 경험의 정보는 사고처리가 신속하게 이루어지는데 이것은 컴퓨터의 딥러닝과 같은 개념이다. 신경전달물질이 방출되면서 수용체를 더 많이 만들어 더 강력하게 연결되는 것이다.

계속 반복되는 학습에 의해 신경회로가 활성화 되면 뉴럴 네트워크(neural network)의 신경지도를 만들게 되며 이러한 뇌세포들의 규칙은 신체지도로 발전하여 이미지화되고 언제든지 사고와 행동으로 발현될 수 있는 것이다. 이러한 뇌세포들의 기능적 작용과 일련의 훈련된 공감적 작용은 영혼 치유의 근원적 동기를 주며 공감각적 훈련의 토대가 된다.

1) 근육 에너지 치료

기억이 단순히 인지적 현상이 아니라는 점은 인간의 근육이 뇌 기능보다 앞서 감각적으로 작용한다는 사실이다. 이것은 반사라는 표현으로 쓰이지만 근육 기억(memory)이나 운동 기능학습(motor learning)이라고 해야 한다. 인간의 몸은 근육의 기억 속에서 행해지는 일이 다반사이다.

신체를 통해 수용된 지식은 정신적 혹은 의식적으로 조절하지 않아도 행동할 수 있다. 대표적으로 운전은 배우기는 어렵지만 한번 운전 기술을 터득하면 환경이나 상황에 대해 반사적으로 적응하며 목적지를 향해 운행한다. 이외에도 스포츠와 관련된 몸동작이 해당된다. 특정 상황에서 작동하는 섬세한 근육들의 작용은 예술 그 자체이다. 단계별로 이행하면서 습득된 기술을 펼치는 능력을 절차기억(procedural memory)이라 한다.

절차기억은 의식이 개입되지 않는 서술적 기억(declarative memory)의 반대 개념으로 운동과 연관된 특정 작업을 실행케 하는 기억이다. 운전, 피아노 연주, 스포츠 등의 기술은 계속된 피나는 훈련과 연마를 통해 습관화된 자동행동이라 할 수 있다. 그러므로 복잡한 행위나 동작을 계속 꾸준히 반복 학습을 하면 일정 기간이 지난 후 터득이 되는데 일종의 학습과 연관된 신경망이 활성화되면서 자동적인 행동으로 나타나게 된다.

특히 경험과 노하우가 쌓이고 쌓이면 움직임의 패턴이 형성되고 습관화된 근육과 뇌의 신경망이 혼합을 이루면서 근육 기억이 발달하면 할수록 일상생활을 통해 재능과 경험이 많은 숙련된 장인이나 전문가가 될 수 있다.

근육 기억은 일상생활에서 사용하는 것보다 광범위하고 의식적 행위가 아닌 몸의 체화된 능력에 의한 행위이며 이러한 체화된 지식은 몰입, 관찰, 행위를 통해 만들어진다. 특히 시간과 장소 혹은 사람 등에 의해 파악하는 기억은 신체에 익숙해진 삶의 경험에 의해 자동적으로 발생하는 능력이다.

또한 경험을 통해 체화된 지식은 이론화 혹은 추상화되지 않고 의식적이거나 무의식적으로 직접 관찰, 몰입에 의한 것으로 신체의 인지에 의한 실행을 기반으로 한다. 체화된 접근이 깊은 인식을 만들기 때문이다. 인간은 몸을 통해 감각에서 운동으로 표현하고 이해하면서 반복되는 패턴을 인식하는 능력을 발휘한다.

따라서 절차기억은 근육 기억과 근육의 의식에 영향을 주고 경험하는 모든 것이 몸으로 기억하는 방식을 표현하는 것으로 인체의 움직임과 동시에 인식에 이르는 개념을 설명하는 기제라고 할 수 있다. 마음과 몸이 하나라는 의미는 영혼의 존재를 확인시켜 주는 단서이다. 이와 같은 뇌의 기제들이 이상이 생겨 문제가 발생하면 질병으로 나타나게 된다.

실제로 뇌의 기저핵은 미상핵(caudate nucleus), 피각(putamen), 담창구(globus pallidus) 그리고 시상하핵(subthalamic nucleus)을 포함하는 지역을 일컫는다. 피각과 담창구를 합쳐서 선조체(striatum)라고 부르는데 이 지역은 대뇌피질에서 들어오는 정보의 입구 역할을 한다. 대뇌피질→선조체→담창구→시상의 복외측핵(ventral lateral nucleus)→대뇌피질로 순환되는 운동회로는 수의운동의 선택과 개시, 제어에 있어서 중요한 역할을 한다.

특별히 선조체는 운동신경 정보가 오가는 매우 중요한 위치에 자리 잡고 있기 때문에 절차 기억의 형성에 핵심적인 역할을 한다고 알려져 있다. 선조체가 퇴화하는 퇴행성 뇌질환의 공통적인 증상이 절차 기억의 손상이라는 사실은 놀랍지 않다.

선조체 이상 관련 질환은 파킨슨병(Parkinson's disease)으로 선조체로 신호를 입력하는 흑질부(substantia nigra)의 신경세포들의 사멸에 의해서 나타나는 퇴행성 뇌질환이다. 파킨슨병 환자들은 수의적 운동 능력이 매우 떨어진다. 파킨슨병 환자들은 서술적 기억 과제의 수행에서는 정상인과 큰 차이가 없으나 절차 기억 과제 수행은 심각하게 저하된다.

또한 헌팅턴 무도병(Huntington's disease)은 뇌 신경세포의 사멸에 의한 퇴행성 뇌질환으로서 특별히 선조체에서 현저한 손상이 관찰된다. 헌팅턴병 환자들은 자극과 연관된 운동반응의 습관을 학습할 때 어려움을 겪는다.

2) 롤핑(Rolfing)

롤핑은 아이다 폴린 롤프(Ida Paulin Rolf)가 발명한 시스템으로 신체의 연조직을 심층적으로 조작하여 신체의 근막 구조를 재조정하고 균형을 잡는 것이다. 호흡, 통증 및 스트레스 감소, 특히 정서적 변화에 도움을 준다

롤프에 따르면 신체가 지구에 수직인 축을 중심으로 조직되었다고 보고 중력에 의해 아래로 끌어당겼으며, 몸이 당김에 부합했을 때 신체의 기능이 최적이라고 믿었다. 중력은 근막을 단축하는 경향과 축 주위 신체의 배열 장애로 불균형을 만들고 운동의 비효율성 및 고통을 준다고 보았다.

축 주위에 신체의 배열을 복원하고 향상된 움직임을 용이하게 하기 위해 근막을 이완하는 것을 목표로 한다. 또한 에너지의 관점에서 몸과 중력장의 연관성을 통해 중력장이 신체의 에너지장을 강화할 수 있도록 신체를 조정하는 것이다.

특히 감정과 연조직 사이의 연관성을 강조하여 근막 콜라겐 구성 요소를 통해 정신적, 정서적 측면의 균형을 맞출 수 있다고 주장한다.

실제로 롤핑의 효과를 측정하기 위해 UCLA 발레리 헌트(Valerie Hunt) 박사는 차크라와 인체 에너지장에 대한 연구에 측정기기를 이용했다. 차크라에 상응하는 피부 영역의 생체 전기장 에너지 변화를 연구하기 위해 근전위를 측정하는 근전도(EMG)용 전극을 이용했다.

측정결과 보통 뇌파주파수의 정상치는 0~100Hz다. 대부분의 파형은 0~30Hz에서 출현한다. 근육 주파수는 대개 225Hz까지 상승하며, 심장주파수는 250Hz까지 상승하는데 차크라에서는 늘 100~1600Hz주파수 대역에 머물렀다. 따라서 인체의 신경계, 근육계, 경락계, 면역계, 임파계 등 모든 시스템은 에너지시스템이고 이들이 육체와 함께 에테르체를 통합하는 것이라 볼 수 있다.

도마스 마이어스(Thomas W. Myers)는 근막경선(myofascial meridian)들의 주행 경로 및 특징은 경락체계와 비슷한 12경근을 주장한다. 또한 인체를 다양한 기능 계통들의 결합체로서 인식하는 생체역학(biomechanics)과 같은 개념으로 인체의 모든 조직들을 활성화, 지지, 연결, 근육들의 수축 작용을 체계적인 동작으로 전환시키는 근막체계를 이룬다.

특히 이이다 롤프의 제자인 마이어스는 로프가 전신에 걸쳐 분포하는 결합조직체계(connective tissue web)에 대한 연구에 기여했다면 마이어스는 결합체계의 분포 방식, 건강에 대한 결합체계조직의 중요성, 결합조직의 많은 기능들을 유용하게 이용하여 치료

할 수 있는 기법을 개발하였다. 인체의 다양한 기능체계들은 각각 다른 기능체계들과 서로 협력하여 상호작용하고 있을 뿐만 아니라 이러한 상호작용들에 의한 생화학(biochemistry) 및 심리사회적인(psychosocial) 영향들은 기능체계들 각각의 효율적이고 통합적인 작용들을 도와주거나 또는 저해한다는 점을 이해하여야 한다.

비근한 예로 목과 어깨부위에 통증이 있으며 외상 경력이 없는 경우 진단과 치료의 차이를 보인다. 자세 분석 결과는 머리는 체간에서 앞으로 나와 있고(head forward), 양쪽 견갑골도 체간에서 전방으로 나와 있으며(protracted), 흉곽은 들려 있으며(crowed), 척추의 만곡에 변화가 있으며 골반은 전방으로 경사져 있으며(ant. tilted), 슬괵근(hamstrings)들의 단축과 무릎관절들의 신전경향이 있을 경우, 생체역학적 치료는 단축되고(shortened), 긴장되고(tightened), 단단해지고(indurated), 약화되고(weakened), 근막통증 유발점(trigger point)을 찾아서 치료에 임할 것이다.

그러나 이러한 경우 이산화탄소-산소비율을 변화시켜 결과적으로 혈액의 알카리화(alkalization)를 유발시키는 상부흉부 호흡패턴을 보일 수도 있다. 혈액에서의 생화학적인 변화는 결과적으로 헤모글로빈을 운반하는 분자들에서의 산소분자 유리(release)의 감소와 더불어 통증 지각의 과민, 불안(anxiety), 호흡 보조근육들(상부 승모근, 사각근 등)의 과다사용, 그리고 평활근들의 긴장 등을 수반하여 뇌와 근육에 피로를 일으키게 될 것이다. 두려움과 불안은 알칼리도(alkalinity)의 증가에 따른 거의 자동적인 결과로서 상부 흉부 호흡패턴을 강화시킨다. 따라서 불안 우울증의 심리적인 부담이 신체적인 결과로 나타난 의기소침한 자세일 수도 있다.

3) 요가(Yoga)와 명상(Meditation)

(1) 요가

요가는 과학적 원리와 근거를 바탕으로 스트레스를 완화하고, 건강 습관을 지원하며, 정신 및 정서적 건강, 수면 및 균형을 개선함으로써 사람들의 일반적인 웰빙에 도움이 된다. 요통과 목 통증, 어려운 생활 상황과 관련된 불안 또는 우울한 증상, 금연 및 만성 질환을 가진 사람을 치유한다. 또한 뇌의 재구성에 도움을 주며 신체의 각 계통에 영향을 미쳐 기능을 최적화하며 마음과 신체의 연결(mind-body connection)을 도모하여 자기조절 능력과 회복 탄력성을 높인다.

탄력성은 현대사회에서 가장 중요한 마음과 영혼을 달래는 과학적 기술이라 할 수 있다. 사회가 복잡해질수록 스트레스가 증가하고 온갖 질병에 노출되기 쉽다. 이러한 사회변화에 개인이 적응하고 대처할 수 있는 수단이 바로 요가이다.

요가에서 중요한 것은 완벽한 동작을 취하는 것보다는 동작을 취하는 매 순간 몸과 마음이 완벽하게 '양호한' 것이 되도록 신경, 심리 신체 활력에까지 매우 깊은 영향을 미친다는 것을 인지하는 것이다. 따라서 요가 수행은 근육, 뼈, 호흡, 신경계통 등에 중점을 두면서 양자, 원자, 세포, 조직, 기관, 계통 전체를 서로 연결하는 통일체라는 것을 경험해야 한다.

요가를 통해 마음과 신체의 연결이 바로 영혼 에너지라는 것을 깨닫고 과학적 근거와 개인의 노력을 극대화하여 영혼의 안정은 물론 질병으로부터 치유를 통해 신체와 정신의 온전함을 유지하여야 한다. 이것을 항상성이라 하는데 인간은 세포에서부터 조직, 기관, 계통으로 이어지는 유기체이기 때문이다. 이러한 계통이 유기적으로 작동하기 위해서는 역동적이고 살아 있는 전체로 기능할 때 가능한 것이다.

요가에서 중요한 것은 자세이다. 요가의 자세는 앉은자세, 선 자세, 거꾸로 자세, 바닥 자세 등 다양하지만 가장 기본자세는 앉은자세이다. 이 자세는 기초적이며 흔히 명상할 때 자세로 달인 자세라고 불린다. 특히 배의 근육을 당기고 중립 척주를 유지하여 안정되고 편안한 자세를 취하는 것이 중요하다. 척주를 중립으로 하는 이유는 무게중심을 잡고 본인의 몸무게를 가장 효율적으로 지탱할 수 있기 때문이다. 척주를 가볍게 하는 요령은 양쪽의 견갑골을 함께 당겨서 어깨를 등쪽으로 돌려 펴는 것이 핵심이다. 이때 주의해야 할 점은 중립척주 상태에서 목을 안정화시키기 위해 머리와 목을 펴고 한쪽으로 돌리고 굽히는 작용을 하는 판상근을 당겨야 하며 몸통은 복직근을 늘이고 척주폄근들과 복횡근을 당기면 척주가 길게 펴지면서 중립으로 안정된다. 요가의 기본자세는 명상과 동시에 연결되기 때문에 매우 중요하며 호흡법과 함께 익혀 놓으면 효과는 극대화 된다. 호흡법은 숨을 길게 내쉬는 훈련부터 시작하면 자연스럽게 숨을 들이마시게 되고 리듬 조절과 함께 단전(丹田)에 힘이 들어가는 것을 느낄 수 있다.

(2) 명상

명상은 신체와 의식 사이에서 상호 교통하는 것으로 노화로 인한 뇌 조직의 지연적 퇴행을 늦추고 유해한 유전자 발현을 예방할 수 있다. 또한 혈압을 감소시키며, 불안과 우울증의 증상, 그리고 정신적 스트레스로 인한 과민성 대장 증후군이나 불면증을 치유한다. 명상을 통해 인간 뇌의 세트 포인트(set point)를 설정할 수 있다. 또한 명상은 내적 자유와 독립의 상태에서만 가능한 그야말로 정신을 집중시키는 최고도의 활동이며 자기 자신과 세계와의 일체성을 경험하는 것이다.

명상의 목적은 건강의 유지 및 회복뿐만 아니라 존재의 가치와 평정심 등 긍정적 마인드를 통해 변성된 특성(altered trait)을 만드는 것이다. 즉 마음을 조절하고 사고와 행동의 변화를 추구하여 선(善)과 깨달음에 도달하는 것이다. 지금 여기 이 순간의 실재하는 현상을 주의 깊게 정확히 알아차림 즉 마음챙김에 있으며 마음의 본질적 속성을 깨닫는 것이다. 사물을 개념으로 보지 않고 허상과 실상을 구분 지어 정확히 보며 명료한 의식을 통해 일상의 환영으로부터 벗어나야 한다.

인간은 누구나 행복을 원하지만 행복은 쉽게 얻어지지 않는다. 인간 행동이 잠재의식에서 의식적으로 자각하는 삶으로 변화하지 않으면 진정한 행복이란 요원하다. 그러므로 명상을 통한 뇌를 긍정적으로 바꾸는 훈련이 필요하다.

고요하고 평온한 마음으로 자신의 내면에 집중할 때 신체적 변화는 일어난다. 이러한 기전은 뇌의 전전두피질을 활성화하여 도파민, 세로토닌, 옥시토신, 엔돌핀 등 신경전달물질 및 호르몬이 분비되어 행복감을 느끼게 하고 면역을 강화시켜 준다.

신경계에서 인지된 심리적 자극은 상호 조절망을 통해 내분비계와 면역계에 전해지고 내분비계의 생리적 자극 역시 신경계와 면역계에 전해진다. 질병(disease)은 면역계의 자극이 신경계에 영향을 주기 때문이다. 외부 병원체의 침입이 있을 때 면역세포에서 분비된 세포 신호전달에 사용되는 단백질인 사이토카인(cytokine)은 신경계에 전달되고 그 결과 정서나 행동을 변화시켜 우울과 침체 식욕부진, 수면의 변화, 일과 놀이로부터 행동상의 변화들이 나타난다.

명상은 하나의 존재 방식으로 우주의 근원적인 창조에너지와 연결되어 있다. 명상을 통해 자신의 자아를 찾으면 즉 깨달음의 경지에 이르면 시간과 공간, 원인과 결과를 초월하는 의식 세계에 도달할 수 있다. 에너지장을 통해 자신의 몸과 마음이 하나 됨을 느낄 수 있다.

질병의 세계도 건강의 세계도 넓은 의미에서 보면 동일한 것이다. 질병의 고통에서 벗어나면 바로 혜안의 길로 들어선다. 그러므로 불행에서 영원히 벗어나는 길은 명상을 통해 깨달음에 이르는 길밖에 없는 것이다. 우주와 인간의 신체가 에너지장으로 가득하다는 사실을 인식하고 반응하면 무한한 가능성의 세계가 펼쳐진다. 그러나 인식의 오류에 의해 질병이 발생하고 불행의 악순환이 계속된다. 결국 인식장애는 외부 환경에 대한 내적 공포와 불안이 투사되어 나타나는 증상이다.

따라서 명상을 통해 깨달음을 얻고 의식구조에 대한 에너지장의 흐름을 이해한다면 모든 생명과의 일체성을 실감하고 물질계와 병존하는 영적 에너지를 실현할 수 있는 것이다.

현재 명상은 미국 보완대체의학센터에 의해 심신의학의 한 분야로 인정되고 있다. 심신의 수련 및 치유를 위한 방법으로 교감신경의 흥분을 가라앉히고 부교감신경을 활성화하여 이완을 유도하는 기법이다. 또한 각성 상태를 유지하고 정신상태를 의식적으로 주의 집중하는 고도의 정신훈련이다.

명상기법은 초월명상(Transcendental meditation)과 마음챙김에 기반한 스트레스 감소 프로그램(mindfulness-based stress reduction) 등이 있다. 초월명상은 인도의 마하리시 마헤시(Maharishi mahesh)가 요가수행법을 쉽게 변형하여 개발하였다.

하버드 의대 허버트 벤슨(Herbert Benson)은 초월명상을 토대로 이완반응(relaxation response)이라는 이완 기법을 활용하여 스트레스 관리 프로그램인 "Stress Management And Resiliency Training 프로그램"을 개발했다. 현재 자신의 스트레스 상태를 확인하는 방법부터, 스트레스를 유발하는 원인을 제거하는 일상 습관들, 스트레스 상황에 적용할 수 있는 호흡법, 명상 훈련, 올바른 식습관, 운동법, 수면법 등 다양한 솔루션을 통해 일상에서 스트레스를 관리할 수 있는 구체적이고 실용적인 방법이다.

특히 마음챙김에 근거한 스트레스 완화는 만성질환자를 위한 스트레스 해소를 위해 개발한 명상법이다. 이러한 기법들은 불안, 우울, 등 심리적 증상 완화와 암, 고혈압, AIDS, 심장병, 각종 통증 등 신체적 증상 완화에도 효과가 있다.

명상을 통한 점진적 근육이완(Progressive Muscle Relaxation, PMR)은 완전 휴식 자세를 취하면서 머리부터 발끝까지 순차적으로 근육을 수축시켰다가 이완시키는 방법이다. 신경 근육 연결이 촉진돼 몸과 마음 긴장과 이완을 분명하게 익힘으로써 몸이 물리적으로 이완되도록 돕는다. 근육섬유가 수축한 직후에는 근육섬유를 더 많이 늘리기나 이완할 수 있게 된다.

뇌와 마음과의 관계는 설명이 가능한가? 우선 뇌가 존재해야 마음이 존재하고 또한 마음이 움직여야 뇌 또한 움직인다. 그러나 뇌와 마음은 절대적인 관계에 있다. 뇌가 있기 때문에 마음이 존재한다고 할 수 있다. 결국 마음은 뇌 활동의 산물인 것이다.

마음이 뇌 활동의 산물이기 때문에 뇌와 마음은 일정한 훈련을 통해 발전할 수 있고 정신수련을 통해 뇌의 활동을 촉진할 수 있다면 뇌와 마음을 변화시키는 것은 다름아닌 의식에너지이다. 즉 뇌를 살아 움직이게 하는 근원이며 생명의 원천이다. 뇌를 사용해 생각들을 하나로 합쳐서 마음을 만들어 낸다. 우리가 새로운 것을 배우거나 경험하면 신경세포들이 새롭게 연결되면서 우리를 변화시킨다. 뇌가 새로운 것을 배우고 행동할 수 있는 이유는 뇌 속에 상호작용하는 뉴런들이 있기 때문이다.

뇌는 우리의 삶을 의식적으로 이해하고 수준 높은 삶을 무의식적으로 추구할 때 사용되는 도구라고 할 수 있다. 의식은 뇌를 조종한다고 할 수 있는데 의식은 생각을 만들어 내는 동시에 생각이 일어나는 과정을 관찰하기도 한다. 우리는 흔히 의식을 자기 자신에 대한 인식이나 세상에 대한 관념으로 한정해 생각한다. 하지만 우리 안에는 생명을 부여한 힘인 자연치유력 혹은 회복력이 있다.

우리의 의식은 주관적 의식과 객관적 의식으로 구분하여 주관적 의식은 몸에 존재하거나 몸과 상관없이 존재하며 단지 몸을 사용할 뿐이다. 이것을 자의식이라 한다. 자의식은 평생 몸속에 머무른다. 반면 객관적 의식은 잠재의식이라고 하는데 뇌를 이용해 세포단위에서부터 몸 전체에 이르는 수백만 가지의 기능을 자동으로 처리한다. 객관적 의식은 우리 삶의 모든 것을 구성한다. 타고날 때부터 주어진 정량적 에너지이고 진정한 의미의 지성(intelligence)으로 영구불변한다. 특히 양자장을 물리적인 형태로 바꾸는 에너지이다. 말 그대로 생명력이다.

인간은 의식의 양면인 주관적 의식과 객관적 의식을 모두 가지고 있다. 주관적 의식은 우리가 의식적으로 인지할 수 있도록 만들고 객관적인 의식은 우리에게 생명력을 준다. 우리는 삶을 선택할 수 있는 자유의지와 우리에게 생명을 주는 에너지 모두를 가지고 있다.

불교에서 주로 이용하는 명상에는 두 종류가 있다. 하나는 사마타 명상이고 다른 하나는 위빠사나 명상이다. 집중을 의미하는 사마타 명상은 마음을 어떤 하나의 상태에 고도로 집중을 시키는 명상으로 집중의 대상이 어떤 물질일 수도 있고, 진언이나 기도문 등 비물질일 수도 있다.

위빠사나 명상은 몸과 마음에 존재하는 비영속성을 의미하는 아네차 팔리, 고뇌를 의미하는 듀카 팔리, 무아(non self)를 의미하는 아나타 팔리 등 이 세가지의 특성을 깨닫고 고뇌의 원인인 정서적 더러움을 없애는 명상법이다. 고뇌를 없애기 위해서는 정신적 더러움으로부터 몸과 마음을 정화시켜야 하는데, 이러기 위해서는 정신적, 신체적 본질을 정확히 알아야 하고, 지금 순간의 몸과 마음이 어떠한 과정을 일으키고 있는지를 있는 그대로 인지하여야 한다.

이러한 과정에는 육체적인 현상인 숨을 들이쉬고, 내쉴 때의 신체적 변화에서부터 마음속에서 오고 가는 여러 가지 심상까지 다양하며, 이런 과정들의 본질을 알기 위해서는 자각하고 인지하여야 하고 몰입하지는 않고 단지 관찰하여야 한다.

이는 모든 육체적, 정신적 현상들을 객관적 시야로 바라봄으로써 그로부터 발생되는 모든 고뇌와 고통의 본질을 이해하고 그들로부터 자유로워지는 것이다.

명상을 하는 사람들을 보면 주로 불안과 긴장이 풀리고 머리는 맑아지는 알파파(α파, 8~13Hz, 고요한 평정 상태를 유지할 때 나타나는데 안정되고 편안한 상태 일수록 진폭이 증가한다)의 형태이며, 명상이 깊어질수록 뇌파는 줄어들어 세타파(θ파, 4~8 Hz, 창조성이 극도로 활성화되거나 정서 안정 또는 수면으로 이어지는 과정에서 주로 나타난다)를 걸쳐 델타파(δ파, 0.2~4 Hz, 아주 깊은 수면, 삼매경에 이르는 명상일 때 나타난다)

그리고 아주 깊은 명상일 경우 이완으로부터 벗어나 새로운 의식 상태가 되는 감마파(g파, 30~50 Hz, 정서적으로 더욱 초조한 상태이거나 추리, 판단 등의 논리학습과 관련이 깊다)에 도달하기도 한다.

또한 감마파는 뇌가 대단히 조직화되고 고도로 조율된 상태며, 많은 신경세포가 일제히 움직이고 있다는 증거일 수도 있다는 것을 나타낸다. 주의력이 높고 완전히 깨어 있는 상태이다. 더불어 간혹 어떤 종류의 간질에서도 관찰되기도 한다.

베타파(β파, 13~30 Hz)는 주로 머리의 앞부분에서 많이 나타나며, 깨어 있을 때, 말할 때와 같이 모든 의식적인 활동을 할 때 나타난다. 특히, 불안하거나 긴장한 상태, 복잡한 계산을 처리할 때에 우세하게 나타나기도 한다.

명상을 하게 되면, 몸에서는 상당량의 멜라토닌이 분비되는데 이는 수면을 돕는 호르몬이다. 수면을 취하게 되면 면역체계가 활성 되어 세포가 재생되고 체내 독소를 배출한다.

또한 명상을 지속적으로 하면 뇌에서 불안 및 스트레스를 관장하는 영역의 밀도가 낮아지고 공감과 기억력을 관장하는 영역은 밀도가 높아지며, 면역세포의 활동이 크게 증가하고 수명도 늘어난다.

명상과 같은 영적 수행이 실제로 건강한 유전자를 발현시키고 건강하지 않은 유전자의 발현을 억제하는 것이다. 식이 조절, 영적 수행, 운동 등도 유전자 발현에 영향을 미친다.

마음챙김 명상(Mindfulness Meditation)은 위빠사나 즉 통찰명상(insight meditation)을 말한다. 자각의 방식으로 호흡, 동작, 감각과 같은 슬픔과 기쁨과 같은 느낌, 탐욕과 분노 등 몸과 마음의 근본적 특성을 이해하고 느끼는 것이다. 특히 정서신경과학적인 방법을 통해 집중적인 정신적 훈련 명상으로 메사추세츠 의과대학의 존 카밧진(John Kabat-Zinn) 박사가 변화시켜 치료에 응용하여 자신의 생각을 객관적인 자세로 그저 바라보는 명상법이다.

구체적으로 "지금 이 순간 의도적으로 그리고 판단하지 않은 채 주의를 기울임으로써 나타나는 인식"이다. 그는 마음챙김 기반 스트레스 완화(Mindfulness-Based Stress

Reduction, MBSR) 프로그램을 창안하였다. 마음챙김은 상념 없이 현재의 순간에 의식적으로 집중하는 것으로 주로 호흡이나 생각, 음성, 신체 감각에 깊은 주의를 기울이는 것이며 요가 수행으로 고양된다. 즉 특정한 대상에 끌려가는 것이 아닌 나타났다 사라져가는 것, 왔다가 멀어져 가는 것들을 마치 철새 떼가 시야에 들어왔다 다시 사라져가는 것을 보고 있는 것처럼 자신의 마음에 떠오르는 것을 바라보기만 하면 된다.

처음 명상의 시작은 자신의 호흡이나 어떤 사물을 지긋이 바라보는 것으로 시작을 하며, 자신의 의식이 다른 사고를 따라가 집착 상태에 빠지면 살며시 다시 시작점으로 돌아와 자신의 생각을 객관적으로 관찰만 한다. 실제로 일어나는 것들을 집중적으로 명료하게 알아차리면 생각과 알아차림의 관계에서 마음의 본질을 알게 되고 생각의 유혹으로부터 통찰의 길로 들어서게 되며 정신의 집합체인 의식을 깨닫게 되고 순수의식의 세계로 몰입하게 된다. 이 몰입의 경지는 영구적이며 지속성을 갖게 되는데 분노, 탐욕, 이기심, 죄악감, 죄책감, 가증스러움, 수치심 등과 같은 부정적이고 절망적인 감정으로부터 초월하여 평정심과 더불어 사랑, 자비, 기쁨 등 존재의 온전함이 가득찬 의식을 깨닫게 된다.

MBSR을 개발한 존 카바진은 삼각산 화계사 조실인 숭산서사(崇山禪師)의 제자이다. 숭산선사는 일본에 1966년 일본에 홍법원(興法院)을 개설한 이래 미국, 캐나다, 영국, 프랑스 등 전 세계에 수백 개의 선원을 설립하여 운영하였다.

MBSR 수련을 통해 통증에 대한 관념이 사라지고 따끔거림이나 화끈거림 등 감각의 집합으로 변화하여 통증이 감각의 끊임없는 변화로 느껴지며 감정적 반응이 전혀 일어나지 않게 되었다. 즉 통증에 대한 부정적 감정과 감각에 대한 심리적 저항은 사라지고 감각 자체만 남았다. 불안한 생각들이 사라지고 더 이상 통증이 아닌 이유는 자세를 통한 미세한 움직임이 스트레스를 완화하는데 근육을 움직이지 않으면 스트레스가 점점 쌓여 고통스러운 통증을 유발하는 것이다.

감각과 지각과 저항의 생각들이 동시에 섞일 때 물리적 집합체로 나타나는 것이다. 이러한 경험을 통해 의식은 하나의 통합자(integrator)로 작용하면서 방대한 양의 기본적인 정신 과정을 하나로 묶는데 대부분은 이러한 사실을 자각하지 못하는 것이다. 이것은 신경계와 관련이 있고 배외측 전전두피질과 연관이 있다.

통증과 통증에 수반된 모든 것을 경험하는 방식을 바꾸는 것은 모든 영적 수련이 중요한 목표이기도 하다. 나라고 하는 자아를 만드는 느낌을 만들어 내는 체계를 밝혀야 한다. 즉 자아를 놓으면 내면의 자유로 가는 지름길이다. 인간의 자아와 모든 사물이 실은 그것을 구성하는 요소들의 집합으로부터 나오는 감각이라는 것이다. 기독교에서 케노시스(kenosis)라는 것은 욕구와 필요는 줄이고 타인의 필요를 향해 가슴을 열 때 연민이 생긴다는 것이다. 자신으로부터 벗어나면 신에 이르게 되는 것이다. 결국 명상의 목표는 무아의 상태로 들어가는 것이다.

노년의 문제에서 중요한 것은 건강인데 건강을 죽을 때까지 유지하기란 쉽지 않다. 노년의 불건강이란 다름아닌 만성통증을 말한다. 이러한 만성통증을 다스리는 기법으로 MBSR이 사용된다. 통증을 앓는 노년의 환자들을 대상으로 한 연구에서 MBSR은 통증 완화에 효과가 있는 것으로 나타나 거동의 불편함이 해소되었다. 그러므로 모든 노인이 매일 집에서 스스로 활용할 수 있도록 하면 자기효능감이 높아져 삶에 대한 행복감을 느낄 수 있다.

또한 매일 MBSR 수련을 매일 집에서 35분 이상 실시한 사람은 친염증성 사이토카인 수치가 많이 감소되었다. 존 카밧친이 일부 피부 전문가들과 사이토카인에 의해 악화되는 건선증 치료의 속도를 높이는 연구에서도 MBSR이 도움이 된다고 밝혔다.

끊임없는 스트레스와 걱정은 세포의 노화에 지대한 영향을 주며 정돈되지 않은 혼란 속에서 방황하는 마음 역시 그렇다. 절망감과 우울감으로 인한 자기파괴는 사이토카인 수치를 높이고 자기와의 우울한 대화는 파괴감을 더욱 높인다. 따라서 신체적 감정적 고통을 배제하고 자유로운 삶을 영위하기 위해서는 MBSR을 생활화하는 것이 중요하다.

초월명상법(Transcendental Meditation : TM)은 마하리시 마헤시(Maharishi Mahesh)가 창안한 명상 기법이다. 스와미 브라마난다 사라스와티의 제자가 되어 13년간 명상수행을 했으며 영성을 고양하고자, 힌두교의 명상법에서 종교적 요소를 제거한 간결한 행법(TM)을 만들었다. 창조적 지성과 무한 에너지를 얻기 위해 만트라를 유성 또는 무성으로 반복적으로 읊조린다. 이때 마음이 만트라를 떠나 다른 데로 방황하면 조용히 그 만트라로 되돌아오도록 한다. 명상 동안 만트라를 자연스럽게 느낄 수 있도록 해야 한다.

이렇게 하면 자신이 생각이 보다 섬세하고, 미묘하고, 창의적인 차원으로 자연스럽게 옮겨가게 되어, 마지막으로는 가장 섬세한 수준의 사고를 초월하여 사고의 근원에 이르게 된다. TM은 바로 이 사고의 근원, 즉 가장 순수한 각성을 이루게 해주며 무한한 에너지를 얻는 과정이다.

초월명상은 한 번에 약 20분 정도 아침, 저녁으로 하루에 2회를 추천한다. 초월명상의 특징은 일정한 알파파를 유지하며, 생리기능을 휴식하게 하면서 신경조직의 구조적, 화학적 이상을 자연스럽게 치유한다. 초월명상이 암 치료에 가장 효과적이라는 연구가 있다.

옥스퍼드 대학교의 심리학자존 티즈데일(John Teasdale)은 독립적으로 연구를 진행하는 동시에 진델세갈(Zindel Segal), 마크 윌리엄스(Mark Williams)와 〈마음챙김에 기반한 우울증 인지치료〉을 공동 집필하면서 우울증이 너무 심해 약물이나 전기충격치료가 별소용 없는 사람들을 대상으로 마음챙김에 기반한 우울증 인지치료(Mindfulness-Based Cognitive Therapy)를 실시하여 재발률을 반으로 줄였다. 마음챙김 명상은 우울증과 불안, 통증을 치료하는 데 약물과 동일한 효과를 내면서 부작용이 전혀 없다는 것이다. 또한 심리적 스트레스로 고통받는 문제를 감소시키는 효과도 있다.

변성된 특성(altered trait)은 명상 수련으로 변화된 정신과 마음 상태로 명상 자체와는 별도로 계속 유지되며 일상생활을 통해 행동 방식에 영향을 주게 된다. 더 깊은 명상의 길로 들어가면 인간의 진정한 본질을 찾을 수 있다. 즉 마음의 평정과 무아의 상태 등 사람들이 찾고자 하는 영혼을 만날 수 있다. 그리고 이러한 영혼의 특성은 인간의 두뇌와 직결된다는 사실이며 있는 그대로를 받아들임으로써 뇌와 심장이 하나가 되는 진정한 자기를 수용하는 것이다. 나를 이루는 중요 장기인 뇌와 심장을 포함한 모든 부분이 함께 할 때 내면의 분열은 치유될 수 있다.

명상을 통해 집중과 지각 그리고 마음챙김에 대해 훈련을 하면 마음을 이루고 있는 구성 요소를 알게 되고 이것이 곧 정신이며 마음과 정신이 균형을 이루게 될 때 영혼의 자유함을 얻을 수 있다. 현상의 본질을 아는 것이 깨어 있는 마음이란 것이다. 몸으로부터 생기는 통증이나 고통, 괴로움 그리고 죽음까지도 명상을 통해 깨닫게 되면 무아의 상태가 이르게 되어 모든 것을 해결할 수 있다.

12. 레이키와 사이킥 힐링

1) 레이키

(1) 레이키의 개념

레이키는 영기(靈氣)라고도 하는데 우주에 가득 차 있는 생명에너지이다. 레이(Rei)는 '우주(universe)'를 키(ki)는 '생명력(vitality)'을 뜻한다. 눈으로는 볼 수 없고 몸으로 감지할 수는 있는 활력에너지이다. 레이키는 영성 향상의 방법 중 하나로 우스이 미카오(Usui Mikao 1865~1926)가 창안했다.

질병을 치료하는 의미도 있지만 자기정화, 수행 등 영성 향상의 방안으로 고안된 것이다. 레이키는 형체 없는 순수한 빛으로 우주에 가득하지만 그것을 받기 위해서는 높은 의식수준이 필요하며 우주공간에서 끊임없이 공명하여야 한다. 레이키는 부드러운 손기술을 통해 정신, 신체, 영혼에 평화와 균형을 추구한다.

레이키(Reiki)는 손을 이용한 힐링 요법으로 우주의 생명력이라는 개념에 기초하여 몸과 마음 영혼을 치유할 수 있다고 본다. 생명력은 요가와 명상, 침술이나 지압 같은 신체적 정신적 치료에도 적용된다. 우주의 생명력으로부터 에너지를 끌어당겨 자신의 손을 통해 치유가 필요한 사람에게 흐르게 전달하면 에너지를 받은 사람은 신체 주변에 자연스러운 흐름이 회복된다. 신체 에너지의 자연스러운 흐름으로 치유하고 균형을 맞추고 나면 마음과 신체가 홀가분하고 스트레스나 고통을 떨쳐버릴 수 있을 뿐만 아니라 의식도 확장시킬 수 있다.

인간의 내면세계 또는 영적 신념과도 만날 수 있다. 물론 영성은 개인의 선택 문제이지만 영적 자각이 어느 순간 갑자기 일어날 수 있고 수년에 걸쳐 이루어질 수도 있다. 이러한 연결을 통해 한 인간으로서 더욱 발전하고 우주와 하나가 된 느낌이 들게 됨으로써 잠재력을 충분히 표출하는 것을 방해하는 의심이나 환상은 사라진다. 이때 우주 생명 에너지는 강력한 진동의 힘이다.

또한 환자가 레이키요법을 통해 에너지를 공급받으면서 심신의 질병이 치료되는 것은 레이키의 에너지가 물질적 에너지가 아니라 비물질적 생명 에너지이기 때문이다. 물질적 에너지는 방사선, 전기, 자기, 화학, 원자핵 중력에너지 등 다양하지만 생명에너지와는 다르다. 레이키 에너지처럼 생명력을 높혀주는 방향으로 작용하지 않기 때문이다.

따라서 레이키 에너지는 환자의 신체 내에서 환자의 내병 능력, 스트레스에 대한 대항능력, 자연회복력, 면역력, 투병 능력을 높여주는 한편 신체에 쌓인 사기를 몰아내고 안심감, 평안감, 행복감을 준다.

(2) 레이키의 역사

레이키는 19세기 일본의 미카오 우스이(Mikao Usui) 박사의 경험과 헌신으로 발전하였는데 일본의 신성한 산에서 명상 중 영감을 얻었다고 한다. 불교 사원에서 연구하던 우스이 박사는 상징으로 표현된 힐링(healing)공식이 적혀 있는 원고를 우연히 발견하게 되었다고 전해진다. 그는 이 상징이 예수 그리스도나 부처와 같은 영적 지도자들의 힐링을 나타낼 수 있다고 믿었다. 명상하면서 내면으로부터 상징의 답을 찾기로 한지 21일째 되는 날 의식의 확장을 경험하고 상징의 의미를 깨달았으며 자각과 함께 자신과 타인을 힐링할 수 있는 능력을 얻었다고 한다.

(3) 힐링 시스템

레이키 효과가 지속되기 위해서는 수동적 힐링에서 적극적 힐링으로 참여해야 한다는 것이다. 레이키 레벨은 4단계로 구분할 수 있으며 1단계는 자신이나 타인을 위한 손 힐링법으로 신성한 의식 확장으로 자신의 내면의 진리 및 영적 차원과 접촉하도록 이끈다. 레이키 어튠먼트(attunement)는 마음과 마음작용으로 상응이라고 하며 신성한 근원으로 인도하는 방법 중 하나이다. 인체의 에너지를 재편성하고 우스이 박사가 발견한 신성한 상징과 그 상징을 표현하는 특정한 만트라 즉 소리 파동을 이용해 개별적으로 어튠하여 무한한 레이키 에너지에 접근하도록 유도한다.

차크라(chakra)는 신체의 특정 부위에 진동하는 집중된 에너지의 중심점이다. 레이키 에너지가 신체를 둘러싼 에너지장 간에 부드러운 균형을 맞추어 주며 신체적, 정서적 욕구 불만을 완화시킨다. 1단계 어튠먼트는 4개의 상위 차크라 즉 정수리 차크라, 제3눈 차크라, 목 차크라 심장 차크라에서 집중된다. 이때 핸드 포지션(hand position)이 중요하다.

2단계 원격힐링은 멀리 있는 사람이나 또는 사물에 레이키를 보낼 수 있다. 레벨 1이 물리적 에너지적 신체에 적용하지만 레벨 2는 정신적, 정서적 수준에 초점을 둔다. 원격힐링은 손을 대고 힐링을 할 수 없을 때 도울 수 있는 강력한 방법이다. 간단한 방법은 한 사람에게 집중하여 몇 분 동안 그 사람을 생각하는 것이다. 상징을 시각화하고 만트라를 반복해야 한다.

3단계 마스터 단계로 영적 심화, 4단계 마스터 티쳐이다. 각 단계를 철저히 탐구하고 심화 단계로 진행한다.

2) 사이킥 힐링

현대인들은 위기의 사회에서 불안과 공포에서 벗어날 수 없다. 이와 같은 이유는 과학기술이 급속도로 발전할수록 인간은 심리적 불안은 가중되기 때문이다. 고대로부터 인간은 신화적 설명을 만들어 내고 믿음으로 승화시키고 자연을 숭배하는 사상은 불안과 공포로부터 해방을 원하기 때문이다. 즉 존재의 의미를 찾아 헤매도록 만드는 것이 불안과 공포로부터 시작된 것이다.

오늘날의 종교, 철학, 과학은 바로 인간이 불안과 공포로부터 자유롭기 위한 몸부림이며 넓게 보면 모든 것이 인류 문화의 유산인 것이다. 불안을 잠재우고 공포로부터 안녕을 취하는 것은 모두 내러이션 형태이다. 종교적으로 볼 때 영감에 가득찬 예언자의 삶에 대한 이야기에 근거한다. 기독교나 불교가 대표적인 형태이다. 특히 불교는 개인의 운명을 지배하는 초월적 법칙을 강조하며 영혼 불멸의 이야기를 하고 있다.

사이킥 힐링은 다양한 유형의 직접 체험 치유로 에너지 상호작용을 통한 자기치유, 영적치유, 심령치료 및 초자연적 치료 등을 말한다. 사이킥 힐링은 레이키 훈련과정을 필요로 하는데 사이킥 힐링과 손 에너지 힐링의 기본적인 틀을 제공하고 있기 때문이다. 사이킥 힐링은 신체적 문제뿐만 아니라 정신, 영적인 문제 즉 마음의 문제를 힐링하면서 그러한 문제들에 대한 진정한 해결책을 제시해 준다.

현대의학이 질병의 증상을 억제하는 방식으로 치료를 하지만 힐링은 질병의 원인을 찾기 위해 비물질적인 원인을 해소하는 방식으로 작용한다. 질병의 정서적이고 정신적이며 영적인 원인을 찾아내어 전인적인 차원에서 힐링할 때 질병은 마침내 물질적인 신체에서 사라지게 된다.

현대의학이 물질적인 신체를 넘어서는 차원의 존재를 부정해 왔지만 최근 들어 몸과 마음이 연결되어 있다는 생각에 대해 열린 태도를 가지기 시작했다. 인간의 단절된 일부분만 다루면서 부작용 위험이 있는 약물 오용 및 남용에 불필요한 수술과 같은 파괴적인 방식으로 질병과 통증을 치료하기 때문이다. 질병의 치료를 위해 모든 수단을 동원하고 최첨단 의료장비의 시대에 살고 있어도 질병을 완전히 정복하는데 한계가 있다.

사이킥 힐링의 두 가지 기술은 정서 해소와 시각화 기법이다. 명상 속에서 이루어지는 시각화 기법은 사이킥 힐링의 기초가 된다. 또한 삶의 의미, 목적, 죽음 등 실존적 문제에 당착하면 간접적 지식은 소용이 없다. 간접적인 경험이나 체험을 통해서는 아무런 효용가치가 없어진다. 오직 주관적이고 주체적이고 자신만의 특수한 체험이 있어야 한다. 과학적이란 말은 객관성과 실증 가능한 논리와 증거를 토대로 실재하며 객관적으로 관찰할 수 있는 객관적 대상이다.

그러나 인간은 편견, 즉 자신이 원하는 것만을 보려고 하는 습성이 있다. 과학적 방법은 훈련을 통한 경험을 넓히는 노력이 필요하다. 반복된 훈련으로 단련되면 경험이 실험이 되고 그 실험은 증서를 남기게 된다. 인간이 자신의 신성함을 깨닫는 것 외에 다른 구원은 없다. 깨달음에 도달하려고 노력하면 의식은 무한히 확장된다. 그리하면 존재의 영원함을 알게 될 것이다.

13. 사후세계

고대 이집트에서는 자연과 신을 숭배했다. 아홉의 신 중에서 저승의 신 오시리스(Osiris)

는 죽은 사람의 영혼을 판정했다. 특히 사후세계 영혼의 불멸을 믿어 몸을 잘 보존하기 위하여 시체를 미라로 만들었다. 통치자들의 미라를 묻고 그들의 영혼을 보호하려고 피라미드를 만들었는데 대표적으로 투탕카멘의 관으로 발견되었다.

또한 하늘의 여신 이시스(Isis)는 뛰어난 마법사이며 살아있는 모든 생명과 삼라만상을 보살피는 창조여신이다. 오늘날 오컬트(Occult)로 서양의 전통 사회에서 주술이나 유령 등으로 전승되는 영적 현상에 대해 탐구하는 신비학(神祕學)이다. 특히 헤르메스 트리스메기스투스는 전설적인 연금술사의 명칭으로 헤르메스주의자나 학자를 높여 부를 때 쓰인다. 현재 우리나라에서는 파주 헤이리마을에 헤르메스 연구소가 있다.

고대 이집트의 신비주의 비밀 가르침은 수천 년 동안 헤르메스주의자로부터 이어져 자신들의 지식을 받을 준비가 된 사람에게 지혜를 전수해 왔으며 현재 점성술로 알려져 있다. 고대 그리스인의 지혜의 신이 바로 헤르메스이며 헤르메스의 가르침이 수 세기 동안 구전으로 전해져온 것이『키발리온』이다.

인간의 생명과 정신, 마음이 물질이나 어떤 물리적 힘보다 높고 무한하기 때문에 정신과 마음이 영혼이라는 것을 여실히 보여주고 있다. 실제로 부장품과 함께 의도적으로 매장한 근거는 2만 800년 전부터 일상 용품이나 귀중품을 망자와 함께 묻는 의식이 행해지고 이러한 무덤 중 가장 오래된 무덤은 모스크바 북동쪽으로 약 193km 떨어진 블라디미르 승기르(Vladimir Sungir)에서 발견되었다.

인간의 내면에는 본능과 무의식과 의식, 자아와 자기 등 다양한 존재가 있으며 충동, 욕망, 억제 등 심리작용이 있다. 열 길 물속을 알아도 한 길 사람 속은 모른다고 했듯이 인간을 이해한다는 것이 그만큼 어렵다는 것이다.

따라서 인간의 진정한 이해를 위해서는 과학적으로 인체의 해부학, 생리학을 터득하고 철학, 심리학, 사회학, 신학, 문화인류학 등 수많은 지식과 지혜를 쌓아도 정확하게 알 수 없는 세계이지만 인류의 시작부터 자연의 숭고함과 절대자와 신의 존엄함을 숭배하는 길이다.

이러한 절대적 힘의 의존은 중간 매개의 역할을 하는 영혼은 정신과 신체의 유기체적 기능을 유지하고 자기 이해를 위해 필수적 요소라고 할 수 있다. 영혼을 통한 체험은 지식으로 얻어지는 것이 아니다. 영혼의 실재함을 깨닫는 것은 현세는 물론 내세와도 교통하는 실재를 말한다. 이러한 영혼의 기능을 모든 인간이 다 누리는 것은 아니다. 인간마다 태생이 다르고 그에 따라 성격과 기질도 다르다. 동서양이 다르고 남녀가 다르고 남쪽과 북쪽 사람이 다르다. 그러나 분명한 사실은 많은 사람들이 영혼은 존재하고 영혼의 임재를 체험하고 초자연적인 힘과 절대자인 신과도 교통을 하며 절대적 무의 대안으로 의미를 찾고 위안을 얻고 있다. 물론 과학적 연구와 탐구에도 불구하고 아직 사후의 세계에 대한 정확한 증거와 증명된 사실은 없다.

이와 같이 다양한 사후세계를 인식하는 방법은 오직 의식에 있다. 생존했을 때 의식세계는 생기적 의식이지만 사후의 의식은 물질에 의한 유기적 의식이 아니다. 차원이 다른 의식 세계이다. 몸으로부터 벗어난 의식은 인간의 의식이 아니다. 초월적 의식이고 명부의 의식이다. 명부는 생사의 갈림길이 없고 오직 의식만이 존재하기 때문에 판단이라는 것이 필요하지 않다. 다만 의식의 흐름이 있어 다음의 생을 위해 준비하는 의식이 있을 뿐이다.

환생을 위한 준비구조는 간단하다. 영혼의 의식구조 틀이 잘 유지되기만 하면 된다. 마치 우주공간의 모든 물질의 존재가 질서를 유지하듯이 영혼의 구조 역시 질서이다. 이 질서는 빛으로 존재한다. 비과학적이면서 과학적이다. 과학적으로 존재하기 위한 조건은 지각을 통한 인식을 말한다. 그러나 인식된 이성을 통한 의식은 보지이 않고 만져지지 않지만 존재한다. 다시 말해 몸은 소멸하는 물질이지만 영혼은 불멸의 세계이자 신적인 세계이다.

고대 그리스 철학자 소크라테스는 영혼은 비복합적이기 때문에 불멸한다고 주장한다. 왜냐하면 복합적이라는 것은 원소들의 결합으로 생성과 분해의 작용으로 소멸하기 때문이다. 또한 상기론을 주장하여 출생 전의 영혼의 존재를 입증하고 경험을 통해 상기한다고 주장한다. 즉 출생 후 상기는 또 다른 감각과 지각 혹은 경험에 의해 지식으로 습득한다고 보는 것이다. 그러므로 자아는 존재하지 않고 의식이 있을 뿐이다.

자아는 출생 후 지각, 인식, 경험의 총체이다. 자신에 대한 이해나 견해, 주관적 혹은 객관적으로 쌓아온 지식과 인식, 감성 등에 의해 형성되었거나 현재 상황의 변화에 따라 재형성되는 모든 것을 포함하는 것이다. 또한 자아는 개인 상호 간에 구축된 내용들과 사회적, 문화적으로 형성된 관행 및 관습과 밀접하게 연결되어 있다. 이러한 개념과 관념들이 개인의 정체성을 이루고 공동체로 더욱 발전하면 문화를 형성하게 된다.

이러한 문화를 형성하고 집단을 이루며 개인적인 주관성은 줄어들고 사회적 역할에 따라 죽음을 외면하거나 부정하는 사회에 소속될 때 개인에게 심리적 변화가 일어나는데 주로 방어심리가 작동한다. 즉 죽음과 연관된 불안감 혹은 공포심 등 죽음에 대한 고통을 생각하게 된다. 이 고통을 배제하기 위해 집단을 형성하여 이질 집단을 공격하거나 파괴하는 방식으로 두려움을 표출하면서 그 고통을 이기고 집단의 정체성을 통해 방어기능을 행사한다.

따라서 인간은 죽음에 대한 걱정과 공포로부터 극복하는 심리적 방어는 일단 죽음을 부정하고 무의식 세계에서 죽음을 인정하지 않는 방식으로 영혼의 불멸을 믿는 것이다. 그래도 죽음에 대한 협상과 수용이 이루어진다면 죽음에 정면으로 도전하는 방법을 택하여야 한다. 즉 사후세계에 대한 믿음이다.

사후세계는 자신의 자아가 존재한다는 믿음이기 때문에 가장 좋은 방법은 종교를 통한 사후세계에 대한 확신을 갖는 것이다. 죽음은 결국 자신이 혼자 해결해야만 하는 문제이기 때문에 종교적 확신은 신과의 관계에서 이루어지는 것이다.

스베덴보리연구회는 "헬렌 켈러 여사가 '나의 종교'라는 책에서 스베덴보리의 저서를 읽고 죽음의 공포를 해결했다고 밝혔다"고 전하면서 "이 책은 신비주의 체험을 알려주는 게 아니라 인생을 선하게 살면서 이웃사랑을 실천하라는 메시지 전달에 더 비중을 두는 것"이라고 말했다.

기독교의 하나님과의 영혼 충족이란 잃어버린 세상의 영혼을 되찾는 것이 아니라 세상의 온갖 것과 단절하는 천국을 향한 거듭난 영혼을 말하는 것이다. 물론 믿음을 통한 수많은 통과의례를 거쳐서 최후에 천국에 이르고자 하는 염원도 작용한다는 사실이다.

1) 사자의 서

죽음의 과정을 가장 리얼하게 보여주는 파드마 삼바바의 『티베트 사자의 서 』에서는 죽음의 과정을 의식의 육체 이탈을 기준하여 이를 죽음이라 한다. 이 죽음이 중요한 이유는 사람의 호흡이 멈춰도 아직 완전한 사망이 아니기 때문이다. 이때 의식이 맑아지면서 주변을 볼 수 있지만 자기가 죽었음을 알지 못하지만 빛을 체험하는 단계이다. 그러나 의학적으로는 숨이 멎으면 사망으로 간주한다. 의식이 완전히 육체를 벗어날 때 사망 상태가 되는데 이를 의식체라 하며 49일의 과정을 거친다.

2) 영매

북극과 그 주변에 사는 에스키모는 다른 뜻으로 이누이트라고 한다. 이들은 한 가족에서 수백 명에 이르기까지 광범한 지역에 흩어져 집단생활을 하는데 세상에 존재하는 모든 것에 영혼이 있다고 믿고 죽으면 다른 세상에 산다고 생각해 가죽으로 시체를 싸서 툰드라에 놔둔 채 돌로 덮고 죽은 뒤에 사용할 수 있도록 도구와 무기를 시체와 함께 두었다. 특히 무당이 영혼과 이야기를 할 수 있다고 믿었으며 환자를 치료하고 불가항력적 일을 조정하기도 했다.

우리나라도 예외는 아니어서 사후세계 그리고 영매에 대한 사회적 관심은 날로 높아지고 있으며 직간접적으로 이에 영향을 받으며 살고 있다. 실제로 죽은 사람의 영혼과 의사가 통해 혼령과 인간을 매개하는 영매 타일러 헨리는 수많은 혼령과 대화를 실제로 하는 모습을 레플릭스에서 영혼리딩을 통해 밝혔다. 타일러 헨리 외에도 의학박사이며 정신의학 교수인 이안 스티븐슨(Ian Stevenson)은 전생 연구가로 유명한데 전생을 기억하는 어린아이들의 사례 2,500가지를 조사한 것으로 알려졌다. 2000년 Medical hypotheses에 실린 그의 논문에 따르면 856명 중 67%에서 아이가 주장한 전생의 인물을 찾아 아이가 말한 내용과 일치함을 확인하였다.

이외에도 에드가 게이시, 마이클 뉴튼, 팸 레이놀즈, 윌리엄 제임스, 세인트 저메인, 리사 윌리엄스 등 수없이 많은 사람이 영매의 역할을 하거나 전문적으로 사후에 대해 연구하였으며 특히 18세기의 스웨덴 신학자이며 과학자인 에마누엘 스베덴보리는 1741년부터 영적 경험을 시작하여 27년간 지속적으로 체험하였다.

3) 빙의(憑依)

빙의(possession)는 타인의 영혼(또는 악귀, 원귀, 악령)이 사람을 포함하여 동물의 육체 혹은 물건의 안으로 들어가 옮겨 붙거나 들러붙어 깃드는 현상이다. 즉 어떤 강한 힘에 지배되어 자신의 생각과 행동을 마음대로 하지 못하고 비정상적인 행동을 하는 것이다. 평소와는 다른 인격이 표변하게 되며 기이한 행동을 하게 된다고 한다.

정신의학에서는 또 다른 자아가 표출되는 것이라고도 말을 한다. 자아가 수많은 정령 혹은 뉴런 망으로 구성된 독립적인 연산 단위임을 생각해 봤을 땐 빙의는 물질 및 정령으로 구성된 복잡계에서 일어나는 카오스 효과와도 관련이 깊다고도 볼 수 있다.

빙의가 되면 악몽에 시달리고 건망증이 나타나고 죽은 사람이 자주 보이며 심한 불면증에 시달리기도 하고 가위에 눌리며 매사에 자신감이 없거나 필요 없는 말을 많이 하기도 한다. 종교적으로 퇴마(구마)의식을 행하기도 한다.

4) 임사체험

인간의 영혼이 육체에 머물고 있으면 생존하는 것이고 영혼이 육신을 떠날 때 죽음과 더불어 사후세계로 들어간다. 임사체험의 경험자들은 죽음의 통로를 빛으로 표현하기도 한다. 어쩌면 임사체험은 인간이 죽음 전에 느끼는 환상과 같은 것이다. 심장마비 생존자 중 20%는 임상사 동안에 시각 또는 다른 지각을 경험했다고 하는데 생명의 위험이 지각된 경우 뇌가 신체의 자기파괴의 신호를 보낼 경우 뇌는 죽음을 수용하거나 죽음에 대한 주의 분산을 통한 위안이 되는 상상을 하여 자연의 섭리에 맡기려는 반응이 나타난다는 것이다.

또한 심장마비는 생명현상을 다루는 중추인 뇌간이 더 고등한 뇌 부위가 멈춘 후에도 작동하여 환각이 야기되는 것으로 보고 있다. 이 경우 지각지능이 낮은 상태의 임사체험은 내세의 어떤 경험이 되는 꿈의 일종이 될 수 있다.

임사체험은 연령, 종교, 신념, 인종, 민족 등에 상관없이 나타나는데 『죽음과 죽어감』의 저자이자 미국의 정신과 의사인 엘리자베스 퀴블러 로스(Elizabeth Kubler Ross)는 임사체험을 한 2만 명을 통해 사후의 지각에 미치는 문화의 효과를 인정하였다. 특히 사람이 최후의 순간에 불가해한 현상을 설명하기 위한 수단이 영상으로 보여지기 위한 최소한의 뇌의 활동 즉 어떤 신호가 있어서 현세와 내세를 오가면서 인간이 알지 못하는 상황의 감각과 지각을 설명하는데 도움이 되는 어떤 이미지, 관념, 인물, 이야기 등이 존재하여야 할 것이다.

최근의 신경과학의 연구는 의식을 과학적 탐구의 영역 너머에 있다고 보고 있는데 특히 무의식에 대한 탐구는 한계를 지울 수 없다. 무의식 활동에서도 계속 뇌는 활동을 지속하고 있으며 마음속의 소리나 이미지가 무의식의 깊은 곳에 파묻혀 있는 기억이나 상상에 의한 것이든 모두 익숙한 것들이다.

이것을 지각지능이라고 한다면 인간이면 누구나 임사체험을 할 수 있다. 보통 삶들이 느끼는 임사체험은 별것 없다. 예를 들어 누군가가 심장이 정지되어 저 세상의 어떤 불빛이나 혹은 터널, 강, 죽은 가족이나 친척, 친지 등 다양한 현상들이 나타날 때 이는 모두 이미지 혹은 상상, 관념이며 전혀 없는 어떤 것을 만들어내어서 형상화하거나 이야기할 수는 없는 것이다. 펜로즈나 해머로프의 연구에 의하면 사망한 사람 몸에 있는 양자 정보는 육체 밖에 영혼이라는 형식으로 존재하게 된다고 한다.

또한 임사체험이 삶의 계기가 되고 전환기가 될 수도 있다. 가령 본인의 사명이 막대한 경우 임사체험을 통해 새로운 인생을 살기 위해 종교에 귀의하거나 약물 중독에서 벗어나는 등 인생의 대전환을 통해 일생의 대업을 이룰 수도 있다.

영혼의 세계는 눈으로 볼 수도 손으로 만질 수도 없기에 이성적이고 과학적인 현대인들의 인식구조와는 다른 감각을 초월한 상태에서 인식할 수 있는 또 다른 세계이다. 따라서 영혼의 문제는 영적 세계의 현상으로만 볼 것이 아니라 자연계의 현상으로 보고 깊이 있는 탐구가 필요하다.

5) 임재체험

임재체험은 임사체험과 다르지만 의미는 일맥상통한다. 임사체험은 심정지상태에서 뇌의 작용에 의한 환각이라면 임재체험은 삶의 과정 속에서 생생한 영적 체험을 통해 영혼의 만족과 인식을 찾는 것이다. 즉 성령을 체험하고 그 심령에 하나님을 받아들이는 것을 임재체험이라고 보는 것이다. 이 두 상황은 모두 뇌의 작용이지만 엄연히 다르다. 심장정지 상태의 뇌의 작용과 심장의 정상상태를 유지하면서 느끼는 지각의 차이가 있다.

아우렐리우스 아우구스티누스(Aurelius Augustinus)은 인간이 마음에 하나님으로 채워지지 않으면 결코 만족하지 못하는 빈 공간이 있다고 하였다. 대부분의 사람들은 이 빈공간을 재물, 명예, 학벌, 일 중독, 도박 중독, 알코올 및 약물 중독 등으로 채우려고 하지만 만족을 할 수는 없는 것이다. 결국 하나님의 성스러운 자리로 채워질 수밖에는 도리가 없는 것이다. "하나님이 참으로 너희 가운데 계신다 전파하리라(God is really among you)"; 고린도전서 14:25).

그 체험을 통하여 찾아낸 결론은 그의 저서《고백록》"주여, 당신께서는 나를 당신에게로 향하도록 만드셨나이다. 내 영혼은 당신 품에서 휴식을 취할 때까지 편안하지 못할 것입니다"라는 구절에 있다. 이 말의 뜻은 사람들이 행복을 추구하지만 참된 행복은 신을 사랑하는 그 자체에 있다는 것이다.

신을 아는 것도 행복이지만 신이 인간의 내면에 잠재해 있는 영혼을 알 때 더욱 행복을 느끼는 것이다. 즉 신과 영혼이 하나로 일체가 될 때 인간은 자기실현이 가능한 것이라고 할 수 있다. 신은 우리 영혼에 내재하는 진리이기 때문에 단순히 신앙의 맹목적 믿음은 영혼을 진정으로 정화할 수 없는 것이다. 사도 바울 역시 성령 체험을 통한 임재체험의 사례라고 할 수 있다.

참고문헌

Abraham H. maslow. (1999). Toward A Psychology of Being. John Wiley & Sons, Inc. 아브라함 매슬로. 『존재의 심리학』. 정태연·노현정 옮김. 문예출판사.

Alfred North Whitehead. Science and the world. (1926). Cambrige: Cambrige Univ. Press. 화이트헤드. 『과학과 근대세계(개정판)』. (1989). 오영환 옮김. 서광사.

Arnold Bittlinger. (2000). Archtypal Chakra: Meditaions and Exercise for Opening your Chakra. Weiser Books. 아놀드 비틀링어. (2010). 『칼 융과 차크라- 차ㄱ크라르 열기 위한 명상과 수련』. 최여원. 슈리 크리슈나다스 아쉬람(Sri Krishnadas Ashram).

Burrhus Frederic Skinner. (2001). Beyond freedom and dignity. 스키너. (2008). 『자유와 존엄을 넘어서』. 정명진 옮김. 부글북스.

Carl. Rosers. (1977). A Way of Being. Editora Pedagogica e Univeritaria Ltda. (2007). 칼 로저스. (2007). 오제은 옮김. 학지사.

Daniel Dennett. (1991). Consciousness Explained. Brockman, inc. 대니얼 대닛. (2013). 『의식의 수수께끼를 풀다』. 유지화 옳김. 옥당.

David G. Benner. (1988). Psychotherapy and the spiritual Quest. Baker Book House. 데이비드 베너. (2000). 『정신치료와 영적탐구』. 이만홍·강현숙 옮김. 하나의학사.

David R. Hawkins. (1995). Power Vs Force: The Hidden Determination of Human Behavior. Veritas Publishing. 데이비드 호킨스. (2011). 『힘과 위력 -인간행동의 숨은 결정자-』. 백영미 옮김. 판미동.

David R. Hawkins. (2006). Transcending The Levels of Consciousness. Veritas Publishing. 데이비드 호킨스. (2009). 『의식수준을 넘어서』. 백영미 옮김. 판미동.

David R. Hawkins. (2009). Healing and Recovery. Veritas Publishing. 데이비드 호킨스. (2009). 『치유와 회복』. 박윤정 옮김. 판미동.

Deepack Chopra. (2009). The Ultimate Happiness Prescription: 7 Keys to Joy and Enlightenment. Random House, Inc. 디팩초프라

Diane Stein. (2006). Essential Psychic Healing: A Complete Guide to Healing

Yourself, Healing Others. Random House, Inc. 다이앤 스타인. (2011). 김병채 옮김. 슈리 크리슈나다스 아쉬람(Sri Krishnadas Ashram).

Duane Schultz. (1977). Growth Psychology: models of the healthy personality. D. Van Nostrand Company. 두에인 슐츠. (1999). 『인간성격의 이해-건강한 성격에 관한 제접근-』이상우·정종진. 중앙적성출판사.

Erwin Schrödinge. (1944). What is Life?: The Physical Aspect of the Living Cell. 에르빈 슈뢰딩거.『생명이란 무엇인가』. 서인석·황상익 옮김. 한울.

Fritjof Capra. (1975). The Tao of Physics. 프리초프 카프라. (1989). 『현대물리학과 동양사상 -증보 3판-』. 이성범·김용정 옮김. 범양사.

Fritjof Capra. (1982). The Turning Point. 프리초프 카프라. (2007). 『새로운 과학과 문명의 전환』. 구윤서·이성범 옮김. 범양사.

Gerald M. Edelman. (1992). Bright Air, Brilliant Fire: On the Matter of the Mind. Basic Books. 제널드 에델만. (1998). 『신경과학과 마음의 세계』. 황희숙 옮김. 범양사.

Frantz M. Wuketis. (2007). Der freie Wille: Die Evolution einer illusion. Hirzel Verlag. 프란츠 M. 부케티즈. (2009). 『자유의지-그 환상의 진화-』. 원석영. 옮김. 열음사.

Howard Gardner. (2004). Changing Minds. Hoard Business Press. 하워드 가드너. 『체인징 마인드』. 이현우 옮김. 재인.

Ilya Prigogine·Isabelle Stengers (1984). Order Out of Chaos. 일리야 프리고진·이사벨 스텐저스. (2011). 『혼돈으로부터의 질서』. 신국조 옮김. 자유아카데미.

Jacques Monod. (1970). Le hasard et la necessite: Essai sur la philosophie naturelle de la biologie modern. Editions du Scuil, paris. 자크 모노. (2010). 조현수. 옮김. 궁리.

James L. Oschmam. (2016). Energy Medicine: The Scientific Basis. Elsevier Ltd. 제임스 오스만. 『에너지 의학』. 강상훈 외 공역. 한솔.

Jeremy Rifkin. (1989). Entropy. Foundations on Economic Trends. 제레미 리프킨. (2000). 『엔트로피』. 이창희 옮김. 세종연구원.

Jim Baggott. (2011). The Quantum Strory. Oxford University Press. 짐 배것. (2014). 『퀀텀 스토리』. 박병철 옮김. 반니.

Jim Loehr·Tony Schwartz. (2003). The Power of Full Engaement. 짐 로허·토니

슈워츠. (2005). 『몸과 영혼의 에너지 발전소』유영만·송경근 옮김. 한언.
Joe Dispenza. (2007). Evolve your Brain: The Science of Changing Your Mind. Health communications, Inc. 조 디스펜자. (2009).『꿈을 이룬 사람들의 뇌』. 김재일·윤혜영. 한언.
John Medina. (2008). Brain Rules. Pear Press. 존 메디나. (2009). 『브레인 룰스-의식의 등장에서 생각의 실현까지』. 서영수 옮김. 프런티어.
John Searle. (2004). Freedom and Neurobiology. Grasset & FASQUELLE, paris. 존 설. (2010). 『신경생물학과 인간의 자유』. 강신욱 옮김. 궁리.
Karen Horney. (1945). Self-Analysis. W.W.Norton & Company, Inc. 카렌 호나이. (1987). 『자기분석』. 이태승. 민지사.
Ken Wilber. (1998). The Marriage of Sense and Soul. Witherspoon Associated, Inc. (2007). 『감각과 영혼의 만남』. 조효제 옮김. 범양사.
Margot Waddell. (2002). Inside Lives. Kamac Books Ltd. Publishers. 마곳 와델. (2017).『내면의 삶』. 이재훈 옮김. 한국심리치료연구소.
Mark Buchanan. (2007). The Social Atom. Mark Buchanan c/o The Gramond Agency, Inc. 마크 뷰케넌. (2010). 『사회적 원자』. 김희봉 옮김. 사이언스 북스.
Mikao Usui·Frank Arjava Petter. (2007). The Original Reiki Handbook of Dr. Usui. Lotus Press. 미카오·프랑크 아르자바 페터. (2013). 『미카오 우스이 박사의 오리지널 레이키 힐링 핸드북』. 김병채·박애영 옮김. 슈리 크리슈나다스 아쉬람(Sri Krishnadas Ashram).
Michael Pollan. (2018). How to Change your mind. 김지원. 옮김. 소우주.
Myron Sharaf. (1994). Fury on Earth. Fury on earth: a biography of Wilhelm Reich. Lightning Source Inc. 마이런 새랴프. (2005).『 세상에 대한 분노 -빌헬름 나이히-』. 이미선. 옮김. 양문.
Mihaly Csikszentmihlyi. (1997). Finding Flow. Brockman, Inc. New York. 미하이 칙센트미하이. (2005).『몰입의 즐거움』. 이희재 옮김. 해냄.
Poul A. Dewald. (1974). The Theory and Practice of Individual Psychotherapy. Psychotherapy Tape Libarapy. 폴 A. 드월드. (2006).『정신치료의 이론과 실제』. 김기석 옮김. 고려대학교 출판부.
Richard David Precht. (2007). Wer bin ich-und wenn ja, wie viele?. Verlagsgruppe Random House GmBH. 리하르트 다비트 프레히트. (2008). 『나는 구구인

가?』. 백종유 옮김. 21세기북스.
Richard Dawkins. (1976). The Selfish Gene. Oxford University Press. 리차드 도킨스. (1993).『이기적 유전자』. 홍영남 역. 을유문화사.
Richard Dawkins. (2003). A Devil's Chaplain. Weidenfeld & Nicolson (United Kingdom and Commonwealth), Houghton Mifflin (United States). 리처드 도킨스. (2005).『악마의 사도』. 이한음 옮김. 바다출판사.
Roser Penrose. (1994). Shadows of the Mind: A search for the Misssing Science of consciousness. Oxford University Press. (2014). 『마음의 그림자』. 노태복 옮김. 승산.
Roy F. Baumeister, John Tiemey. (2011). Will Power: Rediscovering the Greastest Human Strength. The Penguin Press. 로이 F. 바이마우스터, 존 티어니. (2012).『의지력의 재발견-자기절제와 인내심을 키우는 가장 확실한 방법-』. 이덕임 옮김. 에코리브르.
Rowland W. Folensbee. (2007). The Neuroscience of Psychological Therapies. Cambrige University Press. 롤랜드 W. 폴렌스비. (2010).『신경과학으로 보는 심리학적 치료』. 송현주. 시그마프레스.
Stephen Joseph·P. Alex Liniey. (2006). Tayor & Francis Group. 스티븐 조셉·알렉스 리니. (2009). 『긍정심리치료』. 이훈진·김환·박세란 공역. 학지사.
Thomas S. Kuhn. (1962). The Structure of Scientific Revolution. The University of Chicago. 토머스 쿤. (1999). 『과학혁명의 구조』. 김명자 옮김. 까치.
Thomas J. Sweeney. (1998). Adlerian Counseling: A Practitoner's Approach. Taylor & Francis Group. 토마스 J. 스위니. 『아들러 상담이론과 실제』. 노안영 외 공역. 학지사.
대한노인정신의학회 편. (1998).『노인정신의학(Geriatric Psychiatry)』. 중앙문화사.
서순규. (1996). 『임상의를 위한 노인병 진료의 실제』. 고려의학
신경희·조상윤 공저. (2013).『스트레스의 통합치유(Holistic & Intergeative Stress Healing』. 영림미디어.
신상수. (2022). 『양자의학』. 홍광.
오정희. (1997). 『재활의학』. 도서출판 대학서림.
한정훈. (2020).『물질의 물리학』. 김영사.

저자약력

신상수

명지대학교 사회복지대학원 사회복지학 석사
상명대학교대학원 행정학박사(사회복지전공)
전)명지대학교 사회복지대학원 외래교수
전)서울사회복지대학원대학교 외래교수
전)상명대학교 정치경영대학원 외래교수
전)광운대학교 정보복지대학원 외래교수
전)을지대학교 중독재활복지학과 외래교수
세계사이버대학 노인복지학과 교수
전)한국인간복지실천학회장
한국노인물리치료학회 부회장
전)미래사회복지재단 이사

〈저서〉 사회복지학개론
사회복지행정론
사회복지법제론
사회복지실천론
사회문제론
의료사회사업론
노인생활건강
양자의학

영혼학

인쇄일 : 2024년 6월 1일
발행일 : 2024년 6월 1일
저 자 : 신상수
발행처 : 도서출판 홍광
서울특별시 중구 초동 42 아시아미디어타워 601
인 쇄 : 도서출판 홍광 TEL : 02-797-6101
서울특별시 중구 초동 42 아시아미디어타워 601

ISBN : 979-11-91422-29-0 정가 15,000원